Grundkurs Ethik

Band I: Grundlagen

Herausgegeben von Johann S. Ach, Kurt Bayertz, Ludwig Siep

GRUNDKURS ETHIK

Band I: Grundlagen

Herausgegeben von
Johann S. Ach, Kurt Bayertz, Ludwig Siep

2., unveränderte Auflage

mentis
PADERBORN

Bibliografische Information der Deutschen Nationalbibliothek

Die Deutsche Nationalbibliothek verzeichnet diese Publikation
in der Deutschen Nationalbibliografie; detaillierte bibliografische
Daten sind im Internet über http://dnb.d-nb.de abrufbar.

2., unveränderte Auflage 2011

Gedruckt auf umweltfreundlichem, chlorfrei gebleichtem
und alterungsbeständigem Papier ∞ ISO 9706

© 2008 mentis Verlag GmbH
Schulze-Delitzsch-Straße 19, 33100 Paderborn, Germany
Internet: www.mentis.de

Alle Rechte vorbehalten. Dieses Werk sowie einzelne Teile desselben sind
urheberrechtlich geschützt. Jede Verwertung in anderen als den gesetzlich
zulässigen Fällen ist ohne vorherige Zustimmung des Verlages nicht zulässig.

Printed in Germany
Einbandgestaltung: Anne Nitsche, Dülmen (www.junit-netzwerk.de)
Satz und Herstellung: Rhema – Tim Doherty, Münster
Druck: AZ Druck und Datentechnik GmbH, Kempten
ISBN 978-3-89785-660-8

INHALT

I. EINFÜHRUNG

Johann S. Ach & Ludwig Siep: Ethik – Zur Einführung 9

II. ETHISCHE THEORIEN

Dagmar Borchers: Moralische Exzellenz – Einführung in die Tugendethik 33

Daniel Eggers: Moral für Egoisten? – Einführung in die Kontraktualistische Ethik 49

Norbert Herold: Pflicht ist Pflicht! *Oder nicht?* – Einführung in die Deontologische Ethik 71

Dieter Birnbacher: Heiligen die Zwecke die Mittel? – Einführung in die Konsequentialistische Ethik 91

III. METAETHIK, ARGUMENTE UND DILEMMATA

Peter Schaber: Gibt es Wahrheit in der Ethik? – Einführung in die Metaethik 109

Christoph Lumer: Ethische Argumentationen 121

Susanne Boshammer: Von schmutzigen Händen und reinen Gewissen – Konflikte und Dilemmata als Problem der Ethik 143

IV. ETHIK IN DER MODERNEN GESELLSCHAFT

Kurt Bayertz: Was ist angewandte Ethik? 165

Ludwig Siep: Ethik-Kommissionen – Ethik-Experten? 181

V. ARBEITSMATERIALIEN

Reinhard Kurzer & Verena Wilkes: Ethische Theorien – Grundlagentexte zur Vertiefung 195

Susanne Boshammer: Eine Frage der Moral? 213

Susanne Boshammer: Gerechtigkeit als Gleichheit? 223

Die Autoren 233

I.
EINFÜHRUNG

ETHIK

Zur Einführung

JOHANN S. ACH & LUDWIG SIEP

1. Was soll ich tun?
2. Philosophische Ethik als Disziplin
    Ethik und Moral
    Ebenen philosophischer Ethik
    Recht, Religion und Moral
3. Moralisches Argument, moralisches Urteil und die Methoden der Ethik
4. Grundorientierungen ethischer Theorien
    Tugendethik
    Deontologische Ethik
    Konsequentialistische Ethik
    Kontraktualistische Ethik
    Wem gegenüber haben wir überhaupt moralische Verpflichtungen?
5. Warum soll man überhaupt moralisch sein?
6. Ethische Expertise

1. Was soll ich tun?

Was soll ich tun? Soll ich auf das Rauchen verzichten, um die Gesundheit meiner Mitmenschen und ihr Wohlbefinden nicht zu gefährden? Muss ich auf die Lüge verzichten, die mir – und vielleicht ja sogar dem Belogenen – das Leben so viel leichter machen würde? Muss ich auf den Konsum bestimmter Lebensmittel oder Produkte verzichten, weil sie unter fragwürdigen Bedingungen erzeugt worden sind? Sollte ich vielleicht sogar Vegetarier oder Vegetarierin werden? Soll ich das Geld, das ich übrig habe, an eine wohltätige Organisation spenden? Oder vielleicht sogar einen bestimmten Teil meines Einkommens? Wenn wir solche Fragen stellen, dann fragen wir uns, welche der uns zur Verfügung stehenden Handlungsalternativen die in *moralischer* Hinsicht richtige oder falsche, gute oder schlechte, gebotene oder verbotene Handlung ist.

In diesem Sinne »fragwürdig« sind vor allem Entscheidungen in solchen besonderen Situationen, in denen uns die Handlungsalternativen nicht vertraut sind und für die uns kein bereits eingespieltes Verhaltensrepertoire zur Verfügung steht, das uns gewissermaßen automatisch oder »fraglos« handeln lässt. Aber auch im alltäglichen Leben stellen wir uns Fragen dieser Art immer wieder. Und selbst dann, wenn wir sie uns nicht explizit stellen bzw. sie uns nicht bewusst machen, unterstellen wir in der Regel stillschweigend, dass wir, würden wir gefragt, eine Antwort geben könnten, die die Wahl der von uns bevorzugten Handlungsoption rechtfertigt.

Auch von anderen erwarten wir, dass sie uns und andere gerecht behandeln, dass sie aufrichtig sind, kurz: dass sie sich an die moralischen Spielregeln halten. Dies zeigt sich unter anderem daran, dass wir jemanden, der sich nicht entsprechend verhält, tadeln. Wir reagieren mit Missbilligung oder auch mit Vorwürfen auf schlechte Handlungen. Jemanden hingegen, der sich an die Spielregeln hält, loben wir. Solche Gefühle wären sinnlos, sogar unverständlich, würden wir nicht unterstellen, dass wir gute Gründe dafür haben, von unserem Gegenüber bestimmte Handlungsweisen einfordern zu können. Gründe, von denen wir darüber hinaus sogar überzeugt sind, dass auch unser Gegenüber sie akzeptieren sollte.

Fragen nach dem moralisch Richtigen oder Falschen stellen sich freilich nicht nur auf individueller Ebene. Häufig beziehen sie sich auch auf politische Handlungsoptionen: die Entwicklungen der Medizin zum Beispiel, etwa im Bereich der Fortpflanzungsmedizin oder der Regenerativen Medizin (Stammzellforschung), die Umweltkrise und die bedrohlichen Klimaveränderungen, die Problematik von Migration, Flucht und Asyl, die Forderung nach sogenannten »Humanitären Interventionen« oder der Ruf nach ethischen Grundsätzen des Wirtschaftens angesichts der Herausforderungen einer globalisierten Welt, um nur einige Beispiele zu nennen, stellen uns vor – manchmal sehr grundsätzliche – moralische Entscheidungen. Einige dieser Fragen sind neu. Ob man das Genom von Menschen, Tieren oder Pflanzen zielgerichtet verändern darf oder gar neue Formen von Leben künstlich schaffen darf, wie Gentechnologie und synthetische Biologie das tun, sind Fragen, die sich erst angesichts neuer technischer Möglichkeiten stellen.

Andere Fragen wurden zwar früher schon diskutiert, stellen sich angesichts des wissenschaftlich-technischen Fortschritts oder gesellschaftlicher Entwicklungen heute aber mit neuer Schärfe. Man denke zum Beispiel an die Problematik der Sterbehilfe: Noch vor nicht allzu langer Zeit wäre es vermutlich niemandem eingefallen, darüber nachzudenken, ob Ärztinnen und Ärzte bei der Lebenserhaltung möglicherweise zu viel tun können. Dazu waren die medizinischen Möglichkeiten einfach zu gering. Dies hat sich inzwischen jedoch grundlegend geändert. Der medizin-technische Fortschritt hat, wie uns heute immer mehr bewusst wird, auch eine Kehrseite. Moderne Therapieverfahren sind häufig nicht nur effizienter, sondern auch aggressiver und werfen daher zunehmend neue Fragen sowohl im Hinblick auf die Lebensdauer als auch auf die Lebensqualität von Patientinnen und Patienten auf. Hinzu kommt, dass in pluralistischen Gesellschaften an gemeinsam geteilte Wertvorstellungen und -überzeugungen nur noch in begrenztem Umfang appelliert werden kann. Der ärztliche Auftrag, das Wohl von Patientinnen und Patienten zu fördern und ihnen »vor allem nicht zu schaden« (*primum non nocere*), ist aufgrund der Pluralität von Wertvorstellungen interpretationsbedürftig geworden. Man kann heute nicht mehr ausschließen, dass das, was eine Patientin oder ein Patient als Wohl für sich ansieht, von einem anderen als Schaden empfunden wird.

Beide Entwicklungen haben zu einem wiedererstarkten Interesse an Ethik auch in der Öffentlichkeit beigetragen. Öffentliche Institutionen, politische Entscheidungsträger oder gesellschaftliche Gruppen suchen heute immer wieder auch bei der Ethik Rat. Dies hat unter anderem zur Einrichtung unterschiedlichster Typen von Ethik-Kommissionen, -Komitees und -Räten geführt.[1]

Die Frage, was man tun soll, ist, wie diese wenigen Beispiele zeigen, ein »unvermeidliches Ingrediens unseres Lebens«[2]. Wie diese Frage genauer zu verstehen ist, soll in dieser Einführung (und im vorliegenden Band) etwas genauer in den Blick genommen werden. Der folgende Abschnitt enthält zunächst einige begriffliche Unterscheidungen und Abgrenzungen. Daran anschließend soll gezeigt werden, dass *Ethik* im philosophisch-wissenschaftlichen Sinne *im Wesentlichen eine spezifische Weise des Argumentierens* ist. Wir werden in diesem Beitrag also keine inhaltliche Bestimmung der Ethik vornehmen, sondern die Ethik durch die zentralen Merkmale eines moralischen Urteils näher zu charakterisieren suchen. In zwei weiteren Abschnitten werden dann einige paradigmatische Grundorientierungen der Ethik skizziert und die Frage diskutiert, warum man eigentlich überhaupt moralisch sein sollte. Der Beitrag schließt mit einigen Anmerkungen zu der Frage, was man von der Ethik als Wissenschaft sinnvollerweise erwarten darf.

Bereits jetzt deutet sich allerdings ein Problem an, das uns bis zum Ende dieses Textes begleiten wird: Nicht nur gibt es sehr unterschiedliche Vorschläge, wie die Frage nach dem moralisch Richtigen oder Falschen beantwortet werden kann bzw. von welcher Art die Antwort sein muss; schon die Frage, was Ethik oder Moral überhaupt sind, wird kontrovers beantwortet. Dass Ethik bzw. Moral häufig – wie auch in den vorstehenden Absätzen – auf die Frage »Was soll ich tun?« zugespitzt wird, wird beispielsweise von machen Ethikerinnen und Ethikern als unzulässige Engführung kritisiert, die meinen, dass etwa auch Personen oder sogar »Weltzustände«[3] und nicht nur Handlungen im Sinne der Ethik gut oder schlecht sein können. Mehr noch: Selbst über die Frage, was die Worte »gut« oder »schlecht« in diesem Zusammenhang bedeuten, kann man unterschiedlicher Auffassung sein. Es gibt daher keinen irgendwie »neutralen« Standpunkt. Jede Einführung in die Ethik geht vielmehr – zumindest implizit – immer schon und notwendigerweise von einem bestimmten inhaltlichen Verständnis aus.

2. Philosophische Ethik als Disziplin

Ethik und Moral

Die Begriffe »Ethik« (von griech.: *ethos* = Gewohnheit, Charakter, Sitte) und »Moral« (von lateinisch: *mores* = Sitten) werden in der Literatur unterschiedlich verwendet.[4] Manche Autorinnen und Autoren, zum Beispiel Peter Singer, sind der Auffassung, der Ausdruck »Moral« sei so sehr von der (kantischen) Vorstellung durchdrungen, der moralische Wert einer Handlung liege ausschließlich darin, eine Pflicht um ihrer selbst willen zu erfüllen, dass man besser von »Ethik« statt von »Moral« sprechen solle.[5] Andere Autorinnen und Autoren dagegen unterscheiden zwischen »Moral« (oder »Ethos«) als der Summe der in einer bestimmten Gemeinschaft verbreiteten moralischen Normen, Prinzipien oder Werte und moralischen Dispositionen, Haltungen oder Charakterzügen einerseits, und »Ethik« als der theoretischen Beschäftigung mit dem Phänomen der Moral andererseits. Ethik lässt sich dann verstehen als eine Theorie der Moral (oder des Ethos).

Ein weiteres, ebenfalls weit verbreitetes Verständnis besteht darin, zwischen »Ethik« und »Moral« als unterschiedlichen Aspekten oder Perspektiven der praktischen Vernunft zu unterscheiden. Der Ausdruck »Ethik« steht dann für denjenigen Bereich der praktischen Vernunft, in dem wir es mit Fragen des »guten« oder »gelingenden« Lebens zu tun haben, »Moral« dagegen für denjenigen, in dem das verhandelt wird, was allen, d.h. ohne Ansehung der Person, zugemutet werden muss. Manchmal wird dies kurz auch so ausgedrückt, dass es der Ethik um das Gute, der Moral dagegen um das Gerechte geht.[6] Geht man von der neuzeitlichen Subjektivierung (bzw. Privatisierung) der Frage nach dem guten Leben aus, dann verlangen ethische und moralische Fragen nach dieser Unterscheidung unterschiedliche Typen von Antworten. *Ethisch*-praktische Fragen, die auf die Gelingensbedingungen je *meines* Lebens zielen, verlangen nach einer perspektivischen oder partikularistischen Antwort; *moralisch*-praktische Fragen dagegen nach einer universalistischen Antwort. Wie später noch deutlich werden wird, ist die Trennung von Ethik und Moral im angedeuteten Sinne eine neuzeitliche Idee. Für Aristoteles beispielsweise waren die beiden Perspektiven noch untrennbar miteinander verwoben.[7]

Da wir diese Kontroversen hier nicht entscheiden wollen, werden wir die Begriffe Ethik und Moral für die Zwecke dieses Beitrags im Folgenden als austauschbar verwenden.

Ebenen philosophischer Ethik

In einem weiteren Schritt lassen sich mit deskriptiver Ethik, normativer Ethik und Metaethik verschiedene Ebenen der (philosophischen) Ethik unterscheiden. Wichtig ist diese Unterscheidung insbesondere deshalb, weil auf diesen Ebenen jeweils unterschiedliche Typen von Aussagen verwendet werden.

Deskriptive Ethik

Die *deskriptive Ethik* hat es, wie der Ausdruck schon sagt, mit der *Beschreibung* ethischer Sachverhalte zu tun. Man kann zum Beispiel untersuchen und darstellen, welche ethischen Werte, moralischen Normen oder Tugenden in einer bestimmten Gesellschaft zu einem bestimmten Zeitpunkt in Geltung sind oder waren. Wer in diesem Sinn beispielsweise beschreibt, welche ethischen Überzeugungen im antiken Griechenland vorherrschend waren, stellt damit keine Behauptung über deren allgemeine normative Gültigkeit auf. Er beschreibt vielmehr, wie auch eine Historikerin oder ein Historiker dies tun würde, eine empirisch feststellbare Tatsache. Genau genommen könnte auch über die Geschichte der Ethik[8] rein beschreibend berichtet werden. Ähnlich wie Historikerinnen und Historiker der Ethik können auch Soziologinnen oder Ethnologen über die Funktion sprechen, die moralische Regeln in einer bestimmten Gesellschaft übernehmen. Auch sie stellen damit keine normative Behauptung auf. Und schließlich können Moral-Psychologinnen und -Psychologen untersuchen, wie das moralische Bewusstsein bei Kindern und Jugendlichen entsteht und sich entwickelt oder ob und wie sich gegebenenfalls die moralischen Überzeugungen von Frauen von denen von Männern unterscheiden.

Letzteres beispielsweise hat Carol Gilligan[9] im Anschluss an Forschungsergebnisse von Lawrence Kohlberg[10] getan. Gilligan kam bei ihren Studien zu dem Ergebnis, dass Frauen, wenn man sie mit einem moralischen Dilemma konfrontiert, anders als Männer, nach Problemlösungen suchen, die sich an Tugenden wie Rücksichtnahme und Hilfeleistung orientieren. Diese Ergebnisse sind inzwischen widerlegt oder doch zumindest relativiert worden.[11] Worauf es im Moment ankommt ist aber, dass sie, selbst wenn sie richtig wären, zunächst einmal nichts darüber aussagen können, ob »die andere Stimme«, das heißt die weibliche Perspektive in der Moral, in irgendeiner Hinsicht der männlichen Perspektive überlegen ist.[12] Sie beschreiben zunächst vielmehr nur einen bestimmten Sachverhalt.

Ob man, und wenn ja, welche *normativen* Konsequenzen man daraus möglicherweise ziehen kann, steht auf einem anderen Blatt.

Man kann sich fragen, ob die deskriptive Ethik überhaupt ein Gebiet der Philosophie ist. Rein empirische Untersuchungen über die Verbreitung ethischer Lehren verwenden eher Methoden der Soziologie, Psychologie oder der Geschichtswissenschaft. Für viele ethische Theorien ist aber die tatsächliche Akzeptanz ethischer Lehren, Werte und Tugenden von Bedeutung. Sie stützen wichtige Aussagen auf Resultate einer »deskriptiven Ethik«. Auch setzt das Verständnis historischer Entwicklungen der Ethik Kenntnisse und ein Verständnis philosophischer Theorien voraus.

Allgemeine und angewandte normative Ethik

Mit normativen Fragen dagegen hat es die *allgemeine normative Ethik* zu tun. »Sie stellt normative Behauptungen auf, analysiert normative Behauptungen, die wir in unserer alltäglichen ethischen Praxis formulieren oder die in anderen Ethiktheorien aufgestellt werden, und fragt nach den Begründungen für diese Behauptungen«.[13] Wenn im Folgenden von Ethik (oder von Moral) die Rede ist, dann ist immer diese Ebene philosophischer Ethik gemeint.

Um normative Behauptungen und deren Begründung geht es auch in der *angewandten normativen Ethik*. In der »angewandten Ethik« stehen vor allem spezifische Handlungsbereiche und Handlungstypen im Blickpunkt, und zwar bevorzugt solche, die im öffentlichen Raum diskutiert werden. Zur angewandten Ethik gehören etwa die Wissenschafts- und Technikethik, die Medizinethik, die Umweltethik, die Tierethik, die Wirtschafts- und Rechtsethik und viele andere.

Was »anwenden« im Zusammenhang angewandter Ethik heißt und worin das Verhältnis zwischen allgemeiner normativer Ethik und angewandter normativer Ethik besteht, wird kontrovers diskutiert. Während man nämlich möglicherweise das Verhältnis der Metaethik, von der gleich die Rede sein wird, zur allgemeinen normativen Ethik mit dem Verhältnis zwischen der Wissenschaftstheorie der Physik und der Physik selber vergleichen kann, ist es alles andere als klar, ob man das Verhältnis zwischen allgemeiner normativer Ethik und angewandter Ethik mit dem Verhältnis zwischen theoretischer und angewandter Physik oder Mathematik und angewandter Mathematik vergleichen kann.[14] Ein schlichtes »Subsumtionsmodell« angewandter Ethik, das generelle moralische Normen oder Prinzipien auf einzelne Fälle oder Handlungstypen appliziert, greift jedenfalls zu kurz.[15] Theoretische Ethik und angewandte Ethik stehen vielmehr in einem wechselseitigen Bestätigungs- und Begründungsverhältnis.

Umstritten ist allerdings nicht nur die Frage, was »anwenden« heißen kann; umstritten ist auch, ob das üblicherweise unter dem Namen einer »angewandten Ethik« geführte wissenschaftliche Unternehmen mit diesem Namen überhaupt zutreffend bezeichnet ist. Viele Autorinnen und Autoren haben genau dies bezweifelt und stattdessen vorgeschlagen, von einer »praktischen Ethik«[16], von einer »anwendungsorientierten Ethik«[17], von verschiedenen »Bereichsethiken«[18] oder von einer »Konkreten Ethik«[19] zu sprechen.

Metaethik

Unter *Metaethik* schließlich versteht man eine Theorie der Bedeutung der moralischen Wörter und Urteile sowie eine Theorie der Begründung von normativen Aussagen. Dazu gehören also zum Beispiel Fragen danach, wie normative Sätze zu verstehen sind oder wie wir die Prädikate »gut«, »sollen«, »richtig« etc. im moralischen Sinne verwenden. Ferner gehört dazu aber zum Beispiel auch die Frage, wie wir Werte erkennen – ob zum Beispiel durch den Verstand, die Erfahrung, das Gefühl etc.

Eine wichtige metaethische Unterscheidung ist etwa diejenige zwischen kognitivistischen und non-kognitivistischen Ethiken. *Kognitivistisch* wird eine Ethikkonzeption dann genannt, wenn sie behauptet, dass wir *wissen* können, ob eine normative Aussage wahr oder falsch ist. *Non-kognitivistische* Ethiken dagegen bestreiten die Möglichkeit der Wahrheit moralischer Urteile oder normativer Sätze. Für sie sind normative Aussagen nichts weiter als eine Art nicht begründbarer Geschmacksausdrücke, verallgemeinerter privater Empfehlungen oder Befehle.[20]

Eine weitere wichtige metaethische Unterscheidung ist diejenige zwischen deskriptivistischen und non-deskriptivistischen Ethikansätzen. »Deskriptivismus« heißt hier nicht, dass nicht-normative Aussagen über moralische Normen oder Werte getroffen werden (das gibt es auch, wie wir bei der Erörterung der deskriptiven Ethik gesehen haben), sondern steht für eine bestimmte Theorie bezüglich der Bedeutung von normativen Sätzen. *Deskriptivistische* Ethiktheorien, wie z.B. der ethische *Naturalismus*, aber auch der *Intuitionismus*, behaupten, dass ihre Bedeutung rein deskriptiver Art ist. Der Naturalismus zum Beispiel vertritt die These, dass sich alle normativen Aussagen

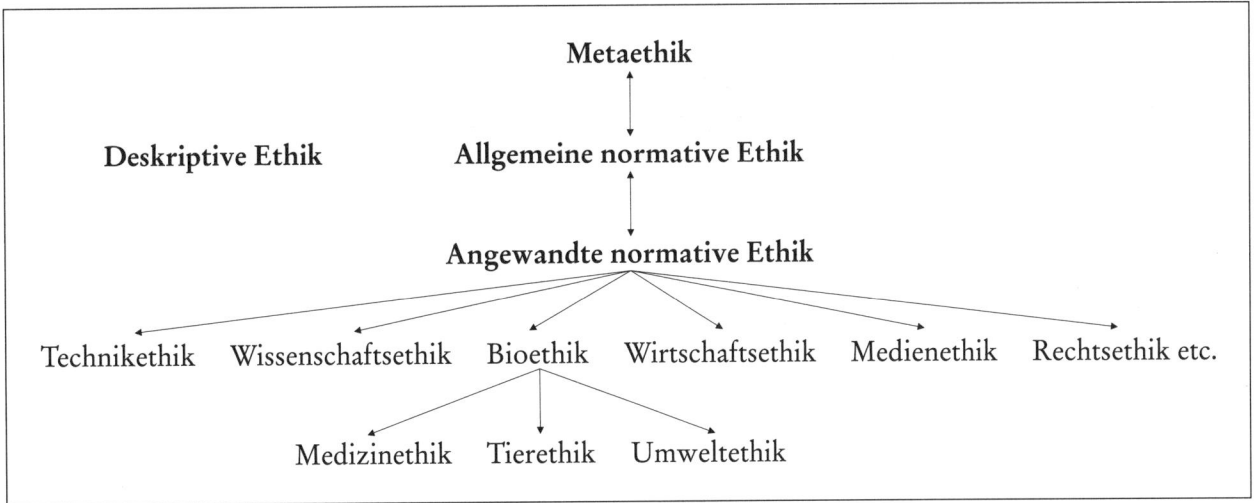

letztlich in nicht-normative, d.h. in Aussagen über Fakten übersetzen lassen. *Non-Deskriptivistische* Ethiktheorien wie zum Beispiel der *Emotivismus* (Stevenson) oder der *Universelle Präskriptivismus* (Hare) dagegen behaupten, dass normative Aussagen zumindest zum Teil auch emotiver, präskriptiver oder evaluativer Art sind – d.h. dass die moralischen Vorschriften auf Gefühle, persönliche Empfehlungen oder Vorlieben zurückgehen.

Eine dritte metaethische Unterscheidung bezieht sich auf den Zusammenhang zwischen den Gründen, die wir für eine Handlung haben, und unseren Motiven, auch tatsächlich diesem Grund entsprechend zu handeln. *Internalistische* Theorien vertreten hier die Auffassung, dass die Überzeugungen von rechtfertigenden Gründen selbst ein Handlungsmotiv darstellen. Vertreterinnen und Vertreter *externalistischer* Theorien dagegen behaupten, dass für die Ausführung einer Handlung neben dem rechtfertigenden Grund zusätzlich ein »externes« Motiv hinzutreten muss.[21]

Metaethische Aussagen nehmen in der (philosophischen) Ethik also eine besondere Stellung insofern ein, als sie offenkundig – weitreichende – inhaltliche Konsequenzen haben können, selbst aber weder normative Aussagen sind noch bloße Beschreibungen faktisch akzeptierter Normensysteme.[22]

Recht, Religion und Moral

Nun ist die Ethik offenbar nicht die einzige Disziplin, die es mit der Erkenntnis und Begründung von Normen oder Regeln richtigen Verhaltens zu tun hat. Dies trifft auch auf das Recht oder auf die Religion zu. Wie also verhalten sich Recht und Ethik bzw. Religion und Moral zueinander?

Recht und Moral

Über die Beziehung zwischen Recht und Moral ist in der Geschichte viel gestritten worden.[23] Sogenannten rechtspositivistischen Auffassungen, die eine vollständige Unabhängigkeit rechtlicher Normen von moralischen Normen behaupten, stehen dabei Positionen gegenüber, die in rechtlichen Regeln so etwas wie den durch strafrechtliche Sanktionen gesicherten und erzwingbaren Bestand einer Minimal- oder Kernmoral sehen. Darüber hinausgehende Bestandteile der Moral sind ergänzende, aber nicht – zumindest nicht in gleicher Weise – sanktionierte Forderungen und Regeln. Beide Positionen formulieren wichtige Einsichten, greifen aber zu kurz. Tatsächlich gehen weder ethische Normen in rechtlichen Normen auf noch umgekehrt rechtliche in ethischen Normen. Sie sind also in gewisser Weise tatsächlich unabhängig voneinander.

Wäre dies nicht der Fall, wäre nicht zu verstehen, wie rechtliche Regelungen gültig sein können, für die eine ethische Begründung nur schwer, wenn überhaupt vorstellbar ist (was zum Beispiel für mache Regeln der Gewerbe- oder Straßenverkehrsordnung der Fall sein mag). Oder es wäre unverständlich, warum es ethische Forderungen geben kann, die nicht rechtlich erzwungen werden können. Andererseits sind Recht und Ethik aber auch nicht gänzlich unabhängig voneinander. Ein Rechtssystem, das systematisch mit ethischen Regeln kollidierte, wäre jedenfalls vermutlich nicht nur wenig stabil, sondern auch für moralisch denkende und handelnde »Rechtsgenossen« kaum akzeptabel.

Ob sich Recht und Moral dadurch unterscheiden, dass Ersteres, nicht aber Letztere sanktionsbewehrt ist, ist ebenfalls umstritten. In der Tradition unterscheidet man zwischen verschiedenen Arten von Sanktion: Nach Kant etwa sanktioniert der innere Gerichtshof des Gewissens die moralischen Normen, der äußere der öffentlichen Gerichtsbarkeit dagegen das Recht. Klar ist, dass rechtliche Normen mit äußeren *Sanktionen* verbunden sind. Diese bestehen aus einer innerhalb der Gesetzgebung vorab festgesetzten Strafe (»*nulla poena sine lege*«). Wenn man kein Anhänger des Natur- oder Vernunftrechts ist, kann man sogar sagen, dass die Geltung einer rechtlichen Norm davon abhängt, ob ihre Übertretung durch eine Strafe sanktionierbar ist. Auch für die Übertretung moralischer Normen mag es außer dem Gewissen, dem Schuld- und dem Schamgefühl noch soziale Sanktionen geben. So werden wir jemanden, der uns mehrfach in wichtigen Fragen belogen hat, mit Verachtung bestrafen. Es scheint aber klar, dass die Geltung der moralischen Normen nicht von sozialen Sanktionen abhängt. Vor allem sind moralische Normen im Unterschied zu rechtlichen Normen nicht erzwingbar. Es gibt keine unabhängige (»irdische«) Instanz, bei der ich die Übertretung einer moralischen Norm durch mein Gegenüber einklagen kann, und auch keine mit physischer Gewalt ausgestattete Zwangsinstanz, die das mir zugefügte moralische Unrecht ahnden könnte.[24]

Religion und Moral

Eine übergeordnete Instanz fehlt der philosophischen Ethik auch in anderer Hinsicht. Im Unterschied zu einer theologischen Ethik kann sie sich nämlich nicht auf die Gültigkeit einer Offenbarung oder auf ein Wort Gottes berufen. Das ist jedenfalls die Position der neuzeitlichen Autonomieethik, die historische Vorgänger schon in der griechischen Antike hat. Eine Berufung auf religiöse Traditionen bzw. göttliche Gebote setzte, soll sie Verbindlichkeit begründen, voraus, dass die Adressatin bzw. der Adressat der Norm gläubig ist. Für jemanden dagegen, der an göttliche Gebote nicht glaubt, muss die Begründung einer Norm durch Rückgriff auf religiös fundierte Überzeugungen letztlich unverständlich bleiben. In einer modernen pluralistischen Gesellschaft muss man aber von agnostischen, atheistischen und areligiösen Mitgliedern einer Rechts- und Moralgemeinschaft ausgehen.

Natürlich heißt das nicht, dass religiöse Argumente in der Ethik keine Rolle spielen dürften. In vielen gegenwärtig geführten Debatten zeigt sich ganz im Gegenteil, wie wichtig es für die ethische Diskussion ist, religiöse Überzeugungen ernst zu nehmen. Im Hinblick auf die Begründung moralischer Normen freilich muss die heutige philosophische Ethik auf eine religiöse Fundierung verzichten. Diese Einsicht wird inzwischen auch von vielen theologischen Ethikerinnen und Ethikern geteilt, die bei der Begründung moralischer Normen auf religiöse Argumente soweit als möglich zu verzichten versuchen. Damit halten sie sich die Möglichkeit offen, auch Nicht- oder Andersgläubige zu überzeugen.

Will man den Anspruch nicht aufgeben, dass sich moralische Normen an alle richten und von allen verstanden werden können, muss es also eine von religiösen Traditionen unabhängige Begründung der Moral geben. Auch darüber, ob es so etwas überhaupt geben kann, ist in der Geschichte viel gestritten worden. Was bleibt von ethischen Forderungen übrig, wenn sie weder erzwingbar sind noch, wie sich jetzt bereits andeutet, »zwingende« Gründe für sie vorgebracht werden können? Von welcher Art sind moralische Gründe überhaupt?

3. Moralisches Argument, Moralisches Urteil und die Methoden der Ethik

Moralisches Argument

Mit der Frage »Was soll ich tun?« kann offenbar sehr Verschiedenes gemeint sein. Wir stellen uns diese Frage zum Beispiel in Situationen, in denen es mehrere Mittel zu geben scheint, um ein bestimmtes Ziel zu erreichen: Soll ich das Auto nehmen, um zu meiner Arbeitsstelle zu gelangen, oder soll ich mit der Straßenbahn fahren? Soll ich den Zug um 10.25 Uhr nehmen oder besser doch den anderen, der eine Stunde früher fährt und der mir mehr Zeit zum Umsteigen lässt? Soll ich den Regenschirm mitnehmen? Manchmal fragen wir jedoch auch grundsätzlicher danach, was wir überhaupt tun sollen bzw. was wir mit unserem Leben überhaupt anfangen sollen: Soll ich diesen oder jenen Beruf ergreifen? Mich für Karriere oder Familie entscheiden? Das Vergnügen oder die Gesundheit vorziehen? In wieder anderer Perspektive wollen wir, wenn wir uns die Frage »Was soll ich tun?« stellen, jedoch nicht einfach nur wissen, welche Wahl zwischen verschiedenen Handlungsalternativen (instrumentell-)rational oder klug wäre; wir fragen vielmehr danach, welche der uns zur Verfügung stehenden Handlungsalternativen in *moralischer* Hinsicht richtig oder falsch ist bzw. welche Handlungsalternative *moralisch geboten* oder *verboten* ist. In Anlehnung an eine Unterscheidung von Kant könnte man zwischen einem »technischen«, einem »pragmatischen« und einem »moralischen« Sinn der Frage »Was soll ich tun?« unterscheiden.[25] Diese Unterscheidung hilft uns freilich noch nicht sehr viel weiter. Jedenfalls so lange nicht, wie wir nicht angeben können, wodurch sich diese unterschiedlichen Perspektiven unterscheiden oder, anders gesagt, wann ein Urteil ein *moralisches* Urteil ist.

Kant war der Auffassung, dass sich die unterschiedlichen Urteile durch »die Ungleichheit der Nötigung des Willens«[26] unterscheiden, die sie mit sich führen. »Regeln der Geschicklichkeit« und »Ratschlägen der Klugheit« stehen für Kant »Gebote (Gesetze) der Sittlichkeit« gegenüber.[27] Wir werden auf diese Unterscheidungen zurückkommen.

Moral, soviel ist aber jetzt schon klar, hat es mit Gründen zu tun bzw. mit *Argumenten*. Argumente sind ja nichts anderes, als der Versuch, ein Gegenüber (oder auch sich selbst) von der Wahrheit bzw. der Richtigkeit einer bestimmten Aussage zu überzeugen, indem man diese auf eine andere Aussage zurückführt, von deren Wahrheit oder Richtigkeit man schon überzeugt ist.[28] Letztere Aussagen werden als der Grund dafür angegeben, warum wir die infrage stehende Aussage akzeptieren sollten. Formal besteht ein Argument daher aus drei bzw. vier Elementen: Nämlich aus (mindestens) zwei *Prämissen*, d. h. jenen Aussagen, auf welche die infrage stehende Aussage zurückgeführt werden soll, einer Schlussfolgerung bzw. *Konklusion*, d. h. der infrage stehenden Aussage selbst, sowie einer *Schlussregel* und gegebenenfalls *weiteren Annahmen*, die um des Arguments willen gemacht werden. Dies gilt grundsätzlich auch für moralische Argumente.

Alle Menschen sind sterblich (Prämisse 1)

Sokrates ist ein Mensch (Prämisse 2)

Also ist Sokrates sterblich (Konklusion)

Auch wer moralisch argumentiert, muss Gründe dafür nennen können, warum man ein bestimmtes moralisches Urteil akzeptieren sollte; freilich Gründe einer besonderen Art. Dies liegt daran, dass wir es beim moralischen Argumentieren nicht mit der *Erklärung* bestimmter Sachverhalte zu tun haben, sondern mit der *Rechtfertigung* von Handlungen. Wer erklären will, warum Frau Wasserscheu einen Regenschirm mitgenommen hat, als sie aus dem Haus ging, wird dafür Tatsachen, Überzeugungen (*beliefs*) und Gründe oder Motive nennen. Er wird evtl. auf die Ursache verweisen, die dafür verantwortlich ist, dass die Straße nass ist (den Regen), in jedem Fall aber auf Frau Wasserscheus Überzeugung, dass es regnet, und auf Motive, die sie veranlasst haben, den Regenschirm einzupacken (ihren Wunsch, nicht nass zu werden). Man wird also auf einen gesetzesartigen oder zumindest regelhaften Zusammenhang verweisen, also etwa ein Kausal- bzw. ein Ursache-Wirkungs-Verhältnis und eine analoge Erklärung von Handlungen aus Überzeugungen, Gründen und Motiven.[29] Im Falle der *Rechtfertigung* einer Handlung ist dies dagegen offenbar nicht möglich. Wenn wir die Handlung einer Person (retrospektiv) bewerten oder (prospektiv) eine bestimmte Handlung empfehlen, dann machen wir implizit oder explizit von einer *Norm* Gebrauch, die wir uns selbst zu eigen machen (und von der wir in der Regel denken, dass auch die Person, um deren Handlung es geht, sie sich zu eigen machen sollte).

Auf die vorhin eingeführte formale Charakterisierung eines Argumentes zurückkommend könnte man diese Einsicht auch so formulieren: Im Unterschied zu Erklärungen, die mit deskriptiven Prämissen auskommen, muss bei einem moralischen Argument zumindest eine der Prämissen, die in das Argument eingehen, eine *bewertende* oder *empfehlende* Prämisse sein. (Eben hier liegt im Übrigen die Quelle für den sogenannten »naturalistischen Fehlschluss« oder »Sein-Sollen-Fehlschluss«: Allein aus deskriptiven Aussagen lassen sich normative Aussagen nicht ableiten.)

Moralisches Urteil

Diese Bestimmung reicht freilich noch nicht aus. Nicht alle bewertenden oder empfehlenden Urteile sind moralische Urteile. Wir müssen daher noch einmal auf die oben bereits gemachte Unterscheidung zwischen einer »technischen«, einer »pragmatischen« und einer »moralischen« Perspektive und auf Kants Behauptung zurückkommen, dass sich die verschiedenen Urteile durch »die Ungleichheit der Nötigung des Willens« unterscheiden lassen. Man kann Frau Wasserscheu empfehlen, den Regenschirm mitzunehmen, wenn sie nicht nass werden möchte. Man kann Herrn Issgern raten, das Schokoladen-Eis zu wählen, das in dem Lokal besonders gut ist, in dem wir uns gerade befinden. Schließlich kann man Frau Lebewohl raten, ihre Lebenszeit nicht ganz und gar ihrem Beruf zu opfern, wenn sie ein gelingendes Leben führen möchte.

Moralische Urteile haben es demgegenüber jedoch nicht mit Empfehlungen und Ratschlägen zu tun, also dem, was Kant »Regeln der Geschicklichkeit« bzw. »Ratschläge der

Klugheit« genannt hat, sondern mit Geboten bzw. mit *Vorschriften*. Moralische Urteile sind *präskriptive* Urteile. Anders als die gerade angeführten Beispiele lassen sich moralische Urteile, wie man auch sagen könnte, in Imperative übersetzen. Das moralische Urteil »Töten ist moralisch falsch« lässt sich auch als Imperativ »Du sollst nicht töten!« formulieren. Eben darin liegt ein Aspekt der besonderen Zumutungsqualität moralischer Urteile.

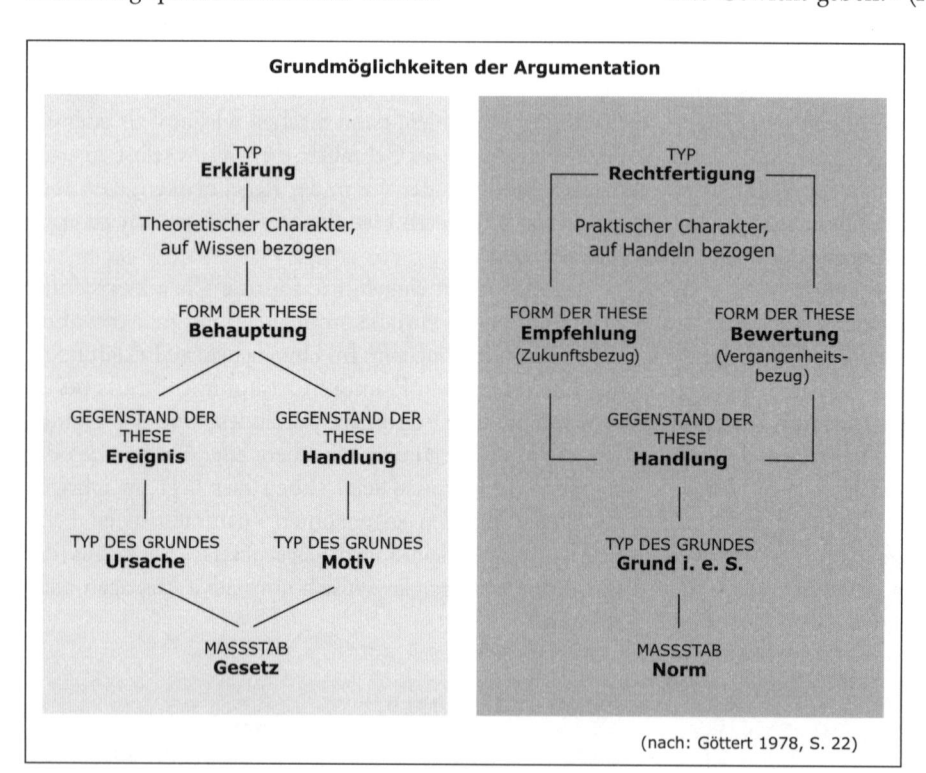

Grundmöglichkeiten der Argumentation

TYP: **Erklärung**
Theoretischer Charakter, auf Wissen bezogen
FORM DER THESE: **Behauptung**
GEGENSTAND DER THESE: **Ereignis** / **Handlung**
TYP DES GRUNDES: **Ursache** / **Motiv**
MASSSTAB: **Gesetz**

TYP: **Rechtfertigung**
Praktischer Charakter, auf Handeln bezogen
FORM DER THESE: **Empfehlung** (Zukunftsbezug) / **Bewertung** (Vergangenheitsbezug)
GEGENSTAND DER THESE: **Handlung**
TYP DES GRUNDES: **Grund i. e. S.**
MASSSTAB: **Norm**

(nach: Göttert 1978, S. 22)

Diese erste Bestimmung reicht allerdings noch nicht aus. Gegenüber anderen Urteilen zeichnen sich moralische Urteile auch dadurch aus, dass sie in irgendeinem Sinne *universal* sind. Wer ein moralisches Urteil ausspricht stellt sich auf einen moralischen Standpunkt, wie man auch sagen könnte; einen Standpunkt, der über einen persönlichen oder partikularistischen Standpunkt hinausreicht. In der Geschichte der Ethik ist dieser universale Aspekt der Ethik auf sehr unterschiedliche Weise zum Ausdruck gebracht worden. Ein Beispiel dafür ist die sogenannte »Goldene Regel« (»Was Du nicht willst, dass man Dir tu, das füg' auch keinem anderen zu«). Ein anderes Beispiel ist Kant. Kant fordert in seiner Ethik, nur nach derjenigen Maxime zu handeln, »durch die du zugleich wollen kannst, dass sie ein allgemeines Gesetz werde.«[30] In einer weiteren Formulierung des kategorischen Imperativs heißt es: »Handle so, dass du die Menschheit, sowohl in deiner Person, als in der Person eines jeden anderen, jederzeit zugleich als Zweck, niemals bloß als Mittel brauchest.«[31] Utilitaristen sagen »Jeder zählt für einen und niemand für mehr als einen« (Jeremy Bentham) bzw. fordern, »dass wir in unseren moralischen Überlegungen den ähnlichen Interessen all derer, die von unseren Handlungen betroffen sind, gleiches Gewicht geben.« (Peter Singer). John Rawls gelangt zu den Grundsätzen, die eine gerechte Gesellschaft regieren, dadurch, dass er diese von Personen wählen lässt, die sich hinter einem »Schleier des Nichtwissens« befinden und daher nicht wissen, welche Hautfarbe, welches Geschlecht, welche Position in der Gesellschaft etc. sie haben – um auf diese Weise zu sichern, dass »die Grundsätze der Gerechtigkeit in einer fairen Ausgangsposition festgelegt werden.«[32] Für die Diskursethik von Jürgen Habermas gehört der Grundsatz der Universalisierung zu den Kommunikationsvoraussetzungen eines inklusiven und zwanglosen Diskurses.[33] Richard Hare, um ein letztes Beispiel zu nennen, ist vor dem Hintergrund seiner Untersuchung der Bedeutung der moralischen Wörter sogar der Auffassung, »dass wir uns widersprechen, wenn wir über Situationen, von denen wir zugeben, dass sie in ihren universellen deskriptiven Eigenschaften identisch sind, trotzdem unterschiedliche Moralurteile fällen.«[34]

»Universell« darf hier im Übrigen nicht mit »allgemein« verwechselt werden. »Allgemein« ist das Gegenteil von »spezifisch«, etwa in dem Sinn, in dem das Prinzip »Töte nie einen Menschen, es sei denn in Notwehr« spezifischer ist als das Prinzip »Töte nie einen Menschen«. »Universell« dagegen bezieht sich auf eine *logische Eigenschaft* moralischer Urteile (nämlich die, von einem universellen Quantor regiert zu werden und keine Individuenkonstanten zu enthalten).[35]

Präskriptivität und Universalisierbarkeit sind – zumindest für neuzeitliche oder moderne – Ethikkonzeptionen, wie man zusammenfassend feststellen kann, die beiden wesentlichen Eigenschaften oder Kennzeichen eines moralischen Urteils. Darüber hinaus haben moralische Urteile für die meisten Ethiker »unterordnende Kraft«. Damit ist gemeint, dass moralische Urteile anderen (bewertenden) Urteilen gegenüber, zum Beispiel ästhetischen, Vorrang genießen.[36]

METHODEN DER ETHIK

Mit einem Argument versucht man, wie gesagt, einen anderen (oder sich selbst) davon zu überzeugen, dass eine Aussage wahr oder richtig ist, *weil* andere Aussagen, nämlich die Prämissen des Arguments, wahr oder richtig sind. Manchmal ist damit alles getan, was erforderlich ist, um ein Gegenüber – oder sich selber – zu überzeugen. Man hat einen Grund gegeben. Häufig genug wird der andere jedoch in der Diskussion damit fortfahren, dass er nun die Prämissen des Arguments infrage stellt, und eine Begründung für diese verlangt. Was dann? Auch in dieser Frage gibt es zwischen den verschiedenen Ansätzen in der Ethik unterschiedliche Ansichten darüber, welche die richtige oder angemessene »Methode« der Ethik ist. Etwas vereinfachend kann man drei Begründungsmethoden unterscheiden: die deduktive, kontextualistische und kohärentistische.

Deduktives Begründungsmodell

Im Rahmen eines deduktiven Begründungsmodells erfolgt die Rechtfertigung oder Begründung eines moralischen Urteils durch die Anwendung abstrakter moralischer Prinzipien oder Theorien, wie beispielsweise das Nützlichkeitsprinzip, der kategorische Imperativ Kants oder das Autonomie-Prinzip, auf einen konkreten Fall bzw. ein konkretes Problem. Singuläre moralische Urteile lassen sich diesem Schema entsprechend durch einen mehrstufigen Subsumtionsprozess rechtfertigen:

```
Theorie
  ↓
Prinzip
  ↓
Regel
  ↓
Urteil
```

Was dieses Begründungsmodell attraktiv macht, ist leicht einzusehen: Einzelfallurteile bedürfen grundsätzlich einer Begründung, sollen sie nicht willkürlich und beliebig sein. Genau diese Begründung kann das deduktivistische Begründungsmodell liefern, indem es ermöglicht, Einzelfallurteile durch einen Rekurs auf höherstufige Regeln bzw. Prinzipien zu rechtfertigen, die selbst wiederum durch einen Rekurs auf eine grundlegende Moraltheorie gerechtfertigt werden können. Die Richtigkeit eines singulären Urteils ist im Rahmen eines solchen Modells von Begründung also durch die Wahrheit bzw. Richtigkeit des zugrunde liegenden Prinzips bzw. der zugrunde liegenden Moraltheorie verbürgt. Die Attraktivität des deduktivistischen Modells hat freilich noch einen zweiten Grund. Im Rahmen des deduktiven Rechtfertigungsmodells ist es aufgrund der hohen Systematisierungsleistung dieses Modells prinzipiell möglich, auf *jedes* moralische Problem eine *eindeutige* Antwort zu geben. Das hängt damit zusammen, dass entweder an der Spitze des hierarchisch geordneten Ganzen ein einziges moralisches Prinzip steht (Prinzipien-Monismus) oder, sollte es mehrere Prinzipien geben (Prinzipien-Pluralismus), ein Regelwerk von Vorrang- oder Vorzugsregeln zur Verfügung steht, das eine lexikalische Ordnung der Prinzipien erlaubt.

Die zentralen Einwände gegen das deduktive Modell setzen allerdings gerade bei dessen vermeintlichen Vorzügen an: Erstens hängt die »Qualität« der erreichbaren Begründungen in diesem Modell davon ab, in welchem Sinne das zugrunde liegende Prinzip bzw. die zugrunde liegende Moraltheorie selbst als begründet gelten können. Diese können, etwas vereinfacht gesagt, entweder »objektiv richtig« bzw. »zwingend« sein, oder aber (nur) plausibel. Was die erste Möglichkeit angeht, so wird die Hoffnung, eine Moralkonzeption lasse sich als »objektiv richtig« demonstrieren, heute nur noch von wenigen vertreten. Die Mehrzahl der Ethikerinnen und Ethiker anerkennt vielmehr den Pluralismus: Nicht nur gibt es – zumindest in liberalen Gesellschaften – de facto eine Pluralität von ethischen und moralischen Auffassungen und Überzeugungen; auch die verschiedenen Versuche einer »Letztbegründung« haben sich als – zumindest bislang – kaum überzeugend herausgestellt. Kann allerdings die Geltung von Prinzipien oder ganzen Moralkonzeptionen nicht als »zwingend« demonstriert werden, dann gilt auch für die aus diesen Prinzipien oder Theorien abgeleiteten singulären Urteilen, dass sie nicht »zwingend« sind. Das heißt, dass weder eine Verneinung der Prinzipien noch der Folgerungen widersprüchlich ist. Ein rationaler Dissens bleibt also grundsätzlich immer möglich, wie gut die Begründung innerhalb einer Theorie im Einzelfall auch ausfallen mag. Eine noch so brillante Argumentation einer Utilitaristin wird also nicht verhindern, dass möglicherweise ein Kantianer – und zwar mit guten Gründen – zu einer anderen Auffassung gelangt. Darüber hinaus wird manchmal eingewendet, dass die Prinzipien und Moraltheorien, auf die man sich im Rahmen eines deduktivistischen Begründungsmodells beziehen muss, grundsätzlich zu unbestimmt seien, um aus ihnen im Zuge eines deduktiven Verfahrens eindeutige Handlungsanleitungen für Einzelfallurteile zu gewinnen. Die im deduktiven Modell geforderte Subsumtion einzelner Urteile unter allgemeine Prinzipien erfordere vielmehr eine (bestimmende) moralische Urteilskraft. Beides führt dazu, wie manche kritisieren, dass das deduktive Begründungsmodell überzogene und uneinlösbare Erwartungen an die Begründungsleistungen der Ethik wecke.

Kontextualistisches Begründungsmodell

Während das deduktivistische Model einem *top-down*-Prozess von Begründung folgt, favorisiert das kontextualistische Begründungsmodell demgegenüber einen *bottom-up*-Ansatz. Ein prominentes Beispiel für kontextualistische Ansätze ist die Kasuistik.[37] Im Zentrum kasuistischer Überlegungen steht die Beurteilung konkreter moralischer Probleme oder Problemkonstellationen auf der Basis realer, detaillierter und umfassender Situationsbeschreibungen, die in drei Schritten erfolgt. In einem ersten Schritt geht es zunächst um das »wer, was, warum, wann und wo« einer Situation. Die »Umstände«, in denen ein Problem sich stellt oder in denen eine Problemkonstellation verortet ist, werden dabei nicht als (vernachlässigbare) Randbedingungen verstanden, sondern im Gegenteil als Situationsmerkmale mit moralischer Relevanz wahrgenommen. Sie sind für ein adäquates Verständnis einer Situation konstitutiv; die Umstände »make the case«. In einem zweiten Schritt werden Probleme oder Problemkonstellationen im Lichte tradierter bzw. sozial eingebetteter Normen diskutiert. Hierbei spielen »paradigmatische Fälle«, Präzedenzfälle, Analogien und Disanalogien, Modelle, Klassifikationsschemata und Intuitionen eine entscheidende Rolle. Ein dritter und letzter Schritt kasuistischer Ethik schließlich besteht im Vergleich verschiedener Fälle. Einzelfallentscheidungen müssen in einen größeren Rahmen eingebettet werden. Auf diese Weise lassen sich Prinzipien oder Maximen gewinnen.

Dies bedeutet aber, dass solche allgemeineren Prinzipien nicht einfach auf konkrete Fälle angewendet werden können; sie werden vielmehr durch die Analyse konkreter Situationen erst gewonnen und in deren Licht ständig revidiert. Für die Formulierung von Prinzipien oder Maximen und deren Revision ebenso wie für die Identifizierung »paradigmatischer Fälle«, die zum Abgleich mit dem aktuellen Fall dienen sollen, ist Urteilskraft erforderlich. Allerdings reicht hier, anders als im deduktiven Modell, die bestimmende Urteilskraft nicht aus. Erforderlich ist vielmehr ein Vermögen, das Kant »reflektierende Urteilskraft« genannt hatte oder das in der aristotelischen Tradition ethische Klugheit (*phronesis*) hieß.

Auch kontextualistische Begründungsmodelle haben eine Reihe gewichtiger Einwände auf sich gezogen. Wird der Deduktivismus wegen seiner Theorielastigkeit kritisiert, so der Kontextualismus umgekehrt wegen seiner (tendenziellen) Theorielosigkeit, die moralisches Denken und Urteilen letztlich an ungerechtfertigte individuelle wie soziale Vorurteile ausliefere. Während, mit anderen Worten, der Deduktivismus aufgrund seiner Orientierung an generellen Prinzipien oder abstrakten Moraltheorien »leer« sei, sei umgekehrt der Kontextualismus aufgrund seines weitgehenden Verzichts auf höherstufige Prinzipien »blind« – um ein Metaphernpaar der theoretischen Philosophie Kants zu verwenden.

Kohärentistische Begründungsmodelle

Einen Mittelweg zwischen deduktivistischen und kontextualistischen Modellen gehen sogenannte kohärentistische Ansätze. Diese favorisieren eine Methode, welche die Nachteile deduktivistischer und kontextualistischer Modelle zugunsten einer Konzeption aufgegeben hat, die ein »Hin« und »Her« zwischen beiden Argumentationsebenen zulässt. Der Anspruch einer Kohärenztheorie der Begründung ist es, »die Geltung einer Aussage aus ihrer systematischen Stellung in einem Überzeugungssystem herzuleiten; nicht in einem linearen Sinne der Herleitung – wie in einem streng deduktiven Ansatz –, sondern im holistischen Sinne einer Vernetzung.«[38]

Theoretischer Bezugspunkt für viele kohärentistische Modelle in der Ethik ist der Gedanke eines »Überlegungsgleichgewichts« (*reflective equilibrium*), den John Rawls in seiner *Theorie der Gerechtigkeit* entfaltet hat. Bei Rawls dient das Verfahren der Herstellung eines solchen Gleichgewichts der Konkretisierung des »Urzustands« (*original position*), also einer fairen Ausgangsposition, in der die Individuen hinter dem »Schleier des Nichtwissens« die Grundvereinbarungen für eine gerechte Gesellschaft auswählen. Das Überlegungsgleichgewicht entsteht dadurch, dass wir unsere »wohlüberlegten Gerechtigkeitsurteile« zu den in der Wahlsituation gewonnenen Prinzipien auf eine Weise in Beziehung setzen, die eine wechselseitige, dynamische Überprüfung, Abwägung und gegebenenfalls auch eine Abänderung ermöglicht. Das Ziel dieses Reflexionsprozesses besteht in der Herstellung eines kohärenten Systems von Urteilen, Prinzipien und Hintergrundtheorien.

Gegen die Idee eines Überlegungsgleichgewichts und auch gegen kohärentistische Begründungsmodelle in der Ethik insgesamt ist unter anderem vorgebracht worden, dass sie – vor allem aufgrund der besonderen Rolle, die sie unseren Erfahrungsurteilen zuschreiben – konservativ seien. Darüber hinaus wurde verschiedentlich der Verdacht geäußert, das Verfahren der Herstellung eines Überlegungsgleichgewichts sei letztlich zirkulär. Von diesen Einwänden einmal abgesehen haben kohärentistische Begründungsmodelle aber offenkundig Vorteile in solchen Zusammenhängen, in denen es vor dem Hintergrund eines moralischen Pluralismus um konsensfähige praktische Problemlösungen geht. Es ist insofern wenig verwunderlich, dass sie sich gerade in der angewandten Ethik einiger Beliebtheit erfreuen.

ETHIK DES ARGUMENTIERENS

Gebot der Verständlichkeit
Man sollte so reden, dass man von seinen Gesprächspartnerinnen und -partnern auch wirklich verstanden wird.

Gebot der Wahrhaftigkeit
In einer ernsthaften Diskussion sollte man nur das äußern und nur dem zustimmen, was man selber nach bestem Wissen und Gewissen für wahr und richtig hält.

Gebot der Offenheit und Freiheit
In einer ernsthaften Diskussion sollte jede und jeder alles, was sie oder er für richtig hält, erst einmal frei äußern dürfen. Die bloße Darstellung von Überzeugungen darf nicht unterdrückt oder von vornherein negativ sanktioniert werden.

Gebot der fairen Prüfung aller Überzeugungen
In einer ernsthaften Diskussion sollte jede Überzeugung gleichermaßen ernst genommen und in fairer Weise Gründe und Gegengründe kritisch gegeneinander abgewogen werden.

Gebot der Überwindung kontingenter Beschränkungen einer Diskussion
In einer ernsthaften Diskussion hat man sich darum zu bemühen, auch sachlich einschlägige Überzeugungen und Interessen von Personen außerhalb der Gruppe der faktischen Diskussionsteilnehmerinnen und -teilnehmer zu berücksichtigen.

Gebot der Orientierung an den Ergebnissen einer ernsthaften Diskussion
Jede Diskussionsteilnehmerin und jeder Diskussionsteilnehmer sollte alle diejenigen Überzeugungen, aber auch nur diejenigen übernehmen, die sich in einer ernsthaften Diskussion gut oder mit überwiegenden Gründen rechtfertigen lassen.

(nach: Tetens 2006, S. 162 f.)

---

4. Grundorientierungen ethischer Theorien

Nach diesen eher formalen Bestimmungen werden wir in diesem Abschnitt mit tugendethischen, deontologischen, konsequentialistischen und kontraktualistischen Ansätzen vier verschiedene paradigmatische Grundorientierungen ethischer Theorien bzw. mit Aristoteles, Kant, Mill und Rawls den Ansatz eines typischen Vertreters dieser Grundorientierungen skizzieren.

TUGENDETHIK

Die Kernthese der Tugendethik, zumindest in ihrer auf Aristoteles zurückgehenden Form, behauptet, dass Tugenden für das gute oder gelingende Leben (das »Glück« im anspruchsvollen Sinne[39]) konstitutiv sind. Tugenden sind Haltungen oder Charakterdispositionen. Tugendethiker bewerten »das Leben des Handelnden und die Art, *wie* er seine Entscheidung trifft, nicht das Resultat als solches. Entscheidend für das Votum der Tugendethik ist die *Perspektive*, die der moralische Akteur eingenommen hat.«[40] Die moralische Beurteilung einer Handlung hängt aus tugendethischer Perspektive davon ab, inwiefern die Handlung Ausdruck eines guten Charakters des Handelnden ist. Allerdings zeigt sich ein guter Charakter und eine richtige Haltung auch erst in den richtigen Entscheidungen – aber sie werden nicht schon durch eine oder sehr wenige falsche »dementiert« (Beispiel: gerechter Richter, besonnener Politiker).[41]

Aristoteles gilt nicht nur als Begründer der Ethik als einer philosophischen Disziplin, sondern auch als Begründer einer systematisch entfalteten Tugendethik. Sein wichtigstes Werk dazu ist die *Nikomachische Ethik*.[42] Für Aristoteles geht es in der Ethik um das gute Leben, das den Menschen erfüllt und ihm zu innerer Ruhe und zu Un-

Aristoteles
(384–322 v. Chr.)

abhängigkeit verhilft. Dazu muss man die richtigen Ziele wählen und einen guten Charakter ausbilden, der zu richtigem Handeln befähigt. »Erfüllend« sind Lebensziele, die sich lohnen, die man nicht bereut und die einen zur Übereinstimmung der Kräfte und Neigungen führen. Man muss nach den allgemeinen Lebenserfahrungen fragen, vor allem bei bewundernswerten und lebensklugen Menschen (»Weisen«) und man muss die allgemeinen menschlichen Anlagen erkunden, die solche »Glückserfahrungen« verständlich machen. So kommt Aristoteles zu allgemeinen Kriterien des erfüllten Lebens und richtigen Handelns. Das wichtigste davon heißt *Autarkie*, ein schwer zu übersetzender Begriff, der soviel wie »Unabhängigkeit«, »Mangellosigkeit« und »Selbstübereinstimmung« bedeutet.[43]

Unabhängigkeit gilt dabei nach innen wie nach außen. Aristoteles zufolge darf man nicht »nach innen« von Leidenschaften und Wünschen abhängig sein, durch die man »hin und her gerissen«, im Extremfall sogar süchtig oder fanatisch wird. Nach außen autark bedeutet für Aristoteles, unabhängig vom Druck der sozialen Umwelt und vom Geltungsbedürfnis zu sein, das nur durch unsichere Mittel und schwankende Meinungen anderer befriedigt werden kann. Das bedeutet freilich nicht, isoliert zu leben; vielmehr mit Freunden zu leben, die es wert sind, und in Gemeinschaften – bis hin zur staatlichen –, die ihrerseits selbstbestimmt sind. Gut in Gemeinschaften zu leben heißt, an sinnvollen Aufgaben teilzunehmen, »politisch« zu leben heißt, an öffentlichen Entscheidungen über gerecht und ungerecht mitzuwirken. Dazu muss man aber selber in seinen Gedanken und Emotionen ausgeglichen sein; man muss das rechte Maß treffen zwischen »zu viel« und »zu wenig«. So ist etwa Tapferkeit die richtige Proportion von Mut und Vorsicht, die irgendwo in der Mitte zwischen Feigheit und Draufgängertum liegt, Großzügigkeit die Mitte zwischen Verschwendung und Kleinlichkeit etc. Aristoteles spricht hier von »Tugend« (*arete*) und er glaubt, dass Menschen nur durch Handeln aus Charakterdispositionen wie Gerechtigkeit, Besonnenheit und Courage die innere Selbstübereinstimmung und Zufriedenheit erreichen, die für ein glückliches Leben die wichtigste Voraussetzung ist. Zwar muss das richtige Maß, die richtige Mischung der gegensätzlichen Emotionen, in jeder Situation neu gefunden werden – für Aristoteles ist die habituelle Einstellung des Charakters dafür aber (zumindest) eine günstige Voraussetzung. Auf diese Weise wird man auch den anderen gerecht. Wer tugendhaft handelt, handelt also keineswegs einfach nur egoistisch, am eigenen Glück interessiert. Im Gegenteil:

»Die eudaimonistischen Tugenden sind entweder – wie die Gerechtigkeit und die Freundschaft – unmittelbar fremdbezogen oder – wie die Freigebigkeit und das Ehrgefühl – zwar nur mittelbar, aber doch wesentlich. Und eine dritte Gruppe von Tugenden, Besonnenheit und Tapferkeit, sind nicht notwendig, jedoch zu einem erheblichen Teil sozial relevant.«[44]

Vollständig erfüllt und mangellos ist man allerdings nur in Augenblicken der Einsicht (*theoria*) in die Ordnung der bejahenswerten Welt (*Kosmos*), die für Aristoteles in der Natur existiert, unter Menschen aber nur temporär erreichbar ist.

An der (aristotelischen) Tugendethik ist unter anderem kritisiert worden, dass sie von einer nur schwer begründbaren Vorstellung vom »Wesen« eines Menschen ausgehe und dass sich ihre inhaltlichen Bestimmungen nur schlecht für eine universalistische Ethik eignen. Moderne tugendethische Ansätze wie zum Beispiel diejenigen von Alasdair MacIntyre[45], Philippa Foot[46] oder Martha Nussbaum[47] haben aber versucht, diesen und anderen Einwänden Rechnung zu tragen und – gegen den kritisierten Formalismus der neuzeitlichen Ethik – am Projekt einer Tugendethik festzuhalten.

DEONTOLOGISCHE ETHIK

Deontische oder *deontologische* Ethiken (abgeleitet von griech: *to deon* = das Gesollte) sind der Auffassung, dass es – neben den Folgen einer Handlung – *intrinsische* Aspekte gibt, die eine Handlung gut oder zu einer Handlung machen, die »aus Pflicht« geschieht; dass es also Eigenschaften einer Handlung selbst geben kann, aufgrund derer sie richtig oder falsch ist. Die Folgen einer Handlung spielen für deren Beurteilung in deontologischen Ethiken daher allenfalls eine sekundäre Rolle. Ein Handeln »aus Pflicht« ist vielmehr auch dann geboten, wenn die Handlungsfolgen ungünstig sind. Ein viel diskutiertes Beispiel für eine solche These ist Kants Behauptung, Lügen sei in jedem Falle unangesehen der Folgen falsch, d. h. auch dann, wenn ich dem Mörder das gesuchte Opfer verrate (»Über ein vermeintliches Recht, aus Menschenliebe zu lügen«).

Die Vertreterinnen und Vertreter deontologischer Ethikkonzepte stimmen also darin überein, dass es Handlungen bzw. Handlungstypen gibt, die intrinsisch falsch oder schlecht sind. Sie unterscheiden sich jedoch in der Auffassung davon, wie man diese Handlungen oder Handlungstypen erkennt. Während manche deontologisch argumentierenden Ethiker davon ausgehen, dass man die Falschheit (oder Richtigkeit) einer Handlung bzw. eines Handlungstyps direkt erkennen oder bestimmen kann, haben andere, insbesondere Kant, eine Art von »Testverfahren« entwickelt, das es ermöglichen soll, ethisch verbotene Handlungen als solche zu erkennen. Für Kant spielt dabei der Begriff der Maxime, d. h. einer subjektiven Regel, die unser Wollen und Handeln bestimmt, eine zentrale Rolle. Moralisch falsch sind für ihn solche Handlungen, die einer Maxime folgen, die zu »einem Widerspruch in unserem eigenen Willen«[48] führt. Solchen Maximen zu folgen ist nach Kant irrational, weil selbst-widersprüchlich. Vernunftgemäß handeln heißt deshalb für ihn, die unser Handeln leitenden Maximen einem Test zu unterwerfen und zu prüfen, ob sie in ein System von Gesetzen für alle vernünftigen Wesen passen würden: »Handle nur nach derjenigen Maxime, durch die du zugleich wollen kannst, dass sie ein allgemeines Gesetz werde.«[49]

Kant nennt das Gebot, nur nach solchen Maximen zu handeln, die einem solchen Test standhalten, einen *kategorischen Imperativ.* »Kategorisch«, weil er unbedingt gilt und jedem anderen Motiv oder Gebot übergeordnet ist. Das bedeutet nun sicher nicht, dass stets alle gleichzeitig bestimmt, durch Regeln erlaubte oder gebotene Handlungen ausführen könnten – zum Beispiel einem Hilfsbedürftigen beistehen. Konkrete Regeln müssen mit (zeitlichen und qualitativen) Einschränkungen versehen werden, um in eine mögliche Gesetzgebung für Vernunftwesen zu passen. Aber es gibt allgemeinere Regeln, die für Kant ausnahmslos in jeder Situation gelten, selbst wenn wir Vernunftwesen von anderen Sternen treffen sollten. Ein Beispiel dafür ist das bereits angesprochene Verbot zu lügen.

Ob allein mithilfe dieses Testverfahrens auch positive Normen, also Gebote (und nicht nur Verbote) gewonnen werden können, wie Kant etwa in den Pflichtentafeln der

Immanuel Kant
(1724–1804)

Metaphysik der Sitten beansprucht, kann bezweifelt werden. Von Hegel über Mill und Scheler bis in die moderne Ethik wurde immer wieder bestritten, dass sich mithilfe des kantischen Verallgemeinerungstests inhaltliche Bestimmungen im Hinblick auf die Richtigkeit oder Falschheit von Handlungen oder Handlungstypen finden lassen. John Stuart Mill beispielsweise war der Auffassung, es sei Kant in keiner Weise gelungen zu zeigen, dass »darin, dass alle vernünftigen Wesen nach den denkbar unmoralischsten Verhaltensnormen handeln, irgendein Widerspruch, irgendeine logische (oder auch nur physische) Unmöglichkeit liegt.«[50] Wie schon Kants *Grundlegung zur Metaphysik der Sitten* zeigt, unterstellt er weitere Prämissen, wie eine durchgehende Zweckmäßigkeit der Natur (etwa beim unbedingten Suizidverbot).

Sieht man von diesen Einwänden jedoch ab, dann hat der Vorschlag Kants zumindest den Vorteil gegenüber anderen deontologischen Positionen, »formal« zu sein, d. h. ohne eine inhaltliche oder »materiale« Formulierung der moralischen Regeln auszukommen. Das ist eine günstige Bedingung für den Umgang mit einer Pluralität inhaltlicher ethischer Überzeugungen. Und er teilt den Vorzug deontologischer Positionen bzw. Argumentationen in der Ethik, bestimmte Handlungen oder Handlungstypen als grundsätzlich moralisch unzulässig auszuweisen bzw. unverfügbare Grenzen aufzuzeigen – anscheinend ohne dass man sich auf mühsame, vor allem aber: prinzipiell ergebnisoffene Abwägungen einlassen muss.

Konsequentialistische Ethik

Genau solche Abwägungen gehören zum »Kerngeschäft« konsequentialistischer Ethiken. *Konsequentialistische* Ethiktheorien behaupten nämlich, dass es ausschließlich die Folgen einer Handlung sind, an denen sich ihr moralischer Wert oder Unwert bemisst – wobei zunächst offen bleibt, ob es sich um Folgen handelt, die einen moralischen Wert oder die einen außermoralischen Wert (z. B. Freude) haben. Zu den konsequentialistischen Theorien gehören auch *teleologische* Ethiken (griech. *telos* = das Ziel) wie der Utilitarismus, die den Wert einer Handlung ausschließlich am außermoralischen Wert messen, der mit der Handlung realisiert wird. Teleologische Ethikkonzeptionen kehren das Begründungsverhältnis zwischen moralischen und außermoralischen Gütern gegenüber der Deontologie also genau um: Das Rechte ist im Rahmen teleologischer Theorien eine Funktion des außermoralischen Guten.

John Stuart Mill
(1806–1873)

Die prominenteste konsequentialistische bzw. teleologische Ethikkonzeption ist der *Utilitarismus*, seine bekanntesten Vertreter im 18. und 19. Jahrhundert waren Jeremy Bentham[51], John Stuart Mill[52] und Henry Sidgwick[53]. John Stuart Mill beispielsweise bestimmt die utilitaristische Moral als »die Gesamtheit der Handlungsregeln und Handlungsvorschriften, durch deren Befolgung ein Leben der angegebenen Art (sc. der Freude, *pleasure*) für die gesamte Menschheit im größtmöglichen Umfang erreichbar ist; und nicht nur für sie, sondern, soweit es die Umstände erlauben, für die gesamte fühlende Natur.«[54]

Der Utilitarismus ist kein einheitliches, monolithisches Lehrgebäude. Man kann eine Reihe verschiedener Utilitarismus-Versionen unterscheiden. Sie weisen allerdings drei zentrale gemeinsame Charakteristika auf, die bereits im eben genannten Mill-Zitat zum Ausdruck kommen: Es sind teleologische (ergebnis- bzw. folgenorientierte) Theorien, sie favorisieren ein Maximierungsprinzip und teilen den Gedanken der Unparteilichkeit.

Der moralische Wert oder Unwert einer Handlung hängt für Anhängerinnen und Anhänger utilitaristischer Ethiken allein von deren Folgen ab. In der axiologischen Frage, welche Folgen einer Handlung für ihre moralische Bewertung maßgeblich sind (Glück vs. Befriedigung von Interessen; ausschließlich negativer vs. auch positiver Nutzen; Gesamtnutzen vs. Durchschnittsnutzen usw.), unterscheiden sich die utilitaristischen Ethiken. Einig sind sie sich jedoch darin, dass das moralisch Richtige eine Funktion eines außermoralisch Guten (z. B. Schmerzfreiheit) ist. Die zweite wichtige Gemeinsamkeit utilitaristischer Ethikkonzeptionen ist das Prinzip der Maximierung. Es verlangt, kurz gesagt, diejenige Handlung auszuführen, die die besten Konsequenzen hat, bzw. mindestens so gute Folgen hat wie jede dem Handelnden offenstehende Alternative. Auch hier kann man wieder verschiedene Varianten des Utilitarismus unterscheiden: Anders als der Akt- oder Handlungsutilitarismus fordert der Regelutilitarismus, dass die der Handlung zugrunde liegende *Regel* den Nutzen maximiert. Entscheidend ist dann nicht mehr, welche Handlung, sondern welche Regel am nützlichsten ist. Der dritte für den Utilitarismus zentrale Gedanke schließlich ist der Gedanke der Unparteilichkeit oder Gleichheit, wie er beispielsweise in Benthams Formel »Jeder zählt für einen und niemand für mehr als einen« zum Ausdruck kommt. Ethik nimmt, mit anderen Worten, einen universalen Standpunkt ein. Richtig handeln heißt, die Perspektive eines unparteilichen, aber wohlwollenden Beobachters (*benevolent observer*), eine Art säkularisierter Gottesperspektive, einzunehmen.

Der Utilitarismus ist vor allem in drei Hinsichten vehement kritisiert worden, die alle etwas mit dem Maximierungsprinzip zu tun haben. Die eine betrifft den Vergleich zwischen verschiedenen Arten von Freude: »grober Sinnenlust« einerseits und Freude einer »höheren Qualität« andererseits. Muss nicht, wie schon Mill zu Bedenken gab, neben der Quantität auch die Qualität bei der Bewertung von Freuden berücksichtigt werden? Ist es nicht tatsächlich besser, wie Mill meint, »ein unzufriedener Mensch zu sein als ein zufriedenes Schwein; besser ein unzufriedener Sokrates als ein zufriedener Narr«[55]? Das zweite häufig wiederkehrende kritische Argument zielt auf das Problem der Gerechtigkeit. Führt das utilitaristische Prinzip nicht dazu, dass auch extrem ungerechte Formen der Verteilung von Gütern für moralisch unbedenklich gelten müssen, solange sie nur den Gesamtnutzen maximieren? Nimmt der Utilitarismus die Integrität und die Unterschiedlichkeit von Personen ernst genug oder vernachlässigt er deren individuelle *Rechte*, die keinem Nutzen anderer geopfert werden dürfen? Kann er nicht eine gewisse Anzahl (vielleicht sogar zufriedener) Sklaven für das große Glück der Übrigen rechtfertigen? Der dritte Einwand – den beispielsweise Mackie erhoben hat[56] – zielt auf die Überforderung durch das Gebot, das jeweils größtmögliche Glück aller Betroffenen zu realisieren, auch etwa entfernter zukünftiger Generationen. Führt dies nicht zu einem radikalen Altruismus, der dem Einzelnen unter Umständen auch extreme Opfer an eigenem Glück abverlangt?

Gegen diese und weitere Einwände hat der Utilitarismus mit Verbesserungen reagiert.[57] Mill etwa hat versucht, ein qualitatives Kriterium zur Bewertung von Freuden einzuführen. Andere, wie Henry Sidgwick oder Richard M. Hare[58], haben versucht, den Utilitarismus über weite Strecken als eine Art Auslegung und Systematisierung der *Common-sense*-Moral zu deuten. Wieder andere bemühen sich, für unverzichtbar gehaltene Intuitionen, wie z. B. Fairness oder Autonomie, in das utilitaristische Prinzip aufzunehmen. Vor allem auf das Problem, welcher Nutzen und wie dieser zu maximieren sei, reagierten einige Utilitaristen mit dem Übergang vom klassischen »hedonistischen« zum »Präferenzutilitarismus«. Diese Variante des Utilitarismus beurteilt Handlungen nicht danach, inwieweit sie Lust maximieren und Leid minimieren, sondern nach dem Grad, in dem sie mit den Interessen oder Präferenzen der von einer Handlung Betroffenen übereinstimmen.

Kontraktualistische Ethik

Einen noch einmal anderen Weg haben moderne vertragstheoretische oder *kontraktualistische* Ethikkonzeptionen eingeschlagen. Vertragstheoretische Ethiken sind insbesondere deshalb in modernen Gesellschaften attraktiv, weil sie Moral als etwas verstehen, was im langfristigen Interesse des Einzelnen liegt, obwohl sie von den Verpflichteten etwas fordert, was sie andernfalls nicht tun würden. Die Idee des Vertrags bietet hier einen Ausweg, da Verträge von den Vertragspartnerinnen und Vertragspartnern typischerweise wegen des eigenen Vorteils, der mit dem Vertragsabschluss verbunden ist, geschlossen werden. Verträge dienen also, wie man auch sagen könnte, auf indirekte Weise dem Eigeninteresse.[59] Außerdem beruhen sie auf (zumindest hypothetischer) freiwilliger Zustimmung und »vergewaltigen« daher niemanden (*volenti non fit injuria*). Den besonderen Vertrag, von dem hier die Rede ist, schließen die Vertragspartnerinnen und Vertragspartner deshalb, weil die Einschränkung der eigenen Freiheit, die ihnen der Vertrag auferlegt, der Preis für die Freiheitsbegrenzung anderer ist. Diese Eingrenzung von Freiheit ist überlebenswichtig. Denn die Menschen besitzen, wie schon Hobbes festgestellt hatte, in Bezug auf Selbsterhaltung bzw. wechselseitige Gefährdung eine annähernd gleiche Ausstattung an geistigen und körperlichen Fähigkeiten. Sie haben konkurrierende Interessen und müssen ohne eine unparteiische Schutzmacht primär auf ihre eigenen langfristigen Eigeninteressen, vor allem die Selbsterhaltung, bedacht sein. Der (hypothetische) Zustand ohne einen Gesellschaftsvertrag (Naturzustand) ist daher ein Zustand der Willkürfreiheit und permanenten Gewaltbereitschaft bzw. des »kalten Krieges« aller gegen alle (*bellum omnium contra omnes*), wie die Formulierung bei Thomas Hobbes lautet.[60] Der Vertragsschluss demgegenüber bietet für den Einzelnen die (einzige) Möglichkeit für ein Leben in Sicherheit und Wohlstand.

John Rawls
(1921–2002)

Die bekannteste Formulierung einer modernen Vertragstheorie, die sich der Mittel der Spiel- und Entscheidungstheorie bedient, ist die *Theorie der Gerechtigkeit* von John Rawls. Kernstück seiner Theorie ist ein Gedankenexperiment, dessen Ziel es ist, festzulegen, welche Grundsätze zur Regulierung unserer Gesellschaft vernünftigerweise in einer Vertragssituation zu akzeptieren wären. Es sind dies, wie Rawls sagt, »diejenigen Grundsätze, die freie und vernünftige Menschen in ihrem eigenen Interesse in einer anfänglichen Situation der Gleichheit zur Bestimmung der Grundverhältnisse ihrer Verbindung annehmen würden«[61]. Diese anfängliche Situation der Gleichheit, die gewährleisten soll, dass niemand aufgrund der Zufälligkeit der Natur oder gesellschaftlicher Umstände bevorzugt oder benachteiligt wird, nennt Rawls »ursprüngliche Position« (»*original position*«). Hergestellt wird diese strikte Form der Unparteilichkeit durch den »Schleier des Nichtwissens« (»*veil of ignorance*«), hinter dem sich die Parteien befinden, wenn sie die Grundsätze der Gerechtigkeit festlegen. Sie wissen weder, welche konkreten Personen sie sein werden, noch kennen sie ihre oder ihrer Vertragspartner Interessen, Ziele oder Konzeptionen des Guten. Rawls' Behauptung ist es, dass die Menschen in einem solchen Zustand bzw. einer solchen Entscheidungssituation sich vor allem für zwei Grundsätze entscheiden würden: »einmal die Gleichheit der Grundrechte und -pflichten; zum anderen den Grundsatz, dass soziale und wirtschaftliche Ungleichheiten, etwa verschiedener Reichtum oder verschiedene Macht, nur dann gerecht sind, wenn sich aus ihnen Vorteile für jedermann ergeben, insbesondere für die schwächsten Mitglieder der Gesellschaft.«[62] Rawls versucht, von diesen Prinzipien aus eine Theorie der Grundrechte, der Verfassung und der sozialen Gerechtigkeit zu entwickeln – also eher eine Rechtsphilosophie oder politische Philosophie. Andere Vertragstheoretiker wie zum Beispiel David Gauthier[63] haben dagegen versucht, die Vertragsidee auch in der Moralphilosophie fruchtbar zu machen.[64]

Wem gegenüber haben wir überhaupt moralische Verpflichtungen?

Zwischen den verschiedenen Positionen in der Ethik umstritten – wie man an diesen kurzen Charakterisierungen einiger ethischer Theorien erkennen kann – ist auch die Frage, *wem* gegenüber wir überhaupt moralische Verpflichtungen haben. Aristoteles hat Menschen, insbesondere die Bürger (Hausväter) der *polis*, im Blick. Für Kant besitzen vernünftige Wesen bzw. Personen eine »Würde«, im Unterschied zu anderen Entitäten, denen er bloß einen abwägbaren »Wert« zugesteht. Mill dagegen bezieht in sein utilitaristisches Moralprinzip ausdrücklich »die gesamte fühlende Natur« mit ein. Diskursethiker und Kontraktualisten schließlich räumen nur sprach- oder diskurskompetenten Lebewesen einen moralischen Status bzw. einen intrinsischen Wert ein.

Unterscheiden kann man anthropozentrische, pathozentrische, biozentrische und physiozentrische bzw. holistische Positionen. *Anthropozentrische* Positionen schreiben, kurz gesagt, nur (und allen) Menschen, *pathozentrische* Ansätze (schmerz-)empfindungsfähigen Lebewesen, *biozentrische* Modelle der ganzen belebten Natur und *holistische* Konzeptionen über diese hinaus der ganzen Natur und auch kulturellen Entitäten (kulturellen Traditionen und Artefakten) eigene moralische Schutzansprüche zu.

Die Entscheidung für die eine oder andere dieser Auffassungen hat weitreichende Folgen für den Umgang mit bestimmten Formen menschlichen Lebens (zum Beispiel menschlichen Embryonen), nicht-menschlichen Lebewesen oder der natürlichen Um- bzw. Mitwelt.[65] Wer eine pathozentrische Position für plausibel hält, wird zum Beispiel menschliche Embryonen erst ab ihrer Schmerzempfindlichkeit für schutzwürdig halten. Oder er wird in (schmerz-)empfindungsfähigen Tieren nicht nur eine Ressource für menschliche Zwecke sehen, sondern vielmehr Lebewesen mit eigenen moralischen Interessen oder Ansprüchen. Letzteres kann drastische Auswirkungen auf den Umgang des Menschen mit nicht-menschlichen Lebewesen haben, zum Beispiel im Hinblick auf Tierversuche oder auch im Hinblick auf unsere Essgewohnheiten.[66]

5. Warum soll man überhaupt moralisch sein?

Bislang haben wir die Frage »Was soll ich tun?« als Frage danach verstanden, was in einer gegebenen Situation das Richtige (oder Falsche) zu tun (oder unterlassen) sei. Wer sich eine solche Frage stellt, hat bereits einen moralischen Standpunkt eingenommen. Aus dieser Perspektive geht es nicht um die Frage, ob man überhaupt moralisch handeln soll, sondern vielmehr darum, angesichts mehrerer Handlungsoptionen diejenige zu ermitteln, die in der konkreten Situation richtig oder gut ist. Als Antwort erwarten wir (in der Regel) die begründete Entscheidung für eine der infrage stehenden Handlungsoptionen. Man kann die Frage »Was soll ich tun?« aber auch in einem anderen, radikaleren Sinn stellen. Auch dann geht es um eine spezifische Form der Begründung, die sich in diesem Fall jedoch auf das ethische Handeln im Ganzen bezieht. Die Frage lautet dann nicht länger, ob diese oder jene Handlung diejenige ist, die von mir verlangt ist, sondern warum man überhaupt moralisch sein soll. Diese Frage kann sich offenkundig auch derjenige stellen, der bereits weiß, welche Handlung moralisch geboten oder verboten, richtig oder falsch ist. Auch eine solche Person kann sich die Frage stellen, ob sie denn auch moralisch handeln soll.[67] Nennt man die Antwort auf erstere Frage eine »interne« Begründung, die Antwort auf die zweite Frage eine »externe« Begründung[68], dann kann man auch sagen: Selbst wer in der Lage ist, eine interne Begründung zu verstehen, kann dennoch nach einer externen Begründung fragen.

Ihre Berechtigung hat die Frage nach einer Begründung ethischen Handelns im Ganzen vor allem aufgrund der oben bereits angesprochenen spezifischen Zumutungsqualität ethischer Urteile. Von der Adressatin bzw. dem Adressaten moralischer Forderungen wird ja nicht weniger verlangt, als dass sie bzw. er sich bestimmter Handlungen enthält, die sie bzw. er ausführen könnte – und möglicherweise auch ausführen möchte. Oder es wird von ihr bzw. ihm verlangt, bestimmte Handlungen auszuführen, die sie auch unterlassen könnten – und die auszuführen die Moraladressaten einen (möglicherweise hohen) Preis kosten könnte. Solange es, mit anderen Worten, eine »strukturelle[n] Spannung zwischen dem Selbstinteresse der Individuen und den Forderungen der Moral«[69] gibt, drängt sich die Frage nach einer externen Begründung der Ethik jedenfalls auf.

In der moralphilosophischen Diskussion werden Personen, die einerseits rational sind und moralische Forderungen durchaus als solche verstehen können, sich diese andererseits aber nicht zu eigen machen, häufig als »Amoralisten« bezeichnet. Möglicherweise handelt es sich bei der Figur des *Amoralisten* um eine philosophische Fiktion bzw. um ein bloßes Gedankenexperiment. Kurt Bayertz beispielsweise meint, dass Amoralisten, »ausschließlich in der philosophischen Literatur« und nicht »auf der Wildbahn des wirklichen Lebens« anzutreffen seien.[70] Leser »realistischer« Literatur mögen anderer Meinung sein. Die durch die prinzipielle Möglichkeit des Amoralismus aufgeworfene Frage bleibt davon jedoch unberührt. Welche Antwort also kann die philosophische Ethik dem Amoralisten bzw. einer Person geben, die nicht bereits den »Standpunkt der Moral« eingenommen hat?

Unsere bis hierher vorgetragenen Überlegungen lassen bereits vermuten, dass in der ethischen Diskussion ganz unterschiedliche Antworten auf diese Frage gegeben worden sind.[71] So könnte man sich, um die Frage nach einer Begründung der Ethik als ganzer zu beantworten, auf metaphysische Instanzen wie den Gott der monotheistischen Religionen berufen. In den religiösen und metaphysischen Traditionen wurde die Begründungsfrage oft durch den Hinweis auf einen göttlichen Willen bzw. göttliche Gebote beantwortet. Das Problem einer solchen Begründung besteht, wie oben unter »Religion und Moral« erörtert, natürlich darin, dass diese nur jemanden überzeugen wird, der von der Existenz eines selber moralischen (bzw. guten, heiligen) Gottes überzeugt ist. Er sollte allerdings auch eine konsistente Vorstellung eines rational verständlichen, allgütigen und allmächtigen Gesetzgebers haben, was angesichts der Übel in der Welt nicht leicht ist (*Theodizee*-Problem). Für jemanden, der an der Existenz Gottes zweifelt oder diese sogar verneint, ist die Berufung auf einen göttlichen Willen als Urheber des Moralgesetzes kaum überzeugend. Aber selbst aus der Perspektive eines gläubigen Menschen hat diese Begründung als eine prinzipielle rationale Antwort auf die Frage »Warum moralisch sein?« erhebliche Mängel: Seine Begründung für das Gebot moralischen Handelns wird ja vielen Menschen, den Ungläubigen nämlich, unverständlich bleiben – und damit gerade jenen, die ihrer seiner Auffassung nach vermutlich am meisten bedürfen.

Eine zweite Antwort auf die externe Begründungsfrage könnte lauten: Man soll moralisch sein, weil dies im besten Interesse aller ist. Dieses Argument wird nicht nur die Anhängerinnen und Anhänger einer kontraktualistischen Ethikkonzeption überzeugen, sondern zum Beispiel auch jene, die aus anderen Gründen eine »funktionalistische« Ethiktheorie für richtig halten. Wer Moral im Wesentlichen für eine soziale Institution mit dem Ziel der Kooperationsoptimierung hält, wird diesem Gedanken zumindest offen gegenüberstehen. Fraglich ist jedoch, ob diese Antwort überhaupt eine Antwort auf die externe Begründungsfrage ist. Immerhin muss sich, wer am »besten Interesse aller« interessiert ist, bereits eine universalistische Perspektive zu eigen gemacht haben. Zumindest muss er »das Menschengeschlecht gewissermaßen aus der Vogelperspektive«[72] betrachten. Ganz gleich also, ob eine Welt, in der es Moral gibt, tatsächlich besser ist als eine Welt ohne Moral, kann der Amoralist mit Recht fragen, ob sie auch *für ihn* die bessere Welt ist. Und es könnte sich durchaus herausstellen, dass eine Welt, in der es Moral gibt, zwar auch für ihn die bessere Wahl wäre; eine Welt aber, in der es Moral gibt, in der *er selbst* sich aber gerade nicht an moralische Forderungen gebunden fühlt, noch besser. Für diesen Amoralisten wäre, mit anderen Worten, Trittbrettfahren die optimale Strategie.[73]

Auf dieses Problem reagiert eine dritte Antwort: Könnte es nicht sein, dass es in meinem eigenen wohlverstandenem Interesse ist, moralisch zu sein? Tatsächlich hat es in der Geschichte der Ethik eine Reihe von Versuchen gegeben, genau dies zu zeigen. In der Tat scheint es gute Argumente dafür zu geben, dass moralisches Handeln »auf lange Sicht und im Allgemeinen« die Chance eines Individuums auf eine Befriedigung seiner Interessen und seines Wohlergehens erhöht. Ob diese Einsicht den klugen Amoralisten jedoch wirklich zufrieden stellen kann, ist wiederum fraglich. Stattdessen wird er sich vielleicht sagen, dass es zwar klug sein mag, im Allgemeinen moralisch zu handeln, dass es aber ebenfalls klug ist, jetzt, wo die Situation günstig ist, den eigenen Interessen zu folgen.[74] Oder wie der platonische Gorgias behauptet: Man muss gerecht scheinen, aber in den Situationen möglicher eigener Verluste nicht gerecht sein.[75] Auf diesen Einwand könnte eine

Tugendethikerin bzw. ein Tugendethiker in der aristotelischen Tradition möglicherweise antworten, dass eine bestimmte habituelle Einstellung des Charakters eine günstige Voraussetzung sei, um ihr auf lange Sicht zum Vorteil bzw. zum Glück zu gereichen. Ob mit diesem Argument die »›Lücke‹ zwischen Klugheit und Moralität«[76] tatsächlich geschlossen werden kann, ist jedoch fraglich.[77]

Schließlich wurde die externe Begründungsfrage auch damit beantwortet, dass es »objektiv vernünftig« sei, moralisch zu handeln. Dies war insbesondere die Auffassung von Kant. Vernunftgemäß handeln heißt für Kant, die Maximen des Handelns einem Test zu unterwerfen und zu prüfen, ob sie in ein System von Gesetzen für alle vernünftigen Wesen passen würden. Kant nennt, wie oben dargestellt, das innere Gebot, nur nach Maximen zu handeln, die einem solchen Test standhalten, einen kategorischen Imperativ. Maximen, die diesen Text nicht bestehen, sagt Kant, kann ich nicht widerspruchsfrei denken bzw. zumindest nicht widerspruchsfrei wollen. Kant versucht also »über das Prinzip der Widerspruchsfreiheit als einem grundlegenden Rationalitätsprinzip die Ethik zu begründen«[78]. Ob die Schlussfolgerung, dass es vernünftig sei, moralisch zu handeln, wirklich überzeugt, ist allerdings ebenfalls wieder fraglich. Offen bleibt auch, ob man nicht irrational (unvernünftig) sein *kann* oder sein *darf* – womit die Moralität wieder vorausgesetzt wäre. Kant macht sich an dieser Stelle offenkundig einen Vernunftbegriff zu eigen, der in der Tradition des »göttlichen Funkens« im Menschen (Stoa) steht und deutlich vom heute üblichen Begriff subjektiver Rationalität abweicht.[79]

6. Ethische Expertise

Wer unserer Darstellung bis hierher gefolgt ist, wird vielleicht enttäuscht sein, hat es sich doch gezeigt, dass es *die* philosophische Ethik, die Einzelfallentscheidungen »deduzieren« könnte, nicht gibt. Man kann nur etwas über die Kriterien sagen, die man im Hinblick auf konkrete Handlungen oder Entscheidungen für angemessen hält bzw. zwischen denen man abwägen muss. Und selbst da folgen aus unterschiedlichen Ethikkonzeptionen häufig unterschiedliche Kriterien oder Gewichtungen. Selbst auf die Frage, warum man überhaupt moralisch sein soll, scheint es, wie gesehen, keine unumstrittene Antwort zu geben. Eine eindeutige, »zwingende« Wissenschaft der Ethik, eine festgefügte Doktrin der Ethik gibt es nicht – auch wenn es in der Neuzeit nicht an Versuchen gemangelt hat, eine Ethik mit mathematischer Gewissheit oder Genauigkeit, eine Ethik »*more geometrico demonstrata*« (Spinoza) zu entwerfen.

Das darf nun freilich nicht zu dem Missverständnis verleiten, in der Ethik sei alles relativ. Insbesondere bedeutet es nicht, dass rationale Argumente bei der Formulierung moralischer Argumente oder im Hinblick auf die Lösung moralischer Probleme keine Rolle spielten. Im Gegenteil: Die wichtigste Aufgabe der Ethik als einer Wissenschaft besteht eben darin, Begriffe zu präzisieren, Probleme zu identifizieren und Fragen zu formulieren. Als Ethikerin oder Ethiker kann man vielleicht, wie Dieter Birnbacher behauptet, »stets nur negativ argumentieren«[80], indem zum Beispiel unhaltbare oder auf problematischen Prämissen aufbauende Argumentationen und Positionen aus den rational wählbaren Optionen eliminiert werden. Ohne einen Anspruch darauf erheben zu können, »richtige« Lösungen präsentieren zu können, die sich, wie moralische Überzeugungen generell, nicht zwingend beweisen lassen, kommt der philosophischen Ethik damit aber immerhin eine wichtige »Filterfunktion«[81] zu.

Erneuerte Grabinschrift für Immanuel Kant in deutscher und russischer Sprache an der russischen Universität in Kaliningrad

Ethikerinnen (bzw. Ethiker) können insofern eine spezifische ethische Expertise für sich in Anspruch nehmen: Sie verfügen über spezifische Kenntnisse und analytische und rekonstruktive Kompetenzen.[82] Erwarten darf man beispielsweise, dass sie zu logischem Denken, zu Begriffsanalysen und begrifflichen Differenzierungen sowie zu rationalem Argumentieren in der Lage sind und logische oder begriffliche Fehler vermeiden. Darüber hinaus kann man erwarten, dass sie wichtige ethische Traditionen und bedeutende Moralkonzeptionen kennen und die Bedeutung zentraler moralischer Ausdrücke wie beispielsweise der Begriffe Menschenwürde oder Autonomie verstehen.

Sie sind daher in der Lage, zu mehr Konsistenz, Kohärenz, Differenzierung und Transparenz in moralischen Fragen beizutragen.[83]

Die Last, moralische Entscheidungen treffen und verantworten zu müssen, kann freilich niemand den Handelnden abnehmen. Manche werden dies bedauern und als Verlust von Sicherheit und Verbindlichkeit beklagen. Andere werden darin dagegen eine Loslösung von Autoritäten und einen Zuwachs an menschlicher Autonomie sehen.

Verwendete Literatur

Ach, Johann S.: *Warum man Lassie nicht quälen darf. Tierversuche und moralischer Individualismus*, Erlangen 1999.

Aristoteles: *Die Nikomachische Ethik*, übers. u. m. einer Einl. u. Erläuterungen versehen v. Olof Gigon. München ²1995.

Badura, Jens: Kohärentismus. In: *Handbuch Ethik*, hg. von Düwell, Marcus, Christoph Hübenthal und Micha H. Werner. Stuttgart/Weimar ²2006, S. 194–205.

Bayertz, Kurt: Praktische Philosophie als angewandte Ethik. In: *Praktische Philosophie. Grundorientierungen angewandter Ethik*, hg. von Kurt Bayertz. Reinbek bei Hamburg 1991, S. 7–47.

Bayertz, Kurt: Einleitung: Warum moralisch sein? In: *Warum moralisch sein?*, hg. von Kurt Bayertz. Paderborn 2002, S. 9–33.

Bayertz, Kurt: *Warum überhaupt moralisch sein?*, München 2004.

Bentham, Jeremy: *An introduction to the principles of morals and legislation*, Oxford 1996.

Birnbacher, Dieter: Für was ist der »Ethik-Experte« Experte? In: *Angewandte Ethik in der pluralistischen Gesellschaft*, hg. von Klaus Peter Rippe. Freiburg (Schweiz) 1999, S. 267–283.

Birnbacher, Dieter: *Analytische Einführung in die Ethik*, Berlin ²2007.

Brülisauer, Bruno: *Moral und Konvention. Darstellung und Kritik ethischer Theorien*, Frankfurt a.M. 1988.

Davidson, Donald: *Handlung und Ereignis*, Frankfurt a.M. 1985.

Düwell, Marcus, Christoph Hübenthal und Micha H. Werner (Hg.): *Handbuch Ethik*, Stuttgart/Weimar ²2006.

Fenner, Dagmar: *Das gute Leben*, Berlin/New York 2007.

Foot, Philippa: *Die Natur des Guten*, Frankfurt a.M. 2004.

Forschner, Maximilian: *Über das Glück des Menschen. Aristoteles, Epikur, Stoa, Thomas v. Aquin, Kant*, Darmstadt 1993.

Gauthier, David: *Morals by agreement*, Oxford 1986.

Gesang, Bernward: *Eine Verteidigung des Utilitarismus*, Stuttgart 2003.

Gilligan, Carol: *Die andere Stimme. Lebenskonflikte und Moral der Frau*, München 1984.

Goettert, Karl-Heinz: *Argumentation. Grundzüge ihrer Theorie im Bereich des theoretischen Wissens und praktischen Handelns*, Tübingen 1978.

Habermas, Jürgen: *Moralbewußtsein und kommunikatives Handeln*, Frankfurt a.M. 1983.

Habermas, Jürgen: Vom pragmatischen, ethischen und moralischen Gebrauch der praktischen Vernunft. In: Habermas, Jürgen: *Erläuterungen zur Diskursethik*, Frankfurt a.M. 1991, S. 100–118.

Hahn, Susanne: *Überlegungsgleichgewicht(e)*, Freiburg/München 2000.

Halbig, Christoph: *Praktische Gründe und die Realität der Moral*, Frankfurt a.M. 2007.

Hare, Richard M.: *Moralisches Denken: seine Ebenen, seine Methoden, sein Witz*, Frankfurt a.M. 1992.

Hastedt, Heiner: *Aufklärung und Technik. Grundprobleme einer Ethik der Technik*, Frankfurt a.M. 1991.

Hobbes, Thomas: *Leviathan oder Stoff, Form und Gewalt eines kirchlichen und bürgerlichen Staates (1651)*, hg. u. eingl. v. Iring Fetscher. Frankfurt a.M. 1984.

Höffe, Otfried (Hg.): *Einführung in die utilitaristische Ethik. Klassische und zeitgenössische Texte*, Tübingen ²1992.

Höffe, Otfried: *Lebenskunst und Moral oder Macht Tugend glücklich?*, München 2007.

Hoerster, Norbert: *Was ist Recht? Grundfragen der Rechtsphilosophie*, München 2006.

Horster, Detlef (Hg.): *Weibliche Moral – ein Mythos?*, Frankfurt a.M. 1998.

Jonsen, Albert R. und Stephen Toulmin: *The Abuse of Casuistry: A History of Moral Reasoning*, Berkeley/Los Angeles 1988.

Kant, Immanuel: *Grundlegung zur Metaphysik der Sitten (1786)*, Kommentar v. Chr. Horn, Corinna Mieth u. Nico Scarano. Frankfurt a.M. 2007.

Kampert, Heinz: *Eudaimonie und Autarkie bei Aristoteles*, Paderborn 2003.

Kohlberg, Lawrence: *Die Psychologie der Moralentwicklung*, Frankfurt a.M. 1996.

v. Kutschera, Franz: *Grundlagen der Ethik*, Berlin/New York ²1999.

Mackie, John Leslie: *Ethik. Auf der Suche nach dem Richtigen und Falschen*, Stuttgart 1981.

MacIntyre, Alasdair: *Geschichte der Ethik im Überblick. Vom Zeitalter Homers bis zum 20. Jahrhundert*, Königstein 1984.

MacIntyre, Alasdair: *Der Verlust der Tugend*, Darmstadt 1987.

Mill, John Stuart: *Utilitarianism / Der Utilitarismus (1861)*, übers. u. hg. v. Dieter Birnbacher. Ditzingen 2006.

Nagel, Thomas: *Die Möglichkeit des Altruismus (The Possibility of Altruism)*, dt. v. M. Gebauer u. H. P. Schütt. Bodenheim 1998.

Nida-Rümelin, Julian: Theoretische und angewandte Ethik: Paradigmen, Begründungen, Bereiche. In: *Angewandte Ethik. Die*

Bereichsethiken und ihre theoretische Fundierung. Ein Handbuch, hg. von Julian Nida-Rümelin. Stuttgart ²2005, S. 2–87.

Nussbaum, Martha: *Gerechtigkeit oder Das gute Leben*, Frankfurt a.M. 1999.

Pauer-Studer, Herlinde: Ethik und Geschlechterdifferenz. In: *Angewandte Ethik. Die Bereichsethiken und ihre theoretische Fundierung. Ein Handbuch*, hg. von Julian Nida-Rümelin. Stuttgart ²2005, S. 88–139.

von der Pfordten, Dietmar: Rechtsethik. In: *Angewandte Ethik. Die Bereichsethiken und ihre theoretische Fundierung. Ein Handbuch*, hg. von Julian Nida-Rümelin. Stuttgart ²2005, S. 202–301.

Platon: *Der Staat*, übers. u. hg. v. Otto Apelt. In: Sämtliche Dialoge, Bd. 5. Hamburg 1988.

Quante, Michael: *Einführung in die Allgemeine Ethik*, Darmstadt 2003.

Rawls, John: *Eine Theorie der Gerechtigkeit*, Frankfurt a.M. ⁷1993.

Ross, William D.: *The Right and the Good*, Oxford 1930.

Sidgwick, Henry: *The methods of ethics*, Cambridge ⁷1981.

Siep, Ludwig: *Konkrete Ethik. Grundlagen der Natur- und Kulturethik*, Frankfurt a.M. 2004.

Siep, Ludwig: Vernunft und Tugend. In: *Abwägende Vernunft. Praktische Rationalität in historischer, systematischer und religionsphilosophischer Perspektive*, hg von F.-J. Bormann und Ch. Schröer. Berlin/New York 2004, S. 344–360.

Singer, Peter: *Praktische Ethik*, Stuttgart ²1994.

Singer, Peter: *Wie sollen wir leben? Ethik in einer egoistischen Zeit*, Erlangen 1996.

Stemmer, Peter: Moralischer Kontraktualismus. In: *Zeitschrift für philosophische Forschung* 56, 2002, S. 1–21.

Tetens, Holm: *Philosophisches Argumentieren. Eine Einführung*, München ²2006.

Tugendhat, Ernst: *Vorlesungen über Ethik*, Frankfurt a.M. 1993.

Williams, Bernard: *Der Begriff der Moral. Eine Einführung in die Ethik*, aus d. Engl. übers. v. E. Bubser. Stuttgart 1978.

Wolf, Jean Claude: *Tierethik. Neue Perspektiven für Menschen und Tiere*, Erlangen ²1995.

Kommentierte Auswahlbibliographie

Nachschlagewerke und Sammelbände

Düwell, Marcus, Christoph Hübenthal und Micha H. Werner (Hg.): *Handbuch Ethik*, Stuttgart/Weimar ²2006.
(*Das Handbuch umfasst drei Teile. Der erste, systematische Teil gibt einen umfassenden Überblick über wichtige ethische Theorien. Im zweiten Teil werden verschiedene Bereichsethiken vorgestellt, im dritten Teil werden ethisch relevante Grundbegriffe präsentiert. Das Buch kann daher als Übersichtswerk ebenso gelesen wie als Lexikon genutzt werden.*)

Hastedt, Heiner und Ekkehard Martens (Hg.): *Ethik. Ein Grundkurs*, Reinbek ²1996.
(*Der Band, der sich an Schüler und Studierende richtet, führt in zentrale Fragen und Aspekte der Ethik ein. Der Schwerpunkt liegt dabei auf einer historischen und systematischen Darstellung von Grundpositionen antiker und neuzeitlicher Ethik sowie zentraler Begriffe der Ethik wie Glück, Verantwortung oder Gerechtigkeit.*)

Höffe, Otfried (Hg.): *Lexikon der Ethik*, München ⁷2008.
(*Die wichtigsten Grundbegriffe aller Gebiete der Ethik werden in einem handlichen Bändchen erklärt. Das Buch enthält ferner eine kurze Charakterisierung der wichtigsten ethischen Positionen sowie der klassischen Autoren der Ethik mit ihren wichtigsten Werken.*)

Allgemeine Einführungen

Birnbacher, Dieter: *Analytische Einführung in die Ethik*, Berlin/New York ²2007.
(*Birnbacher gibt in der argumentativ-systematischen Weise der analytischen Philosophie einen Überblick über die Probleme der Moralphilosophie und die Antworten der Ethik auf die Frage nach dem Wesen, den Funktionen und den Inhalten der Moral.*)

Fenner, Dagmar: *Ethik. Wie soll ich handeln?*, Stuttgart 2008.
(*Anfängerfreundliches Lehr- und Lernbuch zur Einführung in die Ethik. Anschauungsbeispiele, Abbildungen und Tabellen, Übersichten und Übungsaufgaben am Ende eines jeden Kapitels erleichtern das eigene Studium.*)

Frankena, William K.: *Analytische Ethik. Eine Einführung*, München ⁵1994.
(*Kurzgefasste Einführung in die analytische Ethik, die ohne metaphysische Voraussetzungen auszukommen versucht.*)

Quante, Michael: *Einführung in die Ethik*, Darmstadt 2003.
(*Der Band führt auf anspruchsvolle Weise in zentrale Grundbegriffe und wichtige Grundpositionen der Ethik ein. Eine wichtige Rolle spielen dabei metaethische Fragen. Am Ende eines jeden Kapitels findet man Zusammenfassungen, Lektürehinweise und Übungsfragen, die zum vertieften Studium einladen.*)

Ricken, Friedo: *Allgemeine Ethik*, Stuttgart ³1998.
(*Ricken gibt eine umfassende, teilweise recht anspruchsvolle Einführung in die Ethik. Der Band wird gleichermaßen der Tradition der Ethik seit der Antike wie der modernen analytischen Debatte gerecht.*)

Tugendhat, Ernst: *Vorlesungen über Ethik*, Frankfurt a.M. 1993.
(*Tugendhat führt in Form von achtzehn Vorlesungen in die Ethik ein und stellt – in Auseinandersetzung mit verschiedenen Ethiktheorien – einen eigenen, von Kant und dem ethischen Empirismus (Adam Smith) ausgehenden, Vorschlag zur Diskussion.*)

GESCHICHTE DER ETHIK

MacIntyre, Alasdair C.: *Geschichte der Ethik im Überblick. Vom Zeitalter Homers bis zum 20. Jahrhundert*, Frankfurt a.M. 1991.
(Eine übersichtliche, umfassende Darstellung der Geschichte der philosophischen Ethik in Europa von ihren griechischen Ursprüngen bis zu den Klassikern der analytischen Ethik (Hare) und dem französischen Existentialismus (Sartre).)

Anmerkungen

1 Vgl. den Beitrag Siep in diesem Band
2 Tugendhat 1993, S. 14.
3 Siep 2004.
4 Wir beschränken uns in diesem Beitrag auf die europäische philosophische Tradition. Wichtige Beiträge zur allgemeinen Moral, Alternativen zur europäischen philosophischen Ethik und Einflüsse auf diese gibt es natürlich in anderen Kulturen. Man denke an die offenbar zuerst in China formulierte Goldene Regel oder die Zehn Gebote der jüdischen Tradition.
5 Singer 1996, S. 209.
6 Vgl. Ross 1930.
7 Zur Frage des »guten« oder »gelingenden« Lebens vgl. auch Fenner 2007.
8 Als ein Beispiel für viele: MacIntyre 1984.
9 Gilligan 1984.
10 Kohlberg 1996.
11 Vgl. dazu die Diskussion bei Horster 1998 und Pauer-Studer 2005.
12 Vgl. hierzu aber auch die Diskussion in Horster 1998.
13 Quante 2003, S. 17; vgl. auch Birnbacher 2007.
14 Nida-Rümelin 2005, S. 61.
15 Bayertz 1991.
16 Singer 1994.
17 Hastedt 1991.
18 Nida-Rümelin 2005.
19 Siep 2004.
20 v. Kutschera 1999.
21 Vgl. Halbig 2007.
22 Quante 2003, S. 18.
23 Zu den »Grundfragen der Rechtsphilosophie« vgl. Hoerster 2006.
24 Zum Verhältnis Moral-Recht vgl. v.d. Pfordten 2005.
25 Kant 2007, S. 47; vgl. auch Habermas 1991; Höffe 2007.
26 Kant 2007, S. 46.
27 Kant 2007, S. 47.
28 Tetens 2006, S. 23.
29 Zum Verhältnis kausaler Erklärungen von Ereignisfolgen und Handlungserklärungen vgl. Davidson 1985.
30 Kant 2007, S. 52.
31 Kant 2007, S. 62.
32 Rawls 1993, S. 29.
33 Habermas 1983.
34 Hare 1992, S. 63.
35 Hare 1992, S. 88.
36 Hare 1992, S. 104. Gelegentlich werden aber auch Gegenbeispiele wie das des Malers Paul Gauguin diskutiert, der seine Familie (moralische Verpflichtung) zugunsten seiner künstlerischen Selbstverwirklichung (ästhetischer Wert) verlassen hatte.
37 Jonsen/Toulmin 1988.
38 Badura 2006, S. 198. Zu den Arten und Problemen des Überlegungsgleichgewichts vgl. Hahn 2000.
39 Forschner 1993.
40 Borchers 2001, S. 289. Bezüglich der Bedeutungen von dauerhaften Dispositionen und einzelnen richtigen Handlungen gibt es Differenzen zwischen verschiedenen Formen der Tugendethik. Aristoteles und Thomas von Aquin behaupten die Wechselwirkung zwischen Disposition und richtiger Entscheidung.
41 Dass die Tugend auf die richtige Handlung ausgerichtet ist (*habitus operativus*) betont auch Thomas von Aquin, S. Th. II, 1. Q. 55, a. 2.
42 Aristoteles 1995.
43 Kampert 2003, unterscheidet sechs Autarkiebegriffe in der aristotelischen Ethik und Politik (vgl. S. 240–248, 297).
44 Höffe 2007, S. 180.
45 MacIntyre 1987.
46 Foot 2004.
47 Nussbaum 1999. Nussbaum hält Tugenden allerdings für einen notwendigen Bestandteil einer jeden vernünftigen Ethik, weshalb sie das Verständnis der Tugendethik als eines Grundtyps der Ethik zurückweist. Zur Reichweite der Tugendethik vgl. auch Siep 2004.
48 Kant 2007, S. 57.
49 Kant 2007, S. 52.
50 Mill 2006, S. 15.
51 Bentham 1996.
52 Mill 2006.
53 Sidgwick 1981.
54 Mill 2006, S. 39.
55 Mill 2006, S. 33.
56 Vgl. Mackie 1981, S. 163 ff., der unter anderem auch deshalb von einer »Ethik der Illusionen« spricht.
57 Vgl. dazu auch Gesang 2003; Höffe 1992.
58 Hare 1992.
59 Brülisauer 1988, S. 199.
60 Hobbes 1984.
61 Rawls 1993, S. 28.
62 Rawls 1993, S. 31 f.
63 Gauthier 1986.
64 Vgl. dazu auch: Stemmer 2002.
65 Meyer-Abich spricht, um Eigensinn und Eigenwert der uns umgebenden Natur zu betonen, von unserer »natürlichen Mitwelt« (Meyer-Abich 1990, S. 11).
66 Ach 1999; Wolf 1995.
67 Hierzu und zum Folgenden vgl. Bayertz 2002 und 2004.
68 Quante 2003, S. 14.
69 Bayertz 2002, S. 32 f.
70 Bayertz 2002, S. 15.
71 Vgl. zum Folgenden wiederum Bayertz 2002.
72 Bayertz 2002, S. 23.
73 Bayertz 2002, S. 24.
74 Bayertz 2002, S. 27.

[75] Platon 1988, 2. Buch.
[76] Bayertz 2002, S. 29.
[77] Vgl. dazu auch Höffe 2007, insbesondere Kapitel 12.
[78] Quante 2003, S. 131.
[79] Bayertz 2002, S. 30 mit Verweis auf Tugendhat, der von Vernunft »fettgedruckt« spricht, um den Unterschied zu kennzeichnen (1993, S. 70). Ein Versuch, mit einem schwächeren Vernunftbegriff auszukommen, ist Nagel 1998.
[80] Birnbacher 1999, S. 273.
[81] Birnbacher 1999, S. 271.
[82] Vgl. den Beitrag Siep in diesem Band.
[83] Birnbacher 1999, S. 271.

II.
ETHISCHE THEORIEN

MORALISCHE EXZELLENZ

Einführung in die Tugendethik

Dagmar Borchers

1. Einführung
2. Grundzüge der Tugendethik
    2.1 Kernfrage & Moralverständnis
    2.2 Die Terminologie
    2.3 Normativität
3. Über Tugenden
    3.1 Was ist eigentlich eine Tugend?
    3.2 Warum haben Sekundärtugenden so einen schlechten Ruf?
4. Wie geht ein Tugendethiker mit moralischen Problemen um?
    4.1 Die Tugendethik als normative Moraltheorie
    4.2 Ein klassisches Problem: Der moralische Status des Embryos

1. Einführung

Wer von seinen Freunden verlangt, dass sie *aufrichtig*, von Lehrern, dass sie *gerecht*, von Politikern, dass sie *besonnen* und von Managern, dass sie *maßvoll* sein sollten, spricht die Sprache der Tugenden. Er möchte, dass jene Personen Qualitäten zeigen, die etwas mit ihren jeweiligen Rollen, Positionen und Verantwortlichkeiten zu tun haben – Qualitäten, die zum Teil moralischer, zum Teil nicht-moralischer Natur sind. Tugendbegriffe dieser Art nehmen bei der Beurteilung von Menschen, insbesondere bei der moralischen Einschätzung einen großen Stellenwert ein. Vielen Menschen ist das gar nicht bewusst. »Tugendhaft sein« – das klingt altbacken und nicht besonders aufregend. De facto spielen Tugenden aber in unserem Moralverständnis eine wichtige Rolle. Wir fragen nicht nur danach, ob eine bestimmte *Handlung* richtig oder falsch war, sondern wir beurteilen auch die *Haltungen*, die wir in bzw. hinter diesen Handlungen zu erkennen glauben. *Wir fragen, wie man sein müsste, wenn man in moralischer Hinsicht exzellent sein wollte.* Auch heute noch sind moralische Vorbilder wichtig für uns. Moralische Vorbilder sind Menschen, die in (fast) jeder moralisch brisanten Situation das moralisch Angemessene tun. Sie zeigen in ihrem Leben Haltungen, die wir als adäquat empfinden. In diesem Abschnitt wird es darum gehen, jene Moraltheorie vorzustellen, die Tugenden ins Zentrum stellt und systematisch über sie reflektiert: die Tugendethik. Sie fragt u. a.: Welche moralischen und außermoralischen Eigenschaften bezeichnen wir heute als Tugenden? Warum sind sie uns wichtig? Wie können wir uns innerhalb einer Gemeinschaft auf die für uns einschlägigen Tugenden verständigen? Was können wir Menschen raten, die nicht sehen, warum es sinnvoll sein könnte, tugendhaft zu sein? Das Nachdenken über Moral begann in der Antike als Tugendethik. Heute haben wir es neben den antiken tugendethischen Theorien von

Aristoteles, Platon, der Stoa u. a. auch mit Konzeptionen zeitgenössischer Tugendethiker wie zum Beispiel Philippa Foot, Martha Nussbaum oder John McDowell zu tun, die sich ganz bewusst wieder diesem antiken Ansatz zugewendet haben und versuchen, ihn auf dem Begründungs- und Argumentationshintergrund der modernen Ethik zu reformulieren und dabei den Nachweis zu führen, wie leistungsstark die Tugendethik auch in der Auseinandersetzung mit aktuellen moralischen Fragen und Problemen ist. Dieser Artikel konzentriert sich in seiner Darstellung des tugendethischen Ansatzes vor allem auf diese zeitgenössische Variante.

2. Grundzüge der Tugendethik

2.1 Kernfrage und Moralverständnis

Die *Tugendethik* – antike wie zeitgenössische – unterscheidet sich von den beiden anderen großen Theorie-Familien *Deontologismus* (Pflichtethik) und *Konsequentialismus* in grundlegender Weise. In der Tugendethik findet man eine andere Kern- bzw. Ausgangsfrage als bei der Konkurrenz: Sie fragt nicht »Was soll ich *tun*?«, »Welche Handlungen sind moralisch richtig und welche sind moralisch falsch?«, sondern »Wie soll ich *sein*?«. Zentraler Gegenstandsbereich moralischer Bewertungen sind nicht die Konsequenzen oder die Pflichtmäßigkeit einer Handlung, sondern der *Charakter des moralischen Akteurs* selbst. Im Zentrum dieser Moraltheorie steht der *Akteur*, nicht die *Handlung*. Es geht ihr im Kern darum, *Charakterzüge* bzw. *Haltungen* als moralisch angemessen bzw. sogar als exzellent auszuzeichnen. Gerechtigkeit, Besonnenheit, Aufrichtigkeit, Verantwortungsbereitschaft – all dies sind Beispiele für Charakterzüge oder Dispositionen, die wir an einem Menschen mögen oder gar bewundern, den wir für ein moralisches Vorbild halten, und dessen Art mit Menschen umzugehen wir schätzen.

Moralische Qualität ist nach Ansicht von Tugendethikern primär die Eigenschaft von *Personen* bzw. deren Charakter und nur in abgeleiteter Form die von *Handlungen*. Dementsprechend gilt der moralischen Bewertung von Handlungen in der Tugendethik nicht das primäre Interesse. Auch das Kriterium dafür, was eine Handlung in moralischer Hinsicht auszeichnet, ist bei ihr ein ganz eigenes: Für die *Pflichtethik* ist eine Handlung moralisch richtig, wenn wir dadurch, dass wir sie ausführen, einer moralischen Pflicht nachkommen. Für den *Konsequentialismus* ist eine Handlung dann moralisch richtig, wenn sie von den zur Wahl stehenden Alternativen diejenige ist, die für die von ihr Betroffenen die bestmöglichen Konsequenzen hat. In der Tugendethik gilt ganz allgemein: *Moralisch richtig ist, was ein tugendhafter Mensch tun würde.*

> »Die Moral ist etwas Internes. Das Gesetz der Sittlichkeit muss die Form ›Sei so‹ und nicht die Form ›Handle so‹ annehmen. Das wahre moralische Gesetz lautet nicht ›Töte nicht‹, sondern ›Hasse nicht‹. Nur in Form einer Richtschnur für den Charakter kann das Gesetz der Sittlichkeit zur Darstellung kommen.« (Frankena 1994: 79)

So ist es in der Diskussion um die Bezüge von Spitzenkräften der Wirtschaft nicht in erster Linie die *Handlung* der Protagonisten, extrem hohe Abfindungsleistungen zu fordern oder zu akzeptieren, die die öffentliche Empörung evoziert hat, sondern die *Haltung*, die man dahinter zu erkennen glaubt und die als symptomatisch für einen größeren Kreis von Spitzenkräften in der Wirtschaft gilt. Die Handlung selbst ist *Ausdruck eines mangelnden Gespürs für das Angemessene* und damit zugleich Beleg für den defizitären Charakter der Protagonisten oder auch eines Defizits an einschlägigen Tugenden wie etwa die der Mäßigung. »Tugend« lässt sich dementsprechend als verlässliches Gespür für die Erfordernisse einer bestimmten Situation definieren, das sich wesentlich aus (moralischer) Erfahrung speist. Für die Tugendethik ist moralisches Handeln Teil der Entwicklung und Formung der eigenen Persönlichkeit, Teil der Gestaltung seiner Existenz. Die für sie zentralen Fragen »Wie will ich sein? Wie will ich leben?« verweisen auf den Zusammenhang zwischen der Wahl persönlicher Haltungen durch den Akteur und der Gesamtrichtung, die er seinem Leben damit geben möchte.

Für Tugendethiker ist dabei wichtig, dass die Frage, was ein Gutes Leben ausmacht – wie wir leben sollten, damit wir am Ende mit unserem Leben glücklich und zufrieden sein können –, nicht aus dem Bereich der Moraltheorie *ausgeklammert* wird, sondern im Gegenteil ein zentraler Bestandteil ist. Welche Tugenden wir brauchen und welche Haltungen wir bestimmten Fragen des Lebens gegenüber einnehmen sollten, kann man nur beantworten, wenn man sich die Frage stellt, was ein glückliches Leben ausmacht und welche Werte darin eine Rolle spielen sollten. Tugenden lassen sich also nicht bestimmen, ohne die Perspektive des Individuums systematisch mit der der Gemeinschaft, in der es lebt, zu verbinden. Angaben über das Gute Leben, über relevante Werte und angemessene Haltungen zu machen – dazu muss, wie wir im letzten Teil noch sehen werden, ein Tugendethiker insbesondere dann bereit sein, wenn er etwas Konstruktives zu moralischen Problemen sagen möchte.

Tugendethik, Pflichtethik und der Konsequentialismus stellen also verschiedene Aspekte der Moral in den Mittelpunkt ihrer systematischen Auseinandersetzung mit diesem Phänomen. Alle drei Ansätze bilden dabei jeweils eine zentrale Intuition bzw. Erfahrung ab, die wir als Akteure mit der Moral machen: So ist uns auch die Tatsache sehr vertraut, dass wir als moralische Akteure ständig zwischen verschiedenen Handlungsalternativen entscheiden müssen und dabei gerne ›richtig‹ entscheiden würden. Das kann zum einen bedeuten, zu tun, was die moralische Pflicht gebietet und bestimmte Handlungen zu wählen oder strikt zu unterlassen, weil sie ihr entsprechen oder weil sie eben nicht zum Pflichtenkatalog gehören (können) wie etwa lügen, foltern oder jemanden zu demütigen. Das kann aber auch heißen, das zu tun, von dem wir nach einiger Überlegung sagen würden, dass es für die von der Handlung Betroffenen insgesamt die besten Konsequenzen haben wird. Gleichzeitig ist aber auch klar, dass wir Menschen in moralischer Hinsicht wegen ihres Charakters schätzen und nur dann von einer Person sagen würden, dass sie ein wertvoller Mensch sei, wenn sie ganz bestimmte Eigenschaften hat. Um diese zu beschreiben, benutzen wir eine bestimmte Terminologie – die sogenannten *Tugendbegriffe*.

2.2 Die Terminologie

Eine Theorie der Moral sollte der Tugendethik zufolge u.a. deshalb auf der Basis eines Tugend-Wortschatzes operieren, weil die Sprache der Moral ihrer Ansicht nach zu großen Teilen aus Tugendbegriffen besteht. Den überwiegenden Teil unserer moralischen Urteile formulieren wir mithilfe von Begriffen wie z.B. »mutig«, »besonnen« oder »gerecht«. Diese Begriffe haben einen *beschreibenden* Teil – wir können angeben, anhand welcher Kriterien wir ein Verhalten als »mutig« identifizieren würden – und einen *wertenden* Teil – wenn wir den Begriff verwenden, bringen wir in der Regel damit auch unsere positive Einschätzung des Mutes zum Ausdruck. Eine Kontroverse besteht darüber, wie dieser beschreibende und der wertende Teil zusammenhängen – ob man in jedem Fall gezwungen ist, die Wertung mitzumachen oder ob man so einen Begriff benutzen kann, ohne sich damit auf eine bestimmte Wertung festzulegen. Kann man über jemanden sagen, er sei mutig und gleichzeitig damit zum Ausdruck bringen, dass man dieses Verhalten *ablehnt*?

Wer wie Deontologismus und Konsequentialismus *Handlungen* ins Zentrum einer Moraltheorie stellt, fragt danach, ob sie *richtig* oder *falsch*, *gut* oder *schlecht* sind und ob man sie tun *sollte*. Sie sprechen von »*Pflichten*« und »*Rechten*«, diese oder jene Handlungen zu tun oder zu unterlassen. Diese moralischen Begriffe (»gut« oder »schlecht«, »richtig« oder »falsch«, »sollen«) stehen im Zentrum der nicht-tugendethischen Moraltheorien. Nach Ansicht der Tugendethiker haben wir heute mit diesen Begriffen ein Problem: Wenn sie im Kontext moralischer Urteile verwendet werden, klingt es oftmals so, als gebe es eine von allen akzeptierte Instanz oder ein von allen akzeptiertes Kriterium, mit deren Hilfe man zu einer klaren, unumstößlichen Entscheidung darüber kommt, was zu tun oder zu lassen ist. Heute sind aber all die infrage kommenden Instanzen oder Kriterien sehr umstritten: Alle Vorschläge, die es im Verlauf der Philosophiegeschichte gegeben hat wie Gott, das Gewissen, Intuitionen, die Praktische Vernunft und Ähnliches, sind im Hinblick auf ihre Funktion als normative Instanz kritisiert worden, sodass heute darüber kein Konsens mehr besteht. Weil es keinen Konsens mehr darüber gibt, stehen die moralischen Urteile, in denen Begriffe wie »richtig« oder »falsch« oder »sollte« vorkommen, in Bezug auf ihre Begründung viel schlechter da, als es zunächst den Anschein hat – ihre normative Kraft ist faktisch geringer, als es zunächst scheint. Die englische Moralphilosophin Elisabeth Anscombe zog daraus 1958 in einem berühmten Aufsatz (Anscombe 1958: S. 235) den Schluss, dass diese Begriffe gewissermaßen in der Luft hängen würden – sie gaukelten uns eine normative Kraft vor, die sie de facto nicht hätten. Deshalb schlagen zeitgenössische Tugendethiker vor, sich auf die Explikation von Tugendbegriffen zu konzentrieren und mit diesem begrifflichen Instrumentarium zu arbeiten. Was genau mit bestimmten Tugendbegriffen wie »gerecht«, »aufrichtig« oder »bescheiden« gemeint ist, lässt sich ihrer Ansicht nach viel leichter bestimmen als anzugeben, welche Instanz uns unstrittig und eindeutig vorgibt, was *richtig* oder *falsch* ist oder was wir tun *sollten*. Dabei sind moralische Urteile, in denen Tugendbegriffe vorkommen, natürlich auch normative Urteile, allerdings mit einer eigenen Art der Normativität.

2.3 Normativität

Aber woher kommt die normative Kraft von Tugendbegriffen? Anscombe und andere moderne Tugendethiker fordern uns auf, uns sowohl heuristisch als auch inhaltlich an Aristoteles und der antiken Ethik zu orientieren. Aristoteles konnte auf die problematischen dünnen Ausdrücke verzichten dank eines völlig anders funktionierenden Begriffssystems, in dem Begriffe wie »Recht« oder »Pflicht« nicht vorkommen und in dem *menschliches Gedeihen* (griech. *eudaimonia*, engl. *flourishing*) als Basis für moralische Forderungen dient:

> »Ebenso, wie der Mensch so oder so viele Zähne hat, was sicher nicht die durchschnittliche Zahl der Zähne aller Menschen, sondern die für die Spezies Mensch charakteristische Anzahl der Zähne ist, so ›hat‹ vielleicht der Mensch als Spezies die und die Tugenden, wenn man ihn nicht rein biologisch, sondern von Seiten der Aktivitäten des Denkens und Wählens im Rahmen der verschiedenen Lebensbereiche [...] betrachtet. Und dieser ›Mensch‹ mit der vollständigen Ausstattung an Tugenden ist die ›Norm‹, wie etwa der Mensch mit dem vollständigen Satz von Zähnen die Norm ist. Aber in diesem Sinn hat ›Norm‹ aufgehört, ungefähr gleichbedeutend mit ›Gesetz‹ zu sein.« (Anscombe 1958: 235)

Normative Instanz ist letztlich weder die Vernunft noch Gott noch das Gewissen, sondern die *menschliche Natur*, die *Conditio humana* selbst. Der Mensch ist in vielerlei Hinsicht ein Mängelwesen. Er kann weder besonders gut sehen, hören, riechen oder laufen, noch ist er in besonderer Weise qualifiziert, sich gegen äußere Unbill zur Wehr zu setzen. Seine physische Ausstattung qualifiziert ihn also keineswegs für das Überleben in der Natur. Wann immer es um die Sicherstellung elementarer Lebensnotwendigkeiten wie Nahrung, Kleidung Wohnung und Schutz vor Feinden geht, muss der Mensch tätig werden und sich etwas einfallen lassen, um seine Schwächen auszugleichen. Die zentrale Herausforderung liegt dabei darin, stabile und berechenbare Verhaltensweisen auszubilden, die *Kooperation* ermöglichen. *Tugenden sind die Antwort auf diese Herausforderung.* Tugenden braucht man nach Ansicht des englischen Philosophen Peter Geach (Geach 1977) für jedes größere Unternehmen genauso wie Gesundheit und Denkvermögen. Wir brauchen *praktische Vernunft* für unsere Planungen. Wir brauchen *Gerechtigkeit*, wenn wir an langfristiger Zusammenarbeit interessiert sind, und wir brauchen *Besonnenheit*, wenn wir auch in komplizierten Situationen vorankommen wollen. Ohne *Mut* und *Tapferkeit* wird uns kein langfristiges Unternehmen gelingen. *Das bedeutet insgesamt, dass uns im Leben ohne Tugenden nicht viel gelingen kann.*

> »Es geht eben hier nicht darum, was geboten, erlaubt oder verboten ist, sondern darum, was im Sinne eines auch in moralischer Hinsicht integren guten Lebens *ratsam* ist und wovon (mitunter dringend) abgeraten werden muss. Ethische Orientierung kann sich auch und gerade darin ausdrücken, gut beraten zu sein, als nur zu wissen, was verboten und was erlaubt ist. Ein Ratschlag aber besitzt eine *toto coelo* andersartige Normativität als Gebote, Verbote und Erlaubnisse.« (Luckner 2002: 784)

Wer bestimmte Tugenden für wichtig hält, will eine Empfehlung aussprechen, wie man das Zusammenleben verbessern kann und nicht unbedingt eindeutige Lösungen für moralische Konflikte entwickeln. Wie die Tugendethik mit moralischen Problemen im Einzelnen umgeht, soll im letzten Abschnitt illustriert werden. Generell ist zu berücksichtigen, dass es ›die‹ Tugendethik nicht gibt, sondern dass sich unter diesem Dach eine Vielzahl von Konzeptionen versammeln, die ihrerseits verschiedene Entwicklungen innerhalb dieser Theorienfamilie dokumentieren. Es gibt demzufolge keine übereinstimmende Position zu methodologischen oder inhaltlichen Fragen. *Insgesamt präsentiert sich die zeitgenössische Tugendethik als ein Versuch, Kerngedanken der antiken Tugendethik auf dem Niveau aktueller Begründungs- und Argumentationsstandards zu reformulieren und weiterzuentwickeln.* Dabei geht es ihr eher um eine *Rekonstruktion* unserer faktisch vorhandenen moralischen Überzeugungen, als um eine *konstruktive Ethik*, wie es etwa im Deontologismus oder Utilitarismus der Fall ist. Sie versucht in erster Linie, tatsächlich gebräuchliche moralische Begriffe und Begründungsmuster nachzuzeichnen und dem Verstehen zu erschließen (vgl. u. a. Müller 1998: 32).

Eine sehr kurze Geschichte der Tugendethik

»Die Ethik begann im antiken Griechenland als ein Studium der ethischen und sozialen Vortrefflichkeit. Aber durch die Jahrhunderte hindurch wurde dies trivialisiert: Die Suche nach moralischer Vortrefflichkeit degenerierte zu einem Studium der Frage, wie man moralische Fehler vermeidet […]«

(Jaakko Hintikka)

Die Moralphilosophie begann in der *Antike* als Tugendethik. Es ging dabei darum, sich klarzumachen, nach welchen Prinzipien die Natur geordnet ist und eine harmonische Ordnung auch für die menschliche Gemeinschaft zu finden. Die Tugendethik fragt danach, wie Menschen sein sollten, damit sie ein glückliches Leben in der Gemeinschaft führen können und sich dabei so entwickeln, dass sie jene Qualitäten, die uns als Menschen ausmachen, möglichst in vollem Umfang entfalten können. Hintergrund der Tugendethik war ein teleologisches Seinsverständnis, demzufolge alle Dinge sinnvoll geordnet sind und in sich den Keim für eine Entwicklung tragen, die im Idealfall dazu führt, dass sich alle typischen Charakteristika optimal entfalten. Auch die Tugenden sollten dazu führen, dass der Mensch in der *Polis*, dem Stadtstaat, in dem er lebt, einen angemessenen Platz finden und ein Gutes Leben führen kann. Die klassischen griechischen Tugenden (etwa bei Platon und Aristoteles) sind Klugheit, Gerechtigkeit, Tapferkeit und Mäßigung. *Einigkeit* besteht darin, dass die Tugenden für ein solches Leben unabdingbar sind. *Uneinigkeit* besteht darüber, wie dieses Leben im Einzelnen aussieht, welche Anforderungen es an den Menschen stellt und welche Funktion die Tugenden darin haben.

Im *Mittelalter* ging es dann vornehmlich darum, die in der Antike entwickelte Tugendethik mit dem christlichen Weltbild zu verbinden und sie im Sinne der christlichen Schöpfungslehre zu interpretieren und weiterzuentwickeln. Zu nennen ist hier insbesondere Thomas von Aquin, der neben den ethischen Tugenden auch die christlichen Tugenden Glaube, Liebe, Hoffnung in den einschlägigen Tugendkatalog aufnahm. Die Besonderheit dieser Tugenden ist, dass sie nicht wie die ethischen erworben werden können, sondern dass sie den Menschen von Gott gegeben werden.

In der *Neuzeit* setzte vor dem Hintergrund eines massiven Fortschritts in den Naturwissenschaften und der Neuentwicklung der Ideen der Aufklärung die Ausbildung einer Ethik ganz anderen Typs ein: die uns heute besser vertrauten Moraltheorien, die fragen »Was soll ich *tun*?« und die versuchen, uns Regeln, Normen und Prinzipien an die Hand zu geben, mit deren Hilfe wir in moralischen Zweifelsfällen klar entscheiden können, was richtig und was falsch ist. Ein Grund war u.a. die Auflösung des teleologischen Weltbildes – das teleologische der Antike, das mit naturwissenschaftlichen Resultaten nur schwer vereinbar war, aber auch das christliche. Moralphilosophen versuchten zunehmend, den Menschen den Sinn moralischer Normen und Prinzipien auf Basis vernünftiger Einsicht plausibel zu machen: Es ist die Vernunft, die uns hilft zu erkennen, was richtig und was falsch ist. So kam es, dass die Tugendethik Konkurrenz bekam, gegen die sie sich bis heute behaupten muss. Während konsequentialistische Theorien die moralische Qualität einer Handlung von ihren Konsequenzen für die Betroffenen ableiten, ergibt sich diese aus der Perspektive deontologischer Moralphilosophen aus ihrer Pflichtmäßigkeit, die man ihrerseits qua Vernunft erkennen kann. *Tugenden* gibt es sowohl im Konsequentialismus (vgl. u.a. David Hume) als auch im Deontologismus (vgl. u.a. Immanuel Kant), aber sie stehen nicht im Zentrum der Theorie, sondern haben nur einen abgeleiteten Status. Ganz allgemein kann man sagen, dass in den sogenannten Regelethiken eine Tugend eine Disposition zur Befolgung dieser Regel ist. Diese Disposition wird von den Moraltheoretikern konsequentialistischer und deontologischer Provenienz in der Regel sehr geschätzt, aber Tugendhaftigkeit macht in beiden Theorien nicht die moralische Qualität einer Handlung aus. Eine Handlung ist nicht moralisch, weil ein Tugendhafter sie ausführen würde, sondern weil sie entweder dem kategorischen Imperativ (im Kantianismus als einer Spielart des Deontologismus) oder dem Utilitätsprinzip (im Utilitarismus als einer Spielart des Konsequentialismus) entspricht. Die Tugendethik ist aber die einzige Moraltheorie, in der die Tugenden im Zentrum stehen und die – an die antike Ethik anknüpfend – ganz andere Fragen stellt und anders arbeitet als die Konkurrenz.

Die Tugendethik war mehrere Jahrhunderte lang wenig präsent in der moralphilosophischen Diskussion, auch wenn es in der Romantik Bestrebungen gab, die Tugenden wieder ins Zentrum ethischer Überlegungen zu stellen und sie gegen vernunftorientierte, sehr rationale Moraltheorien zu setzen. Der große Durchbruch, das Revival der Tugendethik, erfolgte dann aber in den fünfziger und sechziger Jahren des zwanzigsten Jahrhunderts. Moralphilosophinnen wie die bereits erwähnte Elizabeth Anscombe, Philippa Foot und Rosalind Hursthouse und – in den siebziger und achtziger Jahren – Moralphilosophen wie Peter Geach, Alasdair MacIntyre oder John McDowell entwickelten die Tugendethik zu einer interessanten, vielschichtigen und einflussreichen Moraltheorie, die den etablierten konsequentialistischen und deontologischen Konzeptionen sowohl im Bereich der Metaethik als auch im Bereich der Angewandten Ethik etwas entgegenzusetzen hatte.

Die *wesentlichen Unterschiede* sind schon genannt worden: Eine andere *Begrifflichkeit* (Tugendbegriffe), eine andere *Ausgangsfrage* (nach dem Angemessenen, nicht nach dem Richtigen), der *Stellenwert* der Tugenden (die hier im Zentrum stehen) sowie der bewusste *Verzicht auf ein Moralprinzip* sind die entscheidenden Merkmale der zeitgenössischen Tugendethik.

3. Über Tugenden

3.1 Was ist eigentlich eine Tugend?

Im Deutschen unterscheidet man zwischen *den* Tugen*den* und *der* Tugend, wobei *die* Tugend dem Laster gegenübergestellt wird und damit gleichbedeutend mit Moral oder Sittlichkeit verwendet wird. In der Tugendethik sind es in erster Linie *moralische* Qualitäten, nach denen gefragt wird.

Es ist gar nicht so leicht, genau anzugeben, was eine Tugend eigentlich ist: Die meisten Explikationsversuche haben sich den Nachweis gefallen lassen müssen, dass sie nicht *alle* Tugenden, bzw. *alle* Aspekte des Tugendbegriffes erfasst haben. Zu sagen, was eine Tugend ist oder worin tugendhaftes Verhalten genau besteht, ist deshalb schwierig, weil eine rein behavioristische Bestimmung ›von außen‹ nicht funktioniert. Beginnen wir deshalb damit, was eine Tugend *nicht* ist:

– Tugenden lassen sich nicht mit bestimmten einzelnen *Handlungen* korrelieren. Das hat zwei Gründe: Es wäre voreilig, aus der Beobachtung einer bestimmten Handlung bereits die Existenz einer entsprechenden Tugend zu schließen – wer einmal jemandem an der Kasse den Vortritt lässt, ist deshalb noch lange nicht großzügig. Die Handlung mag zwar lobenswert sein, ist aber noch nicht als Indiz für eine tugendhafte Haltung zu verstehen. Von einer Tugend sprechen wir erst, wenn sich dieses Verhalten wiederholt beobachten lässt. Es ist zunächst ja auch völlig unklar, wie diese Tat motiviert war. Auf die Straße zu rennen, um ein Kind vor einem herannahenden Auto zu retten, mag wie eine wohlwollende Handlung aussehen; im Falle eines nachlässigen Kindermädchens kann das Motiv aber auch darin liegen, keinen Ärger zu bekommen. Jede Handlung kann Ausdruck verschiedenster Motive sein. Handlungen, die aus rein egoistischen Motiven oder aus einem Antrieb heraus ausgeführt wurden, der nichts mit dem Resultat zu tun hat, würden wir aber nicht unbedingt als Zeichen einer tugendhaften Gesinnung interpretieren – *zur Tugend gehört offenbar, auf die richtige Weise motiviert zu sein; wobei zunächst unklar ist, was als angemessene Motivation gelten kann.*

– Tugenden lassen sich auch nicht mit bestimmten *Aktivitäten* korrelieren. Ein gerechter Mensch ist nicht gut in etwas Bestimmtem, wie man etwa gut ist im Hundert-Meter-Lauf. *Er lernt nicht, etwas Besonderes zu tun, sondern das, was er tut, auf eine besondere Weise zu tun.* Wer gerecht oder besonnen ist, führt nicht jedes Mal dieselbe Aktivität aus, wie etwa ein Jogger oder ein Gartenfreund. Die Ausbildung einer Tugend ist nicht mit dem Erlernen einer sportlichen, handwerklichen oder künstlerischen Fertigkeit vergleichbar. Zu einer Tugend gehören weder spezifische Taten noch spezielle Aktivitäten – sie ist mit ganz unterschiedlichen, ja unvorhersehbaren Handlungen und Aktivitäten verbunden. Die Handlungen werden zwar nach der entsprechenden Tugend als »gerechte Handlungen« bezeichnet, welche das im Einzelnen sind, ist aber nicht *a priori* genau bestimmbar. Aristoteles hat sich u. a. deshalb dagegen ausgesprochen, Tugenden mit (technischen) Fertigkeiten zu vergleichen, weil es bei handwerklichen und technischen Fähigkeiten auf das *Endprodukt* ankommt – die Exzellenz liegt im Werk, nicht in der Art und Weise seines

Entstehens, also darin, mit welcher *inneren Einstellung* es angefertigt wurde. Das ist bei Tugenden anders. Tugendhafte Akteure verbindet allerdings mit Künstlern, Wissenschaftlern, Ärzten (und anderen Berufsgruppen, die mit einer bestimmten technischen Fertigkeit verbunden sind), dass sie immer dann besonders geschätzt werden, wenn man ihnen und ihrem Werk anmerkt, dass es ihnen ›um die Sache selbst geht‹.

– Tugenden lassen sich auch nicht mit bestimmten *Konsequenzen* korrelieren. Die Ergebnisse tugendhaften Verhaltens können völlig verschieden aussehen: Mutig zu sein, kann bedeuten, jemandem die Wahrheit zu sagen oder sie für sich zu behalten, einen Feind zu töten oder ihn am Leben zu lassen, eine Auseinandersetzung zu suchen oder zu verhindern. Gleichwohl ist der Tugendhafte an den Konsequenzen seines Tuns natürlich nicht vollkommen uninteressiert. *Die Motivation, eine bestimmte Tugend auszubilden, hat natürlich unmittelbar mit den Konsequenzen zu tun, die diese stabile Verhaltensweise mit sich führen wird.* Jede Tugend wird nur dann als Tugend gelten können, wenn sie insgesamt positiv wirkt. Entscheidend ist hier, ›Konsequenzen‹ nicht im Sinne eines Produkts oder bestimmten Endzustandes zu begreifen. Man ist nicht solange wohlwollend, bis ein bestimmtes Resultat verwirklicht werden konnte, sondern es geht darum, eine Haltung zu entwickeln, die einen Akteur ein Leben lang auszeichnet. Um von ›Tugend‹ sprechen zu können, reicht es also nicht aus, nur auf von außen Beobachtbares zu rekurrieren. Wichtig ist auch die *Motivation* des Akteurs. Tugendhaft ist jemand, der andere im Straßenverkehr *aus Rücksichtnahme* passieren lässt und nicht, um seiner neben ihm sitzenden Erbtante zu imponieren. Die Frage, *welche Art von Motivation* vorliegen muss, um von einer Tugend sprechen zu können, ist unter Tugendethikern allerdings umstritten. Verfehlt der Gedanke, das Richtige tun zu wollen, die Idee tugendhaften Handelns oder macht er sie aus? Hinzu kommt die Schwierigkeit, dass sich nicht *alle* Tugenden mit bestimmten Motiven korrelieren lassen: Gerechtes oder besonnenes Handeln kann mit verschiedenen Absichten verbunden sein, wohlwollendes Handeln hingegen nicht – dass es dem Akteur um das Wohl des anderen geht, macht diese Tugend aus.

Diese negative Diagnose zeigt, wie schwierig es ist, ›Tugend‹ zu definieren. Sie enthält gleichwohl eine Reihe von Anhaltspunkten für eine positive und damit gehaltvollere Bestimmung des Tugendbegriffes. Tugendhaft zu sein, beinhaltet offensichtlich eine bestimmte Art zu denken, zu fühlen, und zu reagieren. Ein tugendhafter Akteur weiß, *was* zu tun ist, *wie* es zu tun ist, *wann* und *warum*. Aristoteles definiert Tugend als *hexis prohairetike*, eine *auf eine Überlegung begründete, auf einer Entscheidung beruhende Haltung* (Nikomachische Ethik: 1106b 36–1107a 2).

> »[...] es muss auch der handelnde Mensch selbst in einer ganz bestimmten Verfassung wirken. Er muss erstens *wissentlich*, zweitens aufgrund einer klaren *Willensentscheidung* handeln, einer Entscheidung, die *um der Sache selbst willen* gefällt ist, und drittens muss er *mit fester und unerschütterlicher Sicherheit* handeln.« (Aristoteles, NE 1105a, 29ff.)

Die Tugend hat also eine *affektive*, eine *kognitive* und eine *volitive* Komponente:

– Die *affektive* Komponente besteht darin, dass wir tugendhaftes Verhalten bei uns, aber auch bei anderen spontan positiv bewerten, dass es uns viel bedeutet und dass wir mit Ablehnung oder Missbilligung darauf reagieren, wenn wir bei uns selbst oder bei anderen Defizite im Hinblick auf jene Tugenden feststellen, die uns wichtig sind. Wir schätzen Menschen, die dieselben Tugenden ausbilden wie wir und wir freuen uns, wenn wir selbst uns überwunden und tugendhaft gehandelt haben. Das heißt: Tugendhafte und nicht-tugendhafte Handlungen haben für uns auch einen emotionalen – eine affektiven Aspekt.

– Die *kognitive* Komponente liegt darin, dass wir uns irgendwann einmal darüber Rechenschaft abgelegt haben, also darüber nachgedacht haben, warum wir eine bestimmte Tugend für wichtig halten und in welcher Beziehung die Akzeptanz bzw. die Ausbildung dieser Tugend zu unserem Selbstbild steht.

– Als *volitive* Komponente kann man den Umstand bezeichnen, dass man nicht ›einfach so‹ tugendhaft handelt, sondern weil man es will, also bewusst und absichtlich, wenngleich man nicht jedes Mal erneut den Beschluss fasst, tugendhaft zu sein. Wer mutig handelt, *will* mutig sein. Als Tugenden können auch für moderne Tugendethiker nur jene Charaktereigenschaften gelten, die im Einflussbereich unseres *Willens* liegen. Wenn Tugenden wie natürliche Anlagen wären, würden sie in der Ethik sicherlich keine besondere Rolle spielen – niemand kann etwas für seine natürliche Ausstattung – niemand muss sich für sein Aussehen, sein Temperament, seine Musikalität oder seine Intelligenz entschuldigen. Aber wir sind dafür verantwortlich, wie wir mit diesen natürlichen Anlagen *umgehen*, was wir aus ihnen machen. Jemand, der sein Temperament nicht kontrollieren kann, wenn es darauf ankommt, wird Missbilligung erfahren. *Und um diese Art der Selbstgestaltung geht es bei den Tugenden.*

Tugenden sind nicht angeboren, sondern werden *erworben*. Aristoteles unterscheidet zwischen *intellektuellen* Tugenden, die man im Rahmen theoretischen Unterrichts erwirbt und *Charaktertugenden*, die man sich durch Praxis, also ständige Übung und entsprechende Erziehung zu eigen macht. (Die Pfadfinderlosung »*Learning by doing*« bringt den Erwerb der Charaktertugenden durch Praxis am besten auf den Punkt.) Intellektuelle Tugenden sind Weisheit und Klugheit; Charaktertugenden sind u. a. Tapferkeit, Besonnenheit, Gerechtigkeit und Großzügigkeit. Grundlage für Tugendhaftigkeit ist die Kenntnis des wahrhaft Guten, die sich sowohl praktischer Erfahrung als auch theoretischer Überlegung verdankt. Das bedeutet, dass Tugendhaftigkeit generell ohne die intellektuelle Tugend der Klugheit (*Phronesis*) nicht möglich ist, die damit insgesamt eine zentrale Stellung einnimmt. Die Auswahl der Tugenden basiert auf einem wahren, rationalen Urteil darüber, was ein Gutes Leben ausmacht. Die Wahl spielt für tugendhaftes Verhalten in zweierlei Hinsicht eine Rolle: Sich eine bestimmte Haltung zu eigen machen zu wollen, ist eine bewusste Entscheidung. Und auch dann, wenn es darum geht, diese Haltung durch moralische Praxis zu einer ›Gewohnheit‹ werden zu lassen, ist kritische Reflexion des Verhaltens für den Erfolg nötig. Man handelt tugendhaft, weil man sich dazu entschlossen hat und jede neue Handlung bestätigt diese Wahl. Das heißt: *Eine Tugend wird durch einen Entscheidungsprozess etabliert und stabilisiert.* Man handelt auf eine bestimmte Weise, weil sie einer Tugend entspricht. Der Erwerb von Tugenden ist insgesamt das Produkt aus kritischer Reflexion und praktischer Erfahrung. Dabei geht es Aristoteles zufolge grundsätzlich darum, die *rechte Mitte zwischen zwei Extremen* anzusteuern: Übermaß und Unzulänglichkeit sind zu vermeiden. Tapferkeit zum Beispiel vermeidet das Übermaß des Draufgängers und zugleich die Unzulänglichkeit des Feigen. Wer tapfer ist, beweist in Gefahrensituationen das rechte Augenmaß und verhält sich angemessen.

Für die Auswahl und die Reflexion des eigenen Verhaltens ist *Phronesis* bei Aristoteles die zentrale Tugend. *Phronesis* lässt sich (genau wie *Eudaimonia*) nur näherungsweise übersetzen; man versteht darunter ›praktische Vernunft‹ oder auch ›praktische Intelligenz‹. (Dieser Vorschlag stammt von J. Annas. Vgl. Annas 1993: S. 73.) Sie ist diejenige intellektuelle Tugend, die sämtliche Charaktertugenden allererst ermöglicht, denn sie befähigt zur Erkenntnis des Guten, der Tugenden und der Einsicht in ihren Stellenwert für den Menschen. Tugend ist ohne Erkenntnis nicht möglich. *Der Kern der Tugendhaftigkeit liegt in der Kenntnis dessen, was das Glück des Menschen ausmacht und wie man es langfristig erreichen kann.* Der Akteur orientiert sich dabei an Vorbildern. Er beobachtet sie, folgt ihren Ratschlägen und erkennt dabei, welches Prinzip hinter ihren beobachtbaren Handlungen waltet, worauf es ankommt. Er versteht nicht nur, *was* zu tun ist, sondern auch *warum*, sodass er in neuen Situationen richtig reagieren kann. So kann er sich von der reinen Nachahmung lösen und eigenständig moralische Kompetenz entwickeln. Dieses Wissen besteht zwar darin, ein Prinzip zu begreifen, es muss sich aber nicht unbedingt in kodifizierbaren Regeln wiedergeben lassen. Man wird nicht tugendhaft, indem man mechanisch bestimmten Regeln folgt. Der Tugendhafte überlegt zwar nicht jedes Mal, bevor er handelt; er ist aber grundsätzlich in der Lage zu begründen, warum er in dieser oder jener Weise agiert. *Tugendhafte Personen sind Experten für einen guten Umgang mit sich und anderen, Sachverständige für das Gute Leben. Entscheidend für den Erwerb von Kompetenz sind Praxis, Lebenserfahrung und die kritische Auswertung des eigenen Verhaltens.*

Viele neue Tugendethiker sprechen, in Anlehnung an Aristoteles, von Tugenden als *Dispositionen*. Diese Interpretation muss allerdings vorbeugend gegen bestimmte Missverständnisse aktiv werden, um plausibel sein zu können. Dispositionen sind Anlagen, auf eine bestimmte Weise zu reagieren: So hat Zucker die Disposition, sich in Flüssigkeiten aufzulösen und manche Menschen haben die Disposition, sich zu ärgern, wenn man sie einfach duzt. Dies suggeriert einen kausalen Mechanismus zwischen ›internen‹ Anlagen und ›externen‹ Bedingungen – das entsprechende Verhalten entzieht sich der Kontrolle des betreffenden Objekts; es erfolgt automatisch. Genau das trifft auf tugendhaftes Verhalten aber nicht zu: Es findet zwar nicht jedes Mal eine neue Überlegung über die richtige Handlungsweise statt, aber es handelt sich auch nicht um eine Gewohnheit im Sinne eines Automatismus. Ein tugendhafter Akteur handelt *intuitiv*, aber nicht *impulsiv* oder *instinktiv*.

Insgesamt wird man konstatieren müssen, dass die Klärung des Tugendbegriffes offensichtlich mit einem Definitionsproblem behaftet ist, da der Begriff, der als *Explicans* für den Ausdruck »Tugend« gelten soll, in der Regel ebenso unklar ist wie das *Explicandum*. Tugenden als ›Dispositionen‹, ›Haltungen‹ oder ›Charakterzüge‹ zu definieren, verlagert die Explikationslasten häufig nur auf einen anderen Ausdruck. Die Frage, was eine Tugend eigentlich zu einer Tugend macht, ist seit der Antike strittig geblieben. Als konsensfähig wird lediglich gelten können, dass Tugenden jene Verhaltensweisen und Charaktereigenschaften sind, die innerhalb einer Gemeinschaft als vorbildlich und für ein Gutes Leben unabdingbar bewertet werden.

> **Die (vier) wichtigsten Tugenden (der Antike): die Kardinaltugenden**
>
> Als ›Kardinaltugend‹ (von lat. *cardo, cardinis* »Türangel, Dreh- und Angelpunkt«) bezeichnet man seit der Antike die als zentral bzw. als grundlegend erachteten Tugenden. Je nach philosophischer Schule bzw. Kulturkreis können das ganz verschiedene Tugenden sein. Heute denkt man, wenn von Kardinaltugenden die Rede ist, meistens an diejenigen, die Platon als solche ausgezeichnet hat. Es sind …
>
> … *Mäßigung*: Diese Tugend ist heute wieder ziemlich gefragt. Manchmal wird auch *Besonnenheit* an ihrer Stelle genannt.
>
> … *Tapferkeit*: Früher war Tapferkeit besonders wichtig, um im Leben zu bestehen und seine Angehörigen zu schützen. Heute würde man eher von ›Zivilcourage‹ sprechen und damit aber genau wie bei der Tapferkeit insbesondere den Einsatz für andere Menschen als moralisch lobenswertes Verhalten auszeichnen.
>
> … *Gerechtigkeit*: Dies ist die zentrale moralische Tugend, auch heute noch. Von der Antike bis heute gibt es philosophische Diskussionen darüber, was diese Tugend inhaltlich ausmacht und was sie in verschiedenen Kontexten meint (oder ob es im Kern immer dasselbe ist!).
>
> … *Weisheit*: Sie ist die für die Antike bedeutendste Tugend. Ohne sie kann ein Leben kein Gutes Leben sein, und ohne sie kann ein Mensch niemals erkennen, wie er sein sollte.

3.2 Warum haben Sekundärtugenden so einen schlechten Ruf?

Würden Sie auf jemanden abfahren, der von sich selbst sagt, seine größte Stärke sei sein Pflichtbewusstsein? Wohl kaum. Klar, Sie würden anerkennen, dass das eine positive Eigenschaft ist. Schon praktisch, wenn Leute ihren Pflichten auch dann nachkommen, wenn es nicht in ihrem eigenen Interesse ist. Aber besonders cool ist das nicht. Pflichtbewusstsein macht eine Person in den Augen anderer nicht besonders attraktiv: Humor, Intelligenz, Spontaneität oder Extravaganz sind da viel eher gefragte Persönlichkeitsmerkmale. So wie mit diesem Beispiel geht es uns mit einer ganzen Reihe von ähnlichen Eigenschaften wie etwa Disziplin, Fleiß, Ordnungssinn oder Höflichkeit. Wir finden es gut, *dass* Leute diese Eigenschaften haben, aber wir schätzen die Personen nicht deshalb, *weil* sie sie haben. Natürlich ist es angenehm, wenn jemand höflich ist. Aber vom Hocker reißt das keinen.

Qualitäten wie z.B. Ordnungssinn, Pflichtbewusstsein oder Höflichkeit bezeichnet man auch als *Sekundärtugenden*. Im Unterschied zu *Primärtugenden*, in denen sich die zentralen moralischen Werte unserer Gesellschaft ausdrücken wie etwa Gerechtigkeit, Tapferkeit, Achtung oder Zivilcourage, sind *Sekundärtugenden* nicht Ausdruck einer moralischen Überzeugung, sondern Mittel zum Zweck: Ihr Wert liegt im Wesentlichen darin, dass wir *mit* ihnen unsere Ziele besser erreichen als *ohne* sie. Eigenschaften wie Fleiß, Disziplin, Zuverlässigkeit oder Höflichkeit erhöhen unsere Erfolgsaussichten, ganz gleich, welche Ziele man verfolgt. Disziplin ermöglicht einem die Teilnahme an einem Marathon genauso wie die systematische Planung und Durchführung eines Verbrechens. Man bezeichnet sie deshalb auch als *instrumentelle* Tugenden. Unser Verhältnis zu ihnen ist zwiespältig. Mit ihnen verhält es sich, wie mit peinlichen Gebrauchsgegenständen, etwa Stützstrümpfen, Einlagen oder Viagra: Man braucht sie, aber man redet nicht gern drüber. Der Grund für unsere ambivalente Einstellung ist, dass es gegenüber den Sekundärtugenden jede Menge Vorurteile gibt – sie haben keinen guten Ruf, obwohl ihr Nutzen unumstritten ist. Hier soll es darum gehen, diese Vorurteile zu widerlegen und den *Sinn* der Sekundärtugenden deutlich zu machen.

Das *erste Vorurteil* knüpft unmittelbar daran an, dass Sekundärtugenden nützliche Instrumente für *beliebige* Ziele sein können. Oskar Lafontaine äußerte 1982 die Ansicht, mit ihnen ließe sich auch ein KZ betreiben. Der Gedankengang dabei war wohl, dass Eigenschaften, mit denen man auch erfolgreich die Massenvernichtung Unschuldiger bewerkstelligen kann, keine guten Eigenschaften sein können – jedenfalls keine, auf die eine Gesellschaft Wert legen sollte. Nun ist dies aber alles andere als ein gutes Argument. Die Tatsache, dass diese Kompetenzen hier für ein schlechtes Ziel genutzt wurden, diskreditiert nicht die Sekundärtugenden selbst. Ohne Disziplin und einige andere Tugenden dieser Art wäre (wie der Philosoph Hermann Lübbe in seinen Überlegungen zu Sekundärtugenden ausführt; vgl. sein interessantes Plädoyer für Sekundärtugenden unter http://www.slv-vw.de/Mitglieder/forum/sekundaertugenden.pdf) der Nationalsozialismus auch nicht besiegt worden. Dass man ein Instrument missbrauchen kann, spricht nicht dafür, es überhaupt nicht mehr zu gebrauchen. Niemand würde auf den Gebrauch seines Autos verzichten, nur weil man es auch als Mordwerkzeug einsetzen kann. Es ist noch nie jemand auf die Idee gekommen, familiären Zusammenhalt in ein schlechtes Licht zu rücken, nur weil er in Mafiafamilien eine große Rolle spielt. So zu argumentieren ist also großer Unsinn.

Ein *zweites Vorurteil* besagt, dass Sekundärtugenden einfach spießig seien: Nur kleinkarierte Typen legten Wert auf diese vermeintlichen Qualitäten; Leute, die es allen recht machen wollen und immer Angst haben, irgendwo anzuecken. Sekundärtugenden, das sei etwas für Duckmäuser und Schwächlinge. Man braucht nur kurz über diese Einschätzung nachzudenken, um zu erkennen, dass sie nicht stichhaltig ist. Einige dieser Sekundärtugenden wie etwa Höflichkeit, Treue, Pflichtbewusstsein, Pünktlichkeit oder Zuverlässigkeit haben in der Tat mit unserem Verhältnis zu anderen Menschen zu tun: Unpünktlich zu sein, bedeutet ja nichts anderes, als eigenmächtig über die Zeit anderer zu verfügen. Wenn ich jemanden warten lasse, zwinge ich ihn dazu, mir Zeit zur Verfügung zu stellen, die er vielleicht ganz gern anders nutzen würde. Das ist rücksichtslos. Pünktlich zu sein, höflich zu sein, treu zu sein oder zuverlässig zu sein, bedeutet, Rücksicht auf andere zu nehmen – auf ihre Gefühle, Lebensumstände oder Fähigkeiten. Das ist aber nicht kleinkariert, sondern ein Ausdruck sozialer Kompetenz. Andere Sekundärtugenden wie die bereits mehrfach erwähnte Disziplin, der Ordnungssinn oder der Fleiß nützen mir selbst. Hier tue ich nicht unbedingt anderen, sondern in erster Linie mir selbst einen Gefallen. Zudem ist auch hier ja völlig offen, welche Ziele ich unter Einsatz dieser Tugenden verfolge: Michael Schumacher oder George Clooney, denen man nicht unbedingt Spießigkeit nachsagen würde, brauchen sie genauso, um ihren Job gut zu machen wie der Kleingärtner oder der Kaninchenzüchter.

In eine ähnliche Richtung geht auch das *dritte Vorurteil*: Ihm zufolge sind Sekundärtugenden langweilig. Leute, die auf diese Qualitäten setzen, sind meistens langweilige Typen. Diejenigen, die wirklich cool sind, zeichnen sich nicht gerade durch die genannten Eigenschaften aus. Im Gegenteil: Wahre Genies verachten sie. Coole Typen leben wild und gefährlich und scheren sich nicht um Disziplin, Fleiß oder Sparsamkeit. Man kann also keinem empfehlen, seinen Kindern diese Kompetenzen zu vermitteln! Leider ist auch das ziemlicher Unsinn. Dahinter steht eine gewisse Spannung innerhalb unserer Gesellschaft: In der *Spaßgesellschaft* gelten Sekundärtugenden als echte Spaßbremsen. Fleiß, Disziplin – das klingt nicht nach einem hohen Fun-Faktor. Gleichzeitig braucht aber die *Leistungsgesellschaft* genau diese Qualitäten. Ohne sie kann man nichts erreichen; keinen Schulabschluss, keinen Ausbildungsplatz, von einer Karriere mal ganz zu schweigen. Kindern und Jugendlichen Sekundärtugenden vorzuenthalten mit dem Argument, sie brächten keinen Spaß bzw. sie würden ihn verhindern, ist also nicht nur kurzsichtig, sondern auch verantwortungslos. Selbst die Teilnahme bei einer Casting Show mit dem Ziel, Superstar zu werden, ist ohne diese Fähigkeiten ein hoffnungsloses Unterfangen. Das zeigt aber auch, dass die wirklich coolen Typen, also Leute wie z.B. Mick Jagger, Shakira oder Brad Pitt aller Wahrscheinlichkeit nach vermittels dieser Art von Tugenden dahin gekommen sind, wo sie heute stehen. Dass das so ist, kann man u.a. daran erkennen, dass diese Kompetenzen unter den Stichworten »Selbstmanagement« oder »soft skills« bei Führungskräften (etwa in Bewerbungsgesprächen, aber auch in der öffentlichen Beurteilung ihres Auftretens und ihrer Arbeit) durchaus eine beachtliche Rolle spielen. Die Vermittlung von Sekundärtugenden gehört dementsprechend zum Fortbildungskatalog vieler Unternehmen und Organisationen. Ohne Sekundärtugenden ist die Aussicht auf persönlichen Erfolg und damit auch auf Spaß eher gering. Wer ständig seine Kreditkarte verliert oder jeden Morgen stundenlang seine Haustürschlüssel suchen muss, bevor er das Haus verlassen kann, ist eben kein cooler Typ, der jede Menge Spaß hat, sondern einfach desorganisiert. Ordnungssinn macht einen nicht zu einer langweiligen Person, sondern schafft Freiräume, die man mit den Dingen ausfüllen kann, die einem am Herzen liegen. Das ist eigentlich der wichtigste individuelle Gewinn, den man aus Sekundärtugenden ziehen kann: Sie verschaffen einem Möglichkeiten und Handlungsspielräume, die man ohne sie nicht hätte. Während der normal veranlagte Gelegenheitsjogger ständige Kämpfe mit seinem inneren Schweinehund auszufechten hat, scheint es für disziplinierte Leute kein Problem zu sein, sich jeden Tag zu motivieren und auch bei strömendem Regen zu trainieren. Wer nicht diszipliniert ist, kann also von der Teilnahme an einem Marathon immer nur träumen, wird aber nie das Glück genießen, tatsächlich einen zu absolvieren.

Natürlich stehen wir damit immer noch vor der Notwendigkeit, die *Ziele* zu bestimmen, die wir unter Zuhilfenahme der sekundären Tugenden eigentlich erreichen wollen. Niemand kann uns diese individuelle Aufgabe abnehmen, den Sinn unseres Lebens selbst herauszufinden und uns zu überlegen, wie unsere Lebenspläne aussehen sollen. Sekundärtugenden sind wichtig für die Umsetzung unserer individuellen Lebenspläne; sie sind aber auch wichtig für die Gesellschaft insgesamt. Sparsam zu wirtschaften, heißt eben, sich über die Knappheit von Ressourcen im Klaren zu sein und seine eigenen Forderungen an der Gesamtlage auszurichten. Das betrifft den Einsatz von öffentlichen Geldern genauso wie den Umgang mit sauberer Luft, sauberem Wasser oder anderen Rohstoffen. Ohne Zuverlässigkeit oder Pünktlichkeit wäre jede Art von gesellschaftlicher Kooperation oder Arbeitsteilung von vornherein zum Scheitern verurteilt. Jeder von uns profitiert tagtäglich von der Zuverlässigkeit des Lokführers und des Postboten. So lässt sich für jede einzelne Sekundärtugend eigentlich ganz genau angeben, warum wir Wert auf sie legen. Es kann natürlich auch der Fall eintreten, dass bestimmte Tugenden zu einem gesellschaftlichen Ideal gehören, dass heute fragwürdig geworden ist: Keuschheit oder Selbstkasteiung wären Beispiele dafür. Viele Tugenden, die im neunzehnten Jahrhundert wichtig waren, lehnen wir heute als überholt ab. Sekundärtugenden sind (genau wie Primärtugenden) einem ständigen Wandel unterworfen. Sie müssen kritisch hinterfragt und auf ihren Sinn hin überprüft werden. Nur wenn sich ihr Nutzen im Alltag, im Kontext des gesellschaftlichen Zusammenlebens nachweisen lässt, sollten wir für ihren Fortbestand plädieren. Deshalb ist eine kritische Haltung ihnen gegenüber angesagt. Verbunden mit einem klaren Bewusstsein über den *Sinn* und die *Funktion* der einzelnen Sekundärtugenden ist es also durchaus cool, pflichtbewusst, höflich oder treu zu sein – so wie es immer cool ist, wenn man nicht nur weiß, *was* man tut, sondern auch, *warum* man es tut.

4. Wie geht ein Tugendethiker mit moralischen Problemen um?

Natürlich geht es heute auch darum, zu Problemen der Angewandten Ethik inhaltlich Stellung zu beziehen. Deshalb soll jetzt die Tugendethik als *normative Moraltheorie* kurz vorgestellt werden, bevor wir uns ihren Problemlösungsansatz in Abschnitt 4.2 anhand eines Beispiels ansehen.

4.1 Die Tugendethik als normative Moraltheorie

Dass die zentrale Frage der Tugendethik lautet »Was ist im Hinblick auf ein Gutes Leben ratsam?«, haben wir gesehen. Was heißt das aber genau für die Auseinandersetzung mit konkreten moralischen Problemen?

Da es keine externe Instanz gibt, die ein bestimmtes Moralkriterium nahe legt, das zweifelsfrei angibt, was moralisch richtig oder falsch ist, bleibt als einzige normative Richtschnur der tugendhafte Akteur selbst. Und so lautet die *erste These* einer normativen tugendethischen Moraltheorie: *Moralisch richtig ist das, was ein tugendhafter Akteur tun würde.* Das heißt bezogen auf Handlungen: Eine Handlung ist richtig, wenn sie von einem tugendhaften Akteur unter den gegebenen Umständen gewählt werden würde. *Als tugendhafter Akteur gilt ja derjenige, den wir als moralisches Vorbild akzeptieren würden,* jemand, der nach einhelligem Urteil als »ein Mensch zum Nacheifern« gelten kann. In der Gestaltung ihres Lebens agieren die Menschen mit unterschiedlicher Überzeugungskraft. Vorbildlich scheint derjenige zu sein, der über weite Strecken ein harmonisches, vielfältiges Leben führt, in dem eine Balance zwischen der Sorge um sich und der um andere erkennbar wird. *Ein tugendhafter Akteur ist moralisch ›mit System‹.*

Wer Tugendhaftigkeit als ›angemessene Haltung‹ definiert, muss auch bereit sein, Haltungen als angemessen zu beurteilen oder als unangemessen zurückzuweisen. *Dementsprechend wird ein Tugendethiker normativ tätig, indem er bezogen auf ein bestimmtes moralisches Problem richtige und falsche Haltungen definiert und dabei einschlägige Tugenden und Untugenden nennt.* Manager, die auf Aktionärsverhandlungen für die massive Erhöhung ihrer Bezüge plädieren, gleichzeitig aber von ihren Mitarbeitern Verzicht und Einschränkungen fordern, empfinden wir ganz offensichtlich als gierig, maßlos und wenig verantwortungsvoll. Als vorbildlich gelten jene Führungskräfte, die ihr Gehalt offenzulegen bereit sind, selbst Einschränkungen akzeptieren und somit überzeugend auch Einschränkungen von anderen fordern können. Sie zeigen jenen Sinn für das in der Situation Angemessene, den wir tugendhaften Akteuren zuschreiben würden. Managern für Konfliktfälle Tugenden nahe- und ihre normativen Implikationen offenzulegen, bedeutet also, einen Rat zu erteilen im Hinblick auf ein Gutes Leben. Dabei geht es zunächst einmal darum, die Situation, in der sich der Akteur befindet, sorgfältig zu rekonstruieren und dabei jene Motive, Gefühle und Wertannahmen zu eruieren, die hier eine Rolle spielen könnten. Je nachdem, wie die Lebensumstände sich darstellen, wird der Tugendethiker dann bestimmte Lösungsvorschläge machen. Der Akteur selbst bleibt jedoch aufgerufen, diese Vorschläge auf seine reale Situation ›umzumünzen‹; also gewissermaßen den ›Geist‹ des Ratschlags zu erfassen und eigenverantwortlich umzusetzen.

Im Rahmen einer *normativen Argumentation* muss der Tugendethiker also den Wert der Ausübung einer bestimmten Tugend unter Hinweis auf die dadurch realisierten Güter oder Lebensverhältnisse begründen. Tugendethiker wie etwa Rosalind Hursthouse betonen, dass der Tugendethiker nicht bei Null anfängt und keineswegs mit der Aufgabe konfrontiert ist, uns darüber aufzuklären, was Tugenden sind und was nicht. Ausgangspunkt aller Überlegungen ist immer eine Liste mit sogenannten »Standardtugenden«, die weitgehend akzeptiert ist und die unseren moralischen *Common sense* abbildet. Der Tugendethiker möchte unser bereits vorhandenes Wissen über die Tugenden vertiefen und präzisieren.

Der normative Optimismus, der den üblichen moralischen Konzeptionen zugrunde liegt und demzufolge es für jedes moralische Problem eine (und nur eine) richtige Lösung gibt, wird von den Tugendethikern nicht geteilt. Eine *eindeutige Lösung* für moralische Probleme anzubieten, ist für die Tugendethik kein sinnvolles Ziel einer Moraltheorie, da es dem Wesen der Moral widersprechen würde. Jede Tugend generiert eine Reihe von Faustregeln und jedes Laster eine Reihe von Verboten – aus der Tugend der Gerechtigkeit oder der Ehrlichkeit ergeben sich diverse Handlungs- und Unterlassungsgebote. Was ein tugendhafter Akteur im Einzelfall tun würde, hängt allerdings von

– den Umständen (genauer: der Einschätzung bzw. der Beurteilung der Situation),
– den Gefühlen und Motiven des Akteurs,
– der Kenntnis der einschlägigen Tugendbegriffe ab.

Die Kompetenz des Einzelnen ist also in jedem Fall nötig, denn die einschlägige Tugend zu kennen, bedeutet nicht, notwendigerweise zu wissen, welche Handlungsoption geboten wäre. Es ist der Akteur selbst, der im konkreten Anwendungsfall das letzte Wort hat, und es ist aus Sicht der Tugendethik reine Hybris, wenn Ethiker meinen, dass Moraltheorien ihm diese Entscheidungshoheit nehmen könnten. Entscheidend ist aus Sicht der Tugendethiker, dass man das Wissen des Tugendhaften nicht in Form eines Moralkriteriums kondensieren und damit allgemein zugänglich machen kann. Tugendethiker akzeptieren die in ihre Konzeption eingebaute normative Unschärfe und die begrenzte Reichweite rationalen Argumentierens und halten es für einen positiven Zug ihres Ansatzes, diese Grenzen offenzulegen und offen zu lassen. Warum sollte eine Theorie klüger sein als ein gewissenhafter moralischer Akteur? Moralisches Wissen ist nicht mit mathematischem Wissen vergleichbar, bei dem man bestimmte Regeln und Ableitungsverfahren lernt und dann den Rest allein besorgen kann.

> »Moralisches Wissen kann – im Unterschied zu mathematischem Wissen – nicht einfach durch entsprechende Lektionen erworben werden und ist normalerweise nicht bei Menschen anzutreffen, die so jung sind, dass ihnen Lebenserfahrung noch fehlt. Es gibt mathematische Genies, aber kaum – falls überhaupt – jugendliche moralische Genies, und das zeigt etwas Wichtiges in Hinblick auf die Art des Wissens, das moralisches Wissen darstellt. Die Tugendethik berücksichtigt diesen Umstand, indem sie ihre Regeln in einer Begrifflichkeit formuliert, deren Anwendung ein hohes Maß an Sensibilität und Urteilsfähigkeit voraussetzt.« (Hursthouse 1997: 224)

Andreas Luckner vergleicht das Wissen des moralisch kompetenten Akteurs mit dem Wissen des Weinkenners – was einen guten Wein von einem schlechten unterscheidet, wird man auch nur begrenzt erklären, bzw. begründen können. Es ist eine Sache der *Erfahrung*, nicht der *Erklärung* – es muss sich *zeigen*: »Wer wissen will, was ein guter Wein ist, dem gebe man ein Glas guten Weins – und vielleicht, zum Vergleich, noch ein Glas schlechten Weins. Anders geht es nicht.« (Luckner 2002: 792)

4.2 Ein klassisches Problem: Der moralische Status des Embryos

Die moderne Tugendethik des zwanzigsten Jahrhunderts stand aufseiten ihrer Kritiker lange unter dem Vorbehalt, sie könne zu konkreten moralischen Problemen nicht konstruktiv Stellung beziehen. Die Philosophin Rosalind Hursthouse ist eine Pionierin insofern, als sie anhand ihrer Ausführungen zum Thema »Abtreibung« die normative Leistungskraft der Tugendethik unter Beweis stellen und grundsätzlich zeigen wollte, wie die Tugendethik an moralische Fragen herangeht. Anhand des von ihr gewählten Beispiels kann man zugleich sehr gut zeigen, wo die Schwierigkeiten dieses Ansatzes liegen. Beides soll im Folgenden geschehen.

Die Frage nach dem moralischen Status des Embryos hat sich in der Angewandten Ethik immer wieder in anderen Zusammenhängen gestellt: In den sechziger Jahren stellt sich dieses Problem zunächst im Zuge der Abtreibungsproblematik, heute diskutiert man darüber im Zusammenhang mit modernen Forschungsprogrammen in der Stammzellforschung, dem Klonen und moderner Reproduktionstechnologie. Deontologische und konsequentialistische Ethiker haben sich zu dieser Frage auf ganz unterschiedliche Weise geäußert. Ihre Heuristik ist aber ähnlich: Sie alle versuchen, mithilfe des für sie jeweils einschlägigen Moralprinzips und einschlägigen Faktenwissens zu eindeutigen Antworten zu kommen. Ihre Idee sei, so die tugendethische Kritikerin Rosalind Hursthouse, dass man, wenn man die biologischen Fakten kennt, im Zuge einer Ableitung zur richtigen Antwort kommen könne. Anders die Tugendethiker:

> »Wenn wir also die Tugendethik einsetzen, dann ist unsere erste Frage nicht ›Was zeigen die bekannten biologischen Fakten – was kann man von ihnen ableiten in Hinblick auf den moralischen Status des Embryos?‹, sondern ›Welche Rolle spielen diese Fakten im moralischen Denken, den Handlungen, Gefühlen, Gedanken und Reaktionen der Tugendhaften und der Nicht-Tugendhaften? Was ist das Entscheidende dran, die richtige Einstellung zu diesen Fakten zu haben und worin manifestiert sich die falsche Haltung?‹« (Hursthouse 1991: 229)

Für Hursthouse sind die in diesem Fall relevanten Fakten, dass eine Schwangerschaft nicht *irgendein* physischer Zustand ist und dass familiäre Beziehungen zu den wichtigsten und langfristigsten Bindungen in unserem Leben gehören.

Die *falsche* Haltung, die eines moralisch inkompetenten Akteurs, besteht darin, das Faktum, dass es sich um den Beginn menschlichen Lebens handelt, in seiner Bedeutung nicht wahrzunehmen. Eine oberflächliche und unangemessene Haltung nimmt derjenige ein, für den der Fötus lediglich einen Störfaktor darstellt; ein Problem, ›das so schnell wie möglich aus der Welt zu schaffen ist‹. Dass man den Beginn werdenden Lebens nicht zu schätzen weiß, ist allerdings entschuldbar: Zu Beginn einer Schwangerschaft ist die emotionale Bindung an das Ungeborene eher schwach und auch physisch scheint zunächst alles unverändert. Besonders junge Leute neigen aufgrund mangelnder Lebenserfahrung dazu, den Wert menschlichen Lebens zu unterschätzen. Die Bedeutung des Fötus, die emotionale Beziehung zwischen Fötus und Schwangerer, wächst parallel zur physischen Entwicklung des Ungeborenen. Es zeugt von moralischer Unreife, sich der Verantwortung für dieses Leben nicht zu stellen und die anstehende Entscheidung nicht im Bewusstsein der Tatsache zu treffen, dass es um einen Menschen geht.

Für Hursthouse ist eine Abtreibung dann moralisch *nicht* zu rechtfertigen, wenn sie aus eigensüchtigen Motiven erfolgt und sich als Ausdruck von Dummheit, Kurzsichtigkeit, Oberflächlichkeit oder Vergnügungssucht präsentiert. Als Begründung einer Abtreibungsentscheidung schlechte Lebensumstände anzuführen, kann nur dann überzeugen, wenn diese nicht auf eigenes Verschulden zurückzuführen sind: Wer dazu tendiert, sich unzuverlässige oder brutale Lebensgefährten zu suchen; wer keinen Beruf hat, weil er nicht die nötige Disziplin aufgebracht hat oder wer physisch oder psychisch schlecht gestellt ist, weil er mutwillig seine Gesundheit ruiniert hat, ist sicherlich kein tugendhafter Mensch. *Er hat es versäumt, gut für sich zu sorgen und scheitert deshalb auch in der Sorge um andere.*

Die *richtige* Haltung, die eines tugendhaften Akteurs, besteht in der Wertschätzung menschlichen Lebens und familiärer Bindungen. Eine moralisch kompetente Person weiß, dass es auf keinen Fall darum gehen kann, sich der Tragweite der Entscheidung durch den Verweis auf geltendes (oder vermeintliches) Recht zu entziehen. Ein Tugendethiker wird sich mit dem Verweis auf ungünstige Lebensumstände auch nicht zufrieden geben. Wer eine soziale Indikation geltend machen kann, ist in seinen Augen moralisch keineswegs aus dem Schneider. Die Tugendethik wird weiterfragen: Wie sieht das Leben der Schwangeren aus? Und *warum* sieht es so aus?

> »Die tugendhafte Frau […] hat Charakterzüge wie innere Stärke, Unabhängigkeit, Durchsetzungsvermögen, Entschiedenheit, Selbstvertrauen, Verantwortungsgefühl, Ernsthaftigkeit und Selbstbestimmtheit – und niemand, denke ich, kann negieren, dass Frauen manchmal schwanger werden, in Umständen, in denen sie ein Kind nicht will.

> kommen heißen können oder die Vorstellung, ein Kind zu haben, nicht akzeptieren können, und dies genau aus dem Grund, weil sie den einen oder anderen dieser Charakterzüge eben nicht haben. Also auch in Fällen, in denen die Entscheidung zur Abtreibung die richtige ist, kann sie trotzdem Ausdruck eines moralischen Versagens sein – nicht weil die Entscheidung selbst schwach oder feige oder inkonsequent oder verantwortungslos oder leichtfertig ist, sondern weil das Fehlen der umgekehrten Eigenschaften dazu geführt hat, dass man überhaupt in dieser Situation gelandet ist.« (Hursthouse 1991: 235)

In diesem Zusammenhang wird jetzt klar erkennbar, dass der Tugendethik eine »eingebaute Indexikalität« zu eigen ist, die dazu führt, dass wir tatsächlich nicht mit einfachen Regeln rechnen können. Die Abtreibungsentscheidung ist das Produkt aus Situation und Charakter des Akteurs. Ihre moralische Qualität hängt an der Frage, ob der Akteur eine Antwort auf seine Situation gefunden hat, in der sich das Bemühen spiegelt, »die beste Lösung für alle« ausfindig zu machen. Dementsprechend sind Umstände denkbar, in denen eine Abtreibung als Reaktion eines tugendhaften Akteurs denkbar ist; und solche, in denen diese Entscheidung ganz klar charakterliche Defizite offenbart. *Bei der Erörterung der Abtreibungsfrage im Rahmen der Tugendethik haben wir es mit lauter Einzelfällen zu tun, deren Bewertung von den Details der Situation abhängt und davon, wie der Akteur auf diese Situation reagiert hat.* Faustregeln lassen sich dann bilden, wenn man diese Einzelbeispiele zu Situationstypen zusammenfasst. Insgesamt besagt diese tugendethische Position Folgendes: Eine Schwangerschaft abzubrechen kann tugendhaft sein oder ein Ausdruck moralischer Minderwertigkeit. Ob ein moralischer Defekt vorliegt, erschließt sich nur, wenn man auch die spezifischen Lebensumstände zum Gegenstand der ethischen Reflexion werden lässt.

Die zeitgenössische Tugendethik hat mittlerweile zu allen derzeit diskutierten moralischen Problemen Positionen entwickelt und gezeigt, dass sie normative Fragen kompetent bearbeiten kann. Allerdings gibt es ein paar Schwierigkeiten in der Vorgehensweise – das kann man an diesem Beispiel sehr gut zeigen: Dass Hursthouse in ihre Explikation des Guten Lebens Wertannahmen einfließen lässt, wird man ihr schwerlich vorwerfen können. Ärgerlich ist allerdings, dass es sich häufig um *versteckte* Wertannahmen handelt, für die keinerlei Argumente angeführt werden. Menschlichem Leben wird ein besonderer Wert beigemessen und zwar von Anfang an. Damit bedient sich Hursthouse ausgerechnet jenes Arguments gegen die Abtreibung, das als das schwächste in der ganzen Diskussion gelten dürfte: Das *Speziesargument*, dem zufolge ein Wesen genau dann ethisch wertvoll ist, wenn es ein Mensch ist, bildet quasi den ›Auftakt‹ zu Hursthouse' Abtreibungsdiskussion. Dieser Standpunkt wird natürlich nicht eigens begründet – er nimmt aber in der Erörterung von Hursthouse einen zentralen Ort ein, denn wer den besonderen Stellenwert menschlichen Lebens nicht berücksichtigt in seinen Gedanken, Taten und Emotionen, ist weit davon entfernt, ein tugendhafter Mensch zu sein. Normative Implikationen dieser Art werden von Hursthouse weder offengelegt, noch begründet. Basis der moralischen Bewertung der Abtreibung ist ein Appell an die Intuitionen des Lesers. Dieser Argumentationsstil betrifft auch die Ausführungen zum Guten Leben. Hursthouse' diesbezügliche Annahmen lassen sich folgendermaßen rekonstruieren:

P1: Man sollte in seinem Leben wertvolle Ziele anstreben.
P2: Man sollte sich nicht in eine Situation oder eine Verfassung bringen, die verhindern, dass wertvolle Ziele erreicht werden können.
P3: Das Familienleben ist ein wertvolles Ziel.
P4: Es gibt nur wenige Dinge, die wertvoller sind als Kinder.
K: *Unter normalen Umständen sollte man Kinder bekommen.*

Wer keine Kinder bekommt, steht also unter einem Legitimationsdruck. Für die moralische Bewertung der Abtreibungsentscheidung ist die Unterscheidung zwischen wertvollen und wertlosen Zielen und Aktivitäten von zentraler Bedeutung. Alles hängt davon ab, ob die Alternative zur Familiengründung denselben oder einen höheren Wert hat, wenn nicht, gilt Abtreibung als ein Zeichen moralischer Verwahrlosung. Da Hursthouse keinerlei Kriterien für die Evaluation von Lebensplänen und Freizeitvergnügungen anbietet, ist der Willkür Tür und Tor geöffnet. *Offenbar eröffnet die von Hursthouse präferierte Argumentationsstruktur die Möglichkeit, eigene Intuitionen ohne weitere Reflexion zur Basis des moralischen Urteils zu machen.* Eine moralische Entscheidung in der normativen Ethik zu reflektieren, läuft darauf hinaus, auf die Beachtung bestimmter, als relevant erachteter Aspekte zu pochen. Die Überzeugungskraft des normativen Resultates hängt vollkommen davon ab, ob man diese Überzeugungen teilt oder nicht.

Heute hat die zeitgenössische Tugendethik interessante Beiträge zu vielen Fragen der Angewandten Ethik beigesteuert, die wichtige Aspekte ethischer Probleme innerhalb der unterschiedlichen Bereichsethiken (u.a. Wirtschaftsethik, Tierethik, Bioethik, Medizinethik) in den Blick nehmen und diskutieren. Sie ist damit zu einem wichtigen Ideenlieferanten und Diskussionspartner innerhalb der Angewandten Ethik geworden. *Nicht nur hier, auch in anderen normativen Fragen, etwa der Tier- oder der Wirtschaftsethik hat die Tugendethik allerdings die Tendenz, darauf zu setzen, dass es von allen geteilte Intuitionen über das Angemessene gibt, die es evident erscheinen lassen, was im jeweiligen Fall zu tun oder zu lassen ist.* Ob die von tugendethischen Autorinnen und Autoren eingenommene Perspektive jeweils wirklich plausibel ist, darüber kann man allerdings völlig verschiedener Ansicht sein. Der Verzicht auf ein Moralprinzip hat also seinen Preis. Insofern bietet die Tugendethik in der Reflexion moralischer Probleme sicherlich eine interessante, ihr eigene Perspektive – aber nur in Ergänzung zu deontologischen oder konsequentialistischen Ansätzen, nicht als Ersatz.

Kontrollfragen

1. Welche Frage steht im Zentrum der Tugendethik? Welchen Unterschied macht es, wenn man mit dieser Frage an das Phänomen der Moral herantritt?

2. Wie kann man begründen, dass es sinnvoll ist, Tugenden auszubilden bzw. tugendhaft zu sein?

3. Welche Missverständnisse könnten auftreten, wenn es darum geht zu definieren, was eine Tugend ist? Und wie kann man beschreiben, was eine Tugend ist?

4. Was sind »Kardinaltugenden«?

5. Welche Tugenden halten Sie heute für wichtig und warum?

6. Gibt es in der Tugendethik so etwas wie ein *Kriterium der Moral*?

7. Was bedeutet es für die Lösung moralischer Probleme, auf ein solches Kriterium zu verzichten?

8. Gehen Tugendethiker davon aus, dass es für moralische Fragen immer eine eindeutige Lösung gibt? Welche Position vertreten sie?

9. Spielen moralische Vorbilder heute noch eine Rolle? Wen würden Sie anführen?

10. Wo sehen Sie die Stärken der Tugendethik? Was macht sie in Ihren Augen attraktiv? Und wo liegen ihre Grenzen?

Kommentierte Auswahlbibliographie

* = im Text zitierte Literatur

Wichtige Primärtexte

*Aristoteles: *Nikomachische Ethik*, Leipzig 1911.
Foot, P.: *Virtues and Vices*, Oxford 1978.
MacIntyre, A.: *After Virtue. A Study in Moral Theory*, Notre Dame Press, Indiana 1981, dt.: *Der Verlust der Tugend*, Frankfurt a.M. 1987.
McDowell, J.: Virtue and Reason. In: *The Monist* 62, 1979, S. 331–350.
Nussbaum, M.: Nicht-relative Tugenden: Ein aristotelischer Ansatz. In: *Tugendethik*, hg. von K. P. Rippe u. P. Schaber. Stuttgart 1998, S. 114–165.
Platon: *Politeia*. In: *Sämtliche Werke*, hg. von K. Hüller. Frankfurt a.M. 1991.
Thomas von Aquin: *Summa Theologiae*, hg. von J. Berhardt. Leipzig/Stuttgart 1934.

Empfehlenswerte Gesamtdarstellungen zur Einführung

Baron, M. W./Pettit, P./Slote, M. (Hg.): *Three Methods of Ethics*, Oxford 1997.
(Eine sehr schöne Konfrontation der drei großen Moraltheorien.)
Horn, C.: *Antike Lebenskunst. Glück und Moral von Sokrates bis zu den Neuplatonikern*, München 1998.
(Gut lesbare Darstellung der antiken Ethik.)
Müller, A.: *Was taugt die Tugend? Elemente einer Ethik des guten Lebens*, Stuttgart 1998.
(Eine sehr instruktive Gesamtdarstellung dessen, was die moderne Tugendethik will.)

Weiterführende Texte & Spezialliteratur

*Annas, J.: *The Morality of Happiness*, Oxford 1993.
(Ein avanciertes Werk zur antiken Ethik, für diejenigen, die sich intensiver mit der (antiken) Tugendethik beschäftigen wollen, ein Muss.)
*Anscombe, G. E. M.: Modern Moral Philosophy. In: *Philosophy* 33, 1958, dt.: Moderne Moralphilosophie. In: *Seminar:*

Sprache und Ethik, hg. von G. Grewendorf/G. Meggle. Frankfurt a.M. 1974, S. 217–243.
(Der Klassiker, mit dem alles begann.)

Borchers, D.: *Die neue Tugendethik – Schritt zurück im Zorn?*, Paderborn 2001.
(Eine systematische Darstellung und Kritik des tugendethischen Ansatzes in der Ethik.)

Crisp, R. und M. Slote (Hg.): *Virtue Ethics*, Oxford 1997.
(Zentrale Aufsätze zur Tugendethik aus der angelsächsischen Debatte.)

Darwall, Stephen (Hg.): *Virtue Ethics*, Oxford 2003.
(Zentrale Aufsätze zur Tugendethik aus der angelsächsischen Debatte.)

Foot, P.: *Die Wirklichkeit des Guten*, Frankfurt a.M. 1997.
(Eine von Ursula Wolf und Anton Leist herausgegebene Sammlung ihrer wichtigsten Aufsätze in deutscher Übersetzung.)

*Frankena, W. K.: *Ethics*, Prentice Hall, Inc., Englewood Cliffs, New York 1963, dt.: *Analytische Ethik*, München 1972, ^{5}1994.
(Eine ältere, aber sehr gute Einführung in die Ethik.)

*Geach, P. T.: *The Virtues*, Cambridge 1977.
(Ein klassisches Werk zu den Tugenden.)

*Hintikka, Jaakko, Foot, Philippa & Nussbaum, Martha. In: *Einladung zum Denken – Ein kleiner Streifzug durch die Analytische Philosophie*, hg. von D. Borchers/O. Brill/U. Czaniera. Wien 1998.
(Interviews mit bekannten Moralphilosophinnen und -philosophen, in denen sie kurz und prägnant ihre Arbeit darstellen.)

*Hursthouse, R.: Virtue Theory and Abortion. In: *Philosophy & Public Affairs* 20, 1991, S. 223–246.
(Einer jener Aufsätze, in denen Hursthouse als eine der ersten die Tugendethik als neuen Ansatz in der Angewandten Ethik positionierte.)

Hursthouse, R.: *On Virtue Ethics*, Oxford 1999.
(Eine avancierte Auseinandersetzung mit der Tugendethik.)

*Luckner, A.: Handlungen und Haltungen. Zur Renaissance der Tugendethik. In: *Deutsche Zeitschrift für Philosophie* 50, 5, 2002, S. 779–796.
(Eine kritische Auseinandersetzung mit Kritiken und neueren Publikationen zur Tugendethik, die sehr instruktiv und erhellend ist.)

O'Neill, O.: *Tugend und Gerechtigkeit. Eine konstruktive Darstellung des praktischen Denkens*, Berlin 1996.
(Eine tugendethische Konzeption der Gerechtigkeit.)

Rippe, K. P. und P. Schaber (Hg.): *Tugendethik*, Stuttgart 1998.
(Eine Sammlung von zentralen englischen Aufsätzen zur Tugendethik in deutscher Übersetzung.)

Statman, D. (Hg.): *Virtue Ethics*, Edinburgh 1997.
(Zentrale Aufsätze zur Tugendethik aus der angelsächsischen Debatte.)

MORAL FÜR EGOISTEN?

Einführung in die Kontraktualistische Ethik

Daniel Eggers

>»New discoveries are not to be expected in these matters.«
>(David Hume, 1752)

1. Einleitung
2. Theorien des ethischen Kontraktualismus
   2.1 Zur Struktur des kontraktualistischen Arguments
   2.2 Thomas Hobbes
   2.3 John Rawls
   2.4 Peter Stemmer
   2.5 Unterschiede und Gemeinsamkeiten
3. Anwendung und Reichweite der kontraktualistischen Ethik
   3.1 Die Nutzung natürlicher Ressourcen
   3.2 Die Rechte körperlich und geistig behinderter Kinder
4. Schlussbemerkung

1. Einleitung

Die kontraktualistische Ethik zählt zu den Theorieansätzen, die die Moralphilosophie der Gegenwart in besonders nachhaltiger Weise geprägt haben. Der obigen skeptischen Einschätzung des schottischen Philosophen David Hume zum Trotz zählt der Kontraktualismus nicht nur weiterhin zu den einflussreichsten Konzeptionen innerhalb der praktischen Philosophie. Er hat in der Vergangenheit auch eine Reihe wichtiger Entwicklungen und Modifikationen erfahren, zu denen unter anderem die Herausbildung der spezifisch *ethischen* oder *moralphilosophischen* Variante des Kontraktualismus gehört, die im Folgenden eingehender vorgestellt werden soll.

Der Begriff ›Kontraktualismus‹ ist gleichbedeutend mit dem Begriff ›Vertragstheorie‹. Er bezeichnet allgemein Theorien, die politische oder moralische Institutionen, Prinzipien oder Normen als Ausdruck eines *Vertrages* bzw. einer vertragsähnlichen *Übereinkunft* begreifen. In dieser allgemeinen Form blickt die Vertragstheorie auf eine lange Geschichte zurück, die bis ins fünfte vorchristliche Jahrhundert reicht (siehe *Kleine Geschichte des Kontraktualismus*).

Dass sich die kontraktualistische Grundidee bei Philosophen bis heute solcher Beliebtheit erfreut, kann auf eine Vielzahl von Faktoren zurückgeführt werden. Einer der wichtigsten Gründe dürfte darin liegen, dass der im Kontraktualismus zum Ausdruck kommende Grundgedanke direkt bei unseren Alltagserfahrungen ansetzt. Verträge und Vereinbarungen sind nicht nur feste Bestandteile unseres sozialen Alltags. Ihnen kommt auch eine Funktion zu, wie sie sich allgemein auch der Moral oder der

Kleine Geschichte des Kontraktualismus

Die antiken Vorläufer

Die ersten Ansätze zu kontraktualistischen Positionen lassen sich bereits in der antiken Philosophie aufweisen, so in der griechischen Sophistik des fünften vorchristlichen Jahrhunderts und in den Schriften Epikurs (341–270 v.Chr.) und seiner Anhänger. Während die durch Sokrates, Platon und Aristoteles repräsentierte antike Tradition politische und moralische Strukturen als Bestandteil einer natürlichen Ordnung und als etwas dem Menschen Vorgegebenes versteht, ist die sophistische Rechts- und Sozialphilosophie, und insbesondere die sophistische Naturrechtslehre, durch eine fundamentale Entgegensetzung von *physis* (Natur) und *nomos* (Gesetz, Sitte, Brauch) gekennzeichnet, vor dessen Hintergrund die rechtlich-moralische Ordnung als Produkt menschlicher Vereinbarungen und damit als etwas künstlich Geschaffenes erscheint. Sieht man von den wenigen erhaltenen sophistischen Fragmenten ab, sind die entsprechenden Positionen vor allem durch die Dialoge Platons überliefert, welche nicht zuletzt der kritischen Auseinandersetzung mit der sophistischen Philosophie gewidmet sind (vgl. insbesondere die Dialoge *Politeia* und *Gorgias*).

Die Rechts- und Sozialphilosophie Epikurs und seiner Anhänger ist stark durch die vertragstheoretischen Überlegungen der Sophisten geprägt. Anders als bei vielen sophistischen Theoretikern verbindet sich der kontraktualistische Grundgedanke bei den Epikureern allerdings nicht mit einer Theorie des natürlichen Rechts des Stärkeren. In seinen Lehrsätzen, den *Kyriai Doxai*, betont Epikur, dass es sich bei der Gerechtigkeit nicht um etwas »an und für sich Seiendes« handle, sondern um einen von Menschen abgeschlossenen Vertrag »einander nicht zu schädigen und sich nicht schädigen zu lassen«. Epikur hebt dabei ausdrücklich hervor, dass der faktische Nutzen der Maßstab des Rechts und seiner Geltung sei und bleibe und dass es bei Völkern, die kein derartiges wechselseitiges Abkommen abgeschlossen haben, weder Recht noch Unrecht gebe. Der Gedanke, dass die Gesetze, und mit ihnen die Begriffe Recht und Unrecht, durch menschliche Vereinbarungen eingeführt worden sind, findet sich auch bei Epikurs Anhänger Lukrez (ca. 97–55 v.Chr.), der in seiner umfangreichen Schrift *De rerum natura* die frühe Entwicklung der Menschheit nachzeichnet und dabei sowohl den früheren rechtund gesetzlosen Zustand beschreibt als auch den auf ihn folgenden, durch Verträge herbeigeführten Zustand der bürgerlichen Gemeinschaft.

Die klassische Vertragstheorie der Frühen Neuzeit und Neuzeit

Die Idee, die Gesetze und Herrschaftsverhältnisse, die innerhalb der menschlichen Gemeinschaft gelten, als Ergebnis eines Vertrages zu deuten, durchzieht auch die mittelalterliche Staats- und Rechtsphilosophie. Der Vertrag wird dabei vorrangig als ein Herrschafts- oder Unterwerfungsvertrag verstanden, der zwischen dem politischen Herrscher und den Untertanen geschlossen wird und in dem sich die Untertanen zum Gehorsam gegenüber den staatlichen Gesetzen verpflichten.

Ihre eigentliche Hochphase erlebt die Vertragstheorie aber erst im 17. und 18. Jahrhundert. Erst zu dieser Zeit wird der kontraktualistische Ansatz zu einer umfassenden systematischen Theorie ausgearbeitet. Etabliert wird diese Theorie durch die Schriften des englischen Philosophen Thomas Hobbes (1588–1679). Hobbes versucht, in Zeiten des Bürgerkriegs und der konfessionellen Streitigkeiten die Notwendigkeit und die Legitimität einer absoluten staatlichen Gewalt aufzuzeigen, und präsentiert in seinen Werken die Bildung der staatlichen Gemeinschaft und die Einsetzung des staatlichen Herrschers als Ergebnis eines Gesellschaftsvertrages. Zu den Hauptvertretern der klassischen Vertragstheorie zählt neben Hobbes auch sein Landsmann John Locke (1634–1704). Lockes Theorie liefert ein weiteres Beispiel dafür, dass sich mit der kontraktualistischen Grundidee deutlich unterschiedliche Positionen verbinden können. So nutzt Locke die Idee des Gesellschaftsvertrages und der vernünftigen Übereinkunft ganz im Gegensatz zu Hobbes zu dem Zweck, die Legitimität absolutistischer Herrschaft in Zweifel zu ziehen und die Notwendigkeit einer Beschränkung staatlicher Herrschaft aufzuzeigen.

Eine Vertragstheorie, die der Locke'schen Theorie in einigen Punkten ähnelt, wird von Jean-Jacques Rousseau (1712–78) in seinem Hauptwerk *Vom Gesellschaftsvertrag* entwickelt. Rousseau liefert aber insofern auch einen originären Beitrag zur Entwicklung der Vertragstheorie, als er einige der Positionen Lockes weiter radikalisiert und den kontraktualistischen Ansatz mit seiner Lehre vom Gemeinwillen (*volonté génerale*) um ein wichtiges Element bereichert. Der zweite Hauptrepräsentant der Vertragstheorie des 18. Jahrhunderts ist Immanuel Kant (1724–1804). Kants politische Philosophie kann in mancherlei Hinsicht als Synthese der Theorien von Hobbes und Rousseau verstanden werden, weshalb Kants politische Schriften von einigen Autoren auch als Höhepunkt der klassischen Vertragstheorie begriffen werden.

Kritik der Vertragstheorie im 18. und 19. Jahrhundert

Im 18. Jahrhundert wird allerdings auch die erste grundsätzlichere Kritik gegen den vertragstheoretischen Ansatz vorgebracht, und zwar insbesondere von David Hume und Jeremy Bentham. Nicht zuletzt dieser Kritik Humes und Benthams sowie der zu Beginn des 19. Jahrhunderts formulierten Kritik Georg Wilhelm Friedrich Hegels ist es zu verdanken, dass der kontraktualistische Ansatz im 19. Jahrhundert zunehmend in Vergessenheit gerät und ihm bis in die zweite Hälfte des 20. Jahrhunderts keine wirkliche Bedeutung mehr zukommt.

Renaissance der Vertragstheorie im 20. Jahrhundert

Dass es in den Jahrzehnten nach dem Zweiten Weltkrieg zu einer Renaissance der Vertragstheorie kommt, ist das Verdienst des amerikanischen Philosophen John Rawls (1921–2002) und seines 1971 erschienenen Hauptwerks *Eine Theorie der Gerechtigkeit*. Rawls versucht, die Theorie des Gesellschaftsvertrages zu verallgemeinern und auf eine höhere Abstraktionsstufe zu heben, um sie auf diese Weise den gegen sie vorgebrachten Einwänden zu entziehen und eine Gerechtigkeitstheorie zu entwickeln, die der gerade in der anglo-amerikanischen Philosophie dominierenden utilitaristischen Theorie überlegen ist. Wie immer man den diesbezüglichen Erfolg der Rawls'schen Theorie aus heutiger Sicht einschätzen mag: Rawls' Werk kommt ohne jeden Zweifel das Verdienst zu, für eine Wiederbelebung der Vertragstheorie gesorgt zu haben, die ihren ersten Ausdruck in den Theorien Robert Nozicks und James Buchanans findet und bis heute andauert. Mit Blick auf das vorliegende Thema ist die Rawls'sche Gerechtigkeitstheorie auch insofern von besonderer Bedeutung, weil mit ihr die Geschichte des spezifisch *ethischen* oder *moralphilosophischen* Kontraktualismus beginnt, im Gegensatz zum rein *staatsphilosophischen* oder *politischen* Kontraktualismus. Zu den Autoren, die das Vertragsmodell in der Folge noch konsequenter als Rawls auf den Bereich der Moral übertragen und die Herausbildung eines spezifisch ethischen Kontraktualismus vorangetrieben haben, zählen G. R. Grice, Gilbert Harman, Thomas M. Scanlon und David Gauthier sowie innerhalb des deutschen Sprachraums Ernst Tugendhat und Peter Stemmer.

---

staatlichen Gesetzgebung zuschreiben lässt, nämlich die Funktion, zwischen den Interessen und Ansprüchen verschiedener Menschen zu vermitteln. Hinzu kommt, dass viele der konkreten Regeln und Vorschriften, denen wir im Alltag unterworfen sind, oftmals in der Tat das direkte Ergebnis von Verhandlungen und Übereinkünften sind – oder es zumindest sein könnten.

Nehmen wir folgendes Beispiel, um diesen Gedanken zu verdeutlichen: In einem Mehrfamilienhaus in einer mittelgroßen deutschen Universitätsstadt wohnen sechs Parteien. Das Zusammenleben dieser Parteien ist zunehmend durch Unstimmigkeiten und wechselseitige Ärgernisse bestimmt. Herr Meier, ein Gymnasiallehrer, der mit seiner Familie eine der Wohnungen im zweiten Stock bewohnt, fasst angesichts dieser Entwicklung den Entschluss, eine Mieterversammlung einzuberufen, bei der die existierenden Probleme besprochen und, nach Möglichkeit, gelöst werden sollen.

Im Zuge der Besprechung wird schnell deutlich, dass jede der Mietparteien Gewohnheiten pflegt, die von den anderen Mietern als störend empfunden werden. So stört sich Frau Müller, eine Rentnerin, die eine Wohnung im Erdgeschoss bewohnt, daran, dass die Kinder von Herrn und Frau Meier beim Spielen regelmäßig durch die von ihr bepflanzten Blumenbeete an der Hausvorderseite laufen. Herr und Frau Meier ärgern sich ihrerseits darüber, dass

Frau Müller häufig unzerkleinerte Kartons und Verpackungen in die Mülltonne wirft, sodass die Tonne oftmals schon Tage vor ihrer Entleerung voll ist. Frau Schmidt, eine alleinerziehende Mutter, die die Wohnung neben Frau Müller bewohnt, und Herr Feldmann, ein Sozialarbeiter aus dem dritten Stock, teilen diesen Ärger. Frau Schmidt beklagt sich außerdem darüber, dass die in der zweiten Etage wohnenden Studenten Ralf und Alexander ihre Fahrräder im Hausflur abstellen und es ihr auf diese Weise erschweren, ihren Kinderwagen auf die Straße zu schieben. Den gleichen Vorwurf erhebt Frau Müller, die eine Gehhilfe benutzt, mit der sie oft an den Fahrrädern hängenbleibt. Ralf und Alexander wiederum beschweren sich, dass Frau Schmidt die von allen Mietern gemeinsam genutzte Waschmaschine im Keller fast täglich für mehrere Stunden mit Beschlag belegt. Dieser Klage schließen sich Herr und Frau Meier sowie Herr Schuster an, ein Informatiker, der im dritten Stock neben Herrn Feldmann wohnt. Herrn Schuster ärgert es zudem, dass Herr Feldmann seine Joggingschuhe immer vor der Wohnungstür abstellt, weil er sich durch die den Schuhen entströmenden Gerüche belästigt fühlt. An Herrn Schuster selbst richtet sich schließlich der allgemeine Vorwurf, er dusche häufig so lange, dass für längere Zeit kein warmes Wasser mehr zur Verfügung stehe.

Nachdem alle Mieter ihrem Ärger Luft gemacht haben, wird die Auseinandersetzung zunehmend sachlicher. Da im Haus bislang keine Hausordnung existiert und die als problematisch empfundenen Verhaltensgewohnheiten auch keinen geltenden Gesetzen widersprechen, ist allen Beteiligten klar, dass die von ihnen jeweils kritisierten Verhaltensweisen im Grunde erlaubt sind. Auch ist allen klar, dass von keinem der Mieter erwartet werden kann, seine Interessen einfach den Interessen der anderen unterzuordnen und sein Verhalten ohne jegliche Gegenleistung zu ändern. Herr Meier macht deshalb den Vorschlag, eine Hausordnung zu verabschieden, die die verschiedenen, als störend empfundenen Handlungsweisen gleichermaßen untersagt. Nach einiger Diskussion wird der Vorschlag angenommen. Die neu geschaffene Hausordnung besteht aus 6 Artikeln. Sie sieht vor,

1) dass die Blumenbeete vor dem Haus nicht betreten werden dürfen;
2) dass größere Verpackungsmaterialien grundsätzlich zerkleinert werden müssen, bevor sie in die Mülltone geworfen werden;
3) dass Fahrräder nur vor dem Haus oder im Keller abgestellt werden dürfen;
4) dass die Waschmaschine von jedem Mieter nur zu bestimmten, festgeschriebenen Zeiten benutzt werden darf;
5) dass nicht länger als 20 Minuten geduscht werden darf, und
6) dass Schuhe und andere geruchsintensive Gegenstände nur in der eigenen Wohnung aufbewahrt werden dürfen.

Herr Schuster übernimmt die Aufgabe, die Hausordnung niederzuschreiben, zusätzlich einen Zeitplan für die Nutzung der Waschmaschine zu erstellen und an alle Mieter Kopien zu verteilen. Nachdem dies geschehen ist, wird die Hausordnung für alle Mieter und von allen Mietern als verbindlich betrachtet.

Die von uns gewählte Geschichte gibt nicht nur ein mögliches Beispiel dafür, wie durch eine wechselseitige Übereinkunft zwischen verschiedenen Individuen im Alltag bestimmte Normen oder Regeln entstehen können. Sie deutet auch an, was die Grundlage dieser Übereinkunft und der daraus resultierenden Verpflichtungen ist. Dass die Mieter unseres Beispiels fortan von den jeweils anderen Mietern erwarten werden, die Hausordnung zu beachten, hat seinen Grund in der Tatsache, dass alle Mieter der Schaffung der Hausordnung und den darin formulierten Regeln freiwillig zugestimmt haben. Dass sie ein Interesse an der Geltung der Regeln haben, liegt daran, dass diese insgesamt mit Vorteilen für sie verbunden sind. Zwar müssen sich alle Mieter aufgrund der Regeln in ihrem Verhalten einschränken, d.h. einen Teil ihrer Freiheit aufgeben. Im Austausch dafür gewinnen sie aber die Sicherheit, dass die anderen Mieter von ihren subjektiv als störend empfundenen Gewohnheiten Abstand nehmen werden.

Wie der nochmalige Blick auf das Beispiel zeigt, überwiegt dieser Gewinn die mit der Hausordnung verbundenen individuellen Verluste. Um es am Beispiel von Frau Müller zu erläutern: Frau Müller wird zwar fortan die Mühe aufwenden müssen, ihre Kartons und Verpackungen zu zerkleinern, bevor sie sie in die Mülltonne wirft. Dafür werden aber ihre Blumenbeete in Zukunft verschont werden; sie wird ihre Gehhilfe ohne Probleme durch den Hausflur schieben können; und sie wird auch dann über genügend warmes Wasser verfügen, wenn Herr Schuster geduscht hat. Für die anderen Mieter gilt das Gleiche: Auch sie gewinnen mehr als sie verlieren, und nur deshalb kann es überhaupt zu der Annahme von Herrn Meiers Vorschlag und der Einigung auf die Hausordnung kommen.

Macht man sich in dieser Weise klar, welche rationale Logik der von uns beschriebenen Übereinkunft zugrunde liegt, dann ist es nur ein kleiner weiterer Schritt zu der Einsicht, die für die uns interessierenden Varianten des Kontraktualismus charakteristisch ist: zu der Einsicht nämlich, dass sich prinzipiell auch solche Regeln und Normen als Ergebnis einer Übereinkunft interpretieren lassen, die selbst nicht direkt auf eine wirkliche Vereinbarung zurückgehen. Bringen die infrage stehenden Normen und Regeln den ihnen unterworfenen Individuen mehr Vorteile als Nachteile und *könnten* sie daher Ausdruck ihres Willens sein, dann lassen sie sich unter Umständen als Ergebnis einer *hypothetischen* Übereinkunft begreifen, d. h. als Ergebnis einer Übereinkunft, die die Individuen geschlossen *hätten*, wenn sie die Gelegenheit dazu gehabt hätten, oder die sie schließen *würden*, wenn sie vernünftig wären.

Dass wir durchaus auch im Alltag von derartigen Überlegungen geleitet werden, lässt sich wieder anhand unseres Beispiels erläutern. Sollte ein neuer Mieter, Herr Jürgens, in das von uns beschriebene Mehrfamilienhaus einziehen, so scheint es durchaus gute Gründe dafür zu geben, die Hausordnung auch auf ihn anzuwenden, und zwar weil er ihr vermutlich zugestimmt hätte, wenn er zur Zeit der Mieterversammlung bereits im Haus gewohnt hätte. Sofern man ihm ein hinreichendes Interesse unterstellt, warm zu duschen, die gemeinsame Waschmaschine regelmäßig zu benutzen und nicht vom Schweißgeruch seines Nachbarn belästigt zu werden, kann man ihm auch die Bereitschaft unterstellen, zu diesem Zweck sein Fahrrad vor dem Haus oder im Keller abzustellen, anstatt es im Hausflur stehen zu lassen. Aus diesem Grund werden die Mieter unseres Mehrfamilienhauses vermutlich geneigt sein, ein derartiges Verhalten von Herrn Jürgens zu erwarten, auch wenn er an der ursprünglichen Verabschiedung der Hausordnung nicht beteiligt war.

Diese Überlegung zeigt, dass und warum die wechselseitige Übereinkunft, die der kontraktualistischen Idee zufolge die Grundlage von Normen und Regeln bildet, auch als hypothetische Übereinkunft begriffen werden kann. Sie zeigt auch, dass mit der Frage, ob und inwieweit bestimmte Normen und Regeln im Interesse der ihnen unterworfenen Individuen liegen, ein normatives Kriterium gewonnen ist, um die Notwendigkeit oder Legitimität von Normen und Regeln zu bewerten. Wenn der neue Mieter Herr Jürgens keinerlei Interesse daran hat, dass die anderen Mieter sich ihm gegenüber so verhalten, wie es die Hausordnung vorschreibt, dann, so scheint es, kann man von ihm auch nicht vernünftigerweise erwarten, dass er selbst sich an die Hausordnung halten wird. Zumindest würde eine solche Erwartungshaltung die Frage aufwerfen, ob Herr Jürgens von den anderen Mietern fair behandelt wird. Die Idee der vernünftigen Übereinkunft stellt daher eine Idee dar, anhand derer sich die Ansprüche, die wir an andere Menschen richten, oder die Freiheiten, die wir uns ihnen gegenüber einräumen, auf ihre Legitimität hin prüfen lassen. Die kontraktualistische Grundidee ist also nicht nur eine Methode, um die wirkliche oder mögliche Entstehung von Normen und Regeln zu beschreiben. Sie ist auch eine Methode, um rational für oder gegen die Notwendigkeit oder Legitimität von bestimmten Regeln und Normen zu argumentieren. Die eingehendere Darstellung einiger der wichtigsten Ansätze der kontraktualistischen Ethik wird uns Gelegenheit geben, diese Aspekte wieder aufzunehmen und unsere Erörterung der kontraktualistischen Grundidee weiter zu vertiefen.

2. Theorien des ethischen Kontraktualismus

2.1 Zur Struktur des kontraktualistischen Arguments

Bevor mit den Ansätzen von Thomas Hobbes, John Rawls und Peter Stemmer drei unterschiedliche kontraktualistische Theorien vorgestellt werden sollen, bietet es sich an, noch einmal dezidiert die allgemeine Struktur des kontraktualistischen Arguments nachzuzeichnen, die die gemeinsame Grundlage der drei Theorien darstellt und auch den Hintergrund für die Modellierung unseres Mieter-Beispiels geliefert hat. Kontraktualistische Theorien lassen sich typischerweise in drei große argumentative Blöcke einteilen, die logisch aufeinander bezogen sind. Bei diesen handelt es sich um:

1) die Konzeption eines vorstaatlichen oder vormoralischen ›Naturzustandes‹, in dem die zu erklärenden oder zu begründenden Regeln, Normen und Institutionen noch nicht existieren;
2) die vertragliche oder vertragsähnliche Übereinkunft, im Zuge derer die infrage stehenden Regeln, Normen oder Institutionen geschaffen werden und durch die der ›Naturzustand‹ aufgehoben wird;
3) den ›staatlichen‹ oder ›moralischen‹ Zustand, in dem die Regeln, Normen und Institutionen existieren bzw. gelten.

Der vorstaatliche oder vormoralische Naturzustand weist typischerweise einen spezifischen Mangel auf, d.h. er ist durch Probleme oder Konflikte geprägt, die seine Überwindung notwendig oder vernünftig machen und aufseiten der Individuen ein Interesse an einer wechselseitigen Übereinkunft entstehen lassen. Unser obiges Beispiel geht insofern von einem Naturzustand aus, als in dem von uns beschriebenen Haus keine Hausordnung existiert, das Verhältnis der Mietparteien untereinander also noch nicht (oder nicht vollständig) geregelt ist. Als defizitär erweist sich dieser Zustand insofern, als er zu Konflikten und Zwistigkeiten zwischen den Mietern und letztlich zu ihrer Unzufriedenheit mit dem *status quo* führt.

Die vertragliche oder vertragsähnliche Übereinkunft, die die Überwindung des Naturzustandes herbeiführt und die im Mittelpunkt der kontraktualistischen Argumentation steht, hat das Ziel, dem spezifischen Mangel des Naturzustandes abzuhelfen. Folglich wird sie inhaltlich durch diesen Mangel bestimmt. In unserem Beispiel zeigt sich das daran, dass die neu geschaffene Hausordnung genau diejenigen Verhaltensweisen untersagt, die von den Mietern als störend empfunden werden, und auf diese Weise die spezifischen Interessen der Mieter umsetzt. Zustande kommt die Hausordnung allerdings nur, weil einige der Interessen geteilte Interessen sind und die Mieter zudem ein übergeordnetes gemeinsames Interesse an einem harmonischen Zusammenleben haben.

Der ›staatliche‹ oder ›moralische‹ Zustand ist erreicht, sobald die im Rahmen der Vereinbarung festgelegten Normen und Regeln gelten und in ihrer Geltung grundsätzlich anerkannt werden. Ein zentrales Problem besteht allerdings darin, dass dieser Zustand nicht notwendigerweise stabil ist. Auch wenn es für alle Beteiligten vernünftig ist, die Normen und Regeln zu etablieren, um so den Mangel des Naturzustandes zu beheben, wird in vielen Fällen im Nachhinein ein starker Anreiz entstehen, die Normen und Regeln einseitig zu verletzen, weil dies hieße, in den Genuss der Vorteile der Vereinbarung zu gelangen, ohne ein eigenes Opfer bringen zu müssen. Ein solches Verhalten beeinträchtigt jedoch die Stabilität der Vereinbarung und bedroht den damit verbundenen Nutzen. Sollten die durch die Übereinkunft geschaffenen Normen und Regeln von einigen Individuen nicht konsequent befolgt werden, werden auch die anderen Individuen dazu tendieren, die Regeln zu ignorieren, um nicht einseitig in Nachteil zu geraten – vorausgesetzt, sie erfahren von den Regelverletzungen der anderen. Die einseitige Missachtung der Vereinbarung kann dann in letzter Konsequenz dazu führen, dass die Vereinbarung jegliche Wirkung und Geltung einbüßt und die Individuen in den Naturzustand zurückfallen.

Sollte etwa Herr Schuster nach einiger Zeit wieder dazu übergehen, 30 oder 40 Minuten lang zu duschen, wird Herr Feldmann kaum bereit sein, weiterhin Herrn Schuster zuliebe seine Joggingschuhe in der eigenen Wohnung aufzubewahren. Zugleich verliert Frau Schmidt durch Herrn Schusters Verletzung der Hausordnung einen Grund, sich konsequent an den Zeitplan für die Waschmaschine zu halten. Es ist leicht zu sehen, dass dieser Prozess darin enden kann, dass die Hausordnung irgendwann von keinem der Mieter mehr beachtet werden wird und es wieder zu den früheren Unstimmigkeiten kommen wird, unter Umständen sogar zu einer Verstärkung der früheren Unstimmigkeiten.

In seiner klassischen Ausprägung hat das hier skizzierte kontraktualistische Argument die Aufgabe, eine positive Erklärung oder Begründung von Regeln, Normen oder Institutionen zu liefern, die bereits existieren oder die vernünftigerweise existieren sollten. Wie unsere obige Erörterung des normativen Gehaltes der kontraktualistischen Idee angedeutet hat, lässt sich das Argument aber auch nutzen, um Regeln, Normen oder Institutionen zu kritisieren. In diesem Fall ändert sich die Art und Weise, in der die verschiedenen Elemente des kontraktualistischen Arguments aufeinander bezogen werden. Die Funktion der Naturzustandsbeschreibung besteht dann nicht mehr darin, einen Mangel zu beschreiben, den die infrage stehenden Regeln oder Normen überwinden helfen, sondern ganz im Gegenteil zu zeigen, dass ein solcher Mangel nicht besteht und die Regeln oder Normen daher nicht notwendig sind. Denkbar ist auch, dass die Naturzustandsbeschreibung genutzt wird, um zu zeigen, dass zwar ein spezifischer Mangel besteht, dass dieser aber von dem durch die Normen und Regeln vorausgesetzten Mangel abweicht und deshalb veränderte Normen und Regeln erfordert.

2.2 Thomas Hobbes

Es gibt eine ganze Reihe von Gründen, die dafür sprechen, unseren Überblick über die wichtigsten kontraktualistischen Theorien mit der Theorie des englischen Philosophen Thomas Hobbes zu beginnen. Bei Hobbes handelt es sich nicht nur um denjenigen Autor, der den kontraktualistischen Ansatz im Sinne einer systematisch ausgearbeiteten Theorie etabliert und auf diese Weise die klassische Epoche der Vertragstheorie einläutet. Er ist auch derjenige, bei dem sich das oben skizzierte kontraktualistische

Argument in seiner reinsten Form betrachten lässt. Hinzu kommt, dass einige der gegenwärtig wichtigsten kontraktualistischen Theorien, nämlich die Theorien von David Gauthier und Peter Stemmer, stark von Hobbes' Ansatz geprägt sind und dass sich an der Hobbes'schen Theorie die schon mehrfach angesprochene, aber noch nicht eingehender erläuterte Unterscheidung zwischen *staatsphilosophischen* und *ethischen* Varianten des Kontraktualismus verdeutlichen lässt.

Wie im Rahmen unserer *Kleinen Geschichte des Kontraktualismus* schon beschrieben worden ist, besteht das Ziel der Hobbes'schen Theorie darin, die Notwendigkeit und Legitimität absoluter politischer Herrschaft zu beweisen. Um diesen Zweck zu erreichen, macht Hobbes anders als viele royalistische Theoretiker seiner Zeit jedoch nicht von der Annahme eines *divine right of kings* Gebrauch, von der Behauptung also, die staatlichen Herrscher seien als Stellvertreter Gottes auf Erden anzusehen und von diesem *qua* Geburt mit einem absoluten Herrschaftsrecht ausgestattet. Hobbes versucht stattdessen, die absolutistische Herrschaftsordnung auf die Interessen und die eigene Willensentscheidung der Untertanen zurückzuführen.

Zu diesem Zweck abstrahiert Hobbes im Sinne eines Gedankenexperiments von der bestehenden politischen Ordnung und beschreibt mit dem Naturzustand einen Zustand, in dem es keinerlei politische Herrschaft, keinerlei positive Gesetze und keine wirksame moralische Ordnung gibt. Wie Hobbes in berühmten Worten betont, muss ein derartiger Zustand, in dem jedes Individuum über ein ›Recht auf alles‹ verfügt, notwendig die Form eines ›Krieges aller gegen alle‹ annehmen. Da ein solcher allgemeiner Kriegszustand den fundamentalen Interessen der Menschen jedoch strikt entgegengesetzt ist, so insbesondere ihrem Interesse an der Erhaltung ihres eigenen Lebens, muss laut Hobbes jedem vernünftigen Individuum daran gelegen sein, diesen Zustand zu überwinden. Der Weg, auf dem allein dieses Ziel realisiert werden kann, ist nach Hobbes die Befolgung gewisser Handlungsregeln, die er als natürliche Gesetze bezeichnet und die in ihrer Gesamtheit die Hobbes'sche Moraltheorie ausmachen.

Hobbes formuliert in seinem Hauptwerk, dem *Leviathan*, insgesamt neunzehn dieser natürlichen Gesetze. Die größte Bedeutung kommt den ersten drei Gesetzen zu. Das erste natürliche Gesetz verlangt von den Menschen, den Frieden zu suchen, sofern sich Hoffnung auf ihn zeigt. Das zweite Gesetz besagt, dass die Menschen zu diesem Zweck von ihrem natürlichen ›Recht auf alles‹ abgehen müssen, was für Hobbes nichts anderes heißt, als dass sie Verträge und Vereinbarungen miteinander schließen, ihre natürliche Freiheit also zugunsten gewisser positivrechtlicher Strukturen aufgeben müssen. Das dritte Gesetz schließlich schreibt vor, dass die Individuen ihre Verträge und Vereinbarungen auch einhalten müssen, da nur dann der mit ihnen angestrebte Nutzen verwirklicht werden kann.

Thomas Hobbes
(1588–1679)

Wie Hobbes betont, reichen die von ihm mit so großem Aufwand abgeleiteten natürlichen Gesetze aber letztlich nicht aus, um das friedliche Zusammenleben der Menschen sicherzustellen. Solange es keine politische Macht gibt, die in der Lage ist, die Individuen notfalls zur Befolgung der natürlichen Gesetze zu zwingen, wird es laut Hobbes immer wieder zu Verstößen gegen die natürlichen Gesetze kommen, sei es nun aus mangelnder Einsicht oder aufgrund starker Leidenschaften wie der Rachsucht oder dem Streben nach Ruhm und Ehre. Solange der Einzelne aber nicht sicher sein kann, dass die jeweils anderen die natürlichen Gesetze befolgen, ist es für ihn selbst vernünftiger, die natürlichen Gesetze ebenfalls zu verletzen, um nicht gegenüber den anderen ins Hintertreffen zu geraten und gegebenenfalls seine Selbsterhaltung aufs Spiel zu setzen. Aufgrund des damit begonnenen Teufelskreises können die natürlichen Gesetze erst dann ihre Kraft entfalten, wenn es eine staatliche Ordnung und einen absoluten Herrscher gibt, der die natürlichen Gesetze zu positiven Gesetzen macht und ihre Einhaltung mit Waffengewalt überwacht.

Die Schaffung des Staates und die Einsetzung des absoluten Herrschers beschreibt Hobbes, wie bereits angedeutet, als Ergebnis eines Gesellschaftsvertrags. Alle Individuen schließen sich mit diesem Vertrag zu einer bürgerlichen Gemeinschaft zusammen, übertragen ihre Macht auf einen souveränen Herrscher oder eine souveräne Versammlung und verpflichten sich, die Befehle dieses Herrschers oder dieser Versammlung fortan als Ausdruck ihres eigenen Willens anzuerkennen und ihnen zu folgen. Wichtig ist in diesem Zusammenhang allerdings, dass sich mit der Hobbes'schen Lehre vom Gesellschaftsvertrag nicht die Behauptung verbindet, die im 17. Jahrhundert existierenden Staaten seien in der Tat durch einen solchen Vertrag entstanden. Hobbes gesteht ausdrücklich zu, dass die meisten Staaten auf Eroberung und Unterwerfung zurückgehen, und er gesteht ebenfalls zu, dass der von ihm beschriebene Naturzustand vermutlich nie auf der ganzen Welt geherrscht hat. Hobbes' Ziel besteht daher nicht darin, den historischen Ursprung der bürgerlichen Gemeinschaft aufzuzeigen, sondern mithilfe eines weitgehend als hypothetisch verstandenen Naturzustandes und eines weitgehend als hypothetisch verstandenen Gesellschaftsvertrags die Logik staatlicher Herrschaft nachzuzeichnen und auf diese Weise einen Beitrag zu ihrer rationalen Begründung zu liefern.

Blickt man auf den Gang der Hobbes'schen Argumentation, dann lassen sich deutlich die drei von uns unterschiedenen Argumentationsschritte Naturzustand – Vertrag – staatliche Ordnung ausmachen. Dass die Hobbes'sche Argumentation in die Schaffung des Staates und die Einsetzung des staatlichen Herrschers mündet, zeigt aber auch, dass und warum es sich bei Hobbes' Theorie in erster Linie um eine staatsphilosophische Variante des Kontraktualismus handelt. Hobbes verwendet das Modell des Gesellschaftsvertrags nicht, um die Notwendigkeit der Moral oder die Legitimität bestimmter moralischer Regeln und Normen aufzuzeigen, sondern um die Notwendigkeit und Legitimität *politischer* Strukturen zu beweisen. Dies trifft in der gleichen Weise auch auf die anderen Vertreter der klassischen Vertragstheorie des 17. und 18. Jahrhunderts zu. Auch die vertragstheoretischen Ansätze von Locke, Rousseau und Kant sind in erster Linie politischen Fragestellungen verpflichtet, nämlich der Frage nach dem Ursprung, der Notwendigkeit oder der Legitimität des Staates und der staatlichen Herrschaft. Entsprechend ist auch bei diesen Autoren der Gegenstand des beschriebenen Vertrages die Gründung der staatlichen Gemeinschaft und die Einsetzung eines souveränen Herrschers, nicht aber die Etablierung der Moral oder die Einigung auf bestimmte ethische Normen.

Schon bei Hobbes finden sich allerdings erste Ansätze zu einer solchen moralphilosophischen Verwendung des Vertragsgedankens. So handelt es sich bei der wechselseitigen Aufgabe des natürlichen ›Rechts auf alles‹, die vom zweiten natürlichen Gesetz geboten wird und auf den Abschluss von Verträgen hinausläuft, ohne Zweifel bereits um einen Vorgang, mit dem – wie in unserem Mieter-Beispiel – auf dem Wege einer Übereinkunft gewisse moralische Strukturen geschaffen werden. Dass Hobbes diesen Ansatz nicht weiter ausbaut, liegt daran, dass es seiner Darstellung zufolge nur dann wirklich zu dieser wechselseitigen Rechtsaufgabe oder -übertragung kommen wird, wenn eine staatliche Zwangsgewalt geschaffen wird, sodass für ihn die Schaffung der moralischen Ordnung letztlich in der Schaffung der staatlichen Ordnung aufgeht.

Die eigentliche Geschichte des ethischen Kontraktualismus beginnt daher erst mit der Rawls'schen Theorie der Gerechtigkeit. Wie im folgenden Kapitel deutlich werden wird, ist der von Rawls beschriebene Vertrag keiner, in dem die Notwendigkeit der Gründung des Staates ihren Ausdruck fände, sondern einer, in dem die Individuen sich auf allgemeine Gerechtigkeitsprinzipien einigen, die es erlauben, grundlegende soziale Institutionen als gerecht oder ungerecht zu bewerten. Indem Rawls sich auf diese grundlegenden sozialen Institutionen bezieht, verbleibt auch sein Ansatz allerdings noch in einer gewissen Nähe zur politischen Philosophie.

2.3 JOHN RAWLS

Wie bereits angeklungen ist, und wie dies der Titel von Rawls' Hauptwerk *A Theory of Justice* auch hinreichend deutlich macht, steht im Mittelpunkt der Rawls'schen Vertragstheorie die Frage nach der Gerechtigkeit, und zwar nach der Gerechtigkeit der grundlegenden gesellschaftlichen Institutionen, die Rawls unter dem Begriff der gesellschaftlichen »Grundstruktur« zusammenfasst. Zu diesen grundlegenden Institutionen einer Gesellschaft zählt Rawls die politische Verfassung einer Gesellschaft, in der menschliche Grundrechte – wie beispielsweise die Gedanken- und Gewissensfreiheit – festgeschrieben werden, sowie die wichtigsten politischen, wirtschaftlichen und sozialen Strukturen, wie sie etwa durch Parlamente, freie Märkte, das Privateigentum oder auch durch Institutionen wie die Ehe und die Familie repräsentiert werden.

Rawls betrachtet die menschliche Gesellschaft grundsätzlich als ein System der wechselseitigen Kooperation. Das prinzipielle Ziel dieser wechselseitigen Kooperation liegt in der Sicherstellung oder Produktion von Gütern, die für den Einzelnen ohne die Kooperation mit anderen nicht oder nicht in der gleichen Weise erreichbar wären. Als Beispiele ließen sich die Sicherheit vor Gewalt, die Erlangung bestimmter Rechte und Freiheiten oder der Erwerb eines gewissen Wohlstandes, aber durchaus auch die Kultivierung von Freundschaftsbeziehungen oder der Genuss von Kunstwerken und anderen kulturellen Errungenschaften anführen. Die zentrale Bedeutung der gesellschaftlichen Grundstruktur besteht darin, dass sie in besonderer Weise darüber bestimmt, wie diese vielfältigen Früchte der gesellschaftlichen Kooperation und die prinzipiellen Chancen, sie zu erlangen, unter den Mitgliedern der Gesellschaft verteilt werden und welche Ungleichheiten dabei zwischen den Individuen entstehen. Die Frage nach der Gerechtigkeit der gesellschaftlichen Grundstruktur ließe sich deshalb auch als Frage nach der gerechten gesellschaftlichen Verteilung von Rechten, Chancen und Gütern formulieren.

Als Antwort auf diese Frage formuliert Rawls zwei fundamentale Gerechtigkeitsprinzipien, mit deren Hilfe sich seiner Meinung nach gesellschaftliche Verteilungsstrukturen auf ihre Zulässigkeit und Legitimität hin überprüfen lassen. Entwickelt werden diese Gerechtigkeitsprinzipien mithilfe des Modells vom Gesellschaftsvertrag. Laut Rawls handelt es sich bei den von ihm formulierten Gerechtigkeitsprinzipien um diejenigen Prinzipien, auf die sich vernünftige Menschen einigen würden, sofern sie vor der Aufgabe stünden, Prinzipien für die Steuerung der gesellschaftlichen Verteilung festzulegen. Ihren Ausgang nimmt die Rawls'sche Argumentation daher von der Vorstellung eines Urzustandes, in dem die Gesellschaft und die gesellschaftliche Grundstruktur noch nicht existieren.

Die Rawls'sche Konzeption eines nicht-gesellschaftlichen oder nicht-staatlichen Urzustandes ist deutlich dem traditionellen Begriff des Naturzustandes verpflichtet, er weicht aber auch in ganz entscheidender Hinsicht von den klassischen Naturzustandsentwürfen ab. Während die Vertragstheoretiker des 17. und 18. Jahrhunderts den Naturzustand als einen zwar mehr oder minder hypothetischen, in jedem Fall aber realitäts*nahen* Zustand konzipieren, treibt Rawls die Idealisierung des außerstaatlichen Zustandes und die Abstrahierung von der gesellschaftlichen Wirklichkeit einen entscheidenden Schritt weiter. Der Rawls'sche Urzustand ist kein Zustand, in dem reale Personen ihre natürlichen Interessen verfolgen und dabei in konkrete Konflikte mit anderen geraten, sondern ein stark idealisierter Zustand, in dem alle Individuen hinter einem sogenannten ›Schleier des Nichtwissens‹ agieren. Anders als etwa die Hobbes'schen Naturzustandsindividuen kennen die Individuen in Rawls' Urzustand ihre persönlichen Eigenschaften und ihre spezifischen Interessen nicht und können diese daher auch nicht zur Grundlage ihres Verhaltens bzw. ihrer Entscheidung machen. Die von Rawls angenommenen Urzustandsindividuen wissen beispielsweise nicht, welches Geschlecht sie haben, welche Hautfarbe sie haben, welche Tätigkeit sie ausüben, aus welcher Familie sie stammen oder ob sie über besondere Talente oder Fähigkeiten verfügen. In dem Moment, in dem sie sich auf die gesuchten Gerechtigkeitsprinzipien einigen, wissen sie daher nichts über die Stellung, die sie innerhalb der Gesellschaft einnehmen werden – und folglich auch nichts über die konkreten Interessen, die aus dieser spezifischen Stellung resultieren werden. Aus diesem Grund müssen sie daran interessiert sein, Gerechtigkeitsprinzipien festzuschreiben, die sie *für alle möglichen Fälle* in eine akzeptable Position bringen.

Das Ziel der Rawls'schen Konzeption besteht darin sicherzustellen, dass die Übereinkunft, aus der die Gerechtigkeitsprinzipien für die gesellschaftliche Grundstruktur hervorgehen, eine *faire* Übereinkunft ist. Durch den ›Schleier des Nichtwissens‹ wird einerseits gewährleistet, dass die Individuen sich als Gleiche begegnen, dass also kein Individuum über Machtvorteile verfügt, mithilfe derer es die Übereinkunft auf den eigenen Nutzen hin steuern könnte. Andererseits stellt der ›Schleier des Nichtwissens‹ sicher, dass die Individuen unparteilich entscheiden und solche Gerechtigkeitsprinzipien wählen werden, die vom Standpunkt jedes Mitglieds der späteren Gesellschaft akzeptiert werden können. Da sie nicht wissen, wer sie überhaupt sind und welche spezifischen Interessen sie innerhalb der Gesellschaft haben werden, ist es den Urzustandsindividuen gar nicht möglich, sich von egoistischen Erwägungen leiten zu lassen. Der ›Schleier des Nichtwissens‹ zwingt sie, nur diejenigen Interessen zur Grundlage ihrer Entscheidung zu machen, die sie in jedem Fall haben werden, einfach weil jeder Mensch gleichermaßen über diese Interessen verfügt, was dazu führt, dass sie ihre individuelle Entscheidung für die Gerechtigkeitsprinzipien so treffen werden, dass alle Mitglieder der Gesellschaft von ihr profitieren können.

Die Voraussetzung des ›Schleiers des Nichtwissens‹ ist von entscheidender Bedeutung für die Reichweite der Rawls'schen Normenbegründung. Da die Entscheidung der Urzustandsindividuen von vornherein in dieser Weise eingeschränkt ist, liefert der Rawls'sche Vertrag keine fundamentale Begründung von Gerechtigkeitsprinzipien, sondern eine, die bestimmte moralische Werte, nämlich die der Gleichheit, Unparteilichkeit und Fairness, bereits als gegeben voraussetzt. Dass die Übereinkunft, über die die Gerechtigkeitsprinzipien für die zukünftige Gesellschaft bestimmt werden, fair sein muss und von einem unparteilichen Standpunkt erfolgen muss, wird selbst nicht mithilfe des Vertrages oder mithilfe des Urzustandes begründet, sondern von Rawls auf unsere ›wohlerwogenen‹ moralischen Urteile zurückgeführt. Die Leistung der Urzustandstheorie und des Vertrages besteht nicht darin, eine Begründung für diese ›wohlerwogenen‹ moralischen Überzeugungen und für die weithin anerkannten Werte der Gleichheit und Fairness zu liefern, sondern darin, die Werte weiter zu konkretisieren und zu zeigen, welche Form eine gesellschaftliche Grundstruktur hat, die mit diesen fundamentalen moralischen Werten in Einklang steht.

Dass die Urzustandsindividuen ihre Entscheidung so treffen müssen, als träfen sie sie auch für alle anderen Individuen, zeigt aber auch, dass bei Rawls von einem Vertrag oder einer Einigung im strengen Sinne des Wortes gar nicht mehr wirklich die Rede sein kann. Da Rawls die Individuen aller individuellen Eigenschaften und damit aller Unterschiede beraubt, wird jedes Individuum zwangsläufig genau dieselben Interessen haben und genau dieselbe Position vertreten. Der Entscheidung für die Gerechtigkeitsprinzipien geht daher keinerlei Verhandlung voraus, und sie stellt auch keine Vermittlung zwischen divergierenden Ansprüchen mehr dar. Der Vertrag, der im Rawls'schen Urzustand geschlossen wird, ließe sich daher ebenso gut als Entscheidung eines einzelnen Individuums hinter einem ›Schleier des Nichtwissens‹ beschreiben. Dies zeigt deutlich, dass dem Vertragsmodell bei Rawls letztlich nur eine heuristische Funktion zukommt, er also vorrangig als Darstellungs- oder Illustrationsmittel fungiert. Dass die im Urzustand gewählten Gerechtigkeitsprinzipien für eine gerechte Verteilung innerhalb der zukünftigen Gesellschaft sorgen, geht nicht darauf zurück, dass sie das Ergebnis eines Vertrages und damit einer wechselseitigen Einigung sind. Es geht vielmehr darauf zurück, dass der Urzustand auf eine bestimmte Weise konstruiert ist, nämlich so, dass er eine Entscheidung für Gerechtigkeitsprinzipien, die zu einer unfairen oder parteilichen Verteilung führen, von vornherein unmöglich macht.

Die beiden Gerechtigkeitsprinzipien, zu denen Rawls im Zuge der hier beschriebenen Argumentation gelangt, lauten in ihrer endgültigen Formulierung folgendermaßen:

1) Jede Person hat den gleichen unabdingbaren Anspruch auf ein völlig adäquates System gleicher Grundfreiheiten, das mit demselben System von Freiheiten für alle vereinbar ist.
2) Soziale und ökonomische Ungleichheiten müssen zwei Bedingungen erfüllen: erstens müssen sie mit Ämtern und Positionen verbunden sein, die unter Bedingungen fairer Chancengleichheit allen offen stehen; und zweitens müssen sie den am wenigsten begünstigten Angehörigen der Gesellschaft den größten Vorteil bringen.

Wie Rawls betont, hat der erste Grundsatz Vorrang vor dem zweiten und das Prinzip der fairen Chancengleichheit Vorrang vor der Forderung, dass soziale und ökonomische Ungleichheiten den am wenigsten Begünstigten den größten Vorteil bringen müssen, eine Forderung, die von Rawls auch als »*difference principle*«, als ›Differenzprinzip‹, bezeichnet wird. ›Vorrang‹ heißt hier, dass ein Prinzip erst dann zur Anwendung gelangen darf, wenn dem ihm vorgeordneten Prinzip bereits vollständig Genüge getan worden ist, was nichts anderes heißt, als dass eine eingeschränkte Umsetzung des vorgeordneten Prinzips nicht mithilfe der nachgeordneten Prinzipien gerechtfertigt werden kann. Dass Rawls dem Recht auf gleiche Grundfreiheiten den Vorrang vor den anderen Prinzipien einräumt, ist Ausdruck der Überzeugung, dass die Urzustandsindividuen der Sicherstellung dieser Grundfreiheiten, zu denen Rawls das Recht zu wählen, die Rede- und Versammlungsfreiheit, die Gewissens- und Gedankenfreiheit, den Schutz vor physischer und psychischer Gewalt oder das Recht auf persönliches Eigentum zählt, am meisten Gewicht beimessen werden und dass sie hinsichtlich dieser Freiheiten zu keinerlei Zugeständnissen bereit sein werden.

Dass die Individuen überhaupt soziale und ökonomische Ungleichheiten zulassen werden, anstatt neben der Gleichheit der Grundfreiheiten auch eine konsequente Gleichheit des gesellschaftlichen Einflusses und des Wohlstands festzuschreiben, hat seinen Grund in der Annahme, dass eine Gesellschaft, in der den Mitgliedern die Möglichkeit offen steht, nach bestimmten Ämtern und Positionen sowie nach einem Mehr an Einkommen und Wohlstand zu streben, produktiver ist als eine Gesellschaft, in der derartige Leistungsanreize fehlen. Die Zulässigkeit gewisser sozialer und ökonomischer Ungleichheiten ist daher, zumindest unter bestimmten Bedingungen, für alle Mitglieder mit Vorteilen verbunden und daher im allgemeinen Interesse. Die Aufgabe, diesen positiven Einfluss gesellschaftlicher Ungleichheit zu garantieren und ein vollständiges Auseinanderdriften der Gesellschaft in Arme und Reiche oder Mächtige und Ohnmächtige zu verhindern, kommt dem Differenzprinzip zu: Solange staatliche Gesetze oder andere gesellschaftliche Strukturen, die soziale oder ökonomische Ungleichheiten zulassen oder fördern, nach dem Gesichtspunkt gestaltet sind, dass sie die Lage der am wenigsten begünstigten Mitglieder der Gesellschaft verbessern, solange wird verhindert, dass bestimmte Mitglieder der Gesellschaft zum ›Opfer‹ der gesellschaftlichen Ungleichheiten werden und keinen vernünftigen Grund mehr haben, diesen Ungleichheiten zuzustimmen.

2.4 Peter Stemmer

Die kontraktualistische Theorie Peter Stemmers weist deutlich mehr Gemeinsamkeiten mit der Hobbes'schen Theorie – und dem in Anlehnung an diese Theorie entwickelten Kontraktualismus David Gauthiers – auf als mit der Rawls'schen Gerechtigkeitstheorie. Stemmers Ziel besteht nicht darin zu untersuchen, welche konkreten Gerechtigkeitsprinzipien sich aus den allgemeinen moralischen Normen ergeben, die unserem Moralverständnis üblicherweise zugrunde liegen. Stemmer strebt vielmehr eine ungleich fundamentalere Begründung der Moral an. Die Frage, die Stemmers Theorie zu beantworten versucht, lautet: Lässt sich die Moral als solche als rational notwendig oder rational zwingend ausweisen? Gibt es für ausschließlich eigeninteressierte Individuen rational zwingende Gründe, der Etablierung moralischer Normen und Regeln zuzustimmen und diese Normen und Regeln fortan zu befolgen? Stemmers ehrgeiziges Ziel besteht darin zu zeigen, dass in der Tat selbst Individuen, denen nur an der Verwirklichung ihrer subjektiven Interessen gelegen ist, daran interessiert sein müssen, dass es eine Moral gibt und dass dieser Moral auch allgemein gefolgt wird.

Um seinem fundamentalen Begründungsanspruch gerecht werden zu können, weist Stemmer bei seiner Konzipierung des vormoralischen Naturzustandes nicht nur den Rawls'schen ›Schleier des Nichtwissens‹ zurück, sondern auch alle anderen Konzeptionen, die die Entscheidung und das Handeln der Individuen im vormoralischen Zustand von vornherein gewissen Beschränkungen unterwerfen wollen. Der vormoralische Zustand, den Stemmer zum Ausgangspunkt seiner Theorie macht, ist daher auch ausdrücklich durch die Annahme gekennzeichnet, dass die Individuen über unterschiedliche Macht und unterschiedliche Fähigkeiten und damit auch über unterschiedliche Drohpotenziale verfügen und dass es für die überlegenen Individuen keinerlei Grund gibt, im Rahmen etwaiger Verhandlungen oder Vereinbarungen von ihrer Überlegenheit keinen Gebrauch zu machen.

Wie Stemmer in Anlehnung an Hobbes und Gauthier zeigt, gibt es nun aber selbst für Individuen, die über eine solche Überlegenheit verfügen, ausreichende Gründe, um an der Einführung bestimmter Regeln und der Aufhebung der naturzuständlichen Freiheit interessiert zu sein. Der hierbei leitende Gedanke ist uns schon bei unserem Mieter-Beispiel und bei Hobbes begegnet: Die Vorteile, die sich für ein Individuum aus der Freiheit des Naturzustandes ergeben, sind nicht so groß, als dass sie nicht durch die Nachteile überwogen würden, die sich aus der Freiheit aller anderen Individuen ergeben. Die Individuen haben also gute Gründe, einem wechselseitigen Tausch von Freiheit gegen Sicherheit zuzustimmen und zu diesem Zweck Regeln zu etablieren, die bestimmte Handlungsweisen untersagen.

Stemmer widmet einen beträchtlichen Teil seiner Untersuchung der Frage, welche Wesen letztlich zu den Mitgliedern der auf diese Weise entstehenden moralischen Gemeinschaft zählen werden und wie die Regeln, auf die die Individuen sich einigen würden, genau aussehen. Gerade mit Blick auf diese beiden Punkte hat die Zurückweisung des ›Schleiers des Nichtwissens‹ Folgen. Die wohl schwerwiegendste Folge besteht in der Tatsache, dass eine Reihe von Lebewesen, die traditionell als Mitglieder der moralischen Gemeinschaft angesehen werden und nach unseren moralischen Intuitionen sogar in besonderer Weise unter dem Schutz der Moral stehen sollten, aus einer auf das Eigeninteresse gegründeten Moral gänzlich herausfallen. Auf dieses erste Problem, das Problem der begrenzten Reichweite der Stemmer'schen Moral, werden wir im Rahmen unserer Diskussion der praktischen Konsequenzen des kontraktualistischen Ansatzes noch gesondert eingehen.

Mit Blick auf den Inhalt der Moral ergibt sich die Konsequenz, dass die Stemmer'sche Moral nicht durch eine im traditionellen Sinne gerechte Verteilung von Gütern gekennzeichnet ist. Da die Machtverhältnisse und die damit verbundenen Drohpotenziale die Vereinbarung unweigerlich zugunsten der Mächtigeren und ihrer Interessen beeinflussen, kann die Verteilung von Eigentum und Eigentumsrechten weit von einer egalitären Verteilung entfernt sein, je nachdem, wie groß die Machtunterschiede der Parteien vor Abschluss der Vereinbarung sind.

Um den Inhalt der grundlegenden moralischen Regeln oder Normen zu bestimmen, geht Stemmer von der Frage aus, welche Interessen jedem vernünftigen Menschen zulässigerweise unterstellt werden können. Die Interessen, zu denen Stemmer letztlich gelangt, sind diejenigen Interessen, über die nach Stemmers Einschätzung jedes Individuum, das überhaupt Interessen und ein übergeordnetes Interesse an der Verfolgung dieser Interessen hat, zwangsläufig verfügen *muss*. Zu diesen Interessen zählen das Interesse, nicht getötet zu werden; das Interesse, keine körperlichen Verletzungen zu erleiden; das Interesse, in der Entfaltung und im Gebrauch der eigenen geistigen Fähigkeiten nicht behindert zu werden; das Interesse, nicht gedemütigt oder erniedrigt zu werden; und das Interesse, in Gefahrensituationen Hilfe und Unterstützung zu erhalten. Die Regeln und Normen, die die Stemmer'sche Minimalmoral letztlich kennzeichnen, wie die Regel, andere Menschen nicht zu töten, oder die Regel, andere Menschen nicht zu demütigen oder zu erniedrigen, korrespondieren genau mit diesen fundamentalen und rational notwendigen menschlichen Interessen.

Ein wichtiges Ziel der Stemmer'schen Theorie, das sie ebenfalls von der Rawls'schen Theorie unterscheidet, besteht darin, die auf diese Weise gewonnenen Regeln auch ausdrücklich als moralisch verpflichtend auszuweisen und so eine kontraktualistische Begründung der Begriffe der moralischen Pflicht und des moralischen Rechts zu liefern. Stemmer nimmt an, dass die Individuen sich im Zuge ihrer Übereinkunft darauf einigen werden, ein künstliches Sanktionssystem zu schaffen, das die individuelle Bereitschaft zur Vertragstreue erhöht. Die Sanktionen, an die Stemmer denkt, sind nicht die formellen Sanktionen des Staates, sondern informelle moralische Sanktionen, wie sie etwa in der Empörung über moralisches Fehlverhalten oder in der sozialen Ächtung unmoralischer Individuen bestehen können. Laut Stemmer liefert die Aussicht auf derartige Sanktionen den Individuen nicht nur einen zusätzlichen Anreiz, die getroffenen Vereinbarungen einzuhalten. Da sie von dem, der sie erfährt, selbst geschaffen und autorisiert worden sind, liefern die vereinbarten Sanktionen aus Stemmers Sicht auch eine theoretische Grundlage, um die Einhaltung der Kooperationsvereinbarung als Gegenstand einer genuin moralischen Verpflichtung zu begreifen.

Stemmers Versuch, moralische Pflichten und die ihnen korrespondierenden Rechte auf informelle soziale Sanktionen zurückzuführen, ist in der Vergangenheit auf heftige Kritik gestoßen. Ein grundsätzliches Problem des Ansatzes besteht darin, dass die Reichweite der Sanktionen und daher auch die Reichweite der moralischen Verpflichtung begrenzt ist. Stemmer leugnet nicht, dass es den Individuen unter gewissen Umständen möglich sein wird, die Vereinbarung zu verletzen, ohne dass dies bemerkt und folglich auch ohne dass dieses Verhalten in irgendeiner Weise sanktioniert werden wird. Gemäß der Logik des Stemmer'schen Ansatzes heißt das jedoch, dass in den betreffenden Situationen streng genommen auch gar keine moralische Verpflichtung zur Vertragstreue besteht. Stemmer betont zwar, dass derartige Fälle ausgesprochen selten sein werden, und argumentiert, dass selbst jemand, der im Verborgenen gegen die von ihm geschlossene Vereinbarung verstößt, unter Umständen gewisse ›innere‹ Sanktionen erleiden wird. In der Unmöglichkeit, die obige Folgerung, nach der gänzlich unbeobachtetes Unrecht kein Unrecht ist, vollkommen abzuwenden, besteht aber ein weiterer wichtiger Punkt, in dem Stemmers Moral von der traditionellen Moral abweicht.

2.5 Unterschiede und Gemeinsamkeiten

Bevor im dritten Kapitel die praktischen Konsequenzen des kontraktualistischen Ansatzes eingehender diskutiert werden sollen, soll der bis hierhin gewonnene Überblick über die Vertragstheorie genutzt werden, um die wichtigsten Unterschiede und Gemeinsamkeiten der in der Vergangenheit vorgebrachten kontraktualistischen Theorien aus systematischer Sicht zusammenzufassen. Wie sowohl unsere kurze geschichtliche Einführung als auch die Darstellung der Theorien von Hobbes, Rawls und Stemmer deutlich gemacht haben dürften, ist die kontraktualistische Grundidee in der Vergangenheit zur Realisierung deutlich unterschiedlicher theoretischer Zielsetzungen und zur Begründung stark abweichender inhaltlicher Positionen verwendet worden. Die Begriffe ›Kontraktualismus‹ und ›Vertragstheorie‹ sollten deshalb nicht als Bezeichnungen für eine bestimmte philosophische Theorie, sondern eher als Bezeichnungen für eine Theorie*familie* verstanden werden.

Will man innerhalb dieser Familie weitere Kategorisierungen vornehmen, bietet es sich an, auf drei zentrale begriffliche Unterscheidungen zurückzugreifen. Die erste dieser Unterscheidungen ist bereits in Kapitel 2.2 erläutert worden. Es ist die Unterscheidung zwischen a) *staatsphilosophischen* oder *politischen* Varianten und b) *ethischen* oder *moralphilosophischen* Varianten des Kontraktualismus. Während die staatsphilosophischen Ansätze die Vertragsidee nutzen, um die Entstehung, Notwendigkeit oder Legitimität politischer Institutionen oder genuin politischer Regeln und Normen zu beschreiben, nutzen die ethischen Varianten das Modell, um die Entstehung, Notwendigkeit oder Legitimität moralischer Regeln und Normen zu diskutieren. Unser Überblick über die Theorien von Hobbes und Rawls hat gezeigt, dass sich der staatsphilosophische und der ethische Ansatz in manchen Theorien miteinander verbinden. Ein Beispiel für eine Theorie, die eindeutig nur einem der beiden Bereiche zuzuordnen ist, liefert allerdings die Theorie von Stemmer, bei der es sich um eine genuin moralphilosophische Form des Kontraktualismus handelt.

Eine zweite wichtige Unterscheidung ist ebenfalls bereits angeklungen. Es ist die Unterscheidung zwischen a) Ansätzen, denen es darum geht, die faktische *Entstehung* von bestimmten Institutionen oder Normensystemen zu erklären, und b) Ansätzen, denen es um die rationale *Begründung* von Institutionen und Normensystemen geht. Die erste Variante wird gewöhnlich als *historisch-genetische* oder *explanatorische* Spielart der Vertragstheorie bezeichnet, die zweite als *rechtfertigungstheoretische* oder *legitimationstheoretische* Spielart.

Diese Unterscheidung ist vor allem deshalb von besonderer Bedeutung, weil die Rede vom Gesellschaftsvertrag und vom Naturzustand gerade außerhalb der Philosophie zumeist im Sinne der ersten Fragestellung verstanden wird. Darum, die geschichtliche Entwicklung der Menschheit und die Entstehung der staatlichen Gemeinschaften und der menschlichen Moralsysteme zu beschreiben, geht es aber nur ausgesprochen wenigen Vertragstheoretikern. Schon in der Antike hat die Vertragsidee häufig eine rechtfertigungstheoretische Funktion und dient entweder dem Zweck, die geltende Ordnung als bloße Satzung zu diskreditieren, oder dem entgegengesetzten Zweck, die Nützlichkeit dieser Ordnung herauszustellen und sie auf diese Weise in ihrer Geltung zu bestätigen. Noch deutlicher trifft dies auf die klassischen Vertragstheoretiker des 17. und 18. Jahrhunderts zu. Zwar gibt es bei Hobbes und Rousseau sowie insbesondere bei Locke Passagen, die nahe legen, dass zumindest einige der staatlichen Gemeinschaften tatsächlich durch vertragsähnliche Vereinbarungen entstanden sind oder entstanden sein könnten. Wie unsere Darstellung der Hobbes'schen Theorie gezeigt hat, ist die eigentliche Zielsetzung des Hobbes'schen Kontraktualismus aber ohne Zweifel eine normative, und das Gleiche lässt sich auch von den Theorien von Locke und Rousseau sagen. Erst recht trifft diese Charakterisierung auf Kant zu, der auch wesentlich deutlicher als seine Vorgänger die Tatsache betont, dass der Gesellschaftsvertrag nicht als eine wirkliche, sondern als eine bloß hypothetische Übereinkunft verstanden werden sollte und folglich eher den Status eines Gedankenexperiments besitzt.

Mit Blick auf die Ansätze des ethischen Kontraktualismus kommt den legitimationstheoretischen Fragestellungen noch eindeutiger der Primat zu. Gilbert Harman ist einer der wenigen Vertreter des ethischen Kontraktualismus, dem es um die Erklärung des tatsächlichen Ursprungs der menschlichen Moral geht. Der Gedanke, der Harmans Theorie zugrunde liegt, lautet: Unsere moralischen Normen und Regeln sind historisch betrachtet das Ergebnis von wechselseitigen menschlichen Vereinbarungen bzw. von Prozessen, die sich als wechselseitige Vereinbarungen deuten lassen. Rawls und Stemmer nehmen dagegen auf den Vertrag als eine rein hypothetische Übereinkunft Bezug. Der Gedanke, der ihrer Version des ethischen Kontraktualismus zugrunde liegt, lautet: Moralische Normen oder Regeln können als begründet und legitim gelten, wenn die Menschen, die diesen Normen oder Regeln unterworfen sind, der Existenz und Geltung der Regeln vernünftigerweise zustimmen würden.

Die dritte und letzte Unterscheidung, die für uns von Belang ist, ist die relativ verbreitete Unterscheidung zwischen a) *schwachen* kontraktualistischen Konzeptionen und b) *starken* kontraktualistischen Konzeptionen. Starke Varianten des Kontraktualismus sind dadurch gekennzeichnet, dass sie – wie die Theorie Stemmers – eine fundamentale Begründung politischer oder moralischer Institutionen oder Normen anstreben und zu diesem Zweck lediglich von einigen wenigen unstrittigen theoretischen Annahmen und Voraussetzungen ausgehen. Bei schwachen kontraktualistischen Theorien, wie der Rawls'schen Gerechtigkeitstheorie, handelt es sich demgegenüber um voraussetzungsreichere Theorien, was heißt, dass die gewonnenen Argumente und Thesen von Annahmen oder Bedingungen abhängig sind, deren Geltung umstritten ist oder die innerhalb der Theorie nicht eigens begründet werden.

Die unterschiedlichen Zielsetzungen, die starke und schwache Varianten voneinander unterscheiden, fallen oftmals mit einem unterschiedlichen Vernunftverständnis zusammen. Wie oben ausgeführt worden ist, besteht das Ziel des rechtfertigungstheoretischen ethischen Kontraktualismus darin, moralische Normen oder Regeln daraufhin zu prüfen, ob die ihnen unterworfenen Individuen ihnen *vernünftigerweise* zustimmen könnten. Das Verständnis von ›Vernünftigkeit‹, das den oben genannten starken und schwachen Varianten des ethischen Kontraktualismus zugrunde liegt, ist nun aber prinzipiell unterschiedlich. Stemmer geht bei seinem Versuch einer vernünftigen Begründung der Moral von einer *individualistischen* und *instrumentellen* Vernunftkonzeption aus, nach der sich die Vernünftigkeit menschlicher Handlungen allein nach ihrem subjektiven Nutzen bemisst, d.h. danach, inwieweit diese Handlungen zur Verwirklichung der subjektiven Interessen des Handelnden beitragen. Das ambitionierte Ziel Stemmers besteht darin zu zeigen, dass es selbst für einen radikalen Egoisten, dem es nur um sein eigenes Wohl zu tun ist, ausreichende Gründe gäbe, die Etablierung und Geltung gewisser moralischer Regeln zu wollen und diese Regeln dann auch selbst zu befolgen.

Der Grund für Stemmers Rückgriff auf den instrumentellen Vernunftbegriff liegt nicht nur darin, dass eine mithilfe dieses Begriffs begründete Moral eine umfassendere Geltung beanspruchen kann, sondern auch darin, dass eine anspruchsvollere Vernunftkonzeption theoretisch schwer zu rechtfertigen und innerhalb der philosophischen Diskussion schwer zu verteidigen ist. Wie schon angedeutet, besteht das Problem allerdings darin, dass eine allein auf Basis des menschlichen Eigeninteresses errichtete Moral in vielerlei Hinsicht von unseren traditionellen Moralvorstellungen abweicht, und zwar so deutlich, dass die auf diese Weise generierte Moral nach Meinung vieler Kritiker die Bezeichnung ›Moral‹ gar nicht verdient.

Auch aus diesem Grund greift Rawls trotz der genannten Schwierigkeiten auf einen umfassenderen Vernunftbegriff zurück. In der ersten Fassung seiner Theorie der Gerechtigkeit legt Rawls zwar selbst noch nahe, dass sich auf Grundlage des individualistischen und instrumentellen Vernunftverständnisses eine überzeugende kontraktualistische Gerechtigkeitstheorie entwickeln lässt. Mit seiner Konzeption des ›Schleiers des Nichtwissens‹ geht Rawls aber schon hier über das instrumentelle Vernunftverständnis hinaus und macht die Zustimmung zu den infrage stehenden ethischen Prinzipien von Voraussetzungen abhängig, die selbst bereits moralisch gefärbt sind. In seiner Schrift *Politischer Liberalismus* distanziert Rawls sich daher von seiner früheren Behauptung und nimmt eine begriffliche Trennung zwischen dem ›Vernünftigen‹ und dem bloß ›Rationalen‹ vor. Während jedes Handeln, das die subjektiven Ziele des Handelnden befördert, für Rawls ›rational‹ ist, kann von ›vernünftigen‹ Handlungen nur da gesprochen werden, wo die Ziele des Handelns im Einklang mit unseren ›wohlerwogenen‹ moralischen Überzeugungen stehen und der Handelnde grundsätzlich bereit ist, auch die Bedürfnisse und Interessen anderer Menschen anzuerkennen. Bloß ›rationale‹ Übereinkünfte, also Vereinbarungen, die für jeden der Beteiligten in irgendeiner Form nützlich sind, kommen als Grundlage von Prinzipien der Gerechtigkeit oder der Moral für Rawls nicht infrage. Basis der Gerechtigkeit kann nur eine Übereinkunft sein, die überdies auch ›vernünftig‹ ist.

Trotz dieser unterschiedlichen Akzentuierungen weisen aber sowohl die von uns vorgestellten als auch die hier nicht eigens diskutierten Versionen des Kontraktualismus eine ganze Reihe von grundsätzlichen Übereinstimmungen auf und lassen sich daher als Ansätze verstehen, die einem gemeinsamen Programm verpflichtet sind. Ein wichtiges allgemeines Charakteristikum kontraktualistischer Theorien besteht in der Tatsache, dass sie moralische und politische Normen und Werte ohne Rückgriff auf religiöse oder metaphysische Annahmen erklären bzw. begründen. Wie oben angedeutet worden ist, ist schon die Hobbes'sche Vertragstheorie durch eine Abgrenzung von *theonomen* Begründungsmodellen gekennzeichnet. Für Rawls und Stemmer ist die logische Unabhängigkeit von religiösen Voraussetzungen von noch größerer Bedeutung. Angesichts des Säkularisierungsprozesses, der sich seit dem 17. Jahrhundert vollzogen hat, und angesichts der pluralistischen Ausrichtung unserer modernen Gesellschaften kann eine Theorie des Staates oder der Moral nur dann eine umfassende Geltung beanspruchen, wenn sie auf religiöse Annahmen verzichtet, und der Vertragstheorie gelingt dies auf eine Weise, die gegenüber anderen Ansätzen als unproblematischer erscheint.

Indem sie die wechselseitige Übereinkunft verschiedener Menschen zur Grundlage des Staates oder der Moral macht, präsentiert die Vertragstheorie politische und moralische Normen nämlich nicht nur als säkulare Normen, sondern auch als etwas von den Menschen aktiv Geschaffenes. Dadurch vermag sie unserem modernen Verständnis des Menschen als eines freien und autonom handelnden Wesens in besonderer Weise gerecht zu werden. Macht man die Möglichkeit einer vertraglichen Einigung zum Kriterium politischer oder moralischer Strukturen, dann bindet man diese Strukturen an die mögliche freiwillige Zustimmung der ihnen unterworfenen Individuen und lässt folglich nur solche Gebote und Verbote als legitim zu, die das Ergebnis einer menschlichen Selbstgesetzgebung sein könnten. Dass das Vertragsmodell ausgerechnet in der Frühen Neuzeit und Neuzeit zu einer der verbreitetsten Methoden der Rechtfertigung politischer und moralischer Normen avanciert, lässt sich nicht zuletzt auf diese Tatsache zurückführen. Ein weiterer Grund dürfte darin liegen, dass der vertragstheoretische Ansatz auch unserer modernen Vorstellung von einer fundamentalen rechtlich-moralischen Gleichheit der Menschen entgegenkommt. Mit der Idee des Vertrags wird sowohl der Tatsache Tribut gezollt, dass moralische Regeln eine gewisse Allgemeingültigkeit beanspruchen, d.h. für eine Vielzahl von Menschen in gleicher Weise gelten, als auch der Tatsache, dass sie allen Betroffenen gegenüber *gleichermaßen* zu rechtfertigen sein müssen.

Ein weiterer wichtiger Punkt besteht zudem darin, dass die Vertragstheorie die individuellen Interessen zur eigentlichen Grundlage der Moral oder des Staates macht. Indem die Individuen nur solchen Normen und Regeln unterworfen werden, an deren Existenz sie ein Interesse haben, ist ein starkes Argument gewonnen, um die prinzipielle Legitimität der Normen und Regeln behaupten zu können. Die Bindung der staatlichen oder moralischen Ordnung an die individuellen Interessen ist zudem auch in motivationaler Hinsicht von Bedeutung. Um die Normen und Regeln befolgen zu können, sind die Individuen nicht gezwungen, konsequent gegen ihre Neigungen oder gegen ihre Natur zu handeln. Sowohl in ihrer radikalen Form bei Stemmer als auch in der gemäßigteren Rawls'schen Variante sind die Normen und Regeln vielmehr solche, zu deren Befolgung die Individuen in gewisser Hinsicht immer schon ein Motiv haben – wenn dieser Zusammenhang auch bei Stemmer ein deutlich direkterer ist als bei Rawls.

Eine letzte strukturelle Gemeinsamkeit besteht in der Art und Weise, wie die verschiedenen Ansätze die Notwendigkeit wechselseitiger Kooperation begründen. Wie im Rahmen unserer Erörterung deutlich geworden ist, findet sich in allen Theorien der Grundgedanke, dass die individuellen Vorteile, die aus dem Fehlen jeglicher staatlicher oder moralischer Ordnung, d.h. aus dem Fehlen jeglicher Freiheitseinschränkungen resultieren, durch die damit verbundenen Nachteile überwogen werden, wenn diese Nachteile auch unterschiedlich bestimmt werden und mal im bloßen Verlust möglicher Kooperationsgewinne und mal im ›Krieg aller gegen alle‹ bestehen. Entsprechend ist die vertragliche Übereinkunft, die dem Naturzustand ein Ende macht, in allen Fällen explizit oder implizit durch den Tausch von Freiheit gegen Sicherheit gekennzeichnet.

3. Anwendung und Reichweite der kontraktualistischen Ethik

Die wichtigsten Kritikpunkte, die in der Vergangenheit gegen die kontraktualistische Ethik vorgebracht worden sind, sind im Rahmen der bisherigen Darstellung zum Teil bereits angeklungen. Den kontraktualistischen Ansätzen wird entweder der Vorwurf gemacht, dass sie von Voraussetzungen ausgehen, die bereits moralisch gefärbt sind und für die keine eigenständige Begründung geliefert wird. Oder ihnen wird, sofern sie dies nicht tun, der Vorwurf gemacht, eine Art von Moral zu begründen, die mit unseren moralischen Intuitionen nicht in ausreichendem Maße übereinstimmt. Weitere Vorwürfe lauten, dass dem Vertragsmodell innerhalb des ethischen Kontraktualismus überhaupt keine wirklich tragende theoretische Funktion mehr zukomme, da sich das, was mithilfe des Vertragsmodells bewiesen werden solle, nämlich die Nützlichkeit bestimmter Prinzipien oder ihre Übereinstimmung mit unseren ›wohlerwogenen‹ moralischen Überzeugungen, im Grunde auch ohne das Vertragsmodell zeigen ließe; dass der ethische Kontraktualismus keine wirklichen moralischen Verpflichtungen und moralischen Rechte zu begründen vermöge; sowie dass die kontraktualistische Argumentation zu ›individualistisch‹ sei, weil sie konsequent von autonomen Individuen und ihren individuellen Bedürfnissen ausgehe und die Tatsache ignoriere, dass menschliches Leben und Handeln immer schon in eine soziale und kulturelle Umwelt eingebunden sei.

Die genannten Kritikpunkte können an dieser Stelle nicht im Detail erörtert werden. Um die möglichen Stärken und Schwächen des kontraktualistischen Ansatzes jedoch etwas eingehender zu beleuchten, soll im Folgenden einer Frage nachgegangen werden, die im Zusammenhang mit den Theorien der kontraktualistischen Ethik besonders anhaltend diskutiert worden ist, nämlich der Frage nach der Reichweite des kontraktualistischen Ansatzes und nach den praktischen Folgerungen, die aus ihm erwachsen. So soll anhand zweier konkreter Beispiele untersucht werden, wie sich der kontraktualistische Grundgedanke auf unsere moralische Praxis anwenden lässt und zu welchen Ergebnissen der Kontraktualismus mit Blick auf diese Praxis gelangt. Dabei soll versucht werden, konsequent zwischen schwach-kontraktualistischen und stark-kontraktualistischen Ansätzen zu unterscheiden. Dass oben ein so großes Gewicht auf die betreffende Unterscheidung gelegt worden ist, hat seinen Grund nicht zuletzt darin, dass gerade mit Blick auf die Anwendung und die praktische Reichweite des kontraktualistischen Arguments die beiden Varianten deutlich unterschiedlich zu bewerten sind. Um dies zu verdeutlichen, sollen im Folgenden mit Blick auf die beiden ausgewählten moralischen Probleme jeweils zunächst die Konsequenzen des Stemmer'schen Kontraktualismus diskutiert werden, um in einem zweiten Schritt der Frage nachzugehen, inwieweit man mithilfe des voraussetzungsreicheren Ansatzes von Rawls zu anderen Antworten gelangt.

3.1 Die Nutzung natürlicher Ressourcen

Um die praktischen Konsequenzen des kontraktualistischen Ansatzes zu veranschaulichen, wollen wir zunächst von der Frage ausgehen, inwiefern wir Angehörigen zukünftiger Generationen gegenüber die moralische Verpflichtung haben, natürliche Ressourcen auf eine nachhaltige Weise zu nutzen, um so sicherzustellen, dass die nachwachsenden Generationen ebenfalls auf diese Ressourcen zurückgreifen und die aus ihnen erwachsenden Vorteile nutzen können. Legt man die Stemmer'sche Variante des Kontraktualismus zugrunde, fällt die Antwort zwangsläufig negativ aus. Die grundsätzliche Frage, die sich ein Anhänger des Stemmer'schen Kontraktualismus zu stellen hat, wenn er eine konkrete Handlungssituation moralisch bewerten und herausfinden will, ob er gegenüber einem anderen Wesen das Recht hat, eine bestimmte Handlung auszuführen, lässt sich folgendermaßen formulieren: Hätte ich in einem Zustand ohne Moral ein rationales Interesse, mich mit diesem Wesen auf eine Regel zu einigen, die dieses Verhalten untersagt? Mit Blick auf den vorliegenden Fall lautet diese Frage: Hätte ich in einem Zustand ohne Moral ein rationales Interesse daran, mich mit einem Angehörigen einer späteren Generation auf Regeln zu einigen, die den nicht-nachhaltigen Gebrauch natürlicher Ressourcen untersagen?

Nach Stemmer kann im Rahmen einer ausschließlich vom Eigeninteresse und von der subjektiven Nutzenmaximierung ausgehenden Argumentation ein Lebewesen prinzipiell nur dann zur Partei einer solchen hypothetischen Vereinbarung und damit zum Teilnehmer der Moral werden, wenn es drei Bedingungen erfüllt: es muss a) über Interessen verfügen, die mit den Interessen anderer Individuen konvergieren (*Interessebedingung*); es muss b) über ausreichend Macht verfügen, andere Individuen zu schädigen oder anderweitig an der Verwirklichung ihrer Interessen zu hindern, da die anderen Individuen nur in diesem Fall ihrerseits an einer wechselseitigen Einigung interessiert bzw. auf diese angewiesen sein werden (*Machtbedingung*); und es muss c) Vernunft besitzen, um den Vorteil einer etwaigen Vereinbarung einsehen, die eigene Position artikulieren und überhaupt das eigene zukünftige Verhalten steuern zu können (*Vernunftbedingung*). Wie Stemmer selbst hervorhebt, führen diese Bedingungen dazu, dass prinzipiell weder Säuglinge und Kleinkinder noch schwer geistig behinderte Menschen, Föten, Angehörige zukünftiger Generationen oder Tiere zu den vollen Mitgliedern einer rational begründeten Moral gezählt werden können, da alle diese Lebewesen nicht, oder nur sehr eingeschränkt, die Machtbedingung und einige darüber hinaus auch nicht in ausreichendem Maße die Vernunftbedingung erfüllen.

Mit Blick auf die Angehörigen zukünftiger Generationen und unseren vorliegenden Fall scheitert die Einigung nicht daran, dass die heute lebenden und die zu einem späteren Zeitpunkt lebenden Menschen über keinerlei konvergierende Interessen verfügen würden: Beiden Gruppen kann unterstellt werden, dass sie daran interessiert sind, die infrage stehenden Ressourcen zu nutzen, da beide Gruppen prinzipiell an den Zwecken interessiert sein dürften, zu dem die Ressourcen einen Beitrag leisten, sei es nun die Erhaltung des eigenen Lebens, sei es die Erlangung eines gewissen Wohlstands. Ein direktes Interesse daran, dass es etwaigen späteren Generationen gut geht, kann den Gruppen allerdings nicht unterstellt werden. Zwar mögen bestimmte Angehörige einer Generation, nämlich diejenigen, die Kinder und Enkelkinder haben und sich um deren Wohl sorgen, ein starkes Interesse daran haben, dass es auch den direkt folgenden Generationen gut gehen wird. Dieses Interesse lässt sich aber nicht allen Angehörigen der Generation unterstellen, so beispielsweise denen nicht, die keine Kinder haben oder die an ihren Kindern und deren Wohl wenig Anteil nehmen. Außerdem dürfte das beschriebene Interesse von Eltern und Großeltern mit zunehmendem zeitlichen Abstand stetig abnehmen. So kann kaum allgemein vorausgesetzt werden, dass Menschen, die Kinder und Enkelkinder haben und um deren Wohl besorgt sind, ein ebenso großes Interesse am Wohl ihrer Urururenkel oder Ururururenkel haben.

Auch ohne dieses direkte Interesse am Wohl zukünftiger Generationen könnte es aber prinzipiell zu einer Einigung auf die infrage stehende Regelung kommen, nicht zuletzt, da neben der Interessebedingung auch die von Stemmer skizzierte Vernunftbedingung erfüllt ist. Zwar ist zwischen den Angehörigen zeitlich weit voneinander getrennter Generationen kein wirklicher argumentativer Austausch möglich. Für die Stemmer'sche Argumentation reicht es aber aus, wenn solcher Austausch hypothetisch möglich ist. Da die Angehörigen beider Gruppen nun prinzipiell über die Fähigkeiten verfügen, ihre Interessen zu artikulieren, für eine Übereinkunft einzutreten und ihr eigenes Verhalten den beschlossenen Regeln anzupassen, ließe sich eine wechselseitige Übereinkunft, die die nicht-nachhaltige Nutzung natürlicher Ressourcen untersagt, mit der Vernunftbedingung in ausreichendem Maße vereinbaren.

Dass eine solche Übereinkunft dennoch nicht gelingt, liegt daran, dass die späteren Generationen mit Blick auf die ihnen vorangegangenen Generationen die Machtbedingung nicht erfüllen und die letzteren daher durch die Einigung keinerlei persönlichen Vorteil erlangen. Da die Lebenschancen der zu einem späteren Zeitpunkt lebenden Menschen unter Umständen stark von dem Verhalten ihrer Vorfahren beeinflusst werden, sind spätere Generationen in gewisser Weise darauf angewiesen, dass frühere Generationen auf ihre Interessen Rücksicht nehmen. Umgekehrt gilt dies aber nicht in gleicher Weise. Den zu einem früheren Zeitpunkt lebenden Generationen mag an einem guten Verhältnis zu den direkt auf sie folgenden Generationen gelegen sein. Wie sich nach ihrem Ableben die in weiterem Abstand folgenden Generationen verhalten werden, kann ihnen aber gleichgültig sein. Zumindest mit Blick auf diese in weiterem zeitlichen Abstand folgenden Generationen würden ihnen folglich aus einer unkooperativen, nicht-nachhaltigen Nutzung natürlicher Ressourcen keinerlei Nachteile erwachsen, was nichts anderes heißt, als dass es keinen Grund für sie gäbe, mit den Angehörigen dieser Generationen eine Übereinkunft einzugehen, die eine derartige Nutzung untersagt.

Wie oben bereits angedeutet, ergibt sich auf der Grundlage eines schwach-kontraktualistischen Ansatzes wie dem Ansatz von Rawls eine deutlich andere Bewertung des vorliegenden Problems. Wie Rawls an einigen Stellen anmerkt, verhindert der ›Schleier des Nichtwissens‹ nicht nur, dass die Individuen ihren gesellschaftlichen Status, ihren Wohlstand, ihr Geschlecht oder ihre Hautfarbe kennen können. Er hindert sie auch daran zu wissen, zu welchem Zeitpunkt sie überhaupt leben, d.h. zu welcher Generation sie gehören werden. Bei dem Bemühen, gerechte Prinzipien für die Steuerung der gesellschaftlichen Verteilung von Freiheiten und Gütern zu finden, werden die Individuen folglich sicherzustellen versuchen, dass die Freiheiten und Güter nicht nur fair innerhalb einer Gesellschaft verteilt werden, sondern dass es darüber hinaus auch zu einer ausgewogenen Verteilung zwischen den verschiedenen Generationen kommt. Es spricht daher einiges dafür, dass die Rawls'schen Individuen, sofern sie im Urzustand über die Nutzung natürlicher Ressourcen zu entscheiden oder die Grundstruktur mit Blick auf diese Nutzung einzurichten oder zu interpretieren hätten, zu Regelungen gelangen würden, die den nicht-nachhaltigen Gebrauch natürlicher Ressourcen untersagen.

3.2 Die Rechte körperlich und geistig behinderter Kinder

Ein zweites Beispiel, an dem sich die Logik des kontraktualistischen Arguments veranschaulichen lässt und an dem die praktischen Unterschiede zwischen stark-kontraktualistischen und schwach-kontraktualistischen Ansätzen deutlich werden, ist das Beispiel eines Kindes, das im Verlauf der Geburt oder unmittelbar danach schwere Schädigungen erleidet, die dazu führen, dass das Kind zeit seines Lebens körperlich und geistig behindert sein wird. Welche Antwort der Stemmer'sche Kontraktualismus generell auf die Frage nach den moralischen Rechten von Kleinkindern und Säuglingen liefert, ist oben bereits angedeutet worden. Kleinkinder und Säuglinge erfüllen weder die Stemmer'sche Machtbedingung noch die Vernunftbedingung. Sie kommen damit als Teilnehmer der hypothetischen Vereinbarung im Naturzustand nicht infrage. Ihre Mitgliedschaft scheitert einerseits daran, dass sie noch nicht in hinreichender Weise über Vernunft verfügen, um an einer Verhandlung im vormoralischen Zustand teilzunehmen und ein bestimmtes eigenes Verhalten für die Zukunft zuzusagen. Sie scheitert andererseits daran, dass den anderen Individuen kein allgemeines Interesse unterstellt werden kann, sich zugunsten eines körperlich und geistig deutlich unterlegenen Lebewesens in ihrer persönlichen Freiheit zu beschränken. Kleinkinder und Säuglinge lassen sich folglich, sofern man von der Stemmer'schen Variante des Kontraktualismus ausgeht, prinzipiell nicht als Inhaber moralischer Rechte begreifen, was nichts anderes heißt, als dass niemand gegenüber Kleinkindern und Säuglingen irgendwelche moralischen Verpflichtungen besitzt.

Stemmer versucht dieses extreme Fazit allerdings dadurch etwas abzumildern, dass er von der Idee ›indirekter‹ Rechte Gebrauch macht. Wenn Kleinkinder und Säuglinge auch selbst nicht sinnvoll als Partei einer rationalen wechselseitigen Übereinkunft gedacht werden können, so lässt sich doch annehmen, dass diejenigen Individuen, die als Partei einer solchen Übereinkunft infrage kommen, daran interessiert sein könnten, Kinder unter einen grundsätzlichen moralischen Schutz zu stellen. Stemmer verweist hier in Anlehnung an Grice auf zwei Überlegungen. Auf der einen Seite lässt sich jeder Generation das Interesse unterstellen, dass die nachwachsende Generation sie irgendwann unterstützen und sie im Alter versorgen wird. Diese Funktion kann eine Generation aber nur dann übernehmen, wenn sie aus einer ausreichenden Anzahl von Individuen besteht und diese körperlich und geistig zur Durchführung der notwendigen Tätigkeiten in der Lage sind. Auf der anderen Seite kann zwar nicht allen Menschen, aber doch zumindest einer großen Gruppe von Menschen, nämlich solchen, die wie Eltern und Großeltern über eine starke affektive Bindung zu Kindern verfügen, auch ein unmittelbareres Interesse daran unterstellt werden, dass Kinder vor Schädigungen geschützt werden. Auch ohne dass Kleinkinder und Säuglinge selbst an einer wechselseitigen Übereinkunft in einem vormoralischen Zustand teilnehmen und diese nach ihren Interessen gestalten können, wäre es folglich denkbar, dass sich rationale Individuen auf Regelungen einigen würden, die die Tötung und Schädigung von Kleinkindern und Säuglingen untersagen. Auch in diesem Fall hätten Kleinkinder und Säuglinge keine eigenen moralischen Rechte, sodass niemand ihnen gegenüber direkte moralische Verpflichtungen hätte. Jedes erwachsene Mitglied der moralischen Gemeinschaft hätte aber *gegenüber den anderen Mitgliedern* die Verpflichtung, Kleinkinder und Säuglinge nicht zu schädigen: Es gäbe daher immerhin moralische Verpflichtungen, die sich auf Kleinkinder und Säuglinge als ihren Gegenstand beziehen und diese unter einen moralischen Schutz stellen, unter einen Schutz, der – wie Stemmer betont – in seiner praktischen Wirkung von einem Schutz durch direkte moralische Rechte kaum oder gar nicht zu unterscheiden sei.

Ein Problem ergibt sich nun allerdings, wenn es sich bei den Kindern, wie in unserem Beispiel, um Kinder handelt, die schon in einem frühen Stadium ihres Lebens durch starke körperliche und geistige Behinderungen gehandicapt sind. Solche Kinder werden einerseits auch zu einem späteren Zeitpunkt ihres Lebens keinen genuinen Beitrag zur Unterstützung älterer Menschen leisten können, sondern ganz im Gegenteil zusätzliche Kosten verursachen. Andererseits ist nicht vollständig auszuschließen, dass Eltern und Großeltern solchen Kindern gegenüber erst gar keine ausreichend starke affektive Bindung aufbauen werden oder dass sie trotz dieser Bindung vor den Anforderungen und Opfern zurückscheuen werden, die mit der lebenslangen Betreuung der Kinder verbunden sind. Selbst wenn also in einem vormoralischen Zustand eine Regelung zugunsten von Kleinkindern und Säuglingen geschlossen werden sollte, so kann doch angenommen oder zumindest nicht sicher ausgeschlossen werden, dass stark körperlich und geistig behinderte Kinder von dieser Regelung ausgenommen sein werden, weil nicht alle Individuen ausreichend an einem Schutz dieser Kinder interessiert sein werden.

Wie Stemmer selbst eingesteht, kann höchstens vermutet werden, dass sich die Individuen grundsätzlich darauf verständigen werden, dass kein außen stehender Dritter Kindern etwas gegen den Willen ihrer Eltern antun darf, seien diese Kinder nun behindert oder vollständig gesund. Das Verhältnis der Eltern zu ihren eigenen Kindern bleibt damit jedoch eine Art moralfreier Zone, was heißt, dass ein Kind wie das von uns beschriebene kein generelles und unantastbares Lebensrecht und kein Recht auf die zum Überleben erforderliche medizinische Versorgung besitzt.

Auch mit Blick auf dieses zweite Beispiel führt der Ansatz von Rawls zu deutlich weniger radikalen Ergebnissen. Da die Urzustandsindividuen die Prinzipien der gesellschaftlichen Verteilung nicht mit Blick auf einen bestimmten Zeitpunkt ihres Lebens oder für eine bestimmte Phase ihres Lebens wählen müssen, sondern so, dass die Prinzipien sie für ihr gesamtes Leben in eine akzeptable Position bringen, werden die Gerechtigkeitsprinzipien den Interessen von Kleinkindern und Säuglingen prinzipiell das gleiche Gewicht zumessen wie den Interessen von Erwachsenen. Hinzu kommt, dass zu den Informationen, die den Individuen durch den ›Schleier des Nichtwissens‹ vorenthalten werden, auch das Wissen darüber gehört, ob man im Verlauf seines Lebens bestimmte gravierende gesundheitliche Schädigungen erleiden oder gegebenenfalls sogar mit solchen Schädigungen auf die Welt kommen wird. Die übergeordnete Zielsetzung der Gesellschaft als eines Unternehmens der wechselseitigen Kooperation wird nun zwar dazu führen, dass die gewählte Grundstruktur stark körperlich und geistig behinderten Menschen sicher nicht effektiv die gleichen Berufsaussichten und die gleiche Aussicht auf Eigentum und Wohlstand zusichern wird wie nicht behinderten Menschen, da die Letzteren insgesamt einen produktiveren und umfassenderen Beitrag zum gesellschaftlichen Leben zu leisten vermögen. Im Sinne des Rawls'schen Differenzprinzips kann aber davon ausgegangen werden, dass eine gerechte gesellschaftliche Ordnung die Interessen behinderter und damit zwangsläufig schlechter gestellter Mitglieder der Gemeinschaft zumindest ständig im Blick behalten wird und dass sie diesen Mitgliedern nicht nur die zum Überleben notwendigen Güter zur Verfügung stellen wird, sondern auch solche, die – wie etwa bestimmte medizinische Maßnahmen – ihre Lage nachdrücklich zu verbessern vermögen.

4. Schlussbemerkung

Die eingehende Diskussion der von uns gewählten Beispiele bestätigt eindrucksvoll, dass der starke ethische Kontraktualismus Peter Stemmers in der praktischen Anwendung zu Ergebnissen führt, die in krassem Gegensatz zu unserer moralischen Praxis und zu unseren traditionellen moralischen Überzeugungen stehen. Zur Verteidigung der Stemmer'schen Position sind aber abschließend zwei wichtige Punkte anzumerken. Erstens liefert die bloße Tatsache, dass eine ethische Theorie nicht mit unserer moralischen Praxis und unseren gegenwärtigen Moralvorstellungen übereinstimmt, keinen Beweis für die Falschheit dieser Theorie, sondern kann genauso gut als Hinweis darauf gelesen werden, dass unsere moralischen Intuitionen falsch oder zumindest rational nicht zu rechtfertigen sind. Stemmer verweist zu recht darauf, dass es sich bei unseren moralischen Intuitionen lediglich um Vor-Urteile handelt, die ein Ergebnis unserer evolutionären Vergangenheit, unserer allgemeinen kulturellen Prägung oder unserer konkreten moralischen Sozialisation sind. Die Tatsache, dass die Vorstellung der Gleichberechtigung von Männern und Frauen oder der Legitimität gleichgeschlechtlicher Partnerschaften den moralischen Intuitionen der meisten Menschen lange widersprochen hat – und dies in vielen Kulturen auch heute noch tut –, zeigt deutlich genug, dass moralische Intuitionen und Überzeugungen für sich genommen keinen Wahrheitsanspruch erheben können, sondern zum Gegenstand einer rationalen Überprüfung gemacht werden können und auch gemacht werden sollten.

Zweitens stellt die Moral, wie sie von Stemmer und den meisten anderen modernen Moralphilosophen verstanden wird, nämlich als ein System wechselseitiger Rechte und Pflichten, keineswegs die einzige mögliche, und vielleicht nicht einmal die wichtigste Quelle fremdnützigen Handelns dar. Wie Stemmer nachdrücklich betont, erwächst die Rücksicht auf die Interessen anderer Menschen aus einer ganzen Reihe von Motiven, zu denen neben der Anerkennung moralischer Rechte und Pflichten auch Gefühle der Freundschaft und Liebe, des Mitleids und der Anteilnahme sowie individuelle oder geteilte Ideale zählen. Das Eingeständnis, dass ein Individuum kein moralisches Recht auf Rücksichtnahme besitzt, schließt daher keineswegs aus, dass es andere gute und wirksame Gründe gibt, ihm diese Rücksicht zukommen zu lassen. Die Sorge, mit einer allgemeinen Anerkennung der von Stemmer propagierten Konzeption der Moral gingen zwangsläufig all jene Formen von Uneigennützigkeit und gegenseitiger Rücksicht verloren, die unsere soziale Praxis prägen und das Leben lebenswert machen, ist daher laut Stemmer unbegründet.

Trotz dieser Verteidigung der Stemmer'schen Position bleibt aber letztlich festzuhalten, dass der schwach-kontraktualistische Ansatz von Rawls – und in ähnlicher Weise der hier nicht eigens diskutierte Ansatz Thomas Scanlons –, mit Blick auf unsere moralische Praxis und insbesondere auf die Probleme der angewandten Ethik insgesamt als vielversprechender anzusehen ist. Der Grund hierfür liegt nicht so sehr darin, dass er zu vertrauteren und weniger radikalen Schlussfolgerungen führt, sondern darin, dass die Nachteile, die er gegenüber dem starken Kontraktualismus Stemmers aufweist, gerade mit Blick auf die alltägliche moralische Praxis und die Probleme der angewandten Ethik nicht sonderlich schwer zu gewichten sind.

Man kann die Tatsache, dass Rawls keine fundamentale Begründung der Moral liefert, sondern gewisse grundlegende Werte als gegeben voraussetzt, ohne Zweifel zum Anlass nehmen, um der starken Variante des ethischen Kontraktualismus eine umfassendere wissenschaftliche Geltung zu attestieren und sie in metaethischer Hinsicht als überlegen zu begreifen. Die begründungstheoretischen Grenzen der Konzeption von Rawls dürfen aber nicht darüber hinwegtäuschen, dass unser konkretes moralisches Handeln zum überwiegenden Teil in einem Kontext stattfindet, in dem die von Rawls vorausgesetzten Werte der Freiheit, Gleichheit oder Fairness, bei denen es sich ja nur um ausgesprochen basale und allgemeine Werte handelt, von allen beteiligten Personen faktisch geteilt werden.

Bei den allermeisten moralischen Problemen, denen wir uns im Alltag gegenübersehen, handelt es sich nicht um Probleme, zu deren Lösung wir zuallererst einen Konsens bezüglich der unserem sozialen und gesellschaftlichen Miteinander zugrunde liegenden fundamentalen Werte herzustellen oder uns gar zu einigen hätten, ob es so etwas wie Moral oder moralische Rechte und Pflichten überhaupt geben sollte. Es handelt sich vielmehr um Probleme, die – ganz im Rawls'schen Sinne – lediglich nach einer Konkretisierung der von uns geteilten Werte oder nach einer Vermittlung zwischen miteinander konfligierenden Werten verlangen. Dass moralische Entscheidungen, die auf der Grundlage einer schwach-kontraktualistischen Konzeption getroffen werden, durch einen radikalen Egoisten oder einen radikalen Skeptiker kritisiert werden könnten, also durch Personen, die uns fast ausschließlich in philosophischen Büchern, aber kaum jemals in der Wirklichkeit beggnen, stellt daher mit Blick auf die Herausforderungen der angewandten Ethik nicht unbedingt ein bedeutendes Problem dar.

Kontrollfragen

1. Geben Sie eine allgemeine Definition des Begriffs ›Kontraktualismus‹.

2. Nennen Sie die Hauptvertreter der klassischen Vertragstheorie des 17. und 18. Jahrhunderts.

3. Worin bestehen die Unterschiede zwischen staatsphilosophischen und ethischen Vertragstheorien?

4. Was besagt Rawls' Begriff des ›Schleiers des Nichtwissens‹?

5. Aus welchen drei Elementen besteht typischerweise das kontraktualistische Argument?

6. Inwiefern unterscheidet sich Stemmers Konzeption des vormoralischen Zustandes von der Rawls'schen Urzustandskonzeption?

7. Was unterscheidet ›starke‹ und ›schwache‹ Varianten des Kontraktualismus? Welche Theoretiker lassen sich diesen Gruppen jeweils zuordnen?

8. An welche drei Bedingungen knüpft Stemmer die Mitgliedschaft in der moralischen Gemeinschaft? Welche Lebewesen erfüllen diese Bedingungen nicht?

9. Wie lauten die Rawls'schen Gerechtigkeitsprinzipien?

10. Was bedeutet die Unterscheidung zwischen historisch-genetischen und legitimationstheoretischen Vertragstheorien?

Kommentierte Auswahlbibliographie

GRUNDLAGENLITERATUR

Hobbes, Thomas: *Leviathan oder Stoff, Form und Gewalt eines kirchlichen und bürgerlichen Staates,* hg. und eingel. von Iring Fetscher. Aus dem Englischen von Walter Euchner. Frankfurt a.M. 1984.
(Hauptwerk von Thomas Hobbes und eines der einflussreichsten Werke in der Geschichte der politischen Philosophie. Erstausgabe erschienen im Jahr 1651.)

Locke, John: *Zwei Abhandlungen über die Regierung,* hg. und eingel. von Walter Euchner. Aus dem Englischen von Hans Jörn Hoffmann. Frankfurt a.M. 1977.
(Staatsphilosophisches Hauptwerk von John Locke. Anonym veröffentlicht im Jahr 1690. Die erste Abhandlung widmet sich der minutiösen Widerlegung der Theorie Robert Filmers. Lockes eigene kontraktualistische Position wird in der zweiten Abhandlung entwickelt.)

Rousseau, Jean-Jacques: *Vom Gesellschaftsvertrag oder Die Grundsätze des Staatsrechts,* hg. und übers. von Hans Brockard. Stuttgart 1998.
(Staatsphilosophisches Hauptwerk von Rousseau. Erschienen 1762. Vertragstheoretische Erörterung der Grenzen legitimer Herrschaft.)

Rawls, John: *Eine Theorie der Gerechtigkeit.* Aus dem Amerikanischen von Hermann Vetter, Frankfurt a.M. 1979.
(Hauptwerk von John Rawls. Erschienen 1971. Auslöser einer Renaissance der Vertragstheorie und einer allgemeinen Wiederbelebung der praktischen Philosophie. Ist in mancherlei Hinsicht den politischen Theorien von Rousseau und Kant verpflichtet. Überarbeitete Fassungen von Rawls' Theorie finden sich in: Rawls, John: Politischer Liberalismus. Aus dem Amerikanischen von Wilfried Hinsch. Frankfurt a.M. 2003.; und Rawls, John: Gerechtigkeit als Fairneß. Ein Neuentwurf, hg. und mit einem Vorwort von Erin Kelly. Aus dem Amerikanischen von Joachim Schulte. Frankfurt a.M. 2006.)

Nozick, Robert: *Anarchie, Staat, Utopia,* München 2006.
(Erschienen 1974. Entwickelt eine libertäre, an der Locke'schen Theorie orientierte Gegenposition zur Rawls'schen Gerechtigkeitstheorie.)

Buchanan, James M.: *Die Grenzen der Freiheit. Zwischen Anarchie und Leviathan,* Tübingen 1984.
(Erschienen 1975. Entwickelt eine hobbesianische Vertragstheorie, die durch einen starken Bezug zu ökonomischen Fragestellungen gekennzeichnet ist.)

Gauthier, David: Reason and Maximization. In: *Canadian Journal of Philosophy* 4, 1975, S. 411–433.
(Aufsatz, in dem Gauthier die Grundzüge seiner stark-kontraktualistischen Begründung der Moral entwickelt.)

Gauthier, David: *Morals by Agreement,* Oxford 1986.
(Moralphilosophisches Hauptwerk von Gauthier. Enthält die vollständige Ausarbeitung seiner kontraktualistischen Theorie.)

Scanlon, T. M.: Contractualism and utilitarianism. In: *Utilitarianism and beyond,* hg. von Sen, Amartya und Bernard Williams. Cambridge 1982, S. 103–128.
(Aufsatz, in dem Scanlon in Abgrenzung vom Utilitarismus eine schwach-kontraktualistische Moraltheorie entwickelt. Ist in manchen Punkten von Rawls beeinflusst, weicht aber auch in vielerlei Hinsicht vom Rawls'schen Ansatz ab.)

Scanlon, T. M.: *What we owe to each other,* Cambridge/Mass. 2000.
(Enthält die vollständige Ausarbeitung von Scanlons Moraltheorie. Ist gegenüber dem Aufsatz durch einige Überarbeitungen gekennzeichnet.)

Stemmer, Peter: *Handeln zugunsten anderer. Eine moralphilosophische Untersuchung*, Berlin/New York 2000.
(*Enthält die vollständige Ausarbeitung der Stemmer'schen Version des ethischen Kontraktualismus.*)

Stemmer, Peter: Moralischer Kontraktualismus. In: *Zeitschrift für philosophische Forschung* 56, 2002, S. 1–21.
(*Aufsatz, in dem die Grundgedanken der Stemmer'schen Theorie zusammengefasst werden.*)

Weiterführende Literatur

Gough, J. W.: *The Social Contract. A critical study of its development*, Oxford ²1957.
(*Standardwerk zur geschichtlichen Entwicklung der Vertragstheorie bis zum Beginn des 20. Jahrhunderts. Enthält auch eingehende Darstellung der mittelalterlichen Vertragstheorien.*)

Hume, David: Of the Original Contract. In: Hume, David: *Essays Moral, Political, and Literary,* ed., with preliminary dissertations and notes, by T. H. Green and T. H. Grose. Vol. I. Aalen 1964, S. 443–460.
(*Aufsatz, der Humes scharfsinnige und einflussreiche Kritik der Vertragstheorie enthält. Bezieht sich vorrangig auf den Kontraktualismus Locke'scher Prägung.*)

Kersting, Wolfgang: *Die politische Philosophie des Gesellschaftsvertrags*, Darmstadt 1994.
(*Gute Einführung in den staatsphilosophischen Kontraktualismus. Geht detailliert auf die ›new contractarians‹ Rawls, Nozick und Buchanan ein.*)

Koller, Peter: Die neuen Vertragstheorien. In: *Politische Philosophie des 20. Jahrhunderts,* hg. von Ballestrem, Karl Graf und Henning Ottmann. München/Wien 1990, S. 281–306.
(*Gibt einen kurzen Überblick über die Geschichte des staatsphilosophischen Kontraktualismus und einen kritischen Überblick über die Theorien von Rawls, Nozick und Buchanan.*)

Leist, Anton (Hg.): *Moral als Vertrag? Beiträge zum moralischen Kontraktualismus*, Berlin/New York 2002.
(*Enthält mehrere kritische Aufsätze zum Kontraktualismus Peter Stemmers. Der Aufsatz ›Einleitung: Zwischen Hobbes und Kant‹ von A. Leist gibt einen kritischen Überblick über die wichtigsten Stationen des ethischen Kontraktualismus.*)

Schmidt, Thomas: *Die Idee des Sozialvertrags. Rationale Rechtfertigung in der politischen Philosophie*, Paderborn 2000.
(*Kritische Untersuchung zu den Leistungen und Grenzen des kontraktualistischen Ansatzes aus systematischer Perspektive. Greift unter anderem auf spiel- und entscheidungstheoretische Methoden zurück.*)

Sprute, Jürgen: *Vertragstheoretische Ansätze in der antiken Rechts- und Staatsphilosophie. Die Konzeptionen der Sophisten und der Epikureer*, Göttingen 1990.
(*Detaillierte Untersuchung zu den antiken Ursprüngen der Vertragstheorie bei den Sophisten und Epikureern.*)

Iturrizaga, Raffael: *David Gauthiers moralischer Kontraktualismus. Eine kritische Analyse*, Heusenstamm 2007.
(*Umfangreichste deutschsprachige Untersuchung des ethischen Kontraktualismus David Gauthiers. Greift relativ stark auf spiel- und entscheidungstheoretische Methoden zurück.*)

Eggers, Daniel: *Die Naturzustandstheorie des Thomas Hobbes. Eine vergleichende Analyse von ›The Elements of Law‹, ›De Cive‹ und den englischen und lateinischen Fassungen des ›Leviathan‹*, Berlin/New York 2008.
(*Detaillierte Untersuchung der verschiedenen Fassungen der Hobbes'schen Naturzustandstheorie. Geht neben der Naturzustandstheorie im engeren Sinne auch auf Hobbes' Lehre vom natürlichen Recht und den natürlichen Gesetzen sowie auf die Hobbes'sche Konzeption des Gesellschaftsvertrages ein.*)

PFLICHT IST PFLICHT!

Oder nicht?

Eine Einführung in die Deontologische Ethik

NORBERT HEROLD

> »Wir sollen schlechthin tun, was die Pflicht gebeut,
> ohne über die Folgen zu klügeln.«
>
> (Johann Gottlieb Fichte)

1. Wenn nur Gewalt zum Geiselopfer führt ... Wie würden Sie urteilen?
2. Die Grundidee einer deontologischen Ethik
3. Adam Smith und Immanuel Kant – Handlungs- und Regeldeontologische Ethik
4. Probleme einer deontologischen Ethik
5. Profit aus Kinderarbeit oder Abstand vom Geschäft? Was gebietet die Pflicht?

1. Wenn nur Gewalt zum Geiselopfer führt ... Wie würden Sie urteilen?

1.1 DER FALL METZLER UND DER FALL DASCHNER

Erinnern Sie sich noch an Jakob von Metzler, den 11jährigen Jungen, der im September 2002 in Frankfurt entführt und nach der Zahlung eines Lösegeldes von einer Million Euro tot aufgefunden wurde? Eine Geschichte, die die deutsche Öffentlichkeit bewegte und die Justiz mehrere Jahre beschäftigte, zunächst, weil der Entführer und Mörder sehr schnell gefasst und verurteilt wurde, dann aber vor allem, weil die ermittelnden Polizisten dem dringend Verdächtigen mit Gewalt gedroht hatten, um von ihm das Versteck des Jungen zu erfahren. – Juristisch ist der Fall weitgehend abgeschlossen. Am 28. Juli 2003 wurde der Jurastudent Magnus Gäfgen wegen Mordes mit besonderer Schwere der Schuld zu lebenslanger Haft verurteilt. Wenig später, im Dezember 2004, wird ein weiterer Prozess geführt gegen Wolfgang Daschner, den Vizepräsidenten der Frankfurter Polizei, und gegen einen der ermittelnden Kriminalbeamten, der im Auftrag Daschners dem Täter Gewalt angedroht hatte mit dem Effekt, dass dieser das Versteck des Kindes preisgab. Allerdings war, was nur der Täter, nicht aber die Polizisten wussten, der Junge zu diesem Zeitpunkt schon tot. Die Angeklagten wurden zwar schuldig gesprochen, aber praktisch nicht bestraft. Ein Appell des verurteilten Mörders an den Europäischen Gerichtshof für Menschenrechte in Straßburg wurde inzwischen abgewiesen, aber es läuft noch eine Klage auf Schmerzensgeld wegen der Schmerzen, die ihm mit der Gewaltandrohung zugefügt worden seien. – Für uns ist der Fall deshalb von Interesse, weil die jeweiligen Argumentationen hart aufeinander prallten, schon in den Prozessen, erst recht aber in den öffentlichen Kommentaren und Diskussionen. Trotz der Eindeutigkeit des Strafrechts hat der Fall moralische Grundfragen aufgeworfen. Kann man den Polizisten einen Vorwurf machen, wenn sie mit allen Mitteln das Leben des Jungen retten wollten? Rechtfertigen nicht außergewöhnliche Situationen außergewöhnliche Maßnahmen? Oder gilt, dass gerade in kritischen Situationen an moralischen Prinzipien wie etwa an der Verpflichtung zu einer unbedingten Respektierung der Würde eines jeden Menschen festzuhalten ist, also auch des Verdächtigen und des Verbrechers? Das schließt dann allerdings die Brechung seines Willens durch Gewalt – oder auch nur durch glaubwürdige Gewaltandrohung – aus.

1.2 Recht und Moral

Der Fall zeigt also erstens, dass mit der juristischen Behandlung des Falls noch nicht darüber entschieden ist, ob ein Verhalten auch moralisch fragwürdig oder gerechtfertigt ist. In der Verurteilung von Kindesentführung, Erpressung und Mord decken sich zwar die moralische und die juristische Betrachtungsweise, aber das Verbot von Folter, Gewaltanwendung oder auch nur Gewaltandrohung führt doch zumindest in bestimmten Konfliktlagen zu heftigen Auseinandersetzungen über die Berechtigung eines Vorgehens, das im Widerspruch zu dem gesetzlich vorgeschriebenen Verhalten steht.

Offensichtlich, und das zeigt der Fall zweitens, gehen auch schon in die juristische Betrachtungsweise moralische Zweifel ein, die entweder durch die Attestierung einer Ausnahmesituation oder außergewöhnlicher Umstände juristisch eingebunden werden oder aber zur Forderung nach einer Änderung der Gesetzeslage führen. Die erste Variante verfolgte wohl das Frankfurter Gericht, vom Plädoyer des Staatsanwalts bis hin zum Urteil, das zwar juristisch die Schuld der angeklagten Polizisten feststellt, ihnen aber ehrenwerte Motive zubilligt und sie faktisch straflos lässt. Selbst ein Disziplinarverfahren wird eingestellt. Die zweite Variante, nach der die Gesetzeslage geändert werden müsste, spiegelt sich in der Einstellung des Angeklagten Daschner, der sich bewusst mit seinem Verhalten gegen und über das Gesetz stellt. Diese Einstellung zeigt sich aber vor allem auch in der öffentlichen Debatte, nicht nur in dem Fall Daschner. Vielen Teilen der deutschen Öffentlichkeit erschien das Vorgehen der angeklagten Polizisten nicht nur verständlich, sondern auch moralisch gerechtfertigt. Wer dagegen ihr Vorgehen für falsch und moralisch verwerflich hielt, hatte einen schweren Stand.

1.3 Moralische Begründungen in der öffentlichen Debatte

Die kontroverse Debatte war stark emotional geprägt. Es ist unübersehbar, dass Uneinigkeit schon bei der Feststellung der Fakten und Umstände bestand, ferner in der Begrifflichkeit und schließlich in den Normen, die die Begründung für das moralisch geforderte Verhalten liefern sollten. Bei den Fakten ist z.B. nicht nur zu berücksichtigen, dass in der konkreten Erpressungssituation große Unsicherheit über die Person des Täters und den Zustand des Opfers herrschte. Es bleibt auch strittig, wie genau der Verdächtige bzw. der Täter beim Verhör unter Druck gesetzt wurde. Es bleibt schwierig, das Geschehen mit Begriffen wie Gewalt, Gewaltandrohung, Folter, Verstoß gegen die Menschenwürde usw. angemessen zu erfassen. Für den Alltagsverstand wirkt es jedenfalls geradezu grotesk, wenn die gleiche Person, die einen Jungen getötet, die Eltern erpresst und sie in tiefes Leid gestürzt hat, wenn diese Person sich beschwert, ihr sei Unrecht geschehen, weil sie durch Drohungen im Verlauf des Verhörs um ihr Leben habe fürchten müssen. Es ist die Unverhältnismäßigkeit, die jedem Gerechtigkeitsempfinden Hohn spricht und die die Öffentlichkeit auf die Dreistigkeit des nur in eigener Sache so empfindsamen Mörders aggressiv reagieren lässt.

Stimmen, die auf der Unrechtmäßigkeit des Verhaltens der Polizisten bestehen, verhallen leicht ungehört, wenn man das Ziel, die rechtzeitige Rettung des möglicherweise noch lebenden Opfers, vor Augen hat und auch den zumindest relativen Erfolg der Maßnahme bedenkt: Zumindest sind die Eltern von der quälenden Ungewissheit über das Schicksal ihres Kindes erlöst worden.

Gleichwohl sind die Argumente der Polizeikritiker nicht von der Hand zu weisen. Es gibt gute sachliche, historisch gewichtige Gründe für die rechtlichen Einschränkungen bei Verhörmethoden. Die Missbrauchserfahrungen wiegen so schwer, dass nicht dem einzelnen Polizisten in der jeweiligen Situation die Entscheidung überlassen werden kann, ob er eine Ausnahme für gerechtfertigt hält, selbst wenn die Not der Opfer und die Dreistigkeit der Täter es für die Strafverfolger unerträglich machen, dass ihnen praktisch die Hände gebunden sind. Die Ohnmacht des Rechtsstaates, der auf Folter und Gewaltanwendung bewusst verzichtet, ist nach dieser Argumentation auch in Extremfällen hinzunehmen, wenn nur noch Maßnahmen weiterhelfen könnten, die praktisch den Verrat der eigenen moralischen Ansprüche bedeuten würden. Nach dieser Überzeugung gibt es also Mittel, die auf gar keinen Fall moralisch erlaubt sind, auch wenn es sich dabei um die einzige Möglichkeit handeln sollte, größeres Unrecht zu verhindern. Die eigentliche moralische Gefährdung gehe nicht von den Misserfolgen der Strafverfolger bei der Aufdeckung und Ahndung von Verbrechen aus, sondern von den Übergriffen übereifriger und maßloser Vertreter der »guten Sache«.

2. Die Grundidee einer deontologischen Ethik

Können wir, die wir den Fall Daschner im Nachhinein betrachten, entlastet vom Handlungsdruck und in Kenntnis vieler Fakten, die sich erst nach und nach herausgestellt haben, zu einem objektiven Urteil über das Handeln der Strafverfolger kommen? Wenn wir den Beteiligten den guten Willen und die Absicht, das Beste und Richtige zu tun, nicht absprechen wollen, bleiben uns zwei Möglichkeiten. Entweder müssen wir angesichts der unüberwindlichen Gegensätze auf ein Urteil verzichten oder aber wir müssen versuchen, die unterschiedlichen Positionen systematisch zu ordnen, miteinander zu konfrontieren und ihre jeweiligen Begründungen kritisch zu prüfen. Der erste Weg ist der Weg eines skeptischen Relativismus, der zweite der einer philosophischen Ethik.

2.1 Moralisten und Ethiker

Im Unterschied zum Moralisten, der andere zu seiner Sichtweise der Dinge und zu seiner Handlungsweise bringen will, versucht der philosophische Ethiker eine distanzierte Betrachtungsweise zu seinem eigenen und zum Handeln der anderen einzunehmen. Er versucht sich selbst und anderen Rechenschaft zu geben über die Gründe, die (s)ein Verhalten als moralisch oder unmoralisch qualifizieren, die es moralisch geboten, erlaubt oder verboten sein lassen. Wenn der Ethiker moralisch urteilt, ist er zwar der Überzeugung, dass sein Urteil allgemeine Verbindlichkeit beanspruchen kann (was z.B. für Geschmacksurteile nicht gilt), aber er konzediert, dass die anderen nur aufgrund eigener Einsicht sein moralisches Urteil teilen können. Eine moralische Einsicht lässt sich nicht erzwingen. Allenfalls kann man versuchen, durch das Anführen von Gründen zu erreichen, dass anderen die eigene Einsicht ebenfalls einleuchtet. Das gilt aber auch umgekehrt, ich muss mir meinerseits die Gründe der anderen durch den Kopf gehen lassen, mich und meine Position also ebenfalls auf den Prüfstand stellen, um so zu einer Verständigung über die Stichhaltigkeit der jeweiligen Begründungen zu gelangen.

Es lässt sich also, so jedenfalls die Überzeugung des Ethikers, überprüfen, ob eine Position vernünftig, in sich stimmig und für andere nachvollziehbar ist. Ethische Theorien systematisieren die moralischen Handlungsweisen und ihre Begründungen, die uns im Alltag leiten. Sie erlauben uns, unser Verhalten und das Verhalten unserer Mitmenschen kritisch zu prüfen. In einer Situation, die vom unmittelbaren Handlungsdruck entlastet ist, dienen sie entweder der nachträglichen Überprüfung oder der vorausschauenden Orientierung unseres Handelns, das in der Regel unter Zeitdruck und ohne sichere Kenntnis aller Umstände und der genauen Folgen des eigenen Handelns erfolgen muss. Von diesem Handlungszwang befreit uns auch das Unterlassen einer Handlung nicht, denn es schafft ebenfalls Fakten, die zuzurechnen sind. Insofern stellt auch das Nichtstun eine Handlung dar, wie z.B. eine unterlassene Hilfeleistung oder die Verweigerung von Arbeit. In der konkreten Situation müssen wir Entscheidungen fällen, die wir auch später noch für richtig halten können oder die wir möglicherweise bereuen. Wenn wir also im Alltag Wert darauf legen, dass wir wissen, was wir tun, und wenn wir möglichst in der Lage sein sollten, unser Tun mit Gründen vor uns selbst und vor anderen zu vertreten, dann brauchen wir ethische Kategorien, die uns unser Tun mit der nötigen Distanz sehen lassen. Erst aus der Distanz können wir erfassen, was unser Tun leitet und ihm Einheit und Konsistenz gibt, sodass wir es moralisch gut nennen dürfen.

Die Unterscheidungen, die von den Ethikern entwickelt werden, sind also einerseits Ergebnis einer Systematisierung und Präzisierung alltäglicher Rechtfertigungen, die wir in der systematischen Analyse und Rekonstruktion besser durchschauen. Andererseits wirken sie auch zurück auf die Argumentation und Gewissensbildung im alltäglichen Leben und sind unter Umständen sogar Anlass zur rechtlichen Fixierung elementarer moralischer Normen. Ethische Theoriebildung muss also einerseits soviel Distanz zum konkreten Einzelfall und zu den unbefragten Selbstverständlichkeiten unseres alltäglichen Tuns verschaffen, dass wir unseren Blick für das Wesentliche und Grundsätzliche der Frage öffnen, was unser Tun moralisch gut oder moralisch schlecht sein lässt. Den Wert der begrifflichen Unterscheidungen in den ethischen Theorien werden wir andererseits daran messen müssen, ob sie zu einem Zuwachs an Klarheit und Entschiedenheit bei der Beurteilung unseres Handelns und letztlich zu besserem Handeln selbst beitragen. Das gilt in besonderem Maße für das Konzept einer Pflichtenethik.

> ### Ciceros Schrift *Vom pflichtgemäßen Handeln* (*De officiis*)
>
> ist die älteste uns überlieferte philosophische Pflichtenlehre, geschrieben 44 v.Chr.
>
> - Cicero erschließt mit seinem Werk nicht nur die Pflichtenlehre der griechischen Stoiker für die lateinisch sprechenden Leser der alten und der mittelalterlichen Welt, sondern repräsentiert auch einen Typus antiker Ethik, für den noch keine scharfe Trennung zwischen dem Guten und dem Richtigen, dem Nutzen und der Pflicht gilt.
> - Antike Moral verbindet die Pflichtenlehre mit Tugendidealen. Sie will das Bild eines guten Lebens vor Augen stellen und das gelungene Leben in den Zusammenhang einer natürlichen Ordnung einbetten.
> - Die Pflichtenlehre beinhaltet also die Regeln eines guten und erfolgreichen Lebens, das auch als schönes Leben dargestellt wird. Diese Verbindung von Ethik und Ästhetik bringt das griechische Ideal der *Kalokagathia* zum Ausdruck (griech.: **kalo**s = schön; **kai** = und; **agath**os = gut). Cicero prägt mit den lateinischen Begriffen *Honestum* – »das Ehrenhafte« und *Decorum* – »das Schickliche« Begriffe, die diese Verbindung des Guten und Schönen zum Ausdruck bringen.
> - Cicero gelingt es, die lateinische Sprache für philosophische Gedanken tauglich zu machen. Er musste dazu eine ganz neue Terminologie schaffen. So ist der Begriff *officium* eine Übersetzung des griechischen *kathäkon*, die Cicero gegen seinen Freund Atticus verteidigen musste: »Übrigens, […] mir ist nicht zweifelhaft, dass wir das, was die Griechen *kathäkon* nennen, mit *officium* bezeichnen. Warum sollte das nicht wunderbar auch für staatsrechtliche Begriffe passen? Sagen wir doch *consulum officium, senatus officium*. – Es passt also großartig. Oder weißt du etwas Besseres?«
> - Was macht das Werk, das drei Bücher umfasst, so attraktiv? – Cicero reduziert das realitätsferne Ideal des stoischen Weisen auf das lebbare Maß eines *vir bonus*, der seinen Platz in der sozialen Welt und in einer ihm wohlgesonnenen Natur gefunden hat. Den Philosophen bietet er die begrifflichen Mittel, um dieses menschliche Ideal zu fassen, den späteren Lesern genügend Ermunterung, das Ideal des *bonhomme* für ihre Zeit zu verwirklichen.
> - Was trennt uns von Ciceros Pflichtenlehre? Mit dem neuzeitlichen Naturrecht wird die für Altertum und Mittelalter maßgebliche Ausrichtung am Tugendbegriff, der auch Ciceros Pflichtenlehre prägt, aufgegeben. Die Zuspitzung des Pflichtbegriffs bei Kant auf seinen moralischen Anspruch und seine Konfrontation mit den menschlichen Neigungen und dem Streben nach Glück machen die Harmoniethese von Cicero fragwürdig.

2.2 Moralische Pflicht und moralische Regeln

Der Begriff der Pflicht spielt seit der Antike in der philosophischen Ethik eine zentrale Rolle. Die erste uns erhaltene philosophische Pflichtenlehre stellt Ciceros Schrift *De officiis* dar, die auf noch ältere Schriften der griechischen Stoiker zurückgeht und die bis weit in die Neuzeit großen Einfluss nicht nur auf die philosophische Theorie, sondern auch auf Erziehung und moralische Bildung hatte.

Wenn wir heute den Begriff ›Pflicht‹ im Sinne einer ›moralischen Pflicht‹ gebrauchen, müssen wir allerdings sorgfältig zwischen unserem Alltagsverständnis von Pflicht und dem Wortgebrauch in philosophischen Kontexten unterscheiden.

Im alltäglichen Sprachgebrauch bezeichnen Pflichten verbindliche Aufgaben, die mit der spezifischen Rolle oder Stellung einer Person in einer Gruppe oder Gesellschaft verbunden sind. Pflichten sind mit meiner Rolle als Vater oder Mutter, mit meinem Amt als Lehrer, Pfarrer oder Buchhalter, mit meiner Funktion als Kassenwart oder Verkehrsteilnehmer verbunden. Wenn ich einmal in der Pflicht stehe, ist es nicht mehr in mein Belieben gestellt, ob ich diese Pflicht erfülle oder nicht. Mit der Pflicht steht eine Aufforderung zu einer bestimmten Handlungsweise, die durch die Autorität von Personen oder durch Institutionen der Gesellschaft Nachdruck erhält. Hinter der rechtlichen Verpflichtung drohen rechtliche Sanktionen, mit moralischen Verpflichtungen ist gesellschaftlicher Druck verbunden, negativ in Form von Ausgrenzung oder Missachtung, positiv als Ehre und Anerkennung.

Auf der philosophischen Ebene wird ›moralische Pflicht‹ demgegenüber als ein Reflexionsbegriff verstanden, der die Rückbindung an ein übergeordnetes moralisches Gesetz vornimmt, das über den jeweiligen Sitten und Gebräuchen steht und dem wir uns nicht als Mitglied dieser oder jener Gruppe, sondern als Menschen verpflichtet wissen. Ob diese übergeordnete Instanz Gott, die Natur oder die Vernunft ist, sei dahingestellt.

Noch am Beginn der Moderne hatten unter Berufung auf die Vernunft idealistische Philosophen die Pflichterfüllung als Weg gepriesen, um Selbstachtung und Anerkennung zu gewinnen. Allerdings verlor auch der philosophische Pflichtbegriff seine Reputation, als am Ende des 19. Jahrhunderts eine militarisierte bürgerliche Gesellschaft den Pflichtbegriff okkupierte und ihn gründlich in Misskredit brachte. Wie weit die Aushöhlung des Pflichtbegriffs im Verlauf des 20. Jahrhunderts gediehen war, können die Einlassungen eines Adolph Eichmann zeigen, der sich zur Rechtfertigung für die Organisation des Völkermords an den Juden bekanntlich auf Pflichterfüllung berief. Mit einem angemessenen Verständnis von Moral und an sie gebundene Pflicht hat das zwar gar nichts mehr zu tun, aber es zeigt, wie anfällig der Pflichtbegriff für Missbrauch geworden ist.

Die Bindung an feste gesellschaftliche Strukturen kann dem Auftrag zur Reflexion auf die bindenden Grundlagen, der mit dem philosophisch verstandenen Begriff der moralischen Pflicht verbunden ist, nicht gerecht werden. Aus einer eher pragmatisch-empirischen Perspektive hatten auch die britischen Vertreter einer *moral philosophy* versucht, die moralische Pflicht (*duty*, *obligation*) auf gesellschaftliche Normen zurückzuführen. Damit wurde sie in die Nähe rechtlicher Verpflichtungen gerückt; die gesellschaftliche Ächtung stellte das strukturelle Pendant zur Rechtsstrafe dar. Die Verpflichtung zu normgerechtem Verhalten resultiert so aus dem Wunsch, negative Folgen zu vermeiden. Moral wird eine Frage der Klugheit. Nun kann zwar die Angst vor Sanktionen der Grund für rechtlich konformes Verhalten sein, aber der Kern moralischer Verpflichtung wird damit verfehlt. Dieser muss – so H. L. A. Hart in seinem wichtigen Aufsatz »Legal and Moral Obligation« (1952) – im Respekt vor Regeln und im Interesse an gegenseitiger Anerkennung gesucht werden. Weil die Begriffe ›moralische Pflicht‹ und ›moralische Verpflichtung‹ unlösbar mit autoritären und *theonomen* Ethikkonzepten verbunden seien, sollten sie nach einem Vorschlag von Elisabeth Anscombe ganz aufgegeben werden. An ihre Stelle tritt in der analytischen Philosophie daher auch weitgehend der Begriff ›Regel‹, der neutraler und weniger belastet ist, weil er eher an die Vorschriften von Clubs oder an modische Vorschriften der Etikette denken lässt. Eine Reihe von analytischen Philosophen hat vor allem auch durch die Untersuchung der Moralsprache dazu beigetragen, einen neuen, nüchternen Ton in die Moralphilosophie zu bringen. Inzwischen hat auch der Begriff der Pflicht viel von seiner emphatischen Bedeutung verloren, sich in den Debatten dem Begriff der Regel angenähert und dadurch an »metaethischer Neutralität« dazu gewonnen.

Allerdings ist, wie oben schon angesprochen, für die moralische Pflicht die Berufung auf geltende Regeln nie die letzte Instanz. Moralische Pflicht kann und muss immer auch so verstanden werden, dass die Bereitschaft gefordert ist, im Namen einer höheren moralischen Menschenpflicht gegen geltende Gesetze in einer bestimmten Gesellschaft zu verstoßen, unter Anrufung des Himmels oder im Namen eines natürlichen Rechts, das aller staatlichen Gesetzgebung übergeordnet sei. Das ist schon das Thema in antiken Tragödien. Wenn Antigone die Gesetze ihres Onkels Kreon missachtet und ihren Bruder Polineikes trotz des Verbotes begräbt, so tut sie das in dem Bewusstsein, das die Verpflichtung zur Bestattung des toten Bruders höher steht als das Verbot ihres Onkels. Entsprechend bewundern wir die mutigen Menschen und Bürgerrechtler, die noch vor wenigen Jahrzehnten in Südafrika oder in den Südstaaten der USA die Befolgung diskriminierender Rassengesetze verweigert haben, unter Berufung auf die Pflicht zur Wahrung der Menschen- und Bürgerrechte.

Auch im Fall Daschner berufen sich die Kritiker der Folterandrohung auf die strikte Einhaltung der Menschenrechte. Können sich die Polizisten im Fall Metzler ebenso auf eine Menschenpflicht berufen, auch wenn sie gegen bestehende Gesetze verstoßen haben? Rechtfertigt der Erfolg nicht auch das Mittel der Folter?

An diesem Fallbeispiel lässt sich eine grundlegende Unterscheidung studieren, die die ethischen Theorien in zwei große Lager trennt. Ethische Begründungen zielen entweder auf die bestmöglichen Folgen, welche eine Handlungsweise als moralisch gut rechtfertigen, oder sie berufen sich auf eine Verpflichtung, die unabhängig davon, was aus dem pflichtgemäßen Handeln folgt, Geltung beanspruchen darf. Dieser Konzeption einer Pflichtethik, die das Sollen in den Vordergrund stellt, steht auf der anderen Seite die Vorstellung einer auf die Bewirkung und Bewahrung des Guten ausgerichteten Handlungsweise gegenüber. Die Frage ist also: Steht das, was erreicht werden soll, im Vordergrund der Betrachtung, oder zählen in erster Linie die Intention und die Bereitschaft, elementare Werte des menschlichen Zusammenlebens auf jeden Fall zu respektieren?

Selbst wenn in der Praxis die Begründungen nicht so scharf voneinander getrennt werden oder sich nicht so diametral gegenüberstehen, wie es die theoretische Unterscheidung suggeriert, macht es Sinn, einen kurzen Blick auf die Debatten zu werfen, in denen diese Gegenüberstellungen herausgearbeitet wurden.

2.3 Zur begrifflichen Abgrenzung: deontologisch – teleologisch – konsequentialistisch

Philosophische Begriffe gewinnen in der Regel erst ihr Profil, wenn man sie mit den jeweiligen Gegenbegriffen in Beziehung bringt. Das gilt auch für den Begriff einer Pflicht- oder deontologischen Ethik. Seit Charles Broad (1930) hat sich in der normativen Ethik die Gegenüberstellung von deontologischer und teleologischer Ethik fest eingebürgert, die später – nach einem wegweisenden Aufsatz (1958) von Elisabeth Anscombe – durch das Gegensatzpaar: deontologisch – konsequentialistisch abgelöst wurde.

Was versteht man unter deontologisch? Im Griechischen bedeutet *to deon* das Nötige, das Schickliche. Deontologie ist also wörtlich die Lehre des Nötigen, Schicklichen, der Pflicht. *Telos* bedeutet griechisch: Ziel, Zweck. Eine teleologische Ethik lehrt entsprechend, dass die Zielgerichtetheit oder Zweckmäßigkeit des Handelns der entscheidende Maßstab für die Moral sei und daher das Ergebnis im Fokus der Aufmerksamkeit zu stehen habe. Man kann nun trefflich darüber streiten, ob mit diesem Begriffspaar die unterschiedlichen ethischen Theorien vollständig erfasst und die Ethiker zu Recht in zwei große alternative Lager aufgeteilt werden können. Immerhin schreibt noch William Frankena in seinem klassischen Standardwerk zur analytischen Ethik über die Moralphilosophen: »Im allgemeinen fallen ihre Auffassungen in zwei Kategorien: Sie sind *deontologisch* […] oder *teleologisch* […]« (Frankena 1972: 32f.)

Die deontologischen Theorien werden von ihm indirekt als Gegenstück zu den teleologischen Theorien bestimmt: »Sie bestreiten, dass das Richtige, das Pflichtgemäße und das moralisch Gute *ausschließlich*, sei es auf direkte oder indirekte Weise, eine Funktion dessen sind, was im außermoralischen Sinn gut ist oder was das größte Übergewicht von guten gegenüber schlechten Folgen für einen selbst, die Gesellschaft bzw. die Welt insgesamt herbeiführt.«

Auf derartige außermoralische Werte zielen hedonistische Theorien (griechisch: *hedoné* = Freude, Lust), die das Gute mit dem Vergnügen und das Schlechte mit dem Schmerz gleichsetzen. Als weitere Werte von Teleologen kommen Macht, Wissen, Selbstverwirklichung, Vollkommenheit infrage. Frankena hat außer dem Typ des rationalen Egoisten, der alles für seinen eigenen Nutzen und seine eigene Selbstverwirklichung tut, vor allem die Vertreter des Utilitarismus im Blick, die das größte Übergewicht von guten gegenüber schlechten Folgen für die Gesellschaft bzw. die Welt insgesamt herbeiführen wollen.

Deontologen sind demgegenüber nicht auf den Erfolg bzw. auf das Ergebnis konzentriert, sondern sprechen der Handlung selbst schon einen moralischen Wert zu. Sie sehen Pflichten »als unmittelbar einsehbare und innerlich bindende Handlungspräzepte von praktischer Notwendigkeit, die einen direkten, durch keinerlei konsequentialistische Erwägungen abgelenkten Vollzug verlangen« (Kersting 1989: 459). Ein Versprechen zu halten hat einen Wert an sich, unabhängig von den möglicherweise negativen Folgen, die daraus erwachsen können. Von dem Instrument der Folter im Verhör Gebrauch zu machen ist in sich schlecht, auch wenn es gelingen sollte, auf diese Weise ein Leben zu retten. Das klingt zunächst befremdlich, stimmt aber mit der Überzeugung überein, dass der Erfolg keineswegs die Mittel heiligt. Weil die Differenz der beiden Richtungen vor allem in der unterschiedlichen Auffassung über die Bedeutung der Handlungsfolgen liegt, ist die Gegenüberstellung: deontologisch – teleologisch heute in der Regel durch ein anderes Gegensatzpaar abgelöst worden: deontologische Ethik – konsequentialistische Ethik.

Im Alltag werden in der Regel konsequentialistische und deontologische Begründungen miteinander kombiniert. Ich kann z.B. die Folter aus Prinzip ablehnen, weil ich der Überzeugung bin, dass die entwürdigende Behandlung eines Menschen niemals ein Beitrag zum geschuldeten würdigen Umgang der Menschen untereinander sein kann. Ich kann aber genauso gut auch mit den langfristigen Folgen argumentieren: Verrohung der Menschen und Leid von Unschuldigen sind zu befürchten, wenn Folter ein erlaubtes Mittel wäre. Gleichwohl macht es um der Klarheit willen Sinn, zwischen den beiden Begründungsarten theoretisch zu unterscheiden; denn es kommt darauf an, im Zweifels- und Konfliktfall zu wissen, was den Ausschlag gibt. Die Plausibilität und Stimmigkeit der Begründung ist für die moralische Beurteilung und Akzeptanz einer Handlung oft mindestens so wichtig wie die Handlungsweise selber. Unsere Aufgabe besteht im Folgenden darin, die Stärken

> **teleologisch – konsequentialistisch – deontologisch**
>
> Wenn im Märchen die Goldmarie und die Pechmarie auf dem Weg zu FRAU HOLLE so unterschiedlich reagieren auf die Aufforderung der Brote, die aus dem Backofen geholt, oder der reifen Äpfel, die vom Baum gepflückt werden wollen, dann deshalb, weil die eine das Gebot der Stunde richtig erfasst, die andere aber der Situation nicht gewachsen ist. Im Märchen liegt es noch an der Unzulänglichkeit der jungen Frau, der fehlenden moralischen Qualifikation der Pechmarie, wenn sie der Situation nicht »ansieht«, was zu tun ist. Sie müsste wissen, dass es ihre Pflicht ist, Brote vor dem Verkohlen und reife Äpfel vor dem Verfaulen zu retten. Würde man die Goldmarie fragen, warum sie sich die Mühe macht und die Brote aus dem Ofen holt, so könnte sie (teleologisch) argumentieren, dass es der Daseinszweck der Äpfel und Brote ist, reif oder knusprig auf den Tisch zu kommen. Sie könnte auch (konsequentialistisch) mit den schlimmen Folgen argumentieren, die ihr Eingreifen verhindert. Aber es bleibt die Frage der faulen Pechmarie: »Was geht das mich an?« Die (deontologische) Antwort der Goldmarie: »In dieser Situation ist es meine Pflicht zu handeln« setzt ein Pflichtgefühl voraus, das sich an äußeren Faktoren nicht weiter festmachen lässt. Pflicht ist Pflicht.

und Schwächen deontologischer Begründungen genauer herauszuarbeiten.

3. Adam Smith und Immanuel Kant – Handlungs- und Regeldeontologische Ethik

Wenn man derart die Pflicht in den Vordergrund stellt, lässt sich weiter danach fragen, ob die Pflicht sich auf eine bestimmte Handlung oder Handlungssituation bezieht oder ob es allgemeine Pflichten gibt, die in Regeln gefasst werden können. Die ethischen Lehrbücher unterscheiden entsprechend zwischen handlungsdeontologischen und regeldeontologischen Theorien.

Der Handlungsdeontologe betont die Einmaligkeit jeder Situation und hält daher allgemeine Regeln nicht für geeignet, eine Handlungssituation angemessen zu erfassen. Wenn das so ist, dann muss die jeweilige Situation entweder intuitiv richtig erfasst oder aber mithilfe einer nicht allgemein zu rechtfertigenden Entscheidung bewältigt werden. Für den ersten Fall gilt Goethes Satz:

> Erfühlt ihr's nicht, ihr werdet's nie erjagen.

Unter den modernen philosophischen Theoretikern haben insbesondere die Existenzialisten die Auffassung vertreten, dass keine allgemeinen Kriterien für die richtige Entscheidung zur Verfügung stünden. So diskutiert z.B. Sartre die Freiheit des Subjekts an einem berühmten Beispiel, dem Freiheitskämpfer, der sich der Resistance gegen die Besatzer anschließen will, dafür aber in den Untergrund gehen und seine sterbenskranke Mutter zurücklassen müsste. Diese Entscheidung kann ihm niemand abnehmen (vgl. Beitrag Boshammer S. 156). Gleichwohl spricht gegen diese existenzialistische Dramatisierung, dass bei aller Neuheit und Verschiedenheit Situationen in wichtigen Punkten Vergleiche zulassen. Wir könnten sonst überhaupt keine allgemeinen Aussagen machen, was wir aber sowohl im Alltag als auch in der Wissenschaft mit Erfolg tun. Gegen die handlungsdeontologische These sprechen also zumindest zwei Argumente: Erstens ist es praktisch unmöglich, ohne Regeln auszukommen. Wir würden im Alltag entscheidungs- und handlungsunfähig, wenn wir nicht Regeln bilden könnten. Zweitens treten insbesondere moralische Urteile stets mit einem allgemeinen Anspruch auf, entsprechend müssen sie durch allgemein einsichtige Gründe gestützt werden können. Das ist aber nicht mehr möglich, wenn nur die Intuition des Augenblicks darüber entscheiden soll, was moralisch zu tun ist.

Diese Argumente sprechen also eher für die regeldeontologische Variante: Der moralische Maßstab besteht in einer oder mehreren Regeln, die uns in einer bestimmten Situation eine bestimmte Handlungsweise zur Pflicht machen, und zwar regelmäßig. Diese Regeln können, müssen aber nicht in der Gesellschaft akzeptiert sein. Für beide Positionen sollen im Folgenden klassische Vertreter vorgestellt werden: Adam Smith und Immanuel Kant. Adam Smith setzt als Handlungsdeontologe auf das Gefühl und die intuitive Erfassung einer Handlungssituation. Immanuel Kant verlangt als Regeldeontologe, alle persönlichen Handlungsregeln daraufhin zu überprüfen, ob sie auch als allgemeines Gesetz geeignet sind. Erst dann erfüllen sie die strengen Maßstäbe moralischer Verpflichtung.

3.1 Adam Smiths Theorie der moralischen Gefühle als Modell einer handlungsdeontologischen Ethik

Zunächst soll eine Schrift des Schotten Adam Smith, die *Theory of Moral Sentiments* (dt. *Theorie der ethischen Gefühle*), als Beispiel für eine handlungsdeontologische Auffassung dienen. Der Aufklärer Adam Smith, der eigentlich eher als Vater der neuzeitlichen Ökonomie bekannt ist, hatte schon 1759 eine Ethik veröffentlicht, die ihn weithin berühmt machte, weil er die Moral auf ein einziges Prinzip zurückzuführen versuchte, das Gefühl der Sympathie. Die moralische Beurteilung einer Handlung oder einer Situation gehört nach Smith vor den »Richterstuhl des Gefühls und der Empfindung« (alle Zitate nach: Smith 1985: 566). Wir brauchen zwar Handlungsregeln, aber diese Regeln lässt uns die Vernunft durch induktive Verallgemeinerung aus Einzelfällen entdecken. Die allgemeinen Regeln beruhen auf der »Erfahrung darüber, was unser natürliches Gefühl für Verdienst und sittliche Richtigkeit in bestimmten Einzelfällen billigt oder missbilligt« (239).

Adam Smith
(1723–1790)

3.1.1 *Sympathie und Standpunktreflexionen*

In bewusster Absetzung von Theorien, die den Egoismus als eigentliche Quelle unseres Handelns und Urteilens darstellen, beginnt Smith seine Schrift mit der Feststellung:

> Mag man den Menschen für noch so egoistisch halten, es liegen doch offenbar gewisse Prinzipien in seiner Natur, die ihn dazu bestimmen, an dem Schicksal anderer Anteil zu nehmen, und die ihm selbst die Glückseligkeit anderer zum Bedürfnis machen, obgleich er keinen anderen Vorteil daraus zieht, als das Vergnügen, Zeuge davon zu sein. Ein Prinzip dieser Art ist das Erbarmen oder das Mitleid, das Gefühl, das wir für das Elend anderer empfinden […] (1).

Gewiss lassen sich empirisch perspektivische Verzerrungen beobachten, die unser Fühlen und Denken kennzeichnen. Falsche Gewichtungen entstehen quasi auf natürlichem Wege, z.B. weil sich Schmerz stärker einprägt als positive Eindrücke, weil der eigene Schmerz stärker wiegt als fremder, weil uns Verwandte und Freunde näher stehen als fremde Menschen, weil das unmittelbare Verlangen stärker wiegt als erst später zu erwartende Folgen usw. Allerdings sind wir in der Lage, diese Einflüsse zu korrigieren. Dies geschieht dadurch, dass wir unsere eigenen Urteile mit dem Urteil anderer vergleichen. Die entscheidende Frage ist aber nicht, wie würde dieser oder jener Mensch die Situation oder Handlung beurteilen oder: Wie fällt das Urteil der Gesellschaft in diesem Falle aus? Was für Smith zählt, ist immer wieder die Antwort auf die alles entscheidende Frage: Wie würde ein unparteiischer Zuschauer urteilen?

Dieser *impartial spectator* begegnet uns in der *Theorie der ethischen Gefühle* auf Schritt und Tritt, wenn auch nicht immer mit demselben theoretischen Status. Zunächst verweist uns Smith auf alltägliche Erfahrungen. Wir reagieren emotional und parteiisch, aber wir leiden und freuen uns auch mit anderen Menschen. Das grundlegende Problem ist nicht so sehr der Egoismus der Menschen, sondern die Parteilichkeit in eigener Sache und zugunsten unserer Verwandten und Freunde. Wir wissen, dass diese natürliche Ausgangssituation zu störenden und belastenden Konflikten führt, aber die Natur hat uns auch mit der Fähigkeit zur kritischen Selbstdistanzierung ausgestattet. In der beschreibenden Analyse, wie Gefühle entstehen und funktionieren, wird bei Smith immer wieder sehr schnell eine normative Komponente sichtbar. Sie betrifft die Frage, wie wir uns zu den Gefühlen stellen und wie wir damit umgehen sollen. Das wird besonders im dritten Teil des Buches deutlich, in dem sich Smith mit den Grundlagen der Urteile über uns selbst befasst.

So wie wir uns in die Lage anderer versetzen, so urteilen wir auch über unser eigenes Betragen, »indem wir uns in die Lage eines anderen Menschen versetzen und es gleichsam mit seinen Augen und von seinem Standpunkt aus betrachten« (167). Das tun wir dann, wenn wir im Begriff sind zu handeln, oder wenn wir im Nachhinein unser Handeln rückwirkend betrachten, beides Situationen, die emotional besetzt sind, sei es, dass wir dringend nach etwas verlangen oder sei es, dass wir uns im Nachhinein für unser Handeln rechtfertigen wollen und Entschuldigungen suchen. Wir sind also alles andere als unvoreingenommen und gleichgültig (235). Aber immerhin, über unsere eigenen Beweggründe und Empfindungen können wir doch dadurch urteilen, dass »wir uns gleichsam von unserem natürlichen Standort entfernen, und sie gleichsam aus einem gewissen Abstand von uns selbst anzusehen trachten«.

Weil wir unseren Standort verändern, d. h. dank dieser gedanklichen Operation sind wir in der Lage, die naheliegenden natürlichen Verzerrungen unserer Perspektive (vgl. 200) zu korrigieren und einen gerechten Vergleich zwischen entgegengesetzten Interessen anzustellen (201). Das entscheidende Gegenmittel und Korrektiv gegen die nahezu automatisch erfolgende Verabsolutierung des Ego, zu der wir von Natur aus neigen, ist nicht »die sanfte Gewalt der Menschlichkeit« und auch nicht der »schwache Funke von Wohlwollen, den die Natur im menschlichen Herzen entzündet hat« (202); es sind vielmehr »Vernunft, Grundsatz, Gewissen«, d. h. »das Auge dieses unparteiischen Zuschauers, welches uns von der egozentrischen Optik befreit und zur Selbstrelativierung befähigt [...]« (203). Smith ist in sorgfältigen Schritten bemüht, die moralische Dimension des Verhaltens, die über die bloße Anpassung an die Maßstäbe der Gesellschaft hinausreicht, zu sichern. Der Mensch ist von der Natur nicht nur mit dem Verlangen ausgestattet, dass sein Verhalten von seinen Mitmenschen gebilligt werde; bei allem Verlangen nach Ruhm und Anerkennung hat er ein Gespür dafür, ob er diese Anerkennung auch verdient. Smith ist Realist genug, um das Urteil der Menge noch nicht mit dem Urteil darüber, was wirkliche Tugend ist, zu vermengen. Die Meinung aller wirklichen Zuschauer ist aus gutem Grund noch längst nicht deckungsgleich mit dem Urteil des in Gedanken vorgestellten unparteiischen Zuschauers. Unser eigenes Gewissen ist eine Instanz, die zwischen der Gebundenheit an die irdische Abhängigkeit von der Gesellschaft und der göttlichen Seite ihrer Abstammung schwankt. Smith besteht auf einer letzten Instanz, die noch über dem möglicherweise irrenden menschlichen Gewissen existiert; denn auf menschliche Gerechtigkeit ist kein Verlass. Smith, der als Erzieher eines herzoglichen Zöglings mit diesem eine Bildungsreise nach Frankreich machte und einige Monate in Toulouse verweilte, konnte seinerzeit die Wiederaufnahme eines Prozesses verfolgen, der mit der Hinrichtung eines unschuldigen, des Mordes an seinem Sohn verdächtigten Vaters geendet hatte. Sein Leben konnte ihm nicht wiedergegeben werden, aber zumindest seine Ehre konnte man wiederherstellen, was vor allem Voltaire eifrig betrieb.

Smith bleibt, nicht nur im Unterschied zu seinem Freund David Hume, sondern erst recht im Unterschied zur heutigen Forderung einer »Ethik ohne Metaphysik«, ein metaphysischer Ethiker. Zwar setzt er auf Philosophie und Vernunft, wenn es um die Korrektur der perspektivischen Verzerrungen geht, denen unsere natürlichen Empfindungen und unser Denken ausgesetzt sind, aber er sieht erstens in den religiösen Vorschriften eine wichtige Verstärkung der moralischen Motivation und zweitens hält er, in diesem Punkt Metaphysiker, den Platz einer letzten Instanz frei, den nicht die irrtumsanfällige Vernunft der Menschen, sondern nur das unbestechliche und untrügliche Urteil Gottes einnehmen kann.

3.1.2 *Pflichtgefühl und moralische Regeln*

Um einen eigenen moralischen Standpunkt zu erreichen, sind also mehrere Schritte notwendig. Wir müssen uns selbst relativieren und die Tugenden der Menschlichkeit und der Selbstbeherrschung entwickeln. Dieser lange Prozess, verstanden als der Prozess der Gewissensbildung, ist motiviert durch die tiefe Zufriedenheit, die den erfasst, der in seiner Selbsteinschätzung nicht vom Urteil anderer abhängt. Auch wenn zur Verunsicherung des Gewissens objektiv die fehlende politische Ordnung im Krieg oder Bürgerkrieg und subjektiv die Schwäche des Selbstbetrugs beitragen, können wir mithilfe des Pflichtgefühls (*sense of duty*) gegensteuern. Aus den Erfahrungen der Menschen sind Verhaltensregeln entstanden, die vorschreiben, »was zu tun oder zu meiden schicklich und angemessen ist« (238).

Pflichtgefühl ist nichts anderes als die »Achtung vor jenen allgemeinen Regeln für das Verhalten« (243). Es ist für das menschliche Leben generell von größter Wichtigkeit, insbesondere aber auch das »einzige Prinzip, nach welchem die große Masse der Menschen ihre Handlungen zu lenken vermag«. Offensichtlich sieht Smith bei den Pflichtbewussten nur ein Minimalprogramm erfüllt. Er vermisst das Gefühl, sowohl bei dem, der pflichtschuldig seine Dankbarkeit gegenüber dem Wohltäter zum Ausdruck bringt, wie bei der Frau, die ihre Pflichten als Ehefrau erfüllt gegenüber ihrem Gatten, auch wenn sie keine zärtliche Zuneigung zu ihm empfindet. Aber auch wenn es an Gefühl, Zärtlichkeit oder Zuneigung fehlt, immerhin kann man sich auf das Verhalten verlassen, sofern »diese heilige Achtung vor allgemeinen Regeln« (245 f.) nicht fehlt. An dem Vorhandensein oder Nichtvorhandensein von Pflichtgefühl lässt sich die Differenz zwischen einem Ehrenmann und einem Schurken festmachen. Um anständig zu bleiben, ist die große Masse der Menschen darauf angewiesen, dass »durch strenge Zucht, durch Erziehung und Beispiel« die Achtung vor allgemeinen Regeln eingeprägt wird. Das betrifft schon die Pflichten der Höflichkeit (246), aber vor allem die Pflichten der Gerechtigkeit, der Wahrhaftigkeit, der Keuschheit, der Treue, die exakt in Regeln gefasst werden könnten (vgl. 266; 558 f.). Von ihrer Befolgung hängt »das Bestehen der menschlichen Gesellschaft ab, die in nichts zerfallen würde, wenn den Menschen nicht im allgemeinen die Achtung vor jenen wichtigen Gesetzen des Verhaltens im Innersten eingeprägt wäre« (246).

Smith hält daran fest, dass die Grundlagen unseres moralischen Vermögens den Menschen von Natur aus eingeprägt sind, auch wenn sie durch Nachdenken, durch Philosophie und Religion bestätigt werden. Daher wird bei ihm das moralische Vermögen in Analogie zum Geschmackssinn gesehen. Auch beim ästhetischen Urteil können Regeln nur bedingt Anwendung finden (249):

> Die Regeln der Gerechtigkeit können mit den Regeln der Grammatik verglichen werden, die Regeln der anderen Tugenden dagegen mit jenen Regeln, wie sie die Ästhetiker für die Erlangung des Erhabenen und des Eleganten in Stil und Darstellung aufstellen. Die einen sind fest bestimmt, genau und unnachlässlich. Die anderen sind lax, vage und unbestimmt und bieten uns eher eine allgemeine Vorstellung jener Vollkommenheit dar, der wir nachstreben sollen, als dass sie uns irgendeine sichere und untrügliche Anleitung geben würden, um sie zu erwerben (268).

Wir müssen also, wenn es um mehr als um die elementaren Regeln des Zusammenlebens geht, eine Art von moralischem Geschmack entwickeln, der als Maßstab angemessenen Verhaltens dient. Das Gefühl für Anstand und Recht ist die verlässliche Basis, gepaart mit einem Gefühl der Selbstbilligung, das durch den Blick des unparteiischen Zuschauers ermöglicht wird; denn es gilt: »Jener genaue und klare Maßstab kann nirgends anders gefunden werden als in den sympathetischen Gefühlen des unparteiischen und wohl unterrichteten Zuschauers« (490). Das Gefühl, der Achtung anderer würdig zu sein, ist in moralischen Fragen entscheidend und hat Priorität vor allen Erwägungen über den Nutzen. So trägt auch das Wohlgefallen an den Wirkungen unserer Handlungen kaum zu ihrer Billigung bei (446). Wenn meine Lüge entgegen meiner Intention dem Belogenen zu unverhofftem Glück verhelfen sollte, so kann ich weder auf meine Lüge stolz sein noch mir das Verdienst an seinem Glück zurechnen. Smith diskutiert zwar das Phänomen, dass moralische Urteile doch immer wieder von den Wirkungen einer Handlung beeinflusst werden, aber das ändert nichts daran, dass die Intention und die Eigenart der Handlung selbst für ihre moralische Qualität entscheidend sind.

3.1.3 *Smiths Leistung*

Die handlungsdeontologische Ethik des Adam Smith ergibt insgesamt ein zwiespältiges Bild: Auf der einen Seite faszinieren den Leser noch heute die Erfahrungsnähe und die Anschaulichkeit seiner Überlegungen. Es leuchtet auch ein, dass die Besonderheit und Einzigkeit einer individuellen Handlung in ihrer Ganzheit nicht durch allgemeine Regeln erfasst werden kann. Der Prozess der Selbstdistanzierung, der erst den Übergang von der natürlichen Egozentrik zum moralischen Standpunkt erlaubt, wird einfühlsam und wegweisend beschrieben und findet seine Fortsetzung bei späteren Autoren bis in unsere Gegenwart. Smith öffnet den Blick für die subjektiven und objektiven Bedingungen moralischen Handelns. Die Kenntnis der empirischen Bedingungen verbindet er mit den traditionellen Themen einer Pflichtenethik. Er weiß also, dass die Verlässlichkeit des Verhaltens und die Stabilität einer Gesellschaft nicht ohne allgemeine Regeln zu haben sind. Aber in der Auffassung dessen, was natürlich ist, und in seiner Bindung der Regeln an die Gefühle bleibt er doch merkwürdig unentschieden und uneindeutig. Die Harmonisierung, die Smith versucht und verspricht, gelingt nicht überzeugend. Wie »natürlich« sind Tugenden wie Gerechtigkeit und Wohltätigkeit? Wie selbstverständlich ist eine Tugend, zu der wir durch Regeln verpflichtet werden müssen? Wie moralisch sind Gefühle, die beherrscht und unter Kontrolle gehalten werden müssen? Es bleibt insgesamt fraglich, wie eine derart wankelmütige und von Naturgegebenheiten abhängige Instanz wie das Gefühl die Verlässlichkeit schaffen soll, die für eine funktionierende Gesellschaft und für eine vernünftige Selbstachtung vonnöten ist. Wenn aber die Moral doch die Vernunft braucht, stellt sich erneut die Frage, wie sie mit den »natürlichen« Voraussetzungen konfliktfrei zu vermitteln ist.

Smiths *Theorie der ethischen Gefühle* ist trotz aller Erfahrungsnähe und trotz der verblüffenden Erklärungskraft des Prinzips ›Sympathie‹ von einem Vertrauen in eine wohlausgestattete und wohlgeordnete Schöpfung, d. h. letztlich von einem Gottvertrauen geprägt, das schon spätere, erst recht aber heutige Generationen nur noch schwer aufbringen können. Das lässt sich schon an seinem Zeitgenossen Immanuel Kant zeigen, der im Folgenden als Klassiker für eine regeldeontologische Ethik vorgestellt wird. In seiner Jugend hatte Kant selbst eine Gefühlsethik vertreten, dann aber im Zuge seiner kritischen Wende deren Unhaltbarkeit eingesehen. Die Regeln und Pflichten der Moral lassen sich nicht hinreichend streng fassen, wenn wir sie als Generalisierung von Gefühlen deuten. Wir müssen sie aber streng fassen, weil Moral sonst beliebig wird oder sich bestenfalls zu pragmatischen Klugheitsüberlegungen verflüchtigt.

3.2 Kant als Regel-Deontologe

Kant hat eine strenge Vorstellung von Moral. Obwohl er davon ausgeht, dass im Prinzip jeder weiß, was gut und was schlecht, was Recht und was Unrecht ist, sieht er vor allem durch die Neigung der Menschen, sich jeweils nach Bedarf passende Gründe zur Rechtfertigung zurechtzulegen, die Moral in Gefahr. Daran, dass das eigentliche Prinzip der Moralität aus dem Blick gerät, sind auch die philosophischen Schulen nicht schuldlos. Sie versorgen uns mit unterschiedlichen, leider aber gegensätzlichen und unzutreffenden Prinzipien zur Beurteilung unseres Handelns und verschärfen so noch das Dilemma einer »Dialektik der Vernunft«, die uns unweigerlich immer neue Scheingründe vorgaukelt, wenn wir uns Fragen stellen wie: Was soll ich tun? Oder: Was habe ich da getan?

3.2.1 *Uneingeschränkt gut kann nur ein guter Wille genannt werden*

Kant sucht also zunächst zu klären, was den Kern der Moral, das oberste Prinzip der Moralität ausmacht. Dazu stellt er am Anfang seiner *Grundlegung zur Metaphysik der Sitten* die spezifische Differenz des sittlich Guten heraus. Seine Frage lautet: Was kann eigentlich uneingeschränkt gut genannt werden? Seine Antwort: »allein ein guter Wille«! Sie kann leicht missverstanden werden, vor allem, wenn man alltagssprachlich mit dem Begriff des guten Willens nur eine mehr oder weniger vage Absicht verbindet. Dann ist in der Tat die gute Absicht leicht das Gegenteil von gut.

Kant ist klar geworden, dass alle anderen Kandidaten für das Prädikat ›gut‹ nur mit Einschränkung, nur mit dem Vorbehalt einer weiteren Prüfung infrage kommen, für die es dann offensichtlich auch ein anderes Kriterium geben muss. Nur mit Einschränkung gut zu nennen sind geistige Talente und das Temperament, mit dem wir ausgestattet sind. Dasselbe gilt für Glücksgaben wie Macht, Reichtum, Gesundheit, es gilt selbst für Tugenden, die den Charakter und den inneren Wert einer Person ausmachen. Alle diese Gaben sind ambivalent, weil sie nicht nur zum Guten benutzt werden können. Sie sind gut, aber nur dann, wenn sie mit einem guten Willen als dem Garanten von Moralität gepaart sind. Kant propagiert keineswegs einen Rückzug in die Innerlichkeit. Er weiß, dass Handeln ergebnisorientiert ist, aber er weiß auch, dass die äußeren Faktoren letztlich nicht in unserer Macht stehen. Wir sollen natürlich alle Mittel aufbieten, die in unserer Gewalt stehen, aber die moralische Beurteilung darf sich nicht am Erfolg orientieren, sondern nur an dem, was in unserer Macht steht. Moralische Anerkennung honoriert nicht den Erfolg der Talentierten und Tüchtigen, schon gar nicht den der Reichen und Schönen, sondern sie wird dem gezollt, der auch unter widrigen Umständen guten Willen zeigt. Nicht die Gegenstände des Wollens sind entscheidend, sondern die Qualität des Willens ist entscheidend für die Moralität. Woran kann aber die Qualität des Willens gemessen werden?

Immanuel Kant
(1724–1804)

Kant bindet den Begriff des guten Willens eng an den Begriff der Pflicht, sodass er objektive Bedeutung bekommt und sich deutlich von einer bloß subjektiven Gesinnung unterscheidet. Da wir Menschen durchaus in der Lage sind, nach Vorstellungen von vernünftigen moralischen Gesetzen zu handeln, aber keine reinen Vernunftwesen sind und unsere Handlungen weitgehend von naturwüchsigen Neigungen angetrieben werden, tritt uns die Stimme der Vernunft als Imperativ, als sittliche Pflicht, gegenüber. Es gibt nun mehrere Möglichkeiten, seine Pflicht zu erfüllen. Wir können aus Selbstinteresse, aber durchaus im Sinne unserer sittlichen Pflicht handeln, wie der Kaufmann, der ehrlich ist, um seine Kunden nicht zu verlieren. Wir können auch pflichtgemäß handeln, weil wir z.B. gerne den Mitmenschen helfen und erst recht denjenigen, die uns sympathisch sind. Aber mit diesen Motivationen, gegen die nichts einzuwenden ist, haben wir nach Kant noch nicht die eigentliche Ebene der Moralität erreicht. Erst wenn wir »aus Pflicht« handeln, liegt der gute Wille vor, der nach Kant über die Moralität entscheidet. Wenn wir Interesse und Sympathie entscheiden lassen, machen wir uns von Bedingungen abhängig, die nicht in unserer Hand sind. Das moralische Handeln, ob ich lüge oder die Wahrheit sage, ob ich ein Versprechen oder einen Vertrag einhalte oder nicht, sollte nicht von so flüchtigen und unkontrollierbaren Faktoren wie Sympathie oder einer wechselnden Interessenlage abhängig gemacht werden. Spezifisch moralisches Verhalten liegt erst dann vor, wenn die Moralität selbst das Ziel ist, wenn ich »aus Pflicht« handle.

Eine andere Frage ist es, wie diese moralische Intention festgestellt werden kann. Kann ich sicher sein, dass der ehrliche Kaufmann aus Pflicht handelt und nicht aus Sympathie, was sich ja nicht ausschließen muss? Immer dann, wenn die Versuchung groß ist, wenn also der Kunde hilflos oder unsympathisch oder die Gefahr erwischt zu werden gering ist, kommt es zur Nagelprobe. Würden Sie der patzigen Kassiererin am Bahnhofskiosk, die aus Versehen zu viel Wechselgeld herausgibt, die zehn Euro zurückgeben? Dann spricht viel dafür, dass Sie es »aus Pflicht« tun. Wenn Sie dasselbe bei einer sympathischen Verkäuferin tun, ist das in Ordnung, aber Ihre moralische Einstellung ist noch nicht über jeden Zweifel erhaben. Falls Sie es sich nämlich zur Regel gemacht haben sollten, grundsätzlich nur bei sympathischen Menschen ehrlich zu sein, liegt mit Ihrer moralischen Einstellung etwas im Argen.

3.2.2 Der kategorische Imperativ

Um dem Prinzip der Moralität auf die Spur zu kommen, ist es nicht nötig, dass wir im Einzelfall feststellen können, ob eine Handlung aus einer moralischen Einstellung heraus erfolgt ist. In der Regel können wir zufrieden sein, wenn die Handlungen unserer Mitmenschen pflichtgemäß, also legal sind. Allerdings wollen wir ja mit Kant wissen, was nach unseren eigenen Ansprüchen uneingeschränkt gut genannt werden kann. Dazu müssen wir nicht auf Erfahrung zurückgreifen. Es genügt die Prüfung unseres eigenen Selbstverständnisses als freie und vernunftbestimmte Wesen. Da wir die Entscheidung nicht von mehr oder weniger äußerlichen Faktoren abhängig machen können, bleibt zunächst nur ein formales Kriterium, nämlich die Bereitschaft, sich an vernünftige Regeln zu halten. Auch hier können wir wieder verschiedene Stufen der Rationalität unterscheiden. Wenn wir ein bestimmtes Ziel erreichen wollen, ist es zwingend, auch die notwendigen Mittel zur Erreichung des Ziels zu wollen. Ansonsten müssen wir das Ziel noch einmal überdenken. Es wäre jedenfalls unvernünftig, zwar das Ziel, aber nicht den Weg dorthin zu wollen, – frei nach dem Motto: »Wasch mir den Pelz, aber mach mich nicht nass.« Ebenso kann es ein Ziel geben, dass jeder Mensch natürlicherweise verfolgt, z.B. sein Glück, aber die Auffassungen darüber, worin Glück besteht, sind individuell so verschieden und von den jeweiligen Erfahrungen abhängig, dass weder das Glück noch die Wege zum Glück zur Pflicht gemacht werden können. Vernünftigerweise können allenfalls Ratschläge erteilt werden. Aufgrund unserer Erfahrungen bilden wir aber subjektive Regeln aus, die uns die Entscheidungen im Einzelfall erleichtern, unserem Leben Stetigkeit verschaffen können sowie Verlässlichkeit des Verhaltens für die Mitmenschen garantieren. Derartige Regeln sind zwar allgemein, aber eben doch subjektiv. Kant spricht von Maximen, und das Ziel seiner Suche nach dem Prinzip der Moralität besteht darin, eine Formel zu finden, welche die Überprüfbarkeit derartiger subjektiver Lebensregeln ermöglicht. Sind sie vereinbar mit dem, was unbedingt und auf jeden Fall für den guten Willen und für ein Handeln »aus Pflicht« gelten muss? Damit stoßen wir auf die letzte Stufe der Rationalität, in der Vernunft nicht nur die effizientesten Wege zur Erreichung verschiedener Zwecke und zur Erfüllung unseres natürlichen Bedürfnisses nach Glück weist. Es geht jetzt um den Zweck des vernünftigen Menschen selbst. Wie sind wir in der Lage, selbstbestimmt, als unser eigener, unabhängiger und freier Gesetzgeber für die Regeln unseres Handelns aufzutreten? Das Pflichtgebot tritt uns, sofern wir uns eben als vernünftige, selbstbestimmte Wesen verstehen wollen, als ein unbedingter Imperativ gegenüber. Der Imperativ muss unbedingt sein, weil wir ansonsten unsere vernünftige Selbstbestimmung wieder von ungeprüften Bedingungen, von Vorgaben, die nicht in unserer Verfügungsgewalt sind, abhängig machen würden. Unabhängig von den inhaltlichen Zielen, die wir verfolgen, sind wir – so Kants allgemeine Formel – aufgefordert, die Maximen unseres Handelns daraufhin zu überprüfen, ob sie als allgemeines Gesetz tauglich sind. Da inhaltliche Kriterien nicht zur Verfügung stehen, wird die Form der Gesetzlichkeit selbst Prüfstein der Vernünftigkeit unseres Handelns und zum Kriterium der Moralität.

3.2.3 Die verschiedenen Formeln des kategorischen Imperativs

Kant entwickelt eine Reihe verschiedener Formeln, die unter unterschiedlichen Gesichtspunkten jeweils der Überprüfung unserer Maximen dienen. Neben der schon erwähnten allgemeinen Formel sollen kurz weitere Formeln vorgestellt werden, die Kant formuliert und die geeignet sind, seinen Ansatz zu verdeutlichen.

> **Der kategorische Imperativ in unterschiedlichen Formeln:**
>
> – *Handle nur nach derjenigen Maxime, durch die du zugleich wollen kannst, dass sie ein allgemeines Gesetz werde* (allgemeine Formel).
> – *Handle so, als ob die Maxime deiner Handlung durch deinen Willen zum allgemeinen Naturgesetz werden sollte* (Naturgesetzformel).
> – *Handle so, dass du die Menschheit sowohl in deiner Person, als in der Person eines jeden anderen jederzeit zugleich als Zweck, niemals bloß als Mittel brauchest* (Zweck-an-sich-Formel).
> – *Das Prinzip des Willens eines vernünftigen Wesen also ist: keine Handlung nach einer anderen Maxime zu tun, als so, dass es auch mit ihr bestehen könne, dass sie ein allgemeines Gesetz sei, und also nur so, dass der Wille durch seine Maxime sich selbst zugleich als allgemein gesetzgebend betrachten könne* (Autonomie-Formel).

Der Aspekt der Allgemeinheit wird in der Analogie der moralischen Gesetze zu Naturgesetzen noch einmal verstärkt. Vernünftige Maximen sollen so gewählt werden, dass sie geeignet wären, die Abläufe in der sozialen Welt quasi mit der Sicherheit und Widerspruchsfreiheit von Naturgesetzen zu regeln. Der Handelnde soll sich also, wenn er für sich Regeln des Verhaltens aufstellt, gleichsam in die Rolle eines Newton der moralischen Welt versetzen. Um das oben schon erwähnte Beispiel noch einmal aufzunehmen: Könnte man die persönliche Maxime, an der Supermarktkasse zu Unrecht erhaltene Überzahlungen nur bei gegenseitiger Sympathie zurückzugeben, als allgemeines Naturgesetz wollen? Eine Natur, deren Gesetze nur partiell und abhängig von derart schwer kalkulierbaren Einflüssen Geltung beanspruchen könnten, wäre jedenfalls kaum vorstellbar und reichlich chaotisch. Die Gesetze der Schwerkraft würden dann nur für die uns sympathische Venus, nicht aber für die Mutter Erde und den roten Planeten Mars gelten.

Inhaltlicher ist die Formulierung, welche gebietet, den Menschen jederzeit als Zweck für sich selbst zu respektieren und ihn niemals nur als Mittel zu benutzen. Zunächst einmal muss man beachten, dass die Betonung auf dem Verbot liegt, jemanden ausschließlich, eben *nur* als Mittel zu gebrauchen. Natürlich weiß auch Kant, dass wir in einer arbeitsteiligen Gesellschaft leben, in der wir uns ständig gegenseitig nützlich machen und anderen ebenso als Mittel zu deren Zwecken dienen, so wie wir diese umgekehrt als Mittel zur Erreichung unserer Ziele benutzen. Aber es gibt einen Grad von Ausbeutung und Instrumentalisierung der Mitmenschen, der jeden Respekt vor ihrer Menschenwürde vermissen lässt. In der kantischen Terminologie lautet die Verpflichtung, die Menschheit in der Person des anderen, aber auch in der eigenen zu achten. Kant hat in seiner Zeit etwa die Sklaverei oder die Zwangsrekrutierungen der absolutistischen Herrscher als Beispiele vor Augen, heute müssen wir sicher andere Beispiele suchen, was – leider – z.B. mithilfe von Amnesty International nicht schwer fallen dürfte. Die Zweck-an-sich-Formel ist also besonders geeignet, persönliche Maximen und auch gesetzliche Regelungen daraufhin zu überprüfen, ob sie die eigene Freiheit und die Freiheit der anderen in gleicher Weise respektieren. Freiheit und Selbstbestimmung als elementare Menschenrechte sind die inhaltlichen Aspekte, die sich hinter der Universalisierungsforderung des kategorischen Imperativs offenbaren.

In der Forderung der Autonomieformel, dass sich jeder Wille als allgemein gesetzgebend betrachten können sollte, kommt zum Ausdruck, dass vernünftige Selbstbestimmung nicht als Programm für isolierte Einzelsubjekte gedacht wird, sondern als eine Pflicht, die ausschließlich »auf dem Verhältnis vernünftiger Wesen zueinander« beruht, nicht auf Gefühlen, Antrieben oder Neigungen. »Die Vernunft bezieht also jede Maxime des Willens als allgemein gesetzgebend auf jeden anderen Willen und auch auf jede Handlung gegen sich selbst und dies zwar nicht um irgend eines andern praktischen Bewegungsgrundes oder künftigen Vorteils willen, sondern aus der Idee der *Würde* eines vernünftigen Wesens, das keinem Gesetze gehorcht als dem, das es zugleich selbst gibt.« (Kant 1975: 434)

Die Würde des Menschen sieht Kant also in der Fähigkeit, sich selbst Gesetze zu geben.

3.2.4 Kants Pflichtenlehre und das Verfahren der Universalisierung

Kants Moralphilosophie ist, auch wenn der Begriff der Pflicht zentral ist, vom Respekt vor der Freiheit des Menschen getragen. Freiheit schließt im Verständnis Kants Regeln nicht nur nicht aus, sondern sie fordert diese sogar. Kant spricht also nicht von anarchischer Freiheit, sondern von einer »wohlgeordneten Freiheit«, zu der wir erst gelangen, wenn wir uns auf den Standpunkt der Vernunft stellen. Die Standpunktüberlegungen, die schon Adam Smiths Ethik kennzeichneten, finden auch bei Kant statt, jetzt allerdings unter dem Vorzeichen der Vernunft, die im gedanklichen Experiment von allen Abhängigkeiten des menschlichen Daseins abstrahiert, die also, wie Kant es ausdrückt, den Menschen sich gleichsam über sich selbst erheben lässt und in die Rolle eines übergeordneten Gesetzgebers versetzt.

Die moralische Pflichtenlehre, die Kant weitgehend aus der Tradition übernommen und dann auch in der späten Schrift *Metaphysik der Sitten* detailliert ausgearbeitet hat, gewinnt unter dieser Voraussetzung einen ganz neuen Akzent. Die moralische Pflicht ist nicht eine von fremden Autoritäten oder höheren Instanzen auferlegte Last, sondern stellt sich als Ausdruck von freier, vernünftiger Selbstbestimmung dar. Das Interesse an derartiger Selbstbestimmung teilen alle vernünftigen Wesen in gleicher Weise und die Verpflichtung auf die selbstgegebenen Regeln verbindet alle in gegenseitiger Achtung voreinander und gibt jedem einzelnen die Möglichkeit, sich selbst durch sein Handeln »einen Wert zu geben«.

Kants Loblied auf die Pflicht bleibt nur verständlich und erträglich, wenn dieser Grundtenor der Freiheit mitgehört wird.

Die einzelnen Pflichten sollen durch das Prüfverfahren des kategorischen Imperativs legitimiert werden. Es darf uns nicht irritieren, dass Kant den Kanon der moralischen Pflichten aus der philosophischen Tradition übernimmt. Er will ja nicht die Moral neu erfinden, sondern mithilfe der neu entdeckten Formel prüfen, ob unsere persönlichen und traditionellen moralischen Regeln des Verhaltens im Freiheits- und Selbstbestimmungsanspruch vernünftiger Subjekte ihre Begründung finden können.

Dazu müssen wir die persönlichen Lebensregeln, die wir gebildet oder übernommen haben, in Kants Terminologie: unsere Maximen, daraufhin testen, ob sie ohne Widerspruch als ein für alle geltendes vernünftiges Gesetz angesehen werden könnten.

Wenn ich z.B. eine Regel nicht ohne Widerspruch denken kann, dann ist sie als moralisches Gesetz nicht tauglich. Kant gibt das Beispiel eines Versprechens, das ich in der Not gebe. In der Tradition haben die Moralphilosophen in der Regel die folgende Abfolge im Blick: Es wird ein Versprechen gegeben, dem später keine Einlösung folgt. Man kann jetzt nach rechtfertigenden Gründen für die Nichterfüllung suchen. Wenn es mir durch widrige Umstände objektiv nicht möglich war, mein Versprechen einzuhalten, ist der Fall einfach. Ich bin entschuldigt, müsste eventuell aber in Zukunft vorsichtiger mit meinen Versprechungen sein. Wenn das Versprechen z.B. von Lösegeld gegenüber Räubern oder Geiselnehmern erzwungen wurde, stellt sich die Frage, ob daraus eine moralische Verpflichtung zur freiwilligen Einlösung folgt. In der Regel erfolgen derartige »Geschäfte« schon deshalb Zug um Zug, weil niemand an die moralische Verpflichtung der Gegenpartei glaubt. Kants Fragestellung ist aber nicht an der äußeren Handlungsabfolge ausgerichtet. Als Deontologen interessieren ihn nicht die Folgen, dass z.B. niemand mehr etwas auf Versprechen gibt, wenn sie häufig genug gebrochen wurden. Er fragt nach der inneren Widersprüchlichkeit, die schon in einem Versprechen liegen würde, das der, der verspricht, gar nicht erst halten will. Ich muss und soll also nicht einschätzen, wie verlässlich das Rückgabeversprechen eines Bittstellers ist, der ein Darlehen haben will. Ich selbst muss mich fragen, ob meine Festlegung für die Zukunft ernst gemeint ist. Wenn ich ein Versprechen schon, indem ich es abgebe, widerrufe – natürlich innerlich und heimlich, quasi mit den gekreuzten Fingern hinter meinem Rücken –, dann ist der Widerspruch in meinem Verhalten offensichtlich. Eine Maxime, die ein solches Verhalten zur Regel machen wollte, ist als allgemeines Gesetz nicht tauglich, weil sie schon im Ansatz einen Widerspruch enthält. Was wäre das für ein Gesetz, das die eigene Vorschrift widerruft, also z.B. das Anschnallen zur Pflicht macht und zugleich dem Belieben der Autofahrer überlässt. Mit Blick auf die Zweck-an-sich-Formel zeigt sich auch, dass ein lügnerisches Versprechen meinen Verhandlungspartner instrumentalisieren würde. Er würde nur noch als Mittel zur persönlichen Geldbeschaffung benutzt, aber seine freie Entscheidung, ob er mir das Geld anvertraut oder nicht, durch meine Manipulation torpediert. Auch unter diesem Aspekt würde sich meine Maxime, im Zweifelsfall auch ohne Rückgabeabsicht Geld durch falsche Versprechen zu leihen, als moralisch unqualifiziert erweisen.

Eine etwas andere Fragestellung entsteht, wenn ich die kantische Forderung nach einer Verallgemeinerung meiner Maximen eher mit der alltagssprachlichen Frage: »Was wäre, wenn das alle täten …?« in Verbindung bringe. Marcus Singer (1975) etwa ist aus einer eher empirisch-pragmatischen Perspektive der Frage nachgegangen. Er fragt nach der Verallgemeinbarkeit von Handlungen, nicht wie Kant nach der von Maximen. Wichtiger noch ist, dass bei ihm nach den Folgen gefragt wird, die sich dann ergeben, wenn beispielsweise Versprechen nicht gehalten werden. Damit verpasst er aber den spezifisch moralischen Ansatzpunkt, an welchem dem strengen Deontologen Kant so gelegen ist. Man kann sich zu Recht Gedanken über die soziale Institution Versprechen machen, man kann die Bedeutung von Versprechen für die Verlässlichkeit im gesellschaftlichen Zusammenleben hervorheben und man kann die Aufmerksamkeit darauf lenken, dass ein gedeihliches Zusammenleben dann unmöglich würde, wenn das Nichteinhalten von Versprechen zum allgemeinen Verhaltensmuster würde. Aber erstens kann man sich ohne logischen Widerspruch durchaus eine Welt vorstellen, in der es gang und gäbe ist, Versprechen zu brechen. Es wäre dann nur weniger Verlass auf diese Welt. Und zweitens ginge der spezifisch moralische Gesichtspunkt verloren, wenn wir den Blick auf den Zustand der Welt richteten, ohne zu unterscheiden, ob beispielsweise massenhaft gebrochene Eheversprechen, mit der Folge: hohe Scheidungsraten, damit zusammenhängen, dass sie nicht aufrichtig gemeint waren, dass sie zu leichtfertig gegeben wurden oder dass die Zeitumstände sich so geändert haben, dass Treue nahezu unmöglich ist und Eheversprechen besser zu unterlassen seien. Zum Ergebnis tragen vermutlich alle Faktoren bei, aber sie sind nicht alle moralisch relevant. Dem Deontologen geht es aber um die Verbindlichkeit moralischer Pflichten, nicht um die Analyse der individuellen und gesellschaftlichen Faktoren (vgl. Höffe 1983: 192f.; Birnbacher 2003: 154ff.).

4. Probleme einer deontologischen Ethik

Die Auseinandersetzung mit den philosophischen Klassikern ist unverzichtbar, weil ihre Positionen so gut wie alle modernen Debatten durchziehen und die Sache und das Anliegen der Pflichtethik bei ihnen besonders scharf zutage treten: In einer konfliktreichen Welt, in der wir nur über begrenzte Einsicht verfügen und die Folgen unseres Handelns nur unzulänglich abschätzen können, in der wir nur über begrenzte Mittel verfügen und in der wir außerdem in unseren eigenen Wünschen und Hoffnungen zerrissen und

unstet sind, verfügen wir gleichwohl über die Möglichkeit, unserem Leben Halt zu geben, indem wir uns aus freien Stücken, aber konsequent Regeln vorgeben, denen wir uns selbst unterwerfen, wenn wir sie als unsere Pflicht erkannt haben. Nutzenkalkulationen sind damit nicht ausgeschlossen, aber die Fragen der Selbstachtung und des Respekts vor der Freiheit der anderen haben absolute Priorität gegenüber allen Vorteilsüberlegungen.

Es gibt Grenzen, so die Überzeugung der Deontologen, die nicht mehr zur Disposition gestellt werden dürfen, auch und schon gar nicht durch die Erwartung auf mögliche Erfolge. Was würde es nützen, so die religiöse Formulierung dieser Einstellung, wenn ich die ganze Welt gewänne, darüber aber an meiner Seele Schaden nähme? Wenn wir schon in einer Welt leben, in der anscheinend alles zur Disposition steht, dann wollen wir wenigstens nicht uns selbst verlieren und auch noch die Grundregeln, die Fundamente der Humanität infrage stellen. Die Berufung auf die Menschenwürde, die in Debatten der Medizinethik, der Bioethik, der Sozialethik usw. erfolgt, markiert daher in der Regel den Punkt, an dem jede Vorteilsüberlegung ihr Recht verliert und kategorisch ausgeschlossen werden sollte.

An Kant und den späteren Deontologen, die sich auf ihn berufen oder die doch zumindest seiner Linie folgen, scheiden sich auch heute noch die Geister. Die Deontologen sehen sich zwar dem Vorwurf des Fundamentalismus und eines realitätsfernen Rigorismus ausgesetzt, verstehen sich selbst aber – und häufig zu Recht – als Fels in der Brandung gegen die Fluten der Modernität, die auch den letzten Rest von Menschlichkeit und Menschenpflicht wegzuspülen drohen.

4.1 Rigorismus der Pflichtenethik?

In dem Abschnitt über Adam Smiths Gefühlsethik war die Rede davon, dass die Pflicht eher als ein heilsames Mittel für das gemeine Volk zu betrachten sei. Wenn Kant demgegenüber die Pflicht geradezu gepriesen hat, so blieb dieses Lob nicht lange unwidersprochen. Der zwanghafte Charakter der Pflicht, der »seit Kant so weithin in Deutschland und der deutschen Philosophie gelehrte Pflicht- und Arbeitsheroismus« (Max Scheler), wird mit Vehemenz als Argument gegen die Pflichtethik ins Feld geführt.

Die Verteidiger der unbedingten Pflicht, die auf der Unantastbarkeit elementarer Rechte und Regeln bestehen, provozieren allerdings nicht selten den Vorwurf idealistischer Weltfremdheit durch die rigorosen Zuspitzungen, die sich auch bei Kant finden lassen. Sie machen den Eindruck einer unflexiblen Prinzipienreiterei, die jeden mit gesundem Menschenverstand ausgestatteten Leser den Kopf schütteln lässt.

In der kleinen Schrift: *Über ein vermeintes Recht, aus Menschenliebe zu lügen*, dem Produkt einer öffentlichen Auseinandersetzung mit dem französischen Schriftsteller und Politiker Benjamin Constant, hat Kant spektakulär an einem unbedingten Verbot zu lügen festgehalten. Selbst wenn ein unschuldig Verfolgter in mein Haus geflüchtet ist und die Verfolger mich nach seinem Aufenthaltsort fragen, habe ich kein Recht, sie zu belügen. Ich kann schweigen, aber das dürfte insofern weltfremd sein, als keine Antwort, wie es so schön heißt, auch eine Antwort ist. Kant will aber offensichtlich das strenge Lügenverbot nicht durchbrechen, weil wir sonst immer Grund haben könnten, in allen möglichen Situationen uns Ausnahmen von dem Wahrheitsgebot zu gestatten. Kant fürchtet einen Dammbruch, der einer Manipulation der Wahrheitspflicht nach Interessenlage Tür und Tor öffnen würde. Deshalb will er nicht einmal zulassen, dass moralische Pflichten dann außer Kraft gesetzt werden, wenn schwerwiegende negative Folgen abzusehen sind. In der Tat wäre es nicht unproblematisch, wenn aus Kalkulationen über die Folgen einer Handlung, die stets mit Unsicherheit behaftet sind, ein Recht abgeleitet werden könnte, das Wahrheitsgebot außer Kraft zu setzen. Kants Hinweis, der Verfolgte könnte ja inzwischen das Haus verlassen haben und gerade durch meine Lüge dem weitergeschickten Verfolger in die Arme getrieben werden, klingt aber auch nicht überzeugend. Wir können eben manche Folgen doch ziemlich verlässlich abschätzen und würden uns mitschuldig machen, wenn wir die Rettung des Unschuldigen nicht zumindest versuchen würden, auch um den Preis, unsere Hände nicht in Unschuld waschen zu können. Wir stehen dann vielleicht am Ende nicht mit ganz reinen Händen da, aber wenigstens nicht mit den leeren Händen dessen, der gar nichts getan hat.

Wie wir dann die Verletzung des Wahrheitsgebots rechtfertigen können, ist eine andere Frage. Sollen wir von einer absoluten Ausnahmesituation sprechen, in der die herkömmlichen Regeln außer Kraft gesetzt sind, etwa nach dem Motto: Not kennt kein Gesetz? Kant selbst kennt ein Notrecht in der *Metaphysik der Sitten*. Den Schiffbrüchigen, der im Kampf um die rettende Planke in seiner Not einen anderen ins Meer stößt, wird kein Gericht schuldig sprechen. Es besteht aber kein Zweifel, dass wir umgekehrt den, der sich für seine Gefährten opfert, für einen moralischen Helden halten würden. Oder können wir zum Beispiel von einer Pflichtenkollision ausgehen, in der wir die Verpflichtung zur Rettung eines Menschenlebens höher anzusetzen haben als die Verpflichtung zur Wahrheit? Kant verneint die Möglichkeit einer Pflichtenkollision.

Es ist allerdings zu ergänzen, dass er an anderen Stellen durchaus nicht den Eindruck einer rigorosen Prinzipienreiterei erweckt. In der späten Schrift: *Zum ewigen Frieden* lässt er z. B. zu, dass Einrichtungen, die er für falsch und friedensverhindernd hält, noch eine Zeit lang bestehen bleiben dürfen, weil eine sofortige Auflösung stehender Heere oder die sofortige Kündigung von Kriegskrediten kontraproduktiv wirken müssten. Die Moral gibt zwar der Politik die Prinzipien vor, die nicht infrage gestellt werden dürfen, aber ihre Durchsetzung unterliegt gleichwohl politischen Gesichtspunkten. Es wäre reizvoll zu überprüfen, ob dieser Gedanke einer Erlaubnis zum zeitweiligen Aufrechterhalten von an sich falschen Handlungsweisen oder Institutionen auf die Pflicht zur Durchsetzung der Menschenrechte übertragen werden kann. Vielleicht könnte man dann auch die Pflicht zur Wahrheit mit der Erlaubnis verbinden, unter extremen Unrechtsbedingungen zu lügen. Allerdings bleibt es immer bedenklich, aus der Not eine Tugend zu machen, geschweige denn daraus ein Recht abzuleiten. Mit gutem Grund kennen wir vor Gericht zwar ein Recht zu schweigen, also dann die Aussage zu verweigern, wenn es allzu verständlich wäre, dass wir lügen, um uns selbst oder nahe Verwandte zu schützen. Aber es wäre geradezu widersinnig, vor Gericht ein Recht zu lügen einzuführen, um der Wahrheitsfindung und der Gerechtigkeit zu dienen. In Kants Kontroverse mit Constant, das muss man in Erinnerung rufen, geht es aber um ein derartiges Recht, nicht um eine Handlungsempfehlung in einer persönlichen Notsituation (vgl. Höffe 1983: 194 f.).

Kant ist also in moralischen Fragen nicht ganz so rigoros und unmenschlich, wie seine Gegner unterstellen. Der Dichter Friedrich Schiller hat ihn in einer seiner Xenien mit dem versteckten Vorwurf geradezu unmenschlicher Tugendhaftigkeit konfrontiert. Der immer wieder zitierte Text lautet: »Gerne dien ich den Freunden, doch tue ich es leider mit Neigung und so wurmt es mir oft, daß ich nicht tugendhaft bin.« Der Vorwurf trifft aber nicht den Kern der kantischen Ethik. Kant hat durchaus nichts gegen Freundesdienste aus Neigung, er ist nur der Überzeugung, dass die Neigung keine verlässliche Basis für moralisches Handeln ist und im Konfliktfall sich daran messen lassen müsse, ob sie mit einer neutralen Sicht, mit einem allgemeinen Standpunkt, mit »dem Verhältnis vernünftiger Wesen zueinander« in Einklang zu bringen ist.

Kant hat, um noch eine andere Facette des Rigorismusvorwurfs anzusprechen, absolut nichts gegen menschliche Bemühungen, sein Glück zu suchen oder zu machen. Das Verlangen nach Glück gehört für ihn zur menschlichen Natur. Allerdings ist er der Meinung, dass niemand berechtigt ist, sein Glück auf Kosten der Moral zu machen: »[…] die reine praktische Vernunft will nicht, man solle die Ansprüche auf Glückseligkeit *aufgeben*, sondern nur, sobald von Pflicht die Rede ist, darauf gar nicht Rücksicht nehmen« (Kant 1975: 217). Der Deontologe ist dem Glück nicht abgeneigt, aber es gibt für ihn Wichtigeres. Es ist für ihn ganz und gar nicht gleichgültig, wie Glück und Erfolg zustande kommen. Es ist für den Kantianer wesentlich, auch des Glücks *würdig* zu sein. »Ein vernünftiger unparteiischer Zuschauer« – so stellt Kant im Anklang an Adam Smith fest – würde nicht mit Wohlgefallen ansehen können, dass es einem Schurken ununterbrochen gut geht. Er würde infolgedessen auch nicht mit Wohlgefallen zusehen, wenn Foltermethoden das Glück des Fahndungserfolgs bescheren würden. In dem Fall ist er wirklich rigoros.

4.2 Sind Regelkonflikte nicht die Regel?

In der *Metaphysik der Sitten* bestreitet Kant, dass es überhaupt einen Widerstreit der Pflichten geben kann, sodass die eine die andere aufheben würde. Allerdings begründet er die Unmöglichkeit rein analytisch. Wenn der Begriff der Pflicht die »objektiv praktische Notwendigkeit« bestimmter Handlungen ausdrückt, aber nicht etwas und sein Gegenteil zugleich objektiv notwendig sein kann, dann kann auch nicht etwas und sein Gegenteil zugleich Pflicht sein. Eins von beiden ist dann eben keine Pflicht, und man muss nach den Gründen suchen, warum das eine, etwa den Unschuldigen zu schützen, moralische Pflicht ist, das andere dagegen, die Wahrheit zu sagen, in diesem Fall keine moralische Pflicht begründen kann (Kant 1975: 330).

Kann man die Kollision von Pflichten mit einem definitorischen Trick aus der Welt schaffen? Kant will vermutlich nicht bestreiten, dass Menschen in schwere Konflikte geraten können und dass derjenige, der in einem Dilemma steckt, schwierige Entscheidungen zu fällen hat. Was er aber ausschließt, ist eine tragische Grundsituation des Menschen, die ihn dazu verdammt, angesichts sich widersprechender Verpflichtungen moralisch scheitern zu müssen, was immer er auch macht. Die moralische Pflicht wird nicht als drückende Last verstanden, sondern als Chance, Ordnung in ein Leben zu bringen und es nach rationalen Regeln zu gestalten. Das kann nicht gelingen, wenn man für jeden Einzelfall die geltenden Regeln – unter Berufung auf Intuition oder Gefühl – infrage stellt oder neue Ausnahmeregeln erfindet, wie es die Kasuistik der jesuitischen Beichtväter oder der juristischen Berater absolutistischer Herrscher vormachte. Auf der anderen Seite gilt aber auch: Wenn ich mir als überzeugter Deontologe eine Regel vorschreibe, die objektiv gewisse Handlungen fordert, so muss ich nicht fürchten, mich im Gestrüpp undurchsichtiger Regeln und undurchdringlicher Widersprüche zu verfangen. Habe ich z. B. als Arzt den hippokratischen Eid geleistet, so habe ich objektiv die Verpflichtung, alles für die Heilung meiner Patienten zu tun. Daher habe ich unter bestimmten Umständen gute Gründe anzunehmen, dass eine unbedingte Verpflichtung auf das Wahrheitsprinzip nicht besteht. Das Problem sind nicht so sehr die Regeln, sondern die Beurteilung der Frage ihrer Geltung.

Auch dem Deontologen bleiben Abwägungen nicht erspart, gleichgültig, ob er dabei eher auf eine Schärfung der Urteilskraft oder auf eine systematische Ordnung der Regeln setzt. Hilfreich kann dazu eine Unterscheidung sein, die der Regeldeontologe David Ross (1930) eingeführt hat. Er unterscheidet zwischen *prima-facie*-Geboten, die auf den ersten Blick, also im Prinzip, wenn nichts anderes dagegen spricht, gelten. Sie werden als Beurteilungsprinzipien verstanden. Wozu der Handelnde dann wirklich verpflichtet ist, entscheidet sich erst in der konkreten Konstellation der Prinzipien in einer Entscheidungssituation. Vieles kann einer situationsgebundenen moralischen Intuition überlassen bleiben. Das hat den Vorteil, dass man nicht eine hierarchische Ordnung von einander über- und untergeordneten Regeln aufstellen muss, die leicht allzu starr sein kann, und außerdem ist man nicht gezwungen, alle Regeln nur auf ein einziges Prinzip als Quelle der moralischen Verpflichtung zurückzuführen. Einen solchen moralischen Monismus vertritt etwa Kant, der alle natürlichen Rechte des Menschen auf ein einziges Menschenrecht, das Recht auf Freiheit, gründen will. Ein Pluralist könnte dagegen mehrere Prinzipien nebeneinander gelten lassen, Freiheit und Gleichheit, ohne sie aufeinander zurückzuführen. Wenn er ihre Respektierung als *prima-facie*-Gebote versteht, müsste er in der konkreten Situation einer gesellschaftlichen Auseinandersetzung z. B. um die Art der Besteuerung gleichwohl entscheiden, wie viel Freiheit und wie viel Gleichheit moralisch geboten sind.

5. Profit aus Kinderarbeit oder Abstand vom Geschäft? Was gebietet die Pflicht?

Das Vorgehen und die Tragfähigkeit eines deontologischen Lösungsansatzes soll zum Schluss noch einmal anhand eines Fallbeispiels vorgestellt werden, in Anlehnung an ein aktuelles Lehrbuch der Wirtschaftsethik (Crane/Matten 2004: 82).

Stellen Sie sich folgende Situation vor:

> Ein Produzent von Überraschungseiern findet einen neuen asiatischen Lieferanten für die kleinen Plastikspielzeuge, die in den Schokoladeneiern versteckt sind. Dieser kann ein Angebot zu einem Drittel des Preises, ansonsten aber zu den gleichen Bedingungen wie der bisherige Zulieferer machen. Im Anschluss an die Vertragsverhandlungen besichtigt der Manager die »Produktionsstätten« seines neuen Geschäftspartners. Er entdeckt, dass die Plastikteilchen an Familien verteilt werden, die sie in Heimarbeit gebrauchsfertig machen und dafür vom Lieferanten nach Stückzahl bezahlt werden. Die Familie, der er bei der Arbeit zusehen kann, umfasst die Eltern mit sechs Kindern im Alter von fünf bis fünfzehn Jahren, die täglich zwölf Stunden lang in einem garagenähnlichen Schuppen die Teile zusammenstecken, sowie eine Großmutter, die in einem Nebenraum kocht. Der Manager erfährt im Gespräch, dass diese Art der Produktion im Lande üblich ist, den Familien ein Auskommen verschafft und einen gleichbleibenden und zuverlässigen Produktionsstandard gewährleistet. Froh darüber, eine so kostengünstige und auch für ihn selbst und die Firma erträgliche Lösung gefunden zu haben, fährt er zurück zum Flughafen, wo er noch ein paar Mitbringsel für seine beiden Nichten im Kindergarten- und Grundschulalter besorgt. Im Flugzeug schließt er die Augen und lässt die Eindrücke der vergangenen Tage an sich vorüberziehen. Sie vermischen sich mit Bildern aus seiner eigenen Kindheit und Schulzeit. Ihm fällt ein, dass er in der Oberstufe besonders den Philosophieunterricht geschätzt hat und mit siebzehn ein begeisterter Kantianer war.

Um seine Entscheidung noch einmal zu überdenken, fragt er sich:

1. Wie würde eine Kosten-Nutzen-Analyse des geplanten Geschäftes ausfallen? Wer ist außer den Geschäftspartnern im engeren Sinne betroffen und welche Vor- oder Nachteile sind zu erwarten?

Er hat den Eindruck, dass insgesamt die Vorteile überwiegen, nicht nur für ihn persönlich und seine Firma, sondern für alle Beteiligten. Gleichwohl bleibt ein Unbehagen. Ihn stört, dass zwar alle profitieren, aber doch in sehr ungleichem Maße. Außerdem lässt ihn das Bild der still dasitzenden und auf die eintönige Arbeit konzentrierten Kinder nicht los. Er fragt sich:

2. Wie würde sich Kants Moralitätstest anhand der verschiedenen Formeln des kategorischen Imperativs auswirken?
   - Könnte man die örtlichen Arbeits- und Lebensregeln zum allgemeinen Gesetz ausweiten?
   - Werden die Beteiligten als »Zweck-an-sich-selbst« oder »nur als Mittel« behandelt?
   - Wird die menschliche Würde und werden die grundlegenden menschlichen Rechte, wie z.B. ein Recht auf Erziehung und Ausbildung, respektiert?

Die wachsenden Zweifel werden durch eine weitere Überlegung verstärkt.

3. Was würden seine Mitarbeiter, seine Freunde und seine Familie sagen, wenn er ihnen von den Produktionsbedingungen des neuen Lieferanten berichten würde? Später kommt ihm noch die verrückte Idee, bei der Präsentation der Überraschungseier könnte ein Werbefilm gezeigt werden mit den Kindern, die an der Herstellung mitwirken.

4. Ihm geht auch durch den Kopf, dass andere das vollkommen legale Geschäft machen werden, wenn er selbst nicht zugreift. Wäre die Sache anders, wenn Kinderarbeit gesetzlich verboten wäre? Hat es Auswirkungen auf die Entscheidung, dass Kinderarbeit in dem von den UN vorgeschlagenen, freiwilligen Global Compact ⟨www.unglobalcompact.org⟩ abgelehnt wird?

Soll er den Vertrag abschließen? Entscheiden Sie!

Kontrollfragen zu den Abschnitten 2–4

1. Was unterscheidet den Ethiker vom Moralisten?
2. Inwiefern unterscheidet sich die »moralische Pflicht« von Rechtspflichten oder Alltagspflichten?
3. Erläutern Sie die Begriffe: *deontologisch – teleologisch – konsequentialistisch* und grenzen Sie sie gegeneinander ab.
4. Nennen Sie die zentralen Begriffe in Adam Smiths Theorie der moralischen Gefühle.
5. Was kennzeichnet seine Ethik als handlungsdeontologisch?
6. Was leistet der kategorische Imperativ Kants?
7. Nennen Sie drei verschiedene Formulierungen und erläutern Sie die Vorzüge der jeweiligen Fassung.
8. Was spricht für den Vorwurf des Rigorismus, der gegen die deontologische Ethik (z.B. Kants) erhoben wird. Mit welchen Argumenten könnte sich der Deontologe verteidigen?
9. Wie stellt sich Kant zu dem Problem einer Pflichtenkollision?
10. Was leistet die von David Ross vorgeschlagene Theorie der *prima-facie*-Gebote?

Verwendete Literatur

Anscombe, G. Elisabeth M.: Modern moral philosophy. In: *Philosophy* 32, 1958, S. 1-19; dt. in: *Seminar: Sprache und Ethik. Zur Entwicklung der Metaethik*, hg. von Günther Grewendorf und Georg Meggle. Frankfurt a.M. 1974, S. 217-243.

Ballestrem, Karl Graf: *Adam Smith*, München 2001.

Birnbacher, Dieter: *Analytische Einführung in die Ethik*, Berlin/New York 2003.

Brandt, Richard B.: The concepts of obligation and duty. In: *Mind* 73, 1964, S. 374-393.

Broad, Charles D.: *Five Types of ethical Theory*, London 1930.

Crane, Andrew und Dirk Matten: *Business Ethics. A European Perspective*, Oxford 2004.

Frankena, William K.: *Analytische Ethik. Eine Einführung*, München 1972.

Hart, H. L. A.: Legal and Moral Obligation. In: *Essays in Moral Philosophy*, hg. von A. I. Melden. Seattle 1952.

Höffe, Otfried: *Immanuel Kant*, München 1983.

Kant, Immanuel: *Schriften zur Ethik und Religionsphilosophie. Werke in sechs Bänden*, hg. von Wilhelm Weischedel, Bd. IV, Darmstadt 1975.

Kersting, Wolfgang: Artikel ›Pflicht‹, ›Pflichten, unvollkommene/vollkommene‹, ›Pflichtenlehre‹, ›Pflichtenethik, deontologische Ethik‹. In: *Historisches Wörterbuch der Philosophie*, Bd. 7, Basel 1989, Sp. 405-439 u. 456-460.

Prichard, H. A.: *Moral Obligation. Essays and Lectures*, Oxford 1949.

Quante, Michael: *Einführung in die allgemeine Ethik*, Darmstadt 2003.

Ross, W. David: *The Right and the Good*, Oxford 1930.

Singer, Marcus G.: *Verallgemeinerung in der Ethik*, Frankfurt a.M. 1975.

Smith, Adam: *Theorie der ethischen Gefühle*, hg. von Walther Eckstein. Hamburg 1985.

Wimmer, Reiner: Pflicht. In: *Ethik. Ein Grundkurs*, hg. von H. Hastedt und E. Martens. Reinbek bei Hamburg 1994, S. 164-179.

Wolf, Ursula: *Das Problem des moralischen Sollens*, Berlin 1984.

Kommentierte Auswahlbibliographie

Einführende Literatur

Birnbacher, Dieter: *Analytische Einführung in die Ethik*, Berlin/New York 2003.
(Standardwerk auf dem neuesten Stand, ist gut strukturiert und führt reflektiert in die Fragestellungen der normativen Ethik ein. Der Diskussionsstand der deontologischen Ethik wird auf 60 Seiten präsentiert und erörtert.)

Crane, Andrew und Dirk Matten: *Business Ethics. A European Perspective*, Oxford 2004.
(Englisches Lehrbuch für Wirtschaftsstudenten, das materialreich und anschaulich ist und zum Selbststudium einlädt.)

Frankena, William K.: *Analytische Ethik. Eine Einführung*, München 1972.
(Älter, aber immer noch lesenswert.)

Quante, Michael: *Einführung in die allgemeine Ethik*, Darmstadt 2003.
(Stark analytisch, aufgrund der begrifflichen Komplexität nicht einfach zu lesen, aber lohnend, wenn die Diskussionslage im Einzelnen interessiert, die deontologische Ethik wird nur punktuell behandelt.)

Wimmer, Reiner: Pflicht. In: *Ethik. Ein Grundkurs*, hg. von H. Hastedt und E. Martens. Reinbek bei Hamburg 1994, S. 164-179.
(Eher an der Tradition orientierter, aber lohnender Einstieg.)

Ältere Klassiker

Kant, Immanuel: *Schriften zur Ethik und Religionsphilosophie. Werke in sechs Bänden*, hg. von Wilhelm Weischedel, Bd. IV, Darmstadt 1975.
(Als Einstieg empfiehlt sich die Grundlegung zur Metaphysik der Sitten.)

Smith, Adam: *Theorie der ethischen Gefühle*, hg. Walther Eckstein, Hamburg 1985.
(In seiner Materialfülle an Erfahrungen und Beispielen etwas verwirrend und redundant, aber man kann ja Ausschnitte lesen. Am besten dazu die einführenden, sachlich und sprachlich ausgezeichneten Darstellungen von Ballestrem und Höffe hinzuziehen!)

Ballestrem, Karl Graf: *Adam Smith*, München 2001.

Höffe, Otfried: *Immanuel Kant*, München 1983.

Prichard, H. A.: *Moral Obligation. Essays and Lectures*, Oxford 1949.
(Ein Beispiel für einen neueren Handlungsdeontologen.)

Weiterführende Literatur

Anscombe, G. Elisabeth M.: Modern moral philosophy. In: *Philosophy* 32, 1958, S. 1–19; dt. in: *Seminar: Sprache und Ethik. Zur Entwicklung der Metaethik*, hg. von Günther Grewendorf und Georg Meggle. Frankfurt a.M. 1974, S. 217–243.
(Wichtige Weichenstellung für die weiteren Diskussionen.)

Brandt, Richard B.: The concepts of obligation and duty. In: *Mind* 73, 1964, S. 374–393.
(Guter Überblick.)

Broad, Charles D.: *Five Types of ethical Theory*, London 1930.
(Führt die Unterscheidung: deontologisch – teleologisch ein.)

Hart, H. L. A.: Legal and Moral Obligation. In: *Essays in Moral Philosophy*, hg. von A. I. Melden. Seattle 1952.
(Anregender Versuch, die Besonderheit der moralischen Verpflichtung zu fassen.)

Ross, W. David: *The Right and the Good*, Oxford 1930.
(Regeldeontologe, der das Problem möglicher Pflichtenkollisionen durch die Einführung von prima-facie-Geboten entschärft.)

Singer, Marcus G.: *Verallgemeinerung in der Ethik*, Frankfurt a.M. 1975.
(Auch in Deutschland stark diskutierter neuer Zugang zum Universalisierungsproblem.)

Wolf, Ursula: *Das Problem des moralischen Sollens*, Berlin 1984.
(Anspruchsvoll.)

HEILIGEN DIE ZWECKE DIE MITTEL?

Einführung in die Konsequentialistische Ethik

Dieter Birnbacher

1. Einleitung
2. Das *Trolley problem*
3. Fünf definierende Merkmale einer konsequentialistischen Ethik
4. Der Utilitarismus und einige seiner Varianten
5. Konsequentialistische Alternativen zum Utilitarismus
6. Mittel und Zwecke
7. Ein Fallbeispiel

1. Einleitung

Im Jahr 2007 beschäftigte ein deutsches Gesetz das Bundesverfassungsgericht, das im Jahr 2004 vom Bundestag verabschiedet worden war, das sogenannte Luftsicherheitsgesetz. Dieses Gesetz entstand auf dem Hintergrund der terroristischen Angriffe auf das World Trade Center im September 2001. Konkreter Anlass war ein Zwischenfall im Luftraum über der Stadt Frankfurt: Ein geistig gestörter Mann kreiste im Januar 2003 in einem kleinen Flugzeug über der Stadt und drohte, sein Flugzeug in eins der Hochhäuser des Bankenviertels stürzen zu lassen. Das Luftsicherheitsgesetz war von Anfang an umstritten. Stein des Anstoßes war insbesondere die in §14 Abs. 3 enthaltene Erlaubnis einer »unmittelbaren Einwirkung mit Waffengewalt [...] wenn nach den Umständen davon auszugehen ist, dass das Luftfahrzeug gegen das Leben von Menschen eingesetzt werden soll, und sie das einzige Mittel zur Abwehr dieser gegenwärtigen Gefahr ist.« Das Gesetz lässt damit zu, dass gegebenenfalls ein entführtes voll besetztes Passagierflugzeug von einem Flugzeug der Bundeswehr abgeschossen wird, um eine größere Zahl von Menschen zu retten, die bei einem terroristischen Angriff nach Art des 11. September ums Leben kommen würden. In seiner Entscheidung vom 15.2.2006 hat das Bundesverfassungsgericht diesen Absatz für verfassungswidrig und damit ungültig erklärt. Er sei unvereinbar mit dem durch die Verfassung verbürgten Recht auf Leben und der Menschenwürdegarantie. Der Staat habe nicht das Recht, Menschen zu töten, um einer größeren Zahl anderer Menschen das Leben zu retten.

Soweit die *rechtliche* Beurteilung der »Abschusserlaubnis« durch das Bundesverfassungsgericht. Wie steht es mit der *ethischen* Beurteilung? Wäre ein Verteidigungsminister im gegebenen Fall *moralisch* berechtigt, den Befehl zum Abschuss eines von Terroristen entführten Passagierflugzeugs zu geben, vorausgesetzt, er wäre sicher, dass er dadurch das Leben einer größeren Zahl von Menschen retten könnte? Viele würden an dieser Stelle mit den *Folgen* eines solchen Vorgehens argumentieren: Die Folgen eines Abschusses wären, vorausgesetzt, die Abschätzungen wären sicher, eindeutig besser als die Folgen des Nichteingreifens. Zwar würden die Passagiere des entführten Flugzeugs in beiden Fällen zu Tode kommen. Aber im Fall eines Abschusses würde eine große Zahl von Menschenleben gerettet, die im Fall des Nichteingreifens verloren wären.

Die Frage ist, ob diese sich ausschließlich an den Folgen orientierende Beurteilung angemessen ist. Offensichtlich hat zumindest das Bundesverfassungsgericht Bedenken gehabt, eine ausschließlich konsequentialistische Beurteilung für die rechtliche Bewertung des Gesetzes zu übernehmen. Damit ist es einer weit verbreiteten Tendenz des moralischen Urteilens gefolgt.

2. Das *Trolley problem*

Dass diese Tendenz nicht nur weit verbreitet, sondern sogar universal ist, gehört zu den spektakuläreren Thesen eines Buchs, das in den letzten Jahren auf dem amerikanischen Markt Furore gemacht hat, Marc Hausers *Moral Minds* (Hauser 2006). Hauser vertritt die These, dass wir in bestimmten Situationen unser moralisches Urteil nicht ausschließlich von den voraussichtlichen Folgen einer Handlung abhängig machen, sondern auch von weiteren Faktoren, insbesondere von der *Art* der beurteilten Handlung. Das Besondere an Hausers Buch ist dabei, dass es diese These mit einer Fülle empirischer Daten belegt, und zwar mit den Reaktionen Tausender von Internet-Nutzern aus den verschiedensten Erdteilen und Kulturen. Diese Reaktionen beziehen sich auf ein bekanntes, in der analytischen Moralphilosophie seit Längerem diskutiertes moralisches Dilemma: das *Trolley problem*.

Das *Trolley problem* ist ein Dilemma, das lediglich dazu erfunden worden ist, bestimmte moralische Intuitionen ans Licht zu befördern. Ob und wieweit es Ähnlichkeit mit realen Fällen hat, kann also unberücksichtigt bleiben: Eine Straßenbahn gerät an einem abschüssigen Streckenabschnitt, nachdem der Fahrer ohnmächtig geworden ist, außer Kontrolle und droht fünf im Gleis arbeitende Arbeiter zu überfahren, die vor dem sich mit hoher Geschwindigkeit nähernden Wagen nicht gewarnt werden können. Falls nicht eingegriffen wird, werden alle fünf Arbeiter zu Tode kommen. Für vier verschiedene Variationen dieser Situation wird nun gefragt, welche Handlungsweise für eine Person jeweils moralisch zulässig ist.

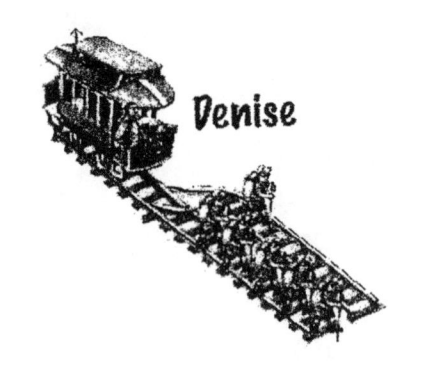

Denise ist ein Fahrgast der Straßenbahn. Sie bemerkt, dass vor ihr eine Nebenstrecke abzweigt, auf der sich ein Arbeiter befindet. Falls sie die Weiche vom Führerstand aus umlegt, wird dieser Arbeiter mit Sicherheit zu Tode kommen. Bleibt sie untätig, werden die fünf Arbeiter auf der Hauptstrecke zu Tode kommen.

Frank befindet sich auf einer Überführung über der Strecke. Es gibt keine Weiche, aber Frank erkennt, dass er verhindern kann, dass die führerlose Straßenbahn die fünf Arbeiter überfährt, indem er ein schweres Gewicht auf das Gleis fallen lässt und auf diese Weise die Straßenbahn aufhält. Das einzige Gewicht, das dazu geeignet ist, ist ein sich ebenfalls auf der Überführung befindender schwergewichtiger Mann. Wenn Frank den Mann über das Geländer hievt und auf das Gleis stürzen lässt, kann er die fünf Arbeiter retten.

Ned beobachtet die Szene von der Böschung aus. Vor ihm zweigt eine auf die Hauptstrecke zurückführende Nebenstrecke ab, auf der sich ein schwerer Gegenstand befindet, der, wenn er die Weiche umlegen würde, die führerlose Straßenbahn aufhalten und die fünf Arbeiter auf der Hauptstrecke vor dem sicheren Tod bewahren würde. Der schwere Gegenstand ist, wie Ned erkennt, ein schwergewichtiger Mann. Falls Ned die Weiche umlegt, kommt dieser Mann mit Sicherheit zu Tode.

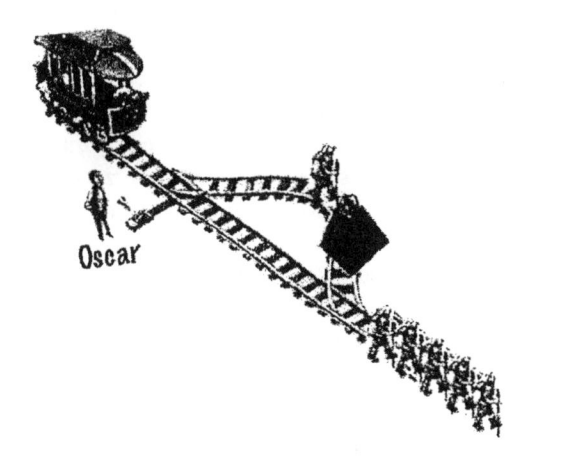

Oscar befindet sich in derselben Situation wie Ned. Anders als in Neds Situation würde die Straßenbahn allerdings zunächst einen sich dort befindenden (normalgewichtigen) Arbeiter überfahren, dann aber durch ein dort befindliches schweres Gewicht aufgehalten.

Wie fielen die Reaktionen der vielen Tausend Befragten auf diese vier Dilemmata aus? Was meinen Sie?

Das interessanteste Ergebnis war, dass sich in den Antworten keinerlei Unterschiede nach kulturellem Hintergrund, Geschlecht oder Religionszugehörigkeit finden ließen. Die Verteilung der Antworten über Länder und Kulturen war annähernd gleich. Wie zu erwarten, zeigten sich allerdings große Unterschiede in der Beurteilung der vier Dilemmata: 90 % der Befragen waren der Meinung, dass es für *Denise* moralisch zulässig sei, die Weiche umzulegen, aber nur 10 %, dass es für *Frank* moralisch zulässig sei, den schwergewichtigen Mann aufs Gleis zu stürzen. Anders bei Ned und Oscar. Hier waren etwa 50 % der Befragten der Meinung, dass es für *Ned* moralisch zulässig wäre, die Weiche umzulegen, während *Oscar* dies 75 % der Befragten zugestehen wollten (vgl. Hauser 2006: 128).

Was zeigen diese Reaktionen? Sie zeigen, dass sich unsere »intuitiven« moralischen Urteile ganz offensichtlich nicht *ausschließlich* an den Folgen orientieren, die eine bestimmte Handlung voraussichtlich haben wird. Denn wie man sich schnell klarmacht, haben alle vier Auflösungen des Dilemmas dieselben Folgen: Fünf Menschenleben werden gerettet, ein Menschenleben wird geopfert. Offensichtlich orientieren sich die Reaktionen also an weiteren Faktoren als den Handlungsfolgen – etwa daran, wieweit die Folgen beabsichtigt oder lediglich in Kauf genommen sind, wieweit ein Mensch zum Mittel zur Rettung anderer Menschen gemacht wird und wieweit es sich bei der zu beurteilenden Handlung um ein aktives Tun und wieweit es sich um ein passives Geschehenlassen handelt. Zumindest einige dieser weiteren Faktoren scheinen dafür, wie die spontanen Reaktionen ausgefallen sind, von Bedeutung gewesen zu sein, auch wenn sich die Befragten der komplexen Rolle, die diese Faktoren für ihre Antworten gespielt haben, nur selten bewusst waren. Einige dieser Faktoren haben sich inzwischen interessanterweise auch neurophysiologisch nachweisen und bestimmten Schaltkreisen im Gehirn zuordnen lassen (vgl. Greene 2004: 392ff.).

Was Hausers Ergebnisse *nicht* zeigen, ist, dass damit etwas über die Richtigkeit und Falschheit einer ausschließlichen Folgenorientierung entschieden wäre. Hausers Ergebnisse zeigen lediglich, von welchen Merkmalen sich unsere »intuitiven« Moralurteile leiten lassen. Sie können nicht zeigen, von welchen Merkmalen sich unsere reflektierten und überlegten Moralurteile leiten lassen *sollten*. So haben denn dezidierte Vertreter einer konsequentialistischen Ethik wie Peter Singer dieselben Ergebnisse keinesfalls als Widerlegung ihrer Position gedeutet, sondern gerade umgekehrt als Hinweis auf die ausgeprägte Unzuverlässigkeit unserer spontanen Reaktionen. Erst ein überlegtes rationales und nicht mehr ausschließlich von Anmutungen geleitetes Folgenkalkül könne darüber entscheiden, welche der Auflösungen als moralisch gerechtfertigt gelten kann. Die von Hauser aufgewiesenen universalen Urteilstendenzen seien zwar in der Regel und dann insbesondere im Nahbereich durchaus sinnvoll (weshalb sie sich auch evolutionär durchgesetzt haben), aber eben nicht in jedem Einzelfall: Nicht in jedem Fall sei die nahe liegende Antwort auch die richtige Antwort (vgl. Singer 2006: 147ff.).

3. Fünf definierende Merkmale einer konsequentialistischen Ethik

Damit ist bereits angedeutet, dass der Konsequentialismus nicht nur eine normative (vorschreibende statt beschreibende), sondern in gewisser Weise auch *extreme* Position darstellt. Nach ihm bemisst sich die moralische Zulässigkeit und der moralische Wert einer Handlung *ausschließlich* nach den Handlungsfolgen. Diese Ausschließlichkeit ist das konstitutive Merkmal des Konsequentialismus. Daneben weist der Konsequentialismus fünf weitere Merkmale auf, durch die er sich von anderen – und insbesondere von rein oder gemischt deontologischen – Konzeptionen absetzt:

1. Der Konsequentialismus ist primär eine Theorie zur Beurteilung der moralischen *Zulässigkeit* und des moralischen *Werts* von Handlungen. Erst in zweiter Linie ist er eine Theorie zur Bestimmung dessen, wozu wir *verpflichtet* sind. *Zulässig, wertvoll* und *verpflichtend* sind drei klar voneinander verschiedene Kategorien zur Beurteilung von Handlungen. Nur zulässige Handlungen können auch wertvoll oder verpflichtend sein, aber nicht alle zulässigen Handlungen sind auch moralisch wertvoll, und nicht alle moralisch wertvollen Handlungen sind auch verpflichtend. Moralisch zulässig zu sein, ist lediglich eine Minimalforderung: Um moralisch zulässig zu sein, darf eine Handlung keine allzu schlechten Folgen erwarten lassen. Aber auch eine Handlung, die besonders wünschenswerte Folgen verspricht und insofern moralisch wertvoll ist, ist deshalb nicht unter allen Bedingungen auch schon verpflichtend. Sie ist möglicherweise so anspruchsvoll, dass sich niemand, der sie unterlässt, einem Vorwurf aussetzt. Es ist zweifellos moralisch wertvoll, wenn jemand einen großen Teil seines Einkommens für karitative Zwecke spendet und auf diese Weise dafür sorgt, dass sich sein Geld bestmöglich auswirkt. Aber es ist fraglich, ob er bereits dann, wenn er weniger als das Optimum spendet, getadelt zu werden verdient.

2. Maßstab der konsequentialistischen Handlungsbewertung sind die *zu erwartenden* Handlungsfolgen und nicht die Folgen, die sich faktisch, aber möglicherweise unvorhersehbar, aus einer Handlung ergeben. Andernfalls taugte der Konsequentialismus zwar zur nachträglichen Handlungsbewertung, wäre aber bei der Bestimmung, welche der in einer Situation wählbaren Handlungen moralisch zulässig oder moralisch unzulässig sind, wenig hilfreich. Das bedeutet, dass angesichts der Unsicherheit über den zukünftigen Weltlauf bei der Bestimmung der moralischen Zulässigkeit von Handlungen Urteile über *Wahrscheinlichkeiten* eine ausschlaggebende Rolle spielen. Insbesondere zeitlich entfernte Handlungsfolgen gehen in die konsequentialistische Urteilsfindung stets nur als mit bestimmten Wahrscheinlichkeiten gewichtete Möglichkeiten, d.h. als *Chancen* und *Risiken* ein.

3. Aus konsequentialistischer Sicht kommt es bei der Bewertung von Handlungen neben der Eintrittswahrscheinlichkeit der Handlungsfolgen darüber hinaus auf die *Qualität* dieser Folgen an. Ein solcher Qualitätsmaßstab ist ja bereits in der Unterscheidung zwischen Chancen einerseits, Risiken andererseits, vorausgesetzt. Um auf Entscheidungsfragen anwendbar zu sein, bedarf eine konsequentialistische Ethik deshalb neben ihrer normativen Teiltheorie stets auch einer *axiologischen* Teiltheorie, d.h. einer *Wertlehre*, die festlegt, wie bestimmte zu erwartende Handlungsfolgen zu bewerten sind. Erst beide Theorieteile zusammen machen eine vollständige konsequentialistische Ethik aus. Während die *normative* Teiltheorie festlegt, wie sich die Folgenbeurteilung auf die Beurteilung der moralischen Richtigkeit und Falschheit von Handlungen auswirkt, legt die *axiologische* Teiltheorie fest, nach welchen Prinzipien die von einer Handlung zu erwartenden Folgen bewertet werden und wie sich aus den vielen einzelnen Folgenbewertungen der »Gesamtwert« der Folgen ermitteln lässt.

4. Kennzeichnend für den Konsequentialismus ist weiterhin, dass er bei der Handlungsbeurteilung nicht nur die beabsichtigten, sondern auch die *unbeabsichtigten*, aber *absehbaren* Folgen (die sogenannten »Nebenfolgen«) berücksichtigt, und zwar in der Regel mit demselben Gewicht wie die beabsichtigten Folgen. Das bedeutet, dass aus konsequentialistischer Sicht die besten Absichten an der mora-

lischen Falschheit einer Handlung nichts ändern, für die vorauszusehen ist, dass ihre schlechten Nebenfolgen ihre guten beabsichtigten Folgen überwiegen.

5. Für die moralische Bewertung der Handlung werden ausschließlich die Folgen berücksichtigt, die *andere* als den Akteur betreffen. Andernfalls wären auch ausschließlich eigeninteressierte Handlungen moralisch wertvoll, was mit dem altruistischen Gesamtzweck der Moral als gesellschaftlicher Institution schwer zu vereinbaren wäre. Selbstverständlich sind Art und Ausmaß der Handlungsfolgen, die den Akteur selbst treffen, nicht für alle Fragen der moralischen Handlungsbeurteilung gleichgültig. Wir haben ja bereits oben gesehen, dass die Frage, ob der Akteur *verpflichtet* ist, eine moralisch wertvolle Handlung auszuführen, u. a. auch davon abhängt, wie groß der Aufwand und die Verzichte auf anderweitige Interessenbefriedigung sind, die ihm die Ausführung der Handlung abverlangt.

4. Der Utilitarismus und einige seiner Varianten

Der Utilitarismus ist zweifellos die am weitesten ausgearbeitete und – u. a. deshalb – seit etwa hundert Jahren international meistdiskutierte Variante einer konsequentialistischen Ethik. In der Ethik der Gegenwart stellt sich der Utilitarismus als eine verzweigte »Familie« verwandter Ansätze dar, denen zwar ein gewisser Theoriekern gemeinsam ist, die aber ansonsten gravierende Unterschiede aufweisen. So kommt es, dass nicht alle Varianten des Utilitarismus als Formen einer konsequentialistischen Ethik im Sinne der genannten fünf Merkmale gelten können. Bereits der von Jeremy Bentham entwickelte sogenannte »klassische« Utilitarismus erfüllt nur drei dieser Merkmale. Erstens zählt er auch die Folgen, die eine Handlung für den Akteur hat, zu den moralisch relevanten Handlungsfolgen. Zweitens versäumt er es, indem er eine moralische Pflicht zur *Maximierung* des Guten postuliert, zwischen moralischen Handlungs*bewertungen* und moralischen Handlungs*verpflichtungen* zu unterscheiden. Damit provoziert er den berechtigten Einwand, den durchschnittlichen Adressaten dieser Ethik in kognitiver wie in motivationaler Hinsicht zu *überfordern*.

Gemeinsames Merkmal aller Varianten der utilitaristischen Ethik ist, dass sie in der Wertlehre nicht bei den objektiven Lebensverhältnissen, sondern bei im weitesten Sinne *subjektiven* Größen ansetzen und Handlungen danach bewerten, in welchem Maße sie dazu beitragen, Leiden und Frustrationen zu verringern und die Befindlichkeit und Bedürfnisbefriedigung zu verbessern. Die objektiven Lebensbedingungen werden lediglich als Mittel oder Medien der jeweils durch vielerlei weitere Faktoren (z. B. Gewohnheiten, Erwartungen, Vergleiche) geprägten subjektiven Zustände gesehen. Entscheidend für diese Ethik ist weniger, wie ein Menschenleben objektiv verläuft, als vielmehr, welche Lebensqualität ein Mensch in seinem Leben erlebt.

Im Einzelnen kann man drei Hauptrichtungen der utilitaristischen Axiologie unterscheiden, die das, was herkömmlich summarisch »Glück« oder »Lust« genannt worden ist, in verschiedener Weise ausdifferenzieren: den (für den klassischen Utilitarismus Benthams charakteristischen) *Hedonismus*, die *Wunscherfüllungstheorie* und die Theorie der *reflexiven Selbstbewertung*.

Der *Hedonismus* interpretiert Lust und Unlust, *pleasure* und *pain* als angenehme oder unangenehme subjektive Empfindungszustände. Der Wert einer Handlung soll sich danach bemessen, wieweit sie dazu beiträgt, den Lustgehalt im subjektiven Erleben aller Betroffenen zu erhöhen bzw. wie sie sich auf die Gesamtbilanz (den »Nettonutzen«) auswirkt, die sich ergibt, wenn man die Unlust- von den Lustfolgen subtrahiert. Wie zuvor La Mettrie in seinem »Anti-Seneca« (La Mettrie 1985) würzte Bentham seinen Hedonismus mit dem Beigeschmack der Provokation. Provokant ist, dass er z. B. keine Bedenken hat, auch die Lust an Bosheit und Gemeinheit (etwa Schadenfreude) als Positivposten zu berücksichtigen. Für das Ausmaß des Glücks soll es nicht darauf ankommen, ob ein Mensch ein Vergnügen als zivilisierter, kultivierter oder moralischer Mensch empfindet. Vielmehr soll das Ausmaß des Nutzengewinns ausschließlich von der Menge und Intensität der positiven Empfindungen abhängen.

Ein Hauptkritikpunkt an der hedonistischen Interpretation des Glücks ist, dass sie das, was das Glück des Menschen ausmacht, einseitig im Bereich der Empfindungen lokalisiert. Von ebenso entscheidender Bedeutung für Glück und Unglück wie der Empfindungszustand ist das, was man weiß oder glaubt. Wissen – aber auch Nichtwissen – können ebenso beglückend oder unerträglich sein wie Leidens- oder Begeisterungszustände. Man kann sich darüber freuen, dass man sich gesund *fühlt*, aber auch darüber, dass man *weiß*, dass man gesund ist. Man kann darunter leiden, dass man sich krank *fühlt*, aber auch darunter, dass man *weiß*, daß man krank ist, *ohne* sich krank zu fühlen.

Die *Wunscherfüllungstheorie* des Nutzens ist vor allem aus den Schwierigkeiten mit der *Messung* eines hedonistisch verstandenen Nutzens heraus entstanden. Indem sie »Nutzen« mit der Erfüllung von Wünschen oder Präferenzen gleichsetzten, hofften insbesondere an der konkreten Umsetzung der utilitaristischen Ethik interessierte Wirtschaftswissenschaftler, den Erfolg und Misserfolg wirtschafts- und sozialpolitischer Maßnahmen mit den verfügbaren sozialwissenschaftlichen Methoden überprüfen zu können. Wünsche lassen sich im Allgemeinen leichter erfassen als Empfindungen – entweder durch Befragungen (*expressed preferences*) oder durch wunscherfüllendes Verhalten (*revealed preferences*). In der bekanntesten Version des Präferenzutilitarismus, der von John Harsanyi, wird allerdings eine dritte Art von Präferenz (die *true preferences*) zugrunde gelegt, nämlich die mithilfe eines Idealisierungsverfahrens aus den faktischen Präferenzen erschlossenen »wahren« Präferenzen. Diese sind als die Präferenzen definiert, die eine Person haben *würde*, falls sie über alle einschlägigen empirischen Kenntnisse verfügte, ihre Überlegungen mit der größtmöglichen Sorgfalt anstellte und sich in einer für eine rationale Entscheidung günstigen psychischen Verfassung befände (vgl. Harsanyi 1982: 55). Auf diese Weise soll die paradoxe Konsequenz des »Präferenzutilitarismus« vermieden werden, dass selbst noch die Befriedigung der unsinnigsten und kurzsichtigsten Wünsche als Nutzenzuwachs gilt. Auf der anderen Seite entfallen mit dieser Modifikation die Vorzüge der leichteren empirischen Erfassbarkeit, von denen die »Erfindung« des Präferenzutilitarismus ursprünglich geleitet war.

Eine neuere, dritte Variante einer utilitaristischen Wertlehre interpretiert »Nutzen« im Sinne einer *reflexiven Selbstbewertung* (Haslett 1990). Das Maß von Glück ist danach das Ausmaß, in dem ein Individuum seinen eigenen inneren Zustand reflexiv als positiv bewertet. Dieses Kriterium hat den Vorzug, dass es die jeweiligen Bewertungsstandards vollständig dem Individuum überlässt. Glück oder Unglück sind relativ auf individuelle Bewertungsmaßstäbe und damit auf Persönlichkeits- und Charakterstrukturen. Welche äußeren und inneren Glücksgüter einen Menschen glücklich machen, hängt u. a. davon ab, was für ein Mensch er ist. Zugleich wird das Ausmaß des durch äußere und innere Güter gewährten Glücks von den individuellen Ansprüchen abhängig gemacht: Glück wird, wie Schopenhauer im Anschluss an Epikur meinte, zu einem Bruch, bei dem der »Besitz« im Zähler und die »Ansprüche« im Nenner stehen (Schopenhauer 1988: 367).

Die Geschichte des Utilitarismus war ein Prozess zunehmender Ausdifferenzierung. Bei Bentham, dem Schulgründer, findet man die Theorie in ihrer einfachsten und radikalsten Form, weniger als eine Moraltheorie denn als eine Theorie der Gesetzgebung. Alle Elemente der Theorie – einschließlich der Formel vom »größten Glück der größten Zahl« – finden sich bereits bei Benthams Vorgängern, insbesondere bei Hutcheson, Hume und Helvétius. Als Rechtsreformer war Bentham weniger an der theoretischen Ausarbeitung denn an der politischen Umsetzung des Utilitarismus interessiert, insbesondere im Bereich des für seine Vorstellungen sinnlos grausamen und ineffizienten Strafrechts. Als einer der ersten Philosophen der Aufklärung (neben Hume und Rousseau) bezog er – wie der nach ihm maßgeblichste Utilitarist John Stuart Mill – auch die leidensfähigen Tiere in den Kreis der zu berücksichtigenden Wesen ein. Benthams Programm eines *felicific calculus*, eines »Glückskalküls«, das den Nutzengehalt auch nicht-wirtschaftlicher Güter auf Heller und Pfennig berechnet, ist von ihm konzipiert, aber nicht konkret ausgearbeitet worden. Diese Idee ist erst von der späteren Wohlfahrtsökonomik (vgl. Bohnen 1964) wiederaufgenommen worden.

Von den zahlreichen Varianten des Utilitarismus verdienen insbesondere zwei besondere Erwähnung, die ausdrücklich darauf angelegt sind, die utilitaristische Ethik ein Stück weit dem moralischen *Common sense* anzunähern, ohne den Rahmen der konsequentialistischen Ethik zu verlassen.

Die erste dieser Varianten, der sogenannte *negative Utilitarismus*, trägt diesen Namen, weil es ihm primär darum geht, Leiden (negativen Nutzen) zu vermeiden statt Glück (positiven Nutzen) zu befördern. Das versucht er dadurch, dass er bei Nutzenkalkulationen für den negativen Nutzen (Schaden) bzw. für geringe positive Nutzenniveaus eine stärkere Gewichtung vorsieht als für positiven Nutzen bzw. für höhere positive Nutzenniveaus. Damit kommt er der verbreiteten intuitiven Überzeugung entgegen, dass bei einer Bilanzierung der positiven und negativen wahrscheinlichen Auswirkungen einer Handlung auf die Gesamtheit der Betroffenen die (positive und negative) Betroffenheit der relativ Schlechtergestellten stärker wiegt als die der Bessergestellten. In der Tat kann es Situationen geben, in denen sich der Gesamtnutzen nur dadurch erhöhen lässt, dass Betroffene, die bereits relativ schlecht gestellt sind, noch schlechter gestellt werden, z. B. wenn die Strafpraxis verschärft wird, um die Abschreckungswirkung auf potenzielle Straftäter zu steigern. Der negative Utilitarismus sieht demgegenüber vor, dass die Schlechterstellung von

von vornherein relativ schlecht gestellten Betroffenen als gravierender beurteilt wird als die Schlechterstellung relativ gut gestellter Betroffener. Man kann dieses Prinzip analog zum sogenannten »Gesetz des abnehmenden Grenznutzens« formulieren: Während das Gesetz des abnehmenden Grenznutzens besagt, dass der *Nutzen*zuwachs aus der vermehrten Verfügbarkeit eines Guts mit zunehmender Gesamtmenge dieses Guts abnimmt, besagt der negative Utilitarismus, dass der *Wert*zuwachs aus vermehrtem Nutzen mit zunehmendem Nutzenniveau abnimmt.

Alternative Möglichkeiten, derselben Idee gerecht zu werden, bietet die Definition eines *Nutzenminimums* (Rescher 1966: 28f.) oder einer *Nutzenschwelle* (Griffin 1979). Nach der ersten Konzeption zählen die Niveaus oberhalb des Minimums nur dann, wenn alle Personen mindestens das Minimum erreicht haben. Die Sicherung des Minimums für alle hat Vorrang. Nach der zweiten sind »Aufrechnungen« von Nutzenzuwächsen und Nutzenminderungen nur oberhalb der Schwelle erlaubt. Niemand, der sich unterhalb der Schwelle befindet, darf schlechter gestellt werden, wenn dies lediglich dazu dient, andere oberhalb der Schwelle besser zu stellen.

Eine zweite Variante, die ähnlich wie der negative Utilitarismus die utilitaristische Grundidee der Nutzenorientierung an verbreitete moralische Intuitionen annähern soll, ist der sogenannte *Gerechtigkeitsutilitarismus* (vgl. Trapp 1988). Danach bestimmt sich der Wert einer bestimmten gesellschaftlichen Güterverteilung nicht mehr nur nach der Nutzensumme, sondern u.a. auch nach der Gleichheit der Nutzenverteilung sowie der Entsprechung zwischen Nutzenniveau und (seinerseits utilitaristisch bestimmtem) moralischem Verdienst. Es ist allerdings bezweifelt worden, ob die Begründung von Prinzipien der ausgleichenden Gerechtigkeit und der Gleichheit eine so weitgehende Erweiterung der utilitaristischen Wertbasis erfordert. Möglicherweise lassen sich die Prinzipien der Verteilungsgerechtigkeit sowie einer möglichst gleichen Güterverteilung auch mit den Mitteln des klassischen Utilitarismus begründen: als Anreizsysteme zur Verstärkung und Schwächung moralisch erwünschten oder unerwünschten Verhaltens und als Prinzipien zur Aufrechterhaltung wechselseitiger Achtung und der Selbstachtung der von Natur aus Schwächeren (vgl. Birnbacher 1998: 169ff.).

5. Konsequentialistische Alternativen zum Utilitarismus

Viele Darstellungen des Konsequentialismus setzen Konsequentialismus und Utilitarismus ohne Umschweife gleich und vermitteln den Eindruck, andere konsequentialistische Ethiken als der Utilitarismus seien eine *quantité négligeable*. Dieser Eindruck wäre grundfalsch. Viele Ethikkonzeptionen mit einem dezidiert kritischen Verhältnis zum Utilitarismus sind vom Typ her konsequentialistisch, auch wenn sich viele dieser Konzeptionen nicht ausdrücklich als solche zu erkennen geben. Im Folgenden seien einige dieser Ethikkonzeptionen kurz vorgestellt, und zwar in der Ordnung des Ausmaßes, in dem sie sich vom Utilitarismus entfernen.

1. *Absolute Werte bzw. Unwerte.* Kennzeichen des Utilitarismus ist eine grundsätzlich unbegrenzte wechselseitige »Aufrechenbarkeit« positiver und negativer Handlungsfolgen. Im Prinzip dürfen für eine bestimmte mögliche Handlung negative Handlungsfolgen in erheblichem Umfang in Kauf genommen werden, wenn sie unvermeidlich sind, um ein größeres positives Gut zu verwirklichen, etwa die Schrecken einer Revolution oder eines Befreiungskriegs zugunsten eines für die Zeit danach erwarteten Zustands der Freiheit und Unabhängigkeit. Demgegenüber gehen viele konsequentialistische Konzeptionen explizit oder implizit davon aus, dass bestimmte Güter so bedeutsam und bestimmte Übel so unerträglich sind, dass sie nicht gegen andere Güter und Übel abgewogen werden dürfen, sondern unter allen Bedingungen verschont bzw. vermieden werden müssen. Eine solche Auffassung findet sich etwa in Theorien der Risikobewertung, die annehmen, dass bestimmte Unglücksfälle mit Katastrophencharakter unter allen Bedingungen vermieden werden müssen und die deshalb Technologien mit »Katastrophenpotenzial« von vornherein aus Risikovergleichen ausschließen. Diese »Katastrophen« dürfen auch dann, wenn ihre Eintrittswahrscheinlichkeit klein ist, nicht mit anderen positiven Nutzengrößen »verrechnet« und aufgrund einer positiven Gesamtbilanz in Kauf genommen werden. Ein Beispiel wäre die Unbewohnbarmachung der Erdoberfläche durch einen atomaren Super-GAU, wie er in der Tat von Edward Teller 1942 im Zuge der Entwicklung der Atombombe einkalkuliert worden ist (vgl. Herbig 1979: 257). Die Legitimität der Inkaufnahme eines Holozids dieser Art ist allerdings umstritten. Nicht alle würden wohl Karl Jaspers zustimmen, der es für gerechtfertigt hielt, das Risiko der Menschheits-

vernichtung einzugehen: »Das Leben, das zu retten der zur Freiheit geborene Mensch alles tut, was möglich ist, ist mehr als Leben. Darum kann das Leben als Dasein, wie das einzelne Leben, so alles Leben, eingesetzt und geopfert werden um des lebenswürdigen Lebens willen« (Jaspers 1961: 124).

2. *Diskontierung der Folgenbewertungen nach räumlicher, zeitlicher oder sozialer Distanz.* Der Utilitarismus ist – in dieser Hinsicht der Ethik Kants im Bereich der deontologischen Ethik vergleichbar – eine konsequent universalistische Ethik. Er fordert nicht nur, dass für die Beurteilung einer Handlung die Folgen für alle von der Handlung Betroffenen berücksichtigt werden, sondern auch, dass die Folgenbewertung – im Sinne von Benthams Leitsatz »Everyone to count for one and nobody for more than one« – unparteiisch vorgenommen wird, also unter Absehung von besonderen Sympathien für die dem Akteur Näherstehenden, etwa seine Familie, seine Nation oder die Angehörigen seiner Kultur. Zusätzlich soll auch die räumliche und zeitliche Distanz zu den Betroffenen keine Rolle spielen. Handlungen, die lokal oder kurzfristig großen Nutzen versprechen, gleichzeitig aber zulasten der Menschen in fernen Kontinenten oder der Angehörigen zukünftiger Generationen gehen, lassen sich nach utilitaristischen Prinzipien schwerer rechtfertigen als nach den stärker auf das *hic et nunc* fokussierten Prinzipien des moralischen *Common sense*. Die verbreitete Tendenz zur Minderschätzung der räumlich, zeitlich oder sozial ferner liegenden Folgen wurde insbesondere von dem Utilitaristen Sidgwick (vgl. Sidgwick 1907: 381) einer systematischen Kritik unterzogen. In den Wirtschaftswissenschaften, aber auch in der Politik sind dagegen Denkweisen verbreitet, die der anthropologisch verankerten Nahorientierung stärker entgegenkommen und die Folgen des eigenen Handelns für ferne Völker und ferne Zeiten »diskontieren«, d. h. in ihrem Wert mindern, sodass die Nahfolgen – unabhängig von dem Gesichtspunkt der Sicherheit oder Unsicherheit ihres Eintretens – höher gewichtet werden als die Fernfolgen.

3. Eine noch weiter gehende Distanzierung vom Utilitarismus, die dennoch innerhalb der Grenzen des Konsequentialismus verbleibt, vollziehen Ethikkonzeptionen, die die exklusiv subjektivistische Wertlehre des Utilitarismus entweder durch *objektive Werte* anreichern oder dem Folgenkalkül *ausschließlich* objektive Werte zugrunde legen. Ein Beispiel für die erste Strategie haben wir bereits mit dem Gerechtigkeitsutilitarismus kennen gelernt. Hier werden die Werte der Gleichheit in der Güterverteilung und der Proportionalität von gesellschaftlicher Honorierung und moralischem Verdienst mit dem Prinzip der gesellschaftlichen Nutzensteigerung so kombiniert, dass nicht mehr jede beliebige, sondern nur solche Steigerungen der Nutzensumme handlungslegitimierend wirken, die zugleich bestimmte Minimalforderungen der Gerechtigkeit erfüllen. Ein weiteres Beispiel ist die (fragmentarische) Theorie objektiver Güter, auf die John Stuart Mill in seinem Pamphlet *Utilitarianism* mit der Konzeption unterschiedlicher *Qualitäten* der Lust abzielte (vgl. Mill 2006: 27 ff.). In bewusster Entgegensetzung gegen das rein quantitative Kriterium Benthams wollte Mill auch die *Art* und die *Quellen* des Lustgewinns in der Wertlehre berücksichtigt sehen. Während Bentham sinnliche und geistige Lust gleich gewichtet, soll es die zusätzliche qualitative Wertdimension erlauben, »höheren« Freuden auch dann einen höheren Rang zuzuweisen, wenn sie den »niederen« an Dauer und Intensität unterlegen sind. In Anlehnung an Platons *Staat* sollen diejenigen über die Qualität einer Lust urteilen, die über hinreichend vielfältige Erfahrungen verfügen, um die Qualitäten verschiedener Arten von Lust miteinander vergleichen zu können. Möglicherweise hatte diese weitgehende Modifikation des Utilitarismus für Mill rein pragmatische Gründe: Mill bemüht sich in *Utilitarianism* generell, die utilitaristische Ethik in einem Licht darzustellen, das sie unabhängig von jeder besonderen Weltanschauung und insbesondere auch für Anhänger christlicher Grundsätze akzeptabel macht. Möglicherweise hatte er aber für diesen Kurswechsel auch sachliche Gründe, nämlich Erwägungen, die sich auf die *Folgen* der kultivierteren Arten von Lustgewinn beziehen. Unterschiedliche Arten von Lustgewinn wirken sich ja häufig unterschiedlich auf die Persönlichkeit und die Handlungsbereitschaften von Menschen aus: Wer Freude an Musik hat, macht auch anderen Freude; wer Freude am Glücksspiel hat, eher nicht. Alternativ kann man in der Einführung eines eigenständigen Qualitätskriteriums, nach der einem unzufriedenem Sokrates mehr (oder ein irgendwie besseres) Glück zuzuschreiben ist als einem zufriedenen Narr, aber auch eine *Korrektur* des Utilitarismus zugunsten einer reichhaltigeren, mehrdimensionalen Werttheorie sehen.

Als Beispiele für konsequentialistische Ethikkonzeptionen, die sich ausschließlich auf objektive Güter beziehen, lassen sich insbesondere drei Ethikkonzeptionen anführen, die in den letzten Jahren in Bezug auf das menschliche Naturverhältnis aktuell geworden sind: Hans Jonas' Ethik der Zukunftsverantwortung, Albert Schweitzers Lehre von der

> ### John Stuart Mill (1806–1873)
>
> Mill gilt als der bedeutendste Vertreter der utilitaristischen Ethik. Als ältester Sohn des Psychologen, Nationalökonomen und Historikers James Mill (1773–1836) stand der junge Mill bis zum Erwachsenenalter unter dem beherrschenden Einfluss seines Vaters und dessen Freundes Jeremy Bentham. Wie Bentham ließ sich Mill in seinen Schriften, die sich über alle Disziplinen der Philosophie sowie die Wirtschafts- und die Politikwissenschaft erstrecken, primär vom Interesse an sozialen Reformen leiten. Während es Bentham vor allem um die Abschaffung des Sklavenhandels, ein neues Erziehungssystem, eine Währungsreform und eine Reform des Strafrechts gegangen war, standen für Mill andere Reformbestrebungen im Vordergrund: die Bildung von Arbeitergenossenschaften, die Frauenemanzipation, die Verbesserung der wirtschaftlichen Chancengleichheit durch eine Reform des Erbrechts, aber auch die Schonung der Natur, u. a. durch ein wirtschaftliches »Nullwachstum«. Mill war zeitweilig auch als aktiver Politiker tätig. Sein gewichtigster Beitrag zur politischen Philosophie ist sein Plädoyer für die individuelle Freiheit in *On Liberty* (*Über die Freiheit*, 1859). Für Mill ist die Freiheit des Individuums von staatlicher und gesellschaftlicher Bevormundung die entscheidende Bedingung zukunftsweisender Ideen und Leistungen.

»Ehrfurcht vor dem Leben« und eine Ethik der Vielfalt, wie sie für den Bereich des Artenschutzes von Nicholas Rescher (Rescher 1997), in verallgemeinerter Form von Ulrich Steinvorth (Steinvorth 1994: 121) vertreten worden ist. Wenn Jonas in seinem Buch *Das Prinzip Verantwortung* das in Analogie zu Kants kategorischem Imperativ formulierte Prinzip aufstellt: »Handle so, dass die Wirkungen deiner Handlungen verträglich sind mit der Permanenz echten menschlichen Lebens auf Erden« (Jonas 1979: 36), so handelt es sich hierbei um ein ebenso eindeutig konsequentialistisches Prinzip wie Albert Schweitzers Ethik der Ehrfurcht vor dem Leben, die »als gut [...] nur Erhaltung und Förderung von Leben gelten« lässt, d. h. Handlungen jeweils danach beurteilt, wie weit sie dazu beitragen, Leben zu erhalten und hervorzubringen (Schweitzer 1960: 339). Anders als es Schweitzer selbst gelegentlich nahelegt, ist seine Ethik, so verstanden, zwar eine Ethik des Lebens, aber keineswegs eine Ethik der »Heiligkeit des Lebens«. Sie lässt es nicht nur zu, sondern verlangt es geradezu, dass wir Leben vernichten (etwa durch Schädlingsbekämpfung oder die gezielte Bekämpfung von Fressfeinden bestimmter Tierpopulationen), wenn dies geeignet und notwendig ist, um anderweitiges Leben zu erhalten oder zu ermöglichen.

4. *Integration moralischer Werte in die Folgenabwägung*. Die utilitaristische Ethik gehört zu den *teleologischen* Ethikkonzeptionen, d. h. sie ist u. a. dadurch definiert, dass sie den moralischen Wert von Handlungen ausschließlich von dem *außermoralischen* Wert der voraussichtlichen Handlungsfolgen abhängig macht, etwa von Werten wie angenehmen Empfindungen, Wunscherfüllung oder Zufriedenheit. Auch bei den bisher erwähnten Alternativen zum Utilitarismus handelt es sich überwiegend um teleologische Ethikkonzeptionen. Sie modifizieren die Wertlehre des Utilitarismus zwar in inhaltlicher, nicht aber in kategorialer Hinsicht. Sie gehen davon aus, dass sich der moralische Wert von Handlungen ausschließlich danach bemisst, welche und wie viel an außermoralischer Wertrealisierung von ihnen zu erwarten ist. Eine kategoriale und damit noch radikalere Abkehr vom Utilitarismus vollziehen dagegen konsequentialistische Konzeptionen, die den moralischen Wert von Handlungen u. a. wiederum von moralischen Werten abhängig machen, die durch diese Handlungen ermöglicht, gefördert oder bewirkt werden. Derartige Konzeptionen sind bisher selten ausgearbeitet worden, liegen aber vielen pädagogischen und politischen Strategien zugrunde, die im weitesten Sinn Moralisches zum Gegenstand haben: Gesetzgebung, Richtliniengebung, Erziehung, Ermahnung, ethisch orientierte Werbung, kurz: der gesamte Bereich der Moralpragmatik, der Verhaltensweisen, die auf Beförderung, Durchsetzung und gefühlsmäßige Verankerung moralischer Prinzipien zielen. Sofern die moralischen Prinzipien, die auf diese Verhaltensweisen gerichtet sind, nicht ihrerseits konsequentialistisch, sondern deontologisch sind, scheinen wir es mit einem paradoxen *mixtum compositum* aus deontologischer und konsequentialistischer Ethik zu tun zu haben. Eine solche Mischtheorie, wie sie etwa Robert Nozick unter dem irreführenden Titel »Utilitarismus der Rechte« (Nozick o. J.: 3) skizziert hat, ist aber keineswegs paradox. Sie erfordert lediglich eine Ergänzung der üblichen konsequentialistischen Prinzipien der Förderung oder Maximierung des Guten um weitere (deontologische) Prinzipien, die festlegen, wie dieses Gute näher bestimmt ist, also

> **Max Weber zur Verantwortungsethik**
>
> »Wir müssen uns klarmachen, dass alles ethisch orientierte Handeln unter *zwei* voneinander grundverschiedenen, unaustragbar gegensätzlichen Maximen stehen kann: es kann ›gesinnungsethisch‹ oder ›verantwortungsethisch‹ orientiert sein. Nicht dass Gesinnungsethik mit Verantwortungslosigkeit und Verantwortungsethik mit Gesinnungslosigkeit identisch wäre. Davon ist natürlich keine Rede. Aber es ist ein abgrundtiefer Gegensatz, ob man unter der gesinnungsethischen Maxime handelt – religiös geredet –: ›Der Christ tut recht und stellt den Erfolg Gott anheim‹ –, *oder* unter der verantwortungsethischen: dass man für die (voraussehbaren) *Folgen* seines Handelns aufzukommen hat. Sie mögen einem überzeugten gesinnungsethischen Syndikalisten noch so überzeugend darlegen: dass die Folgen seines Tuns die Steigerung der Chancen der Reaktion, gesteigerte Bedrückung seiner Klasse, Hemmung ihres Aufstiegs sein werden, – und es wird auf ihn gar keinen Eindruck machen. Wenn die Folgen einer aus reiner Gesinnung fließenden Handlung üble sind, so gilt ihm nicht der Handelnde, sondern die Welt dafür verantwortlich, die Dummheit der anderen Menschen oder – der Wille des Gottes, der sie so schuf. Der Verantwortungsethiker dagegen rechnet mit eben jenen durchschnittlichen Defekten der Menschen, – er hat, wie Fichte richtig gesagt hat, gar kein Recht, ihre Güte und Vollkommenheit vorauszusetzen, er fühlt sich nicht in der Lage, die Folgen eigenen Tuns, soweit er sie voraussehen konnte, auf andere abzuwälzen. Er wird sagen: diese Folgen werden meinem Tun zugerechnet. ›Verantwortlich‹ fühlt sich der Gesinnungsethiker nur dafür, dass die Flamme der reinen Gesinnung, die Flamme z. B. des Protestes gegen die Ungerechtigkeit der sozialen Ordnung, nicht erlischt. Sie stets neu anzufachen, ist der Zweck seiner, vom möglichen Erfolg her beurteilt, ganz irrationalen Taten, die nur exemplarischen Wert haben können und sollen.
>
> Aber auch damit ist das Problem noch nicht zu Ende. Keine Ethik der Welt kommt um die Tatsache herum, daß die Erreichung »guter« Zwecke in zahlreichen Fällen daran gebunden ist, dass man sittlich bedenkliche oder mindestens gefährliche Mittel und die Möglichkeit oder auch die Wahrscheinlichkeit übler Nebenerfolge mit in den Kauf nimmt, und keine Ethik der Welt kann ergeben: wann und im welchem Umfang der ethisch gute Zweck die ethisch gefährlichen Mittel und Nebenerfolge ›heiligt‹.« (Weber 1977: 57 f.)

welche Handlungen unabhängig von Folgenerwägungen moralisch wertvoll oder moralisch verpflichtend sind oder welche moralischen Rechte bestehen, die durch Handeln respektiert oder verwirklicht werden sollen. Die Besonderheit dieser Art von deontologischer Ethik besteht darin, dass sie die »moralpragmatischen« Handlungen nicht ihrerseits den Pflichtprinzipien unterwirft, die durch diese Handlungen ermöglicht, gefördert oder bewirkt werden sollen. Sie erlaubt oder fordert also gegebenenfalls die Anwendung von Zwang, Täuschung oder Manipulation, um Zwang, Täuschung oder Manipulation zu bekämpfen. Sie erlaubt – in einem vor einigen Jahren unter den deutschen katholischen Bischöfen strittigen Fall – die Teilnahme und damit die »Komplizenschaft« an einer die Abtreibung ermöglichenden Schwangerschaftsberatung, sofern diese bessere Aussichten hat, die Zahl der Schwangerschaftsabbrüche zu verringern, als die Nichtteilnahme. Dieser Typ einer »gemischten« Ethik dürfte dem am nächsten kommen, was Max Weber als »Verantwortungsethik« der »Gesinnungsethik« gegenübergestellt und dem Bereich der Politik als ausgeprägtestes Anwendungsfeld zugewiesen hat: Im Gegensatz zum konsequenten »Gesinnungsethiker« ist der »Verantwortungsethiker« bereit, sofern es um die Verwirklichung moralischer Ziele geht, sich die »Hände schmutzig zu machen« und die Mittel durch die Zwecke zu heiligen.

6. Mittel und Zwecke

In allen seinen verschiedenen Formen ist der Konsequentialismus immer wieder mit zwei grundlegenden Einwänden konfrontiert worden: erstens, dass er sich dadurch, dass er gegebenenfalls den Einsatz schlechter Mittel zur Verwirklichung guter Zwecke zulässt, in Widerspruch zu seinen eigenen Wertprämissen setzt; zweitens, dass die Ausschließlichkeit, mit der er die Handlungsfolgen, aber nicht die Art der Handlung selbst über ihren moralischen Wert entscheiden lässt, in Widerspruch mit weithin geteilten moralischen Überzeugungen setzt. Die von Marc Hauser und anderen ermittelten Reaktionen auf Dilemmata wie das *Trolley problem* zeigen ja, dass wir uns bei der Beurteilung von Handlungen keineswegs ausschließlich an den Folgen orientieren.

Von beiden Kritikrichtungen wird sich der Konsequentialist nicht besonders beeindrucken lassen. Dass es gelegentlich zu einem moralischen »Widerspruch« zwischen den angezielten Zwecken und den dazu eingesetzten Mitteln kommen kann, wird er bereitwillig zugestehen, aber nicht als Kritik gelten lassen. Denn dass die Zwecke die Mittel in einem gewissen Maße »heiligen«, ist nicht nur ein zufälliger, sondern ein konstitutiver Bestandteil seiner

Theorie. (Er könnte versucht sein zurückzufragen: Was sonst, wenn nicht die Zwecke, soll die Mittel rechtfertigen?) Er wird nicht nur keine prinzipiellen Bedenken gegen Handlungen und Strategien haben, die ein größeres Übel mit einem kleineren Übel bekämpfen, sondern auch nicht gegen Handlungen und Strategien, die ein größeres Übel mit einem kleineren Übel *derselben Art* bekämpfen, also etwa kriegerische Mittel zur Erhaltung oder Wiederherstellung des Friedens einsetzen, sich zu Zwecken der Aufklärung manipulativer Mittel bedienen, oder – um einen aktuellen Fall zu zitieren – Forschung mit embryonalen Stammzellen betreiben, um diese letztlich überflüssig zu machen. Allerdings wird der Konsequentialist darauf hinweisen, dass bei der Rechtfertigung der Mittel durch die angestrebten Zwecke die nicht beabsichtigten »Nebenfolgen« nicht vernachlässigt werden dürfen, und zwar sowohl die Nebenfolgen der Zwecke als auch die – leicht übersehenen – Nebenfolgen der Mittel. Es ist ein bekannter Mechanismus, dass Mittel sich verselbständigen und zu eigenen Zwecken werden, etwa Reichtum, Macht und lebensdienliche Fertigkeiten. Ähnlich können sich schlechte Mittel, die der Konsequentialist unter Ausnahmebedingungen für gerechtfertigt hält, zu Gewohnheiten verfestigen oder dazu führen, dass Hemmschwellen abgesenkt werden. Zur Vorbeugung gegen solche *slippery slopes* wird deshalb auch für den Konsequentialisten vielfach nur ein mehr oder weniger striktes Verbot dieser Mittel infrage kommen.

Schwerer wiegen die tatsächlichen oder scheinbaren Unvereinbarkeiten des Konsequentialismus mit verbreiteten intuitiven Überzeugungen. Diese leiten sich vor allem aus zwei Quellen her: erstens der *aggregativen* Natur der von den meisten konsequentialistischen Ethiken angenommenen Werte; zweitens der bereits erwähnten, für den Konsequentialismus zentralen Annahme der ausschließlichen moralischen Relevanz der Handlungsfolgen.

Als aggregativ kann man alle Wertlehren bezeichnen, die der Folgenbewertung eine allgemeine Wertkategorie wie Glück, Zufriedenheit oder Leben zugrunde legen, die eine wie immer geartete überindividuelle Quantifizierung erlauben. Für diese Wertlehren ergeben sich zwei intuitiv wenig akzeptable Konsequenzen: das Paradox der Quantität (wie man es nennen könnte) und das Paradox der unbegrenzten Ersetzbarkeit.

Das Paradox der Quantität ergibt sich daraus, dass für eine konsequentialistische Ethik mit einer aggregativen Wertlehre grundsätzlich diejenige Handlung besser sein muss, die mehr von dem in der Wertlehre postulierten Wert realisiert, gleichgültig, ob dieser Wert in einem Individuum oder in mehreren realisiert ist. Das heißt, es muss für diese Konzeption *ceteris paribus* gleichgültig sein, ob eine Handlung bewirkt, dass Person N glücklicher wird, als sie es ist, oder ob sie bewirkt, dass neben Person N eine weitere Person, M, existiert, die ebenso glücklich ist wie N. Da es für eine aggregative Wertlehre stets besser ist, wenn mehr von dem betreffenden Gut realisiert ist, kommt es nicht darauf an, ob die Vermehrung dieses Guts in einer einzigen Person oder durch die Vermehrung der Personen erfolgt. Vorausgesetzt, dass eine Handlung – etwa eine bestimmte Bevölkerungspolitik – dazu führt, dass eine sehr große Zahl von Personen geboren wird, kann das durchschnittliche Glücksniveau sogar nahezu beliebig absinken, ohne die Gesamtsumme des Glücks insgesamt zu beeinträchtigen. Eine andere Frage ist, ob eine solche »Calcutta solution« akzeptabel ist. Zwar ist die Überzeugung weit verbreitet, dass wir nicht riskieren sollten, das Überleben der Gattung Mensch insgesamt zu gefährden (also eine positive Wertschätzung der Zahl der Generationen). Aber diese Wertschätzung gilt nicht in gleicher Weise auch für die größere Zahl von Menschen pro Generation. Demgegenüber muss der Utilitarist eine stärker bevölkerte Welt einer weniger bevölkerten Welt grundsätzlich vorziehen – zumindest sofern das Glücksniveau nicht so weit absinkt, dass die Menschen ihr Leben als nicht mehr lebenswert empfinden und sofern dadurch nicht die langfristige Ressourcenbasis der Menschheit beeinträchtigt wird. Auch wenn er nicht so weit geht, eine individuelle Fortpflanzungspflicht zu fordern (wie es Platon getan hat), müsste er Bevölkerungspolitiker dazu ermuntern, Anreize zur Erhöhung der Geburtenrate zu schaffen. Auch wenn in einer bereits dicht bevölkerten Welt die Individuen je für sich ein weniger gutes Leben hätten als in einer weniger dicht bevölkerten, würde die verminderte Qualität doch durch die größere Quantität ausgeglichen. In der Tat hat Bentham diese Konsequenz gezogen. Für Bentham verstand es sich mehr oder weniger von selbst, dass das probateste Mittel zur Vermehrung des Glücks die Vermehrung der Zahl der Menschen sei. Das zeigt sich u.a. darin, dass er in seiner Liste von Zuwiderhandlungen gegen das Nützlichkeitsprinzip auch solche gegen die »Bevölkerung« aufführt und als Beispiele Selbsttötung, Empfängnisverhütung und Zölibat nennt (Bentham 1948: 288 Anm.). Eine ähnliche Konsequenz haben diejenigen Tierethiker gezogen, die darauf hinweisen, dass gerade dank der von Tierschützern kritisierten Massentierhaltung zur Erzeugung von fleischlichen Nahrungsmitteln niemals mehr höhere Säugetiere auf der Erde gelebt haben als heute. Solange diese Tiere ein für sie akzeptables

Leben haben, spreche alles gegen eine Einschränkung des Fleischkonsums. Jede Verringerung würde die Zahl der lebenden höheren Säugetiere und damit die Gesamtmenge des bewussten Erlebens in der Welt absenken.

Ein analoges Paradox ergibt sich für konsequentialistische Ethiken mit objektivistischen Wertlehren wie die Albert Schweitzers. Für eine solche Ethik muss eine Welt mit mehr Lebewesen grundsätzlich besser sein als eine Welt mit weniger Lebewesen, in diesem Fall sogar ganz gleichgültig, welche »Lebensqualität« diese Lebewesen in ihrem Leben haben und ob sie eine solche überhaupt empfinden können. Zumindest in Bezug auf menschliches Leben hat Albert Schweitzer diese Konsequenz auch ausdrücklich anerkannt: »[...] dass dies die Wahrheit ist; dass möglichst viel Menschen leben auf der Welt; dass es einen Weltzweck gibt, der will, dass möglichst viele Menschen das Dasein erleben und uns ihm beugen und jedes neue Menschendasein als etwas, Wertvolles für die Welt ansehen, als etwas, das sein soll« (Schweitzer 1986: 60).

Innerhalb des Utilitarismus ist wiederholt versucht worden, diese »repugnant conclusion« (Parfit 1984, Kap. 17) durch entsprechende Modifikationen der Theorie zu überwinden. Ein verbreitetes, insbesondere von Harsanyi vertretenes Gegenmodell ist der Durchschnittsnutzenutilitarismus, nach dem nicht die maximale Steigerung des Gesamtnutzens (»Nutzensummenutilitarismus«), sondern die Steigerung des Nutzens pro Kopf über die Richtigkeit von Handlungen entscheidet (Harsanyi 1982). Solange die Bevölkerung als konstant angenommen wird, fallen Nutzensummen- und Durchschnittsnutzenvariante zusammen. Wird die Bevölkerung als variabel angenommen, ergeben sich jedoch stark abweichende Resultate. Es ist allerdings umstritten, ob die Resultate der Durchschnittsvariante letztlich akzeptabler sind. Auch aus dem Durchschnittsnutzenutilitarismus lässt sich eine Pflicht zur Förderung der Fortpflanzung bzw. eine Fortpflanzungspflicht ableiten, nämlich für den Fall, dass mit der Geburt eines Kindes zu rechnen ist, dessen voraussichtliches Lebensglück, korrigiert um seine positiven und negativen Effekte für andere, über dem bisherigen Durchschnitt liegt. Auf der anderen Seite muss es für die Durchschnittsvariante als falsch gelten, ein Kind zur Welt zu bringen, das ein weniger gutes Leben erwarten lässt, als es den bereits Lebenden durchschnittlich vergönnt ist. Eine Epidemie, die diejenigen Menschen dahinrafft, die gegenwärtig ein weniger als durchschnittlich gutes Leben haben, wäre nach derselben Konzeption moralisch zu begrüßen (vgl. Shaw 1999: 32). Mit diesen wenig plausiblen Resultaten wird der Durchschnittsnutzenutilitarismus seinem Anspruch, die intuitiv vorzugswürdige Alternative zu sein, kaum gerecht. Angesichts dessen optieren die meisten Utilitaristen für eine Vermeidungsstrategie, indem sie die Anwendung des Nützlichkeitsprinzips auf jeweils vorausgesetzte Populationen beschränken und sich darauf berufen, dass es dem Utilitarismus darum gehe, Menschen glücklich zu machen, und nicht, glückliche Menschen zu machen. Der Preis für diesen Rückzug ist allerdings hoch. Fortpflanzungsverhalten und Bevölkerungspolitik werden trotz ihrer großen Bedeutung für das langfristige Schicksal der Menschheit in einem »moralfreien Raum« belassen.

Das zweite Paradox, das Paradox der »Ersetzbarkeit« ergibt sich daraus, dass die einzelnen Individuen für eine aggregative Wertlehre stets nur als Träger von Wert fungieren, nicht aber als eigenständige Werte. Nicht das Individuum als einzelnes hat einen Wert, sondern Wert besitzt es als »Gefäß« für einen Wert, für den es – gleichgültig, ob es sich um einen subjektiven Wert wie Glück oder Zufriedenheit oder einen objektiven wie Leben oder Vielfalt handelt – keinen Unterschied macht, ob er in diesem oder einem anderen Individuum realisiert ist. Würde etwa ausschließlich das Leben als Wert angenommen, würde es *ceteris paribus* keinen Unterschied machen, ob viele Lebewesen ein kürzeres oder weniger Lebewesen ein längeres Leben haben, oder ob das Leben einiger verkürzt wird, wenn dadurch das Leben anderer verlängert wird. Entsprechendes gilt, wenn Glück als einziger Wert angenommen wird. *Ceteris paribus* würde es keinen Unterschied machen, ob viele Lebewesen geboren werden, die ein weniger glückliches, oder weniger Lebewesen, die ein glücklicheres Leben haben, oder ob das Leben einiger Unglücklicher verkürzt wird, wenn dadurch das Leben Glücklicher verlängert wird. Im Prinzip und unabhängig von den (im Falle menschlichen Lebens allerdings erheblichen) Nebenfolgen ist für eine aggregative Wertlehre jeder Träger des jeweils postulierten Werts durch jeden anderen ersetzbar. Falls dieser andere mehr von diesem Wert verkörpert, wäre es sogar moralisch richtig, die Ersetzung tatsächlich vorzunehmen. Diese Konsequenz hat vor allem im Zusammenhang mit der Debatte um die Abtreibung nach pränataler Diagnostik zu kontroversen Debatten geführt (vgl. Hare 1990 und Leist 1990: 96).

Während diese beiden Paradoxe speziell für konsequentialistische Ethik mit aggregativer Wertlehre gelten, gelten die Unvereinbarkeiten mit intuitiven Prinzipien, die in der Indifferenz des Konsequentialismus gegen die *Art* der Folgenbewirkung liegen, für alle Varianten und lassen sich vielleicht am plastischsten im Bereich der menschlichen Fortpflanzung illustrieren. Für den Konsequentialisten gelten die folgenden vier Handlungsweisen als moralisch gleichwertig:

1. Ein Paar praktiziert sexuelle Enthaltsamkeit. Es bekommt keine (weiteren) Kinder.
2. Ein Paar möchte keine (weiteren) Kinder bekommen. Es praktiziert Empfängnisverhütung.
3. Ein Paar steht der Geburt eines (weiteren) Kinds gleichgültig gegenüber. Es praktiziert jedoch Empfängnisverhütung aus gesundheitlichen Gründen.
4. Ein Paar verhindert die Geburt eines (weiteren) Kindes durch Abtreibung.

Nach konsequentialistischer Auffassung ergibt sich die Gleichbeurteilung der Handlungsweisen aus der Folgenäquivalenz: Unter der Voraussetzung, dass die Nebenfolgen für andere vernachlässigbar sind, haben die vier Handlungsweisen dieselben Folgen. Mit dem moralischen *Common sense* ist dieses Resultat allerdings kaum vereinbar. Ein Vertreter des moralischen Alltagsverstandes würde vor allem auf die folgenden Dimensionen hinweisen, in denen sich die Handlungsweisen unterscheiden:

1. Handlungsweise 4 unterscheidet sich von den Handlungsweisen 1, 2 und 3 durch ihren *Schädigungscharakter*. Während bei 1, 2 und 3 die Zeugung eines Kindes lediglich verhindert wird, wird bei 4 ein bereits begonnenes Leben *vernichtet*. Manche sehen hierin nicht nur einen Unterschied, sondern einen »gewaltigen Unterschied«, vergleichbar dem zwischen dem Verzicht auf ein Geschenk und einem Diebstahl (so etwa Lenzen 1999: 260). Während wir im Normalfall nicht verpflichtet sind, einem anderen etwas zu schenken, sind wir im Normalfall verpflichtet, nicht zu stehlen.

2. Die Handlungsweisen 2, 3 und 4 unterscheiden sich von der Handlungsweise 1 dadurch, dass das Paar in allen drei Fällen aktiv in das natürliche Fortpflanzungsgeschehen eingreift. Dagegen verhält sich das Paar in Fall 1 lediglich passiv. Handlungsweise 1 hat den Charakter einer *Unterlassung* statt den eines *aktiven Tuns*.

3. Die Handlungsweisen 2 und 4 zielen auf die Verhinderung der Geburt eines (weiteren) Kindes, während diese Auswirkung bei den Handlungsweisen 1 und 3 lediglich als Nebenfolge in Kauf genommen wird. Der Unterschied liegt in der *Absicht*. In Fall 2 ist – wie in Fall 4 – die Verhinderung eines (weiteren) Kindes *beabsichtigt*.

Versuche, diese drei vom moralischen Alltagsverstand berücksichtigten Dimensionen im Rahmen einer konsequentialistischen Ethik zu berücksichtigen, sind vor allem im Rahmen von *Zwei-Ebenen-Theorien* entwickelt worden (vgl. Mill 2006, Kap. 2; Hare 1992, Kap. 3).

Zwei-Ebenen-Theorien unterscheiden zwischen einer theoretischen und idealen Ebene, auf der bestimmte abstrakte Prinzipien gelten, und einer konkreten oder Praxisebene, für die diese Prinzipien in sozialmoralische Regeln übersetzt werden müssen, die als Orientierung für das Alltagshandeln dienen können und dabei u. a. auch die Fehlbarkeit des Menschen in kognitiver und motivationaler Hinsicht berücksichtigen. Die moralischen »Faustregeln«, die im Alltag zu befolgen sind, müssen schematischer, besser vermittelbar und leichter internalisierbar sein als die Ergebnisse hochkomplexer Folgenabschätzungen, die ein abstraktes konsequentialistisches Idealprinzip wie das utilitaristische Grundprinzip des »größten Glücks der größten Zahl« verlangt. Aus dieser Sicht ist es besser, wenn diese für die Praxis geltenden Regeln in Einzelfällen übers Ziel hinausschießen und zu Fehlentscheidungen führen, als wenn wir uns in jedem Einzelfall erneut auf Folgenüberlegungen einlassen müssten. Noch weiter in der Betonung der Eigenständigkeit dieser »Faustregeln« als die Zwei-Ebenen-Theorie geht der sogenannte Regelutilitarismus bzw. -konsequentialismus. Er fordert, dass man sich auch in Fällen eines Konflikts zwischen verschiedenen »Faustregeln« oder in Grenzfällen, in denen die Befolgung einer »Faustregel« gravierend schlechte Folgen hat, nicht mit Berufung auf das Grundprinzip über die Regel hinwegsetzen darf.

Aus der – pragmatischen – Perspektive der Zwei-Ebenen-Theorie lassen sich die vom moralischen *Common sense* quasi instinktiv gemachten Unterscheidungen zumindest für den Regelfall rechtfertigen: Im *Regelfall* richten *Schädigungen* mehr Schaden an als unterbliebene Wohltaten; gehen von *aktivem Tun* – schon deshalb, weil es dafür mehr Gelegenheiten gibt – mehr Gefährdungen aus als von bloßem Unterlassen; stellt die *absichtliche* Zufügung von Schaden eine gravierendere Gefahr für das gesellschaftliche Zusammenleben dar als der lediglich in Kauf genommene Schaden: Wer einen Schaden beabsichtigt, hat ein Motiv, das sich auch bei weiteren Gelegenheiten und unabhängig von allen weiteren Zielen zum Schaden anderer auswirken kann, während von demjenigen, der Schädigungen lediglich in Kauf nimmt, ein Schaden nur im Rahmen der Verfolgung seines Primärziels zu erwarten ist. Diese Übereinstimmung zwischen konsequentialistischer Zwei-Ebenen-Theorie und *Common sense* gilt für viele, aber nicht für alle Fallkonstellationen. Anders als es sich »Versöhnungstheoretiker« wie Mill und Hare erhofft haben, kommt es im Einzelfall, etwa bei der Unterscheidung zwischen Tun und Unterlassen (vgl. Birnbacher 1995), immer wieder dazu, dass der ethische Konsequentialismus auf moralische Fragen dezidiert andere Antworten gibt als der moralische Alltagsverstand.

7. Ein Fallbeispiel

Wie steht es mit dem folgenden Fall? Könnte es sich um einen Einzelfall handeln, in dem konsequentialistische und *Common-sense*-Bewertung auseinandergehen?

> »Sie haben fünf Patienten im Krankenhaus, die im Sterben liegen, und jeder von ihnen braucht ein bestimmtes Organ. Der eine benötigt eine Niere, der andere eine Lunge, ein dritter ein Herz usw. Sie können alle fünf Personen retten, wenn Sie eine einzige gesunde Person nehmen, ihr Herz, Lunge usw. entfernen und diese Organe an die fünf Patienten verteilen. Eine solche gesunde Person befindet sich zufällig gerade in Zimmer 306. Sie hält sich wegen einer Routineuntersuchung im Krankenhaus auf. Sie haben ihre Untersuchungsergebnisse gesehen und wissen daher, daß sie vollkommen gesund ist und die richtige Gewebeverträglichkeit aufweist. Wenn Sie nichts tun, wird sie ohne Zwischenfall überleben: die anderen Patienten werden jedoch sterben. Die anderen fünf Patienten lassen sich nur retten, wenn der Person in Zimmer 306 die Organe entfernt und verteilt werden. In diesem Fall hätte man einen Toten, aber fünf Gerettete.« (Harman 1981: 13f.)

Zweifellos nicht. Dieser Fall ist keiner, in dem sich die konsequentialistische Beurteilung von der des Alltagsverstands unterscheidet. Auch der Konsequentialist wird die Tötung des Patienten auf Zimmer 306 nicht ernsthaft in Erwägung ziehen. Allerdings nicht deswegen, weil die Tötung des Patienten absichtlich ist, während es das Sterbenlassen der fünf anderen Patienten nicht ist, oder deswegen, weil die Tötung ein aktives Tun und das Sterbenlassen ein bloßes Unterlassen ist. Auch wenn der Patient 306 bloß *sterben gelassen* werden müsste, um seine Organe verpflanzen zu können (obwohl er mit einer Standardtherapie am Leben erhalten werden könnte), würde der Konsequentialist diese Option nicht erwägen. Der Grund dafür sind die gravierenden *Nebenfolgen*. Niemand würde mehr ins Krankenhaus gehen wollen, müsste er befürchten, für andere – aus wie immer hochherzigen Motiven – *geopfert* zu werden. Das Vertrauen in die Ärzte, das Krankenhaus, möglicherweise das gesamte Gesundheitssystem wäre tiefgreifend und nachhaltig erschüttert. Auf der anderen Seite erwartet niemand von seinen Ärzten, dass sie wortwörtlich *alles* tun, um ihm zu helfen. Wie man seinen eigenen Tod bewertet, hängt in starkem Maße davon ab, ob man diesen von natürlichen (z.B. Krankheit) oder unnatürlichen (menschliche Fremdeinwirkung) Faktoren erwartet und ob er sich absichtlich (wie bei Mord) oder unabsichtlich (durch Fahrlässigkeit) ereignet. Ein unnatürlicher Tod flößt in der Regel mehr Angst ein als ein natürlicher, ein absichtlicher mehr als ein unabsichtlicher. Darüber hinaus könnte eine Tötung des einen zugunsten der Lebensrettung vieler in diesem Fall – anders als im unwahrscheinlichen Fall eines terroristischen Flugzeug-Angriffs – nicht als »tragischer Einzelfall« gelten, in dem auch ansonsten verbotene Mittel erlaubt scheinen. Vielmehr ist die Konstellation, von der Harmans Fall ausgeht, alles andere als selten. Die Knappheit an Organen ist der Normalzustand.

Alle diese Faktoren sind für eine realistische Folgenabschätzung, wie sie der Konsequentialist fordert, von Bedeutung. In ihrer Gesamtheit lassen sie nur die eine – mit dem Urteil des moralischen Alltagsverstands übereinstimmende – Lösung zu.

Kontrollfragen

1 In welcher Hinsicht kann der Konsequentialismus als eine Extremposition gelten?

2 Einige konsequentialistische Theorien verpflichten den Akteur, das Maximum des – wie immer bestimmten – Guten zu verwirklichen. Was spricht gegen eine solche Konzeption?

3 Warum bezieht sich der Konsequentialismus nicht auf die *faktischen* Handlungsfolgen statt auf die *zu erwartenden* Handlungsfolgen? Warum bezieht er sich nicht auf die vom jeweiligen Akteur *erwarteten* Handlungsfolgen?

4 Was ist der bessere Indikator für die Wünsche eines Menschen – die in Befragungen geäußerten oder die im Verhalten gezeigten Präferenzen?

5 Was spricht für einen negativen Utilitarismus im Vergleich zum klassischen Utilitarismus?

6 Lässt sich die verbreitete Minderschätzung des räumlich, zeitlich oder sozial Ferneren im Gegensatz zum Näheren ethisch rechtfertigen?

7 Wie kommt es, dass der Konsequentialist im Gegensatz zum Vertreter einer deontologischen Ethik mit dem Paradox der Ersetzbarkeit konfrontiert ist?

8 Wie unterscheidet sich der Regelkonsequentialismus vom (Handlungs-)Konsequentialismus?

Verwendete Literatur

Bentham, Jeremy: *An introduction to the principles of morals and legislation* (1789), New York 1984.

Birnbacher, Dieter: Handeln und Unterlassen im »Zwei-Ebenen-Modell« der Moral. In: *Zum moralischen Denken*, Bd. 2, hg. von Christoph Fehige/Georg Meggle. Frankfurt a.M. 1995, S. 176–186.

Birnbacher, Dieter: Wie kohärent ist eine pluralistische Gerechtigkeitstheorie? In: *Gerechtigkeitsutilitarismus*, hg. von Bernward Gesang. Paderborn 1998, S. 157–178.

Bohnen, Alfred: *Die utilitaristische Ethik als Grundlage der modernen Wohlfahrtsökonomik*, Göttingen 1964.

Greene, Joshua D. et al.: The neural bases of cognitive conflict and control in moral judgment. In: *Neuron* 44, 2004, S. 389–400.

Griffin, James: Is unhappiness morally more important than happiness? In: *Philosophical Quarterly* 29, 1979, S. 47–55.

Hare, Richard M.: Abtreibung und die Goldene Regel (1975). In: *Um Leben und Tod. Moralische Probleme bei Abtreibung, künstlicher Befruchtung, Euthanasie und Selbstmord*, hg. von Anton Leist. Frankfurt a.M. 1990, S. 132–156.

Harman, Gilbert: *Das Wesen der Moral. Eine Einführung in die Ethik*, Frankfurt a.M. 1981.

Harsanyi, John C.: Morality and the theory of rational behaviour. In: *Utilitarianism and beyond*, hg. von Amartya Sen/Bernard Williams. Cambridge/Paris 1982, S. 39–62.

Haslett, D. W.: What is utility? In: *Economics and Philosophy* 6, 1990, S. 65–94.

Hauser, Marc D.: *Moral minds. The nature of right and wrong*, New York 2006.

Herbig, Jost: *Kettenreaktion. Das Drama der Atomphysiker*, München 1979.

Jaspers, Karl: *Die Atombombe und die Zukunft des Menschen*, München 1961.

Jonas, Hans: *Das Prinzip Verantwortung. Versuch einer Ethik für die technologische Zivilisation*, Frankfurt a.M. 1979.

La Mettrie, Julien Offray de: *Über das Glück oder Das höchste Gut* (»Anti-Seneca«) (1748), Nürnberg 1985.

Leist, Anton: *Eine Frage des Lebens. Ethik der Abtreibung und der künstlichen Befruchtung*, Frankfurt a.M./New York 1980.

Lenzen, Wolfgang: *Liebe, Leben, Tod. Eine moralphilosophische Studie*, Stuttgart 1999.

Nozick, Robert: *Anarchie, Staat, Utopie* (1974), München o.J.

Parfit, Derek: *Reasons and persons*, Oxford 1984.

Rescher, Nicholas: *Distributive justice. A constructive critique of the utilitarian theory of distribution*, Indianapolis/New York 1966.

Rescher, Nicholas: Wozu gefährdete Arten retten? In: *Ökophilosophie*, hg. von Dieter Birnbacher. Stuttgart 1997, S. 178–201.

Schopenhauer, Arthur: Aphorismen zur Lebensweisheit (1851). In: *Sämtliche Werke*, Bd. 5, hg. von Arthur Hübscher. Mannheim [4]1988, S. 331–530.

Schweitzer, Albert: *Was sollen wir tun? 12 Predigten über ethische Probleme* (1919), Heidelberg 1986.

Schweitzer, Albert: *Kultur und Ethik* (1923), München 1960.

Shaw, William H.: *Contemporary ethics. Taking account of utilitarianism*, Malden, Mass./Oxford 1999.

Sidgwick, Henry: *The methods of ethics*, London [7]1907.

Singer, Peter: Morality, reason, and the rights of animals. In: *Primates and philosophers*, hg. von Frans de Waal. Princeton 2006, S. 140–158.

Steinvorth, Ulrich: *Warum überhaupt etwas ist. Kleine demiurgische Metaphysik*, Reinbek 1994.

Trapp, Rainer W.: *»Nicht-klassischer« Utilitarismus. Eine Theorie der Gerechtigkeit*, Frankfurt a.M. 1988.

Weber, Max: *Politik als Beruf* (1919), Berlin 1977.

Kommentierte Auswahlbibliographie

Einführende Literatur

Birnbacher, Dieter: Utilitarismus/Ethischer Egoismus. In: *Handbuch Ethik*, hg. von Marcus Düwell/Christoph Hübenthal/Micha H. Werner. Stuttgart/Weimar 2002, S. 95–107.
(Einführende Darstellung der Hauptvarianten des Utilitarismus.)

Gesang, Bernward: *Eine Verteidigung des Utilitarismus*, Stuttgart 2003.
(Plädoyer für eine Variante des Utilitarismus, die objektive Glücksgüter einbezieht und die gefühlsmäßigen Reaktionen indirekt Betroffener würdigt.)

Hare, Richard M.: *Moralisches Denken: seine Ebenen, seine Methoden, sein Witz* (1981), Frankfurt a.M. 1992.
(Entwurf einer konsequentialistischen Zwei-Ebenen-Theorie. Versuch, den klassischen Utilitarismus mit der stärker deontologisch geprägten Common-sense-Moral zu versöhnen.)

Höffe, Otfried (Hg.): *Einführung in die utilitaristische Ethik. Klassische und zeitgenössische Texte*, Stuttgart 1992.
(Enthält u. a. die Kapitel 1–5 von Benthams Principles in deutscher Übersetzung.)

Mill, John Stuart: *Utilitarianism/Der Utilitarismus* (1861), Stuttgart 2006.
(Meistgelesener Klassiker. Verteidigt einen nicht-klassischen Utilitarismus gegen zeitgenössische Angriffe.)

Scheffler, Samuel (Hg.): *Consequentialism and its critics*, Oxford 1988.
(Umfassende Auseinandersetzung mit dem Konsequentialismus aus tugendethischer, kontraktualistischer und deontologischer Perspektive.)

III.
METAETHIK, ARGUMENTE UND DILEMMATA

GIBT ES WAHRHEIT IN DER ETHIK?

Einführung in die Metaethik[1]

PETER SCHABER

1. Die Relevanz der metaethischen Debatte
2. Ethischer Non-Kognitivismus
3. Moralischer Realismus
4. Quasi-Realismus
5. Was für den moralischen Realismus spricht
6. Was für den ethischen Non-Kognitivismus spricht
7. Moralische Uneinigkeit
8. Moralische Motivation

Gerda und Paula streiten darüber, ob aktive Sterbehilfe moralisch erlaubt ist oder nicht. Paula glaubt das nicht. Sie ist der festen Überzeugung, dass man Menschen auch dann nicht töten darf, wenn sie darum bitten. Gerda ist anderer Meinung. Sie hält aktive Sterbehilfe für zulässig, wenn die betroffene Person unheilbar krank ist und ihr Leiden für nicht mehr zumutbar hält. Gerda und Paula verteidigen ihre unterschiedlichen Ansichten mit Argumenten. Sie bringen Gründe vor, die ihre jeweilige Position stützen, um die andere davon zu überzeugen, dass sie mit ihrer Auffassung falsch liegt. Doch kann das überhaupt sein? Ist es möglich, dass eine der beiden Recht hat und die andere sich irrt?

Diese Frage stellt sich grundsätzlich, das heißt, noch bevor wir die Argumente kennen, die die beiden anführen. Es ist die ganz allgemeine Frage danach, ob es richtige und falsche Antworten auf ethische Fragen wie die der moralischen Zulässigkeit von Sterbehilfe überhaupt geben kann. Können Aussagen wie: »Aktive Sterbehilfe ist in jedem Fall verwerflich!« wahr oder falsch sein? Und können sie in dem Sinn wahr oder falsch sein wie Behauptungen über die Welt, also zum Beispiel der Satz, dass es draußen schneit? Teilen uns moralische Aussagen mit, wie es sich in der Welt verhält? Und gibt es etwas, was da draußen in der Welt moralischen Aussagen entspricht und sie wahr oder falsch macht? Gibt es, mit anderen Worten, moralische Tatsachen, über die wir in wahren moralischen Aussagen berichten? Oder bringen wir mit moralischen Urteilen bloß unsere Einstellung gegenüber bestimmten Handlungen zum Ausdruck? Sind moralische Aussagen also weder wahr noch falsch?

Mit solchen Fragen beschäftigt sich die sogenannte Metaethik. In diesem Bereich der Moralphilosophie geht es nicht darum, konkrete moralische Urteile zu fällen oder spezifische Normen und allgemeine Moralprinzipien zu begründen. Die Metaethik hat es vielmehr mit der Frage zu tun, wie solche Urteile, Normen und Prinzipien genau zu verstehen sind, und was Begriffe wie ›sollen‹, ›richtig‹, ›falsch‹, ›gut‹, ›schlecht‹ usw. bedeuten, die in diesen Urteilen auftauchen. Die Frage, ob ein Satz wie Paulas Behauptung, dass aktive Sterbehilfe moralisch verboten ist, wahr sein kann oder nicht, ist eine zentrale Frage der Metaethik, über die sich Philosophinnen und Philosophen schon seit Jahrhunderten streiten.

Für philosophisch unvoreingenommene Menschen ist dieser Streit nicht unbedingt nachvollziehbar. Gerda und Paula sind sicher beide davon überzeugt, dass das, was sie über die Sterbehilfe behaupten, wahr ist. Und so geht es vielen, ja vielleicht den meisten Menschen, die über moralische Fragen *streiten*. Denn wenn wir etwas für moralisch verwerflich oder auch geboten halten, handelt es sich dabei nicht um eine Beurteilung, für die wir uns entschieden haben und die wir nicht ohne weiteres ändern oder fallen lassen können. Wir sind vielmehr davon überzeugt, dass es sich eben genauso verhält, wie wir sagen. Dass Paula behauptet, aktive Sterbehilfe sei moralisch unzulässig, liegt – so jedenfalls meint sie – eben daran, dass aktive Sterbehilfe moralisch verwerflich ist. Punktum.

Dass Gerda das Gegenteil behauptet, ändert daran nichts. Moralische Urteile sind unabhängig von unseren jeweiligen Einstellungen. Ob sie wahr oder falsch sind, liegt nicht daran, ob wir ihnen zustimmen oder nicht. Der Satz, »Aktive Sterbehilfe ist in jedem Fall verwerflich« ist wahr – und zwar genau dann, wenn es tatsächlich verwerflich ist, Menschen zu töten, auch wenn sie darum bitten. Und dass das so ist, bringen wir mit der Behauptung zum Ausdruck, dass es moralisch unzulässig ist, Menschen zu töten, auch wenn sie danach verlangen. Damit sagen wir zugleich, dass wir das, was wir als moralisch verwerflich bezeichnen, nicht tun sollten; und dies unabhängig von unserer persönlichen Einstellung, unseren Neigungen und Wünschen.

Was wir moralisch gesehen tun sollten und was nicht, hängt nicht von unseren Wünschen oder Einstellungen ab. Wir sollten das Verwerfliche nicht tun, *weil es verwerflich ist*, nicht deshalb, weil wir es selbst möglicherweise ohnehin nicht tun möchten. So jedenfalls meinen viele Menschen. Die Philosophinnen und Philosophen, die ihnen darin Recht geben, nennt man *moralische Realisten*.

Doch so selbstverständlich diese Aussagen auch klingen mögen, es ist keineswegs klar, ob sie nicht eine Sicht von Moral unterstellen, die sich bei genauerer Betrachtung als unhaltbar erweist. Und in der Tat dominierte in der einschlägigen metaethischen Diskussion bis in die 70er und 80er Jahre des 20. Jahrhunderts hinein klar die gegenteilige Ansicht. Nahezu sämtliche Philosophinnen und Philosophen vertraten die Überzeugung, moralische Urteile hätten, entgegen dem gerade geschilderten Anschein, nichts damit zu tun, wie es sich in der Welt verhält. Diese Position wird meist als *Anti-Realismus oder Non-Kognitivismus* bezeichnet und sie wendet sich gegen den soeben skizzierten sogenannten *Realismus*.

Dem Anti-Realismus zufolge beziehen sich moralische Urteile überhaupt nicht auf etwas, was der Fall ist. Sie sind vielmehr Ausdruck von *Einstellungen* oder *Präferenzen* (Vorlieben): Wer aktive Sterbehilfe für verwerflich hält, drückt demnach die negative Einstellung aus, die er dieser Handlungsweise gegenüber hat; er oder sie teilt den anderen mit, dass er nicht möchte, dass so gehandelt wird (vgl. dazu Ayer 1936: 102ff.; Stevenson 1937). Im Unterschied zu Behauptungen über die Welt, sind die Einstellungen und Präferenzen von Personen aber nichts, was wahr oder falsch sein kann. Man hat sie, oder man hat sie nicht. Wer deutlich macht, dass er einer bestimmten Handlungsweise gegenüber eine negative Einstellung hat, sagt also nichts, was wahr oder falsch sein könnte. Wenn moralische Urteile, wie die Non-Kognitivisten behaupten, nichts anderes sind als Ausdruck unserer Einstellungen und Präferenzen, dann sind sie – anders als Gerda, Paula und die moralischen Realisten meinen – nicht *wahrheitswertfähig*. Sie können weder wahr noch falsch sein.

> »Ich selbst bekenne mich […] zu der Ansicht, dass das, was man gemeinhin ethische Aussagen nennt, überhaupt keine echten Aussagen sind, die irgendetwas beschreiben, und dass sie deshalb weder wahr noch falsch sind.«
> (Ayer 1976: 55)

1. Die Relevanz der metaethischen Debatte

Unabhängig von der Frage, ob den moralischen Realisten oder den moralischen Anti-Realisten Recht zu geben ist, stellt sich die Frage nach der moraltheoretischen Relevanz der metaethischen Debatte. Warum sollte uns der Streit zwischen den beiden Lagern überhaupt interessieren? Hat die Frage, ob moralische Aussagen wahr oder falsch sein können, Folgen für unsere Vorstellung von Moral?

Verschiedene Moralphilosophinnen und -philosophen bestreiten das. Ihrer Auffassung nach sind unsere metaethischen Ansichten und unsere inhaltlichen Moralvorstellungen vollkommen unabhängig voneinander:

> »Jemand kann sehr feste [moralische, PS] Überzeugungen, sogar völlig konventionelle, vertreten und zugleich behaupten, dabei handle es sich nur um von ihm selbst und anderen eingenommene Einstellungen und praktische Verhaltensmuster. Umgekehrt kann jemand alle konventionelle Moral ablehnen und behaupten, ihre Falschheit und Verwerflichkeit sei als objektiv wahr erwiesen.«
> (Mackie 1981: 13)

Danach wäre es möglich, das Quälen von Menschen für abscheulich zu halten und alles dafür zu tun, um solche Abscheulichkeiten zu verhindern, ohne gleichzeitig behaupten zu müssen, dass diese Ansicht wahr ist und die gegenteilige Auffassung falsch. Jemand könnte, mit anderen Worten, sein Leben in den Dienst des Kampfes gegen Folter stellen, ohne der Meinung zu sein, dass Menschen zu foltern objektiv falsch ist.

Gegen diese These einer Neutralität der metaethischen Auffassungen spricht allerdings Folgendes: Für moralische Realisten, die meinen, moralische Aussagen seien wahrheitswertfähig, also wahr oder falsch, gibt es Gründe zum Handeln, die unabhängig von unseren Wünschen, Einstellungen und Meinungen bestehen.[2] Demnach könnte ich selbst dann einen Grund haben, meinen Kollegen nicht zu belügen, wenn ich erstens selbst meine, keinen solchen Grund zu besitzen, wenn zweitens ihm die Wahrheit zu sagen keinem meiner Wünsche entspricht und ich zudem drittens eine negative Einstellung dazu habe, ihm gegenüber aufrichtig zu sein. Diese Idee objektiver Handlungsgründe ist nun für unsere Vorstellung einer *kategorischen* Geltung moralischer Forderungen von zentraler Bedeutung.

Es gehört zu unserem alltäglichen Verständnis moralischer Forderungen, dass diese unabhängig von den Wünschen und Interessen der Handelnden Geltung besitzen. Wenn zu lügen moralisch verwerflich ist, sollte ich auch dann nicht lügen, wenn sich auf diese Weise einer meiner Wünsche befriedigen ließe. Die Gründe, die ich habe, nicht zu lügen, bestehen unabhängig von meinen Neigungen; es sind objektive Gründe. Ganz generell verstehen wir moralische Gründe als solche objektiven Gründe. Wenn nun die ethischen Non-Kognitivisten mit ihrer Auffassung Recht hätten, dass es solche objektiven Gründe nicht gibt (vgl. Mackie 1981: 13), dann wäre es falsch, zu sagen, dass ich unabhängig von meinen Wünschen, Zielen, Einstellungen und Ansichten einen Grund habe, nicht zu lügen. In dem Fall wäre die Antwort auf die Frage, ob ich die Unwahrheit sagen darf, vielmehr von einem dieser Dinge abhängig. Es käme also ganz darauf an, wie meine Einstellungen, Wünsche oder Ansichten aussehen.

Auch die Gründe, die wir zur Rechtfertigung moralischer Forderungen an uns selbst oder andere anführen dürften, wären, wenn es keine objektiven Gründe gäbe, nicht mehr unabhängig von den Wünschen, Einstellungen und Meinungen der Adressaten dieser Forderungen. Ob Paula die Bitte ihres schwerkranken Großvaters um Sterbehilfe erfüllen dürfte, hinge dann auch davon ab, welche *Einstellung* Paula zur Sterbehilfe hat und wie ihre *Wünsche* aussehen. Dies würde nun allerdings meiner Ansicht nach den Inhalt der Moral keineswegs unberührt lassen (vgl. dazu auch Schaber 2003).

Nehmen wir an, es wäre nur dann gerechtfertigt, von mir zu fordern, den Kollegen nicht zu belügen, wenn ich eine negative Einstellung gegenüber Unehrlichkeit hätte. In dem Fall hätte die Forderung, Kollegen nicht zu belügen, weder kategorische, noch universale Geltung. Dass eine moralische Norm universale Geltung besitzt, bedeutet kurz gesagt, dass sie für alle Handelnden in allen Situationen verbindlich ist, in denen sie nicht mit anderen, gewichtigeren Normen kollidiert. Normen, die in ihrer Geltung von den jeweiligen Einstellungen der Handelnden abhängig sind, könnten solche universale Geltung nicht beanspruchen. Denn wenn unsere moralischen Pflichten von unseren Einstellungen abhängen, unterscheiden sie sich, wo die Einstellungen von Personen divergieren. Während ich nach Maßgabe meiner negativen Einstellung zum Lügen verpflichtet sein könnte, den Kollegen nicht zu belügen, könnte eine andere Person mit einer anderen Einstellung dem Kollegen gegenüber keine solche Pflicht haben. Ein Bereich universal geltender moralischer Pflichten ließe sich unter dieser Bedingung nicht ausmachen. Das Resultat wäre eine Art Mikromoral, deren Normen nur sehr bedingt – nämlich unter der Bedingung gleicher Einstellungen – Verbindlichkeit hätten, und die in der alltäglichen Perspektive kaum jemand als eine Moral zu identifizieren bereit wäre (vgl. dazu auch Schaber 2003).

So gesehen steht mit der metaethischen Debatte um den Status moralischer Aussagen für unsere inhaltlichen Moralvorstellungen in der Tat etwas auf dem Spiel. Es geht auch um die Gründe, die wir zur Rechtfertigung moralischer Forderungen vorbringen dürfen. Für das Alltagsbewusstsein sind moralische Gründe *objektive* Gründe, Gründe, deren Bestehen gerade nicht von den Wünschen, Einstellungen und Meinungen der Handelnden abhängig ist. Es ist nicht erkennbar, wie sich diese Idee verteidigen lässt, wenn man der Meinung ist, moralische Aussagen seien bloß Ausdruck von Einstellungen. In der Debatte um den Status moralischer Aussagen geht es also insofern auch um den Inhalt unserer Moral, als ein moralischer Anti-Realismus, der moralische Aussagen als Ausdruck von Einstellungen begreift, den Inhalt der Moral auf eine Mikromoral zusammenschrumpfen ließe.

2. Ethischer Non-Kognitivismus

Moralische Aussagen sind weder wahr noch falsch, lautet die Kernthese des *ethischen Non-Kognitivismus*. Moralische Werte – so die non-kognitivistische Idee – werden der Welt *zugeschrieben* nicht durch sie *vorgeschrieben*; sie kommen vielmehr in der Welt selbst gar nicht vor.

> »Laut dem Non-Kognitivisten unterscheiden sich Fragen nach Fakten stark von Wertefragen. Die Fakten sind von der tatsächlichen Welt determiniert. Wir können etwas über diese Tatsachen durch Beobachten und Experimentieren lernen. Unsere Annahmen zu diesen Tatsachen werden im Licht weiterer Beobachtungen ständig revidiert. Wenn unsere Annahmen zu den Fakten passen, sind sie wahr, wenn nicht, sind sie falsch. Werte sind nicht von der tatsächlichen Welt bestimmt, denn Wert kann in der Welt nicht gefunden werden. In einer vollständigen Beschreibung der Welt kämen Werteigenschaften wie Schönheit oder das Böse nicht vor. Unsere moralischen Wertungen sind wie alle unsere Wertungen keine Annahmen über die Welt an sich; sie sind vielmehr affektive Reaktionen darauf, wie wir die Dinge sehen. Als solche können sie nicht wahr oder falsch sein, da es nichts gibt, woran sie gemessen werden könnten.«
> (McNaughton 2001: 27)

Bis in die 1980er Jahre hinein fand diese Idee breite Zustimmung unter Moralphilosophinnen und Moralphilosophen. Eine der ersten, die sich gegen diese Behauptung wandte, war die englische Schriftstellerin und Philosophin Iris Murdoch. In ihrem 1970 erschienenen Essay »The Sovereignty of Good« meint sie, moralische Werte seien nicht Produkte unseres Willens, sondern Teil der Welt (vgl. Murdoch 1970: 35). Und entsprechend können moralische Aussagen so wie andere Aussagen über die Welt auch wahr oder falsch sein. Mit dieser Kritik an der non-kognitivistischen Sicht der Moral war der Grundstein der bis heute andauernden Debatte um den moralischen Realismus gelegt, der dem entspricht, was die alltägliche Perspektive auf Moral unterstellt, nämlich, dass man in moralischen Fragen richtig liegen, sich aber auch irren könne (vgl. Murdoch 1970: 97).

3. Moralischer Realismus

Anders als ethische Non-Kognitivisten halten moralische Realisten moralische Urteile für wahrheitswertfähig. Sie behaupten zudem, dass es moralische Tatsachen und Eigenschaften gibt, auf die sich unsere moralischen Urteile beziehen. Letzteres unterscheidet den moralischen Realisten vom sogenannten ethischen Kognitivisten. Gemeinsam ist beiden Positionen, dass sie moralische Aussagen für wahrheitswertfähig halten. Im Unterschied zum Realisten nimmt der Kognitivist jedoch nicht an, dass es moralische Tatsachen und Eigenschaften gibt. Auf den ersten Blick ist das irritierend. Wie kann man behaupten, dass eine Aussage wahr bzw. falsch sein kann, wenn man gleichzeitig bestreitet, dass es Tatsachen gibt, die sie wahr oder falsch ›machen‹. Einem verbreiteten Wahrheitsbegriff zufolge, ist eine Aussage genau dann wahr, wenn sie den Tatsachen entspricht, i. e. ihnen korrespondiert (korrespondenztheoretischer Wahrheitsbegriff). Wenn es aber keine moralischen Tatsachen gibt, können moralische Aussagen diesen Tatsachen auch nicht korrespondieren, und also nicht wahr sein. Die Position des Kognitivisten scheint darum auf den ersten Blick unstimmig. Doch der korrespondenztheoretische Wahrheitsbegriff ist nicht der einzig denkbare (so ist etwa die Wahrheit mathematischer Aussagen ebenfalls nicht korrespondenztheoretisch bestimmt). Wenn man ihn ablehnt und durch einen anderen Begriff von Wahrheit ersetzt, muss man folglich keine moralischen Tatsachen und Eigenschaften annehmen, um moralische Aussagen für wahrheitswertfähig zu halten (vgl. Horwich 1993).

Die Fakten, von denen die Wahrheit bzw. Falschheit moralischer Urteile nach Ansicht des moralischen Realisten abhängt, lassen sich in einem sehr weiten Sinn bzw. in unterschiedlicher Weise verstehen. Als sogenannter *ethischer Subjektivist* würde man etwa behaupten, dass das moralische Urteil ›x ist verboten‹ dann und genau dann wahr ist, wenn der Urteilende x gegenüber eine positive Einstellung hat. Hingegen könnten *Konsenstheoretiker* die Wahrheit einer moralischen Aussage am Konsens von Personen festmachen, die dieser Aussage zustimmen. Im ersten Fall wäre das entscheidende, der Aussage korrespondierende Faktum, die Einstellung der Person; im zweiten Fall die Übereinstimmung oder Zustimmung von Personen zum behaupteten Urteil. Moralische Realisten lehnen allerdings sowohl den ethischen Subjektivismus als auch Konsenstheorien der Moral ab. Ihrer Ansicht nach sind die moralischen Fakten einstellungs- und konsensunabhängig.

Moralische Fakten lassen sich in einem naturalistischen und in einem nicht-naturalistischen Sinn auffassen. Für ethische *Naturalisten* sind moralische Tatsachen und Eigenschaften auf natürliche Tatsachen und Eigenschaften reduzierbar (vgl. Brink 1989: 156 ff.; Schaber 1997: 90 ff.). Moralische Tatsachen bilden demnach keinen speziellen Typ von Tatsachen und sind nicht in einer eigenen Sphäre angesiedelt, sondern sind Teil unserer natürlichen und sozialen Welt. In moralischen Urteilen, wie etwa dem Satz, dass es moralisch richtig ist, Menschen in Not zu helfen, beziehen wir uns mit den Ausdrücken ›gut‹ oder ›richtig‹ also etwa auf das Faktum, dass auf diese Weise das Wohl von Personen befördert oder ihre Interessen befriedigt werden. Ist das mit ›gut‹ und ›richtig‹ gemeint, dann handelt es sich bei den moralischen Tatsachen und Eigenschaften, auf die unsere moralischen Urteile Bezug nehmen – und unsere ›wahren‹ moralischen Urteile korrekterweise Bezug nehmen – um Dinge, die wir aus moralexternen Kontexten kennen. Das ist gemeint, wenn ethische Naturalisten behaupten, dass moralische Eigenschaften und Tatsachen natürliche Eigenschaften sind.

Die Position der ethischen Naturalisten begegnet oft dem Vorwurf, dass wer so urteilt einen sogenannten naturalistischen Fehlschluss begeht. Er würde mit anderen Worten von einem Sein auf ein Sollen schließen, was nicht zulässig, sondern eben ein Fehlschluss ist. Doch dieser Vorwurf beruht auf einem Missverständnis, denn der ethische Naturalist leitet kein Sollen aus einem Sein ab. Seine These lautet vielmehr: Ausdrücke wie ›gut‹ und ›richtig‹ haben denselben Bezugspunkt, also denselben Referenten wie rein deskriptive Ausdrücke. Es liegt also hier gar keine Ableitung – vom einen Satz/Bezugspunkt auf den anderen – vor. Moralische Eigenschaften werden mit natürlichen Eigenschaften vielmehr gleichgesetzt und nicht aus diesen abgeleitet oder geschlussfolgert, und deshalb läuft man auch nicht Gefahr, einen Fehlschluss zu begehen.

Gleichwohl gibt es Einwände gegen diese Gleichsetzung von moralischen und natürlichen Eigenschaften, unter denen George E. Moores Argument der offenen Frage prominent ist: Das, was das Wohl von Personen befördert (also eine natürliche Eigenschaft einer Handlung), kann nach Moore nicht mit dem, was gut ist, gleichgesetzt werden, weil es sinnvoll sei, zu fragen, ob das, was das Wohl von Personen befördert, auch gut ist. Nach Moore lässt sich das auf jeden Ausdruck übertragen, der zur Definition von ›gut‹ herangezogen wird. Bei jedem Ausdruck N, der ›gut‹ zu definieren vorgibt und von einer Handlung x behauptet wird, lässt sich fragen: ›x ist N, aber ist x auch gut?‹ Nach Moore wird daran deutlich, dass ›gut‹ keine natürliche Eigenschaft bezeichnen kann, weil dann immer noch eine, und zwar die entscheidende Frage offen bliebe.

Dieses Argument der offenen Frage ist allerdings umstritten. Problematisch ist es deshalb, weil nicht zwischen Bedeutungs- und Eigenschaftsidentität unterschieden wird. Das Argument der offenen Frage zeigt im besten Fall, dass die Ausdrücke ›gut‹ und ›das, was das Wohl von Personen befördert‹ nicht dieselbe Bedeutung haben; nicht aber, dass sie sich nicht auf dieselbe Eigenschaft beziehen (vgl. Baldwin 1990: 88; Brink 2001: 161). Wie die beiden Ausdrücke ›Morgenstern‹ und ›Abendstern‹ könnten ›gut‹ und ein Ausdruck N sich, auch wenn sie nicht dieselbe Bedeutung haben, gleichwohl auf dasselbe beziehen.

Moralische Realisten sind zudem nicht auf die Behauptung festgelegt, dass es sich bei moralischen um natürliche Eigenschaften handelt. Diese lassen sich vielmehr auch in einem nicht-naturalistischen Sinn verstehen, und eben das ist die Auffassung der sogenannten Nicht-Naturalisten. Ihrer Ansicht nach lässt sich das, worauf wir mit Ausdrücken wie ›gut‹ und ›richtig‹ Bezug nehmen, nicht auf natürliche Eigenschaften der erwähnten Art reduzieren. Zwar beziehen sich diese Begriffe auf Eigenschaften, aber eben nicht auf *natürliche* Eigenschaften. Das Wort ›gut‹ bezeichnet demnach eine Eigenschaft eigener Art, eine, wie G. E. Moore meint, nicht-komplexe, einfache Eigenschaft (vgl. Moore 1903: 21). Diese nicht-natürliche Eigenschaft sollte nicht als eine Eigenschaft verstanden werden, die einer Handlung unabhängig von deren natürlichen Merkmalen zukommt. Für die meisten Nicht-Naturalisten ist eine Handlung vielmehr aufgrund gewisser natürlicher Eigenschaften, die sie hat, gut oder richtig. Von einer Handlung zu behaupten, dass sie gut ist, ist nicht dasselbe, wie darauf hinzuweisen, dass sie die entsprechenden natürlichen Eigenschaften hat. ›X ist gut‹ bezeichnet eine moralische Tatsache; ›x befördert das Wohl von Personen‹ ist hingegen keine moralische, sondern bloß eine moralisch relevante Tatsache. Relevant ist sie insofern, als es eben diese Eigenschaft ist, die die Handlung zu einer guten Handlung macht, ohne zugleich das Gutsein dieser Handlung auszumachen (vgl. dazu auch Parfit 1997).

Manche moralischen Realisten vergleichen moralische Eigenschaften im Unterschied zu den Naturalisten und

Nicht-Naturalisten mit sogenannten *sekundären Qualitäten* (vgl. McDowell 1985). Sekundäre Qualitäten (wie z.B. Farbe oder Geruch eines Gegenstandes) zeichnen sich dadurch aus, dass sie im Unterschied zu den primären Qualitäten (etwa Form, Größe, Masse, Festigkeit eines Gegenstandes) abhängig sind von der Beschaffenheit der Sinne von Beobachtern. Rot zu sein, bedeutet, einem Beobachter unter bestimmten Umständen als rot zu erscheinen. Sekundäre Qualitäten – wie rot sein – lassen sich im Unterschied zu primären Qualitäten – wie quadratisch sein – nicht ohne Bezug auf einen Beobachter definieren. Daraus sollte man nicht den Schluss ziehen, die Zuschreibungen von sekundären Qualitäten zu Gegenständen seien allesamt falsch. Die Erfahrung sekundärer Qualitäten präsentiert sich uns als Wahrnehmung von Eigenschaften, die den Gegenständen selbst zukommen (der Tisch *ist* rot – auch wenn es von meinen Sinnen abhängt, dass ich ihn so wahrnehme). Nach Ansicht moralischer Realisten gibt es keinen Grund, diese Erscheinungsweise der Dinge nicht ernst zu nehmen. So wie wir das Rotsein eines Gegenstandes als etwas erfahren, das unabhängig von unserer Erfahrung dem fraglichen Gegenstand zukommt, erfahren wir Handlungen als gerecht, grausam, wertvoll oder gut. Doch wie im Fall der sekundären Qualitäten gilt auch für solche Werteigenschaften, dass sie den Dingen nicht unabhängig von unserer spezifisch-menschlichen, unserer *moralischen Wahrnehmungsfähigkeit* zukommen. Grausam z.B. können Handlungen bloß Menschen erscheinen. Mit anderen Worten: Die Grausamkeit einer Handlung ist nur mittels moralischer Sinneswahrnehmung erkennbar.

Das bedeutet gleichwohl nicht, dass es sich bei Werteigenschaften um Eigenschaften handelt, die von uns auf die Dinge projiziert werden – so wenig wie das Rotsein des Stuhles etwas ist, was wir mittels Wahrnehmung auf ihn projizieren (vgl. McDowell 1997). Wären moralische Eigenschaften bloße Projektionen, müssten wir sie über bestimmte Reaktionen identifizieren. X lustig zu finden heißt dann nichts anderes als: über x lachen. Und dass x scheußlich ist, bedeutet, auf x mit Ekelgefühlen zu reagieren etc. Um aber ein Lachen als eine Reaktion des »Lustigfindens« zu identifizieren, muss man vorgängig wissen, was es heißt, dass etwas lustig ist, und um den Ausdruck des Ekels als Hinweis auf die Scheußlichkeit des Gegenstands oder der Handlung deuten zu können, muss bereits klar sein, was Scheußlichkeit – unabhängig von diesem Ausdruck des Ekels – ist (vgl. McDowell 1997: 220). Dieser Umstand deutet auf die Unabhängigkeit der Werteigenschaften von den jeweiligen projizierenden Reaktionen hin. Moralische Eigenschaften sind demnach keine bloßen Projektionen, auch wenn es sich bei ihnen um sekundäre Qualitäten handelt.

4. Quasi-Realismus

Der sogenannte *Quasi-Realismus* vertritt eine Form des ethischen Non-Kognitivismus, die dem Umstand Rechnung tragen will, dass wir moralische Aussagen in der alltäglichen Perspektive als Aussagen über die Welt verstehen und für wahrheitswertfähig halten. Dem Quasi-Realismus zufolge sollten wir damit auch nicht aufhören, aber nicht, weil moralische Aussagen auch tatsächlich wahrheitswertfähig wären, sondern weil wir, indem wir sie so behandeln, eine Einstellung gegenüber unseren moralischen Einstellungen zum Ausdruck bringen, die deutlich macht, dass wir der Moral nicht indifferent gegenüberstehen.

> »Der Quasi-Realist sieht [den Anspruch auf Objektivität, PS] [...] als einen richtigen und notwendigen Ausdruck einer Einstellung gegenüber unseren Einstellungen. Es ist nicht etwas, das wir aus unserer Moralpsychologie verabschieden sollten, sondern vielmehr etwas, das wir im richtigen Maße und an den richtigen Orten pflegen müssen, um eine moralische Indifferenz gegenüber Dingen zu vermeiden, die unsere Leidenschaft verdienen.«
> (Blackburn 1993: 153; Übersetzung PS)

Damit ist nicht behauptet, Dingen in der Welt würden tatsächlich moralische Eigenschaften zukommen. Wenn wir eine Handlung verwerflich nennen, reden wir zwar so, als komme der Handlung die moralische Eigenschaft der Verwerflichkeit zu; wir betrachten die Handlung also, als sei sie auch unabhängig davon, dass wir sie für verwerflich halten, objektiv schlecht. In Wahrheit gibt es jedoch nach Ansicht der Quasi-Realisten keine moralischen Eigenschaften, die in unseren Urteilen beschrieben werden. Vielmehr rufen Handlungen in uns bestimmte Reaktionen hervor, die dann in bewertenden Aussagen zum Ausdruck gebracht werden. Dabei wird die Bewertung auf den Gegenstand selbst projiziert. Wir sagen: »Diese Handlung ist abscheulich!« doch dieser Satz bringt keine Tatsache zum Ausdruck – etwas, was der Fall ist – sondern eine Einstellung. Zu behaupten, dass der Satz wahr ist, drückt nichts anderes als eine Einstellung zu dieser Einstellung aus. Diese *expressivistische* Bedeutungsanalyse moralischer Aussagen scheint mit der Rede von Wahrheit im Bereich der Moral gut verträglich zu sein. So jedenfalls lautet die zentrale These des Quasi-Realismus.

5. Was für den moralischen Realismus spricht

Für den moralischen Realismus sprechen drei Argumente:

1. Die Analyse moralischer Urteile, die uns der moralische Realismus anbietet, lässt sich gut mit dem alltäglichen Verständnis moralischer Urteile in Einklang bringen. Wenn ein Abtreibungsgegner behauptet, »Abtreibung ist moralisch verwerflich«, meint er sicher nicht, mit diesem Satz bloß seine subjektive Einstellung, seine persönliche Abneigung gegenüber Abtreibungen zum Ausdruck zu bringen. Er will vielmehr etwas darüber sagen, wie es sich in der Welt tatsächlich verhält, dass nämlich Abtreibung moralisch verwerflich *ist*. Dass wir moralische Urteile in dieser Weise, d.h. als Aussagen ›über die Welt‹ bzw. über Tatsachen, verstehen, zeigt sich auch an unserer Überzeugung, dass das Urteil ›Foltern ist verwerflich‹ nicht weniger wahr wäre, wenn wir es nicht für wahr halten würden. Wir verstehen das, was wir sagen, wenn wir moralische Urteile fällen, ganz grundsätzlich als etwas, das unabhängig von unserer Einstellung besteht und Gültigkeit hat (oder – gesetzt den Fall, wir irren uns – eben auch nicht).

2. Der moralische Realismus trägt unserem alltäglichen Verständnis moralischer Urteile sehr gut Rechnung. Allerdings ist keineswegs ausgeschlossen, dass unser Alltagsverstand uns täuscht oder die Sache einfach zu ungenau erfasst und letztlich verfehlt. Für den moralischen Realismus spricht jedoch der Umstand, dass wir moralische Urteile in folgender Weise in Schlüssen verwenden können (vgl. Geach 1965):

(1) Es ist falsch zu lügen.
(2) Wenn es falsch ist zu lügen, dann ist es falsch, den kleinen Bruder zum Lügen zu bringen.

Schluss: Es ist falsch, den kleinen Bruder zum Lügen zu bringen.

Dies ist ein gültiger Schluss (*modus ponens*). Gültig ist er aber nur dann, wenn der Satz ›Es ist falsch zu lügen‹ in beiden Erscheinungsformen (in (1) und in (2)) dasselbe bedeutet. Wenn das der Fall ist, dann gehört der Ausdruck einer Einstellung nicht zum konstanten Bedeutungsgehalt moralischer Urteile. Denn hätten moralische Urteile immer eine expressive Bedeutung, würde der Satz ›Es ist falsch zu lügen‹ in (1) und (2) nicht dasselbe bedeuten. In (2) nämlich ist der Satz ›Es ist falsch zu lügen‹ kein Ausdruck einer Einstellung. Man kann (2) für richtig halten, ohne eine negative Einstellung dem Lügen gegenüber zu haben. Im Gegenteil: Man könnte dem Lügen gegenüber eine positive Einstellung haben und gleichzeitig (2) als richtig ansehen.

Diese Überlegung soll zeigen, dass moralische Aussagen nicht in der Weise, wie dies ethische Non-Kognitivisten tun, analysiert werden können. Wenn moralische Aussagen eine expressive Bedeutung hätten, würde es sich beim genannten Schluss um keinen Schluss handeln, weil Schlüsse sich aus Prämissen ergeben, die wahrheitswertfähig sind. Der Begriff des Schlusses ist im Blick auf den Ausdruck von Einstellungen oder Präferenzen nicht definiert. Wenn es sich aber – wie wir annehmen – um einen gültigen Schluss handelt, dann dürfen moralische Aussagen nicht als expressive Aussagen verstanden werden. Sie sind dann vielmehr als Aussagen zu begreifen, die etwas zum Ausdruck bringen sollen, das der Fall ist. Und genau in dieser Weise werden sie von moralischen Realisten aufgefasst.

3. Ein anderes Argument, das für den moralischen Realismus vorgebracht werden kann, hat mit dem Phänomen der moralischen Uneinigkeit zu tun und ist eigentlich ein Argument gegen den Non-Kognitivismus. Dass Menschen in moralischen Fragen unterschiedliche Ansichten vertreten, haben wir eingangs schon am Streit von Gerda und Paula sehen können. Tatsächlich gehen wir in der Regel davon aus, dass in Fragen der Moral nicht immer Einhelligkeit, sondern häufig Uneinigkeit herrscht. Die Anerkennung dieses Umstands bedeutet nun insofern ein Problem für den Non-Kognitivisten als er dem Phänomen moralischer Uneinigkeit mit seinen theoretischen Ressourcen nicht Rechnung tragen kann. Hätte der ethische Non-Kognitivismus nämlich Recht, könnte es genuine moralische Uneinigkeiten eigentlich gar nicht geben. In dem Fall wären unsere divergierenden moralischen Urteile einfach Ausdruck unserer unterschiedlichen Einstellungen zu bestimmten Handlungsweisen. Sie könnten dann gar nicht in die Art von Konflikt geraten, als die wir moralische Uneinigkeiten erleben (vgl. auch Schaber 1999a). Das lässt sich folgendermaßen veranschaulichen:

Wenn die non-kognitivistische Auffassung moralischer Urteile richtig ist, dann haben moralische Urteile die Form:

(x) Buh!
(x) Hurra!

Oder:

(x) Mach das nicht!
(x) Mach das!

Dabei steht x für eine Handlung, und Buh und Hurra etc. stellen die verschiedenen Einstellungsmodi zu dieser Handlung dar. Paulas Urteil in Sachen Sterbehilfe hätte dann die Form: »(Sterbehilfe) Buh!«. Gerda käme dagegen zu dem Schluss: »(Sterbehilfe) Hurra!«. Da die Einstellungsmodi – Buh! Hurra! – selbst keinen kognitiven Gehalt haben, kann man sich in Bezug auf sie nun aber nicht uneinig sein. Wenn Paula »(Sterbehilfe) Buh!« sagt, und Gerda »(Sterbehilfe) Hurra!«, sind sie sich nicht uneinig. Es ist nicht so, dass Gerda verneint, was Paula bejaht – oder umgekehrt. Denn keine der beiden Äußerungen bejaht oder verneint überhaupt irgendetwas.[3]

Weil der ethische Non-Kognitivismus alle moralischen Urteile so versteht, kann es dieser Position zufolge gar keine moralischen Uneinigkeiten im eigentlichen Sinne geben. Paula bringt ihre Einstellung zum Ausdruck, Gerda ihre. Dass diese anders lautet, heißt nicht, dass sie Paulas Aussage verneint oder bestreitet. Gerda hat einfach eine andere Einstellung zum Ausdruck gebracht. Der Non-Kognitivismus kann demzufolge der Frage, wer von beiden in Sachen Sterbehilfe Recht hat, schlicht keinen Sinn abgewinnen. Das ist jedoch eine deutliche Schwäche der Theorie, die damit einem Phänomen nicht gerecht wird, das wir alltäglich erleben und wie selbstverständlich unterstellen: dem Faktum, dass wir uns in moralischen Fragen nicht einig sind, und der Überzeugung, dass es in unseren moralischen Auseinandersetzungen nicht nur darum geht, einander die jeweilige Einstellung zur Kenntnis zu geben, sondern auch, ja vielleicht vor allem, darum geht, herauszufinden, wer von uns Recht hat.

Viele werden dem moralischen Realismus mit Skepsis begegnen, weil sie befürchten, er führe zu einem Dogmatismus in moralischen Fragen. Die Behauptung moralischer Wahrheit legt es nahe, im Konfliktfall mit anderen, deren abweichende Ansichten als schlicht falsch abzuweisen, und auf der eigenen Meinung zu beharren. Der moralische Realist lässt sich dieser Vermutung zufolge auf kein wirkliches Gespräch über moralisch strittige Fragen ein, sondern meint die Wahrheit gepachtet zu haben. Dass der andere eine andere Ansicht vertritt, zeigt bloß, dass er sich irrt oder gar nicht verstanden hat, worum es geht.

Bei genauerer Betrachtung verflüchtigt sich der Eindruck jedoch bald, dass moralische Realisten in besonderer Weise Gefahr laufen, zu Dogmatikern zu werden. Die Behauptung der Wahrheitswertfähigkeit moralischer Urteile liefert als solche weder Grund noch Motiv, die eigenen Ansichten in Fragen der Moral dogmatisch zu vertreten. Der moralische Realismus beinhaltet nicht die Überzeugung, dass manche Personen einen privilegierten Zugang zur moralischen Erkenntnis haben. Vielmehr kann sich jeder in moralischen Fragen irren. Wer dies weiß und bedenkt, hat wenig Grund, sich dogmatisch zu verhalten.

6. Was für den ethischen Non-Kognitivismus spricht

Gegen den moralischen Realismus spricht aus Sicht des ethischen Non-Kognitivisten vor allem zweierlei: a) Er kann *erstens* dem Faktum moralischer Uneinigkeit nicht Rechnung tragen. b) Darüber hinaus sind *zweitens* die objektiven Werte, von denen der moralische Realismus ausgeht, für ethische Non-Kognitivisten absonderliche Entitäten (vgl. dazu Mackie 1981: 40ff.).

1. Betrachten wir zuerst das *Faktum moralischer Uneinigkeit*, das bereits oben zur Sprache kam, dort allerdings im Zusammenhang eines Einwands gegen den Non-Kognitivismus und zugunsten des Realismus. Es ist daher auf den ersten Blick überraschend, dass derselbe Umstand nun gegen den Realismus und zugunsten des Non-Kognitivismus sprechen soll. Betrachten wir das genauer. In ethischen Fragen finden wir eine Fülle von tief greifenden und hartnäckigen Uneinigkeiten vor, und dies sowohl intra- wie auch interkulturell. Aus Sicht ethischer Non-Kognitivisten spricht diese Tatsache bzw. die in den genannten Uneinigkeiten zum Ausdruck kommende Divergenz und Vielfalt moralischer Überzeugungssysteme nun gegen den Realismus, respektive die von Realisten vertretene Auffassung, moralische Urteile seien wahrheitswertfähige Sätze, die objektive Eigenschaften oder Werte zum Gegenstand haben. Denn »[d]ie Tatsache grundlegender Unterschiede hinsichtlich sittlicher Überzeugungen […] macht es schwierig, solche Überzeugungen als Einsichten in objektive Wahrheiten zu deuten.« (Mackie 1981: 40f.)

Nun liegt das Problem, das moralische Divergenz für den moralischen Realisten bedeuten soll, nicht schon darin, dass es überhaupt moralische Uneinigkeiten gibt. Entsprechende Differenzen gibt es auch in Fragen der Biologie, der Kosmologie, der Geschichte usw., ohne dass jemand deshalb auf die Idee käme, zu bestreiten, dass es diese Wissenschaften mit Fakten zu tun haben. Für den Realismus ist nicht das Vorliegen von moralischem Dissens das Problem, sondern dessen Erklärung: »Eine Meinungsverschiedenheit in naturwissenschaftlichen Fragen ergibt sich gewöhnlich aus spekulativen Schlussfolgerungen oder Erklärungsversuchen, die sich auf (noch) unzugänglich erforschte Daten stützen; Meinungsverschiedenheiten in moralischen Fragen lassen sich kaum in dieser Weise erklären.« (Mackie 1981: 41)

Moralische Meinungsverschiedenheiten ergeben sich vielmehr aus den unterschiedlichen Lebensformen: »Man ist von der sittlichen Angemessenheit der Monogamie überzeugt, weil man in Übereinstimmung mit den gesellschaftlichen Gepflogenheiten die Monogamie lebt; man lebt nicht die Monogamie, weil man von ihrer Angemessenheit überzeugt ist.« (Mackie 1981: 41) Und entsprechend lassen sich moralische Meinungsverschiedenheiten besser im Rekurs auf unterschiedliche Lebensformen als im Rekurs auf kognitive Defizite, »auf misslungene Versuche, objektive Werte zu erfassen« (Mackie 1981: 42), erklären.

2. Wenden wir uns dem zweiten Argument gegen den Realismus bzw. für den Non-Kognitivismus zu. Der moralische Realist geht davon aus, dass es da draußen in der Welt moralische Eigenschaften und Tatsachen gibt. Nach Ansicht ethischer Non-Kognitivisten kann es sich bei diesen moralischen Tatsachen und Eigenschaften nur um absonderliche Dinge handeln. Moralische Urteile, also im realistischen Bild: Sätze über moralische Tatsachen, schreiben ein bestimmtes Handeln vor und sie liefern uns Gründe, dieser Vorschrift auch Folge zu leisten. Moralische Urteile sind, mit anderen Worten, als Sätze über moralische Tatsachen zugleich präskriptiv und motivierend. Wenn es solche Tatsachen nun gäbe, dann müsste es also Dinge geben, die zugleich mit präskriptiven *und* motivierenden Eigenschaften ausgestattet wären. Eben dies scheint ethischen Non-Kognitivisten sonderbar:

> »Platons Formen liefern ein sonderbares Bild von dem, was objektive Werte darstellen müssten. Die Form des Guten ist von der Art, dass ihre Erkenntnis dem Erkennenden sowohl die Handlungsrichtung anzeigt als ihn auch mit einem durchschlagenden Handlungsmotiv versieht; die Tatsache, dass etwas gut ist, sagt demjenigen, der dies erkennt, was er zu tun hat, und zugleich bringt sie ihn dazu, es zu tun.

> Ein objektiver Wert würde von jedem, der ihn erkennt, angestrebt, und zwar nicht aufgrund irgendeiner kontingenten Tatsache, dass dieser Mensch (oder alle Menschen) gerade so beschaffen ist, dass er eben dies wünscht, sondern aufgrund einer diesem Wert innewohnenden Würdigkeit, realisiert zu werden.«
> (Mackie 1981: 46)

Moralische Tatsachen müssten also dem sie Erkennenden sagen, was er tun soll, und ihn gleichzeitig motivieren, das, was er tun soll, auch zu tun. Absonderlich erscheint diese Vorstellung aus folgendem Grund: Einsichten in das, was der Fall ist, können uns weder mitteilen, was wir tun sollen noch können sie uns zu irgendetwas motivieren (vgl. Mackie 1981: 46 f.). Faktenkenntnisse sind jedoch nicht dieser Art, denn man kann Fakten gegenüber durchaus indifferent sein. Genau deshalb kann es Tatsachen, die uns den Weg weisen und uns zugleich motivieren, ihn zu beschreiben, nicht geben. Denn dabei müsste es sich um Tatsachen handeln, denen gegenüber wir nicht indifferent sein könnten, die wir also nicht bloß zur Kenntnis nehmen könnten. Solche Gebilde haben mit Tatsachen im alltäglichen Sinn des Wortes wenig gemeinsam. So weit das zweite Argument.

7. Moralische Uneinigkeit

Dem soeben dargestellten Problem, das der moralische Realismus dem non-kognitivistischen Einwand zufolge mit moralischer Uneinigkeit bzw. der Divergenz moralischer Überzeugungen hat, kann der moralische Realist auf zwei Weisen begegnen:

a) Wie ethische Non-Kognitivisten zugeben, ist das Faktum der Uneinigkeit selbst kein Grund, den moralischen Realismus abzulehnen. Das Problem liegt vielmehr im Umstand, dass es mehr und hartnäckigere Dissense in moralischen als in nicht-moralischen Fragen gibt. Das kann man jedoch durchaus mit Gründen bestreiten. Der moralische Realist könnte in diesem Zusammenhang zum Beispiel darauf hinweisen, dass neben all den Dissensen in vielen moralischen Fragen durchaus auch Konsens besteht. Und was die Hartnäckigkeit moralischer Dissense betrifft, so ließe sich diese gegebenenfalls mit Faktoren wie Egoismus und ideologischen Verzerrungen erklären. Aufgrund der lebenspraktischen Relevanz moralischer Fragen kommt diesen Faktoren hier eine größere Rolle zu, als z.B. in naturwissenschaftlichen Fragen: Es ist gegebenenfalls leichter, sich von meteorologischen Überzeugungen zu trennen, als von moralischen – auch wenn man einmal erkannt hat, dass andere mit ihren Ansichten gegebenenfalls der Wahrheit näher kommen. Diese psychologische Differenz ist gleichwohl für die Annahme moralischer Tatsachen und Eigenschaften ohne Belang.

b) Darüber hinaus ist zweitens fraglich, ob der ethische Non-Kognitivist das hartnäckige Bestehen moralischer Meinungsverschiedenheiten besser zu erklären vermag als der moralische Realist. Ethische Non-Kognitivisten verweisen in diesem Zusammenhang auf differente gesellschaftliche Gepflogenheiten. Ihnen zufolge ist eine Person beispielsweise von der sittlichen Angemessenheit der Monogamie überzeugt, weil sie in einem bestimmten kulturellen Kontext aufgewachsen ist und in Übereinstimmung mit dessen Üblichkeiten lebt. Die meisten von uns würden jedoch wohl eher das Gegenteil behaupten: Dass sie ihrem Partner oder ihrer Partnerin treu sind und monogam leben, hat etwas damit zu tun, dass sie von der sittlichen Angemessenheit dessen, was sie da tun bzw. lassen, überzeugt sind – oder eben davon, dass das Gegenteil nicht gleichermaßen in Ordnung wäre. Wenn das keine reine Selbsttäuschung ist, dann werden Wertüberzeugungen nicht durch Lebensformen, sondern umgekehrt, Lebensformen durch Wertüberzeugungen erklärt. In dem Fall wäre in der Tat unklar, ob man die moralischen Meinungsunterschiede nicht doch besser mit der Hypothese erklärt, in ihnen drückten sich »verschiedene, oft unzulängliche Versuche, objektive Werte zu erfassen, aus« (Mackie 1981: 42).

8. Moralische Motivation

Damit steht jedoch nach wie vor der Vorwurf im Raum, der moralische Realist vertrete mit der Behauptung, dass es moralische Tatsachen gibt, die zugleich präskriptiv und motivierend sind, eine absonderliche Position. Auf diesen Einwand wäre zum Beispiel die folgende Entgegnung möglich: Problematisch sind moralische Tatsachen bloß dann, wenn man mit Hume annimmt, dass Überzeugungen uns weder Gründe zum Handeln liefern, noch jemanden zu motivieren vermögen. Hume zufolge sind wir in beiden Hinsichten auf Wünsche angewiesen: Wünsche liefern uns Gründe, etwas Bestimmtes zu tun, und sie motivieren uns zum Handeln.

Moralische Realisten begegnen diesem Humeschen Einwand, dass es ohne Wünsche weder Gründe noch Motive gibt und also auch keine moralischen Handlungen, auf zwei unterschiedliche Weisen:

a) Nach Ansicht der sogenannten *externalistischen* moralischen Realisten können Überzeugungen allein eine Person in der Tat nicht zum Handeln motivieren, und dies gilt auch für moralische Überzeugungen. Die Einsicht in moralische Fakten hat, wie Externalisten meinen, nicht schon als solche, sondern nur dann eine motivierende Kraft, wenn der Handelnde entsprechende Wünsche hat. Externalisten geben Hume in dieser Hinsicht also Recht. (Das, was uns letztlich zum Handeln bringt – die Wünsche –, wohnt also nicht schon den moralischen Tatsachen, respektive den Gründen inne, sondern ist ihnen *extern*.)

Gleichwohl ist die Abhängigkeit der Handlungsgründe von Wünschen ihrer Meinung nach für den moralischen Realismus nur dann ein Problem, wenn man zusätzlich annimmt, dass die Einsicht in moralische Fakten *notwendigerweise* motiviert, in der entsprechenden Weise zu handeln. Zwischen der Einsicht in moralische Fakten und einer Handlungsmotivation besteht jedoch nach Ansicht der Externalisten kein notwendiger Zusammenhang. Man kann moralische Urteile aufrichtig bejahen und gleichzeitig in keiner Weise motiviert sein, auch entsprechend zu handeln (vgl. dazu ausführlich Brink 1989: 45ff. und Schaber 1997: 175ff.). Dasselbe gilt, wie gewisse Externalisten meinen, auch für Gründe: Man kann moralische Ureile als richtig anerkennen und gleichzeitig die sinnvolle Frage stellen, welche Gründe man hat, auch in der entsprechenden Weise tätig zu werden (vgl. Brink 1989: 50ff.). Moralische Tatsachen müssten demnach nicht schon als solche notwendigerweise motivieren – was ihre Behauptung gegebenenfalls weniger absonderlich erscheinen lässt.

b) Sogenannte *internalistische* moralische Realisten bestreiten, dass eine Überzeugung eine Person nur zum Handeln zu motivieren vermag, wenn sie sich mit einem entsprechenden Wunsch verbindet. In bestimmten Fällen reicht ihrer Auffassung nach der Verweis auf eine Überzeugung als Handlungserklärung vollständig aus (vgl. dazu McDowell 2002). Das Tatsachenwissen, dass ein Freund in Not ist, kann hinreichend erklären, wieso ich ihm geholfen habe. Meine Handlung wird nicht erst dadurch verständlich, dass zusätzlich ein Wunsch erwähnt wird, etwa der

Wunsch, Freunden in Not zu helfen. Bestimmte moralische Realisten sind sogar der Meinung, dass Wünsche nie eine erklärende Rolle haben: Für vollständige Handlungserklärungen brauchen wir ausschließlich Überzeugungen (vgl. Dancy 1993: 13f.).

Internalistische moralische Realisten bestreiten auch, dass Handlungsgründe durchwegs auf Wünschen beruhen (vgl. Nagel 1999: 148ff.). Wie sie meinen, sollten wir bestimmte Dinge tun, weil sie gut oder richtig sind. So kann ich einen Grund haben, Sport zu treiben, auch wenn ich das nicht wünsche. Der Grund ist dann eben nicht mein entsprechender Wunsch, sondern die Überzeugung, dass Sport zu treiben gut für mich ist (vgl. dazu Dancy 2000: 31ff., Quinn 1993: 234ff., Scanlon 1998: 41ff. und Schaber 1999b: 34ff.). Hinzu kommt, dass wir bestimmte Wünsche überhaupt nur haben oder erst ausbilden, weil wir das, was gewünscht wird, als gut oder richtig betrachten. Aus der Erkenntnis, dass Sport gut für mich ist, kann durchaus der Wunsch, Sport zu treiben, entstehen. In einem solchen Fall wird aber der Grund, entsprechend tätig zu werden, gerade nicht durch den Wunsch gestiftet, sondern von Eigenschaften geliefert, aufgrund derer ich die Tätigkeit für gut halte.

Internalistische moralische Realisten meinen, dass eine Person, die eine Handlung für moralisch richtig ansieht, *eo ipso* auch Gründe anerkennt, entsprechend zu handeln. Der Ausdruck ›moralisch richtig‹ informiert uns nicht bloß darüber, wie eine Handlung oder Handlungsweise beschaffen ist; er teilt uns auch mit, dass etwas dafür spricht, so zu handeln. Und entsprechend gilt: Wer eine Aussage darüber, was moralisch richtig oder falsch ist, aufrichtig anerkennt, anerkennt notwendigerweise auch, Gründe zu haben, so zu handeln. Wer dies nicht tut, versteht nicht, was er sagt. Anders als Hume und Mackie meinen, können wir diesen Fakten gegenüber nicht indifferent sein.

Das Argument aus der Absonderlichkeit vermag nach Ansicht moralischer Realisten weder im Blick auf Handlungsmotivationen noch im Blick auf Handlungsgründe zu überzeugen, denn es lebt von Voraussetzungen, die man aus der Sicht des externalistischen wie des internalistischen moralischen Realisten nicht teilen sollte.

Kontrollfragen

1. Worin kann man die praktische Relevanz der Metaethik sehen?
2. Wie lautet die These des ethischen Non-Kognitivismus?
3. Was ist unter ethischem Kognitivismus zu verstehen?
4. Nennen Sie einen Grund, der für den ethischen Non-Kognitivismus geltend gemacht werden kann.
5. Was behauptet der moralische Realismus?
6. Nennen Sie einen Grund, der für den moralischen Realismus spricht.
7. Wieso ist das Faktum moralischer Uneinigkeit für den moralischen Realisten ein Problem?
8. Was meint der ethische Non-Kognitivist, wenn er moralische Tatsachen als absonderliche Tatsachen bezeichnet?
9. Was ist unter Quasi-Realismus zu verstehen?
10. Was unterscheidet internalistische von externalistischen Realisten?

Verwendete Literatur

Ayer, Alfred: *Language, Truth, and Logic*, London 1963.
Ayer, Alfred: Die praktische Funktion moralischer Urteile. In: *Texte zur Ethik*, hg. von D. Birnbacher/N. Hoerster. München 1976, S. 55–66.
Baldwin, Thomas: *G. E. Moore*, London 1990.
Blackburn, Simon: Errors and the Phenomenology of Value. In: *Quasi-Realism*, Oxford 1993, S. 149–165.
Brink, David: *Moral Realism and the Foundations of Ethics*, Cambridge 1989.
Brink, David: Realism, Naturalism, and Moral Semantics. In: *Social Philosophy & Policy* 18, 2001, S. 154–176.
Dancy, Jonathan: *Moral Reason*, Oxford 1993.
Horwich, Paul: Gibbard's Theory of Norms. In: *Philosophy & Public Affairs* 22, 1, 1993, S. 67–78.
Mackie, John Leslie: *Ethik. Auf der Suche nach dem Richtigen und Falschen*, Stuttgart 1981.
McDowell, John: Values and Secondary Qualities. In: *Morality and Objectivity*, hg. von Ted Honderich. London 1985, S. 110–129.

McDowell, John: Projection and Truth in Ethics. In: *Moral Discourse & Practice*, hg. von Stephen Darwall u. a. New York/Oxford 1997, S. 215–226.

McDowell, John: Tugend und Vernunft. In: *Wert und Wirklichkeit. Aufsätze zur Moralphilosophie*, Frankfurt a.M. 2002, S. 74–106.

McNaughton, David: *Moral Vision*, Oxford 1988, dt.: *Moralisches Sehen*, Frankfurt a.M. 2001.

Moore, George Edward: *Principia Ethica*, Cambridge 1903.

Moore, George Edward: *Ethics*, Oxford 1912.

Murdoch, Iris: *The Sovereignity of Good*, London 1970.

Nagel, Thomas: *The View from Nowhere*, Oxford 1986.

Parfit, Derek: Reasons and Motivation. In: *Proceedings of the Aristotelian Society*, Suppl. Vol. 71, 1997, S. 99–130.

Quinn, Warren: Putting Rationality in its Place. In: *Morality and Action*, Cambridge 1993, S. 228–255.

Scanlon, Thomas: *What We Owe to Each Other*, Cambridge, Mass. 1998.

Schaber, Peter: *Moralischer Realismus*, Freiburg/München 1997.

Schaber, Peter: Gibt es auf normative Fragen richtige Antworten? In: *Angewandte Ethik in der pluralistischen Gesellschaft*, hg. von K. P. Rippe. Freiburg i.Üe. 1999, S. 131–142.

Schaber, Peter: Normative Handlungsgründe. In: *Analyse & Kritik* 2, 1999, S. 25–40.

Schaber, Peter: Die andere Moral des ethischen Subjektivisten. In: *Grundlagen der Ethik. Normativität und Objektivität*, hg. von P. Schaber/R. Hüntelmann. Frankfurt a.M. 2003, S. 9–24.

Stevenson, Charles L.: The Emotive Meaning of Ethical Terms. In: *Mind* 46, 1937, S. 14–31.

Kommentierte Auswahlbibliographie

Brink, D.: *Moral Realism and the Foundations of Ethics*, Cambridge 1989.
(*Eine eindrucksvolle Verteidigung des naturalistischen Realismus.*)

Dancy, J.: *Practical Reality*, Oxford 2000.
(*Eine wichtige Arbeit zu einer realistischen Theorie praktischer Gründe.*)

Mackie, J. L.: *Ethik. Auf der Suche nach dem Richtigen und Falschen*, Stuttgart 1981.
(*Ein Standardwerk des Anti-Realismus.*)

McNaughton, D.: *Moral Vision*, Oxford 1988.
(*Eine sehr gute Einführung in die Grundfragen der Metaethik.*)

Moore, G. E.: *Principia Ethica*, Cambridge 1903.
(*Dieses Buch bildet den Ausgangspunkt der modernen metaethischen Debatten.*)

Sayre-McCord, G.: *Essays on Moral Realism*, Ithaca 1988.
(*Die Einleitung in diesem Sammelband liefert eine gute Übersicht über die neuere metaethische Debatte. Der Band versammelt einschlägige Texte zur metaethischen Debatte.*)

Schaber, P.: *Moralischer Realismus*, Freiburg/München 1997.
(*Eine deutschsprachige Darstellung der Debatte um den moralischen Realismus.*)

Anmerkungen

[1] Für wertvolle Hinweise möchte ich Susanne Boshammer herzlich danken.

[2] Das ist nach Thomas Nagel die Kernthese dessen, was er als normativen Realismus bezeichnet; vgl. Nagel 1986: 139.

[3] »Wenn jemand sagt ›Diese Handlung ist richtig‹, und ein anderer antwortet ›Nein, diese Handlung ist nicht richtig‹, dann berichten beide etwas über ihre eigenen Gefühle; das aber bedeutet, dass es zwischen den beiden keine wirkliche Meinungsverschiedenheit gibt: der eine widerspricht nicht dem, was der andere behauptet.« (Moore 1912: 63; Übersetzung PS).

ETHISCHE ARGUMEN-TATIONEN

Christoph Lumer

1. Glanz und Elend der ethischen Argumentation
2. Funktion und Struktur von Argumentationen – allgemein und in deduktiven Argumentationen
   2.1 Das Ziel von Argumentationen: Erkenntnis
   2.2 Struktur und Funktionsweise von Argumentationen
   2.3 Allgemeine Gültigkeits- und Adäquatheitskriterien für Argumentationen
   2.4 Deduktive Argumentationen
3. Argumentationsfehler
4. In der Ethik häufig vorkommende Argumentationstypen
   4.1 Probabilistische Argumentationen für Wahrscheinlichkeitsurteile
   4.2 Praktische Argumentationen für Werturteile
5. Argumentationen zur Begründung moralischer Prinzipien
6. Argumentationen in der angewandten Ethik
   6.1 Deontische Argumentationen für deontische Urteile
   6.2 Konsequentialistische Argumentationen für moralische Bewertungen

1. Glanz und Elend der ethischen Argumentation

Mit einem Höhepunkt in den Jahren 2000 und 2001 wurde in Deutschland eine breite und heftige öffentliche Diskussion über bioethische Fragen geführt, vor allem über die Zulässigkeit der Embryonenforschung, des therapeutischen Klonens und der Präimplantationsdiagnostik. Nicht nur das Land, auch die einzelnen politischen Parteien waren in sich gespalten zwischen eher liberalen Positionen (moralische Zulässigkeit all dieser technischen Möglichkeiten) und eher konservativen, restriktiven (Unzulässigkeit). Die Konservativen argumentierten gegen diese Möglichkeiten vor allem mit dem Hinweis auf die Würde des Menschen, die nicht angetastet werden dürfe. Die Liberalen bestritten, dass der Schutz der Menschenwürde schon für Embryonen gelten könne – es handele sich in diesem Entwicklungsstadium schließlich nicht um viel mehr als um einen Zellhaufen –, oder sie bestritten gar die Brauchbarkeit des Konzepts der Menschenwürde überhaupt. Wie es Politiker in solch festgefahrenen Situationen oft tun, setzte die damalige Bundesregierung eine gemischte Expertenkommission, den »Nationalen Ethikrat« (später »Deutscher Ethikrat«), ein, die einen Lösungsvorschlag erarbeiten sollte. Anders als in politischen Entscheidungsgremien, die im Zweifelsfall per Mehrheit entscheiden oder einen Kompromiss zusammenbasteln, der den Interessen eines großen Teils der Entscheidungsbefugten entgegenkommt, sollte dieses Mal aber argumentativ entschieden werden. In der Diskussion der Kommission sollten argumentativ unhaltbare Positionen ausgeschieden und es sollte mittels Argumenten möglichst eine für alle akzeptable Lösung gefunden werden. Die Kommissionsarbeit wurde von einer breiten öffentlichen Diskussion vor allem in den Printmedien begleitet, an der sich auch viele Ethiker mit ausgefeilten Argumentationen beteiligten.

Diese Debatte zeigt Glanz und Elend der großen *öffentlichen* ethischen Argumentation. Einerseits haben es auch viele in der philosophischen Ethik diskutierte Argumente geschafft, in die breite Öffentlichkeit vorzudringen. Schlechte Argumente und die mit ihnen verbundenen Positionen wurden zurückgedrängt. So konnte beispielsweise das theologische Argument von der Heiligkeit und Gottesebenbildlichkeit des menschlichen Lebens[1] wegen seiner metaphysischen Voraussetzungen und internen Nichtschlüssigkeit quasi keinerlei Wirkung entfalten; selbst Katholiken beriefen sich lieber auf die Menschenwürde als auf dieses theologische Argument. Und andere Argumente, z.B. das Potentialitätsargument[2], wurden so oft widerlegt (z.B. Singer ⟨1979⟩/1994: 199), dass sie ihre Überzeugungskraft bei aufmerksamen Verfolgern der Debatte vermutlich ziemlich verloren haben. Dies sind wichtige, wenn auch kleine Beiträge zur Rationalisierung des moralischen Denkens und Handelns. Andererseits sind grundlegende moralische Einstellungen für die persönliche Identität so zentrale Überzeugungen, bei deren Änderung ganze persönliche Glaubensgebäude einstürzen mögen, dass eine schnelle und womöglich allgemeine Akzeptanz selbst schlagender Argumente nicht zu erwarten war. So ist denn auch der von der Kommission erarbeitete Vorschlag wieder nur ein Kompromiss, den der eine aus diesen, der andere aus jenen Gründen akzeptiert, nicht aber eine Position, die aus einer von allen Kommissionsmitgliedern für schlüssig gehaltenen Argumentation folgt. Und selbstverständlich ist ein Konsens unter bekannten öffentlichen Exponenten bestimmter Positionen auch von vornherein unwahrscheinlich. Eher mögen sich die Meinungen der »Zuschauer« ändern und verfeinern. Schließlich sind sicher viele *Widerlegungen* von in der Diskussion vorgebrachten Argumentationen schlagend, aber schlagende *positive* Argumentationen für eine bis dahin umstrittene Position gibt es höchst selten. Dafür sind die grundlegenden inhaltlichen und methodologischen Ausgangspunkte ethischen Argumentierens zu unsicher und umstritten – auch unter Ethikern. Dies ist auch bei diesem Artikel zu berücksichtigen. Bei der *Anwendung* materialer ethischer Prinzipien bewegt man sich schon auf viel sichererem Terrain. Aber trotz dieser zur Vorsicht gemahnenden Situation des ethischen Argumentierens ist eben doch ein Fortschritt im ethischen Argumentieren festzustellen: Nicht nur konnten viele unhaltbare Argumentationen als ungültig erwiesen werden, auch das methodische Niveau der Argumentationen hat sich im Laufe der Zeit deutlich verbessert; die Entwicklung des ethischen Argumentierens hat ermöglicht, viele Naivitäten und Voreingenommenheiten im moralischen Denken zu vermeiden.

Im obigen Ausgangsbeispiel der Embryonenschutzdebatte ging es um öffentliche ethische Argumentation zum Zweck der politischen Entscheidungsfindung. Ethische Argumentationen dienen dabei dazu, andere von einer bestimmten Position zu überzeugen und einen Konsens herbeizuführen. Ein nicht minder wichtiger und in vielen Hinsichten noch aufschlussreicherer Anwendungsbereich ethischer Argumentation ist die private Suche nach der richtigen moralischen Einstellung. Möglicherweise geben die eigenen bisherigen moralischen Überzeugungen gar keine Antwort oder mehrere unverträgliche Antworten auf eine konkrete moralische Frage: Darf man Fleisch essen? Wie viel von seinem Einkommen soll man in die Dritte Welt oder zu welchen anderen Zwecken stiften? Wie viel Zeit sollte man seiner Familie widmen? Welches Wirtschaftssystem wäre moralisch richtig? Oder es handelt sich um eine viel grundlegendere moralische Krise: Jemand hat seine christliche oder seine marxistische Überzeugung oder seine vergnügungssüchtige egoistische Einstellung verloren und sucht nun nach den richtigen moralischen Grundprinzipien. Der Betreffende liest Argumentationen von Theoretikern, hört Argumentationen von Freunden oder überlegt sich selbst neue Argumente, um in diesen Fragen zu einer begründeten Antwort zu kommen, die rational und deshalb auch dauerhaft ist und eigener sowie fremder kritischer Begutachtung standhält. (Vorschnelle, schlecht begründete Antworten werden oft rasch revidiert. Und solche Revisionen bringen Kosten mit sich: Das Engagement für die bisherige Überzeugung ist unter Umständen verloren oder wird später gar für kontraproduktiv gehalten; mit einem dauernden Meinungswechsel hat man auch vor anderen einen schwereren Stand …) Dies ist der Gebrauch ethischer Argumentationen zu Erkenntniszwecken. Wichtige Unterschiede dieser Situation zu der öffentlichen politischen Diskussion sind: Der Betreffende ist offen für neue gute Argumente und eine neue Position. Seine Argumentationen richten sich nicht an andere, die überzeugt werden müssen, was die Gefahr birgt, persuasive, also überredende, aber nicht rationale, Mittel einzusetzen. Er ist nur daran interessiert, diese Frage zu klären, d.h. sich selbst zu überzeugen; er muss dabei Unoffenheiten vermeiden – dies wären Unoffenheiten sich selbst gegenüber. Das Ziel ist rein epistemisch, argumentativ herauszufinden, was in diesem Fall die richtige moralische Antwort oder ganz grundsätzlich die richtige Moral ist. Aber hier zeigt sich schon gleich ein Problem des ethischen Argumentierens: Geht es um die richtige, die wahre, die rationale, gute, funktionale, adäquate, akzeptable oder was sonst für eine Moral? Und was bedeuten diese Prädikate? Dies ist gleich eine zentrale Frage des metaethischen Argumentierens.

In dieser Einführung in das ethische Argumentieren geht es primär um die epistemische Perspektive desjenigen, der für sich selbst rational, mittels Argumenten moralische Fragen klären will. Argumentationen, die solche Klärungen herbeiführen können, können dann auch zum Überzeugen anderer verwendet werden.

Ethische Argumentationen haben durchaus eine bewegende und epistemische Kraft. Um diese Kraft verstehen und sich ihrer bedienen zu können, ist ein allgemeines Verständnis von Argumentationen, ihrer Funktionsweise und ihrer Gültigkeitskriterien erforderlich. Dazu muss zunächst ein Einblick in die allgemeine – von der Ethik völlig unabhängige – philosophische Argumentationstheorie vermittelt werden. Die dabei gewonnenen Einsichten können dann in einem zweiten Schritt auf ethische Fragen angewendet werden.

2. Funktion und Struktur von Argumentationen – allgemein und in deduktiven Argumentationen

2.1 Das Ziel von Argumentationen: Erkenntnis

In der allgemeinen Argumentationstheorie gibt es drei grundlegende theoretische Ansätze: 1. Nach dem *rhetorischen* Ansatz ist die Funktion von Argumentationen, einen Adressaten etwas glauben zu machen. Es kommt nicht darauf an, ob das Geglaubte wahr ist, sondern nur, dass der Adressat nachher die These des Argumentierenden glaubt. (Rhetoriker bezweifeln sogar oft, dass es so etwas wie Wahrheit überhaupt gibt.) 2. Der *konsenstheoretische* Ansatz sieht es als die Funktion von Argumentationen an, einen Konsens herbeizuführen. Auch hier kommt es nicht auf Wahrheit an, sondern darauf, dass man sich geeinigt hat. 3. Nach dem *erkenntnistheoretischen* Ansatz ist die Funktion von Argumentationen, eine Erkenntnis im strengen Sinne zu erzeugen; dies ist ein Glaube, der so gut begründet ist, dass er *rational akzeptabel* ist, d.h.: wahr, wahrscheinlich wahr oder wahrheitsähnlich. *Wissen* ist ein zwingend begründeter wahrer Glaube. *Erkenntnisse* umfassen Wissen, aber auch schwächer begründete rational akzeptable Überzeugungen, die ein Ersatz für Wissen sind, der dann angestrebt wird, wenn beim aktuellen Informationsstand Wissen nicht oder nur mit zu großem Aufwand erreicht werden kann. Von einer Argumentation, die zu Erkenntnis führt, sagt man, dass sie *rational überzeugt*.

Die Philosophie ist traditionell, seit Sokrates und Platon, eher dem erkenntnistheoretischen Ansatz verpflichtet, weil dieser auf Wahrheit bzw. den etwas schwächeren Ersatz dafür, die rationale Akzeptabilität, zielt. Die traditionelle Kritik am rhetorischen Ansatz ist: Dadurch dass dieser nur darauf zielt, dass der Adressat nachher den vom Argumentierenden gewünschten Glauben hat, ist dieser Glaube allenfalls zufällig wahr und deshalb meistens falsch. Ein falscher Glaube führt aber zu Desorientierung über die Welt und zu falschen, suboptimalen Entscheidungen (Platon, *Phaidros* 259e–260d). Nach der obigen Unterscheidung zwischen der öffentlichen politischen und der eher privaten, auf Erkenntnis zielenden Argumentation kann man dieser Kritik hinzufügen, dass rhetorische Argumentationsverfahren für diesen zweiten Anwendungsbereich nicht geeignet sind.

Das Ziel konsensualistisch konzipierter Argumentationen unterscheidet sich von dem rhetorisch konzipierter vor allem dadurch, dass auch der Argumentierende sich selbst zu der Meinung, von der er den anderen überzeugt hat, bekennt. Die resultierende Meinung selbst wird auch bei diesem Ansatz nicht weiter qualifiziert, was zu den gleichen Problemen wie beim rhetorischen Ansatz führt: Nun ist der Konsens der Wahrheit übergeordnet. Was hilft aber der Konsens, wenn der geteilte Glaube falsch ist? Die Wahrheit eines Glaubens hängt einfach nicht davon ab, ob ein anderer diesen Glauben teilt, sondern davon, ob die Wahrheitsbedingungen der geglaubten Proposition erfüllt sind.

Dadurch dass der erkenntnistheoretische Ansatz auf Erkenntnis zielt, strebt er Meinungen an, die klar im Interesse der Adressaten der Argumentation sind, nämlich rational akzeptable (wahre, wahrscheinlich wahre oder wahrheitsähnliche) Meinungen. Diese helfen uns, uns in der Welt zu orientieren und unsere wahren Interessen zu verfolgen. – Aus diesen Gründen stützt sich die folgende Darstellung ethischer Argumentationen auf den erkenntnistheoretischen Ansatz.

Die (Standard-)Funktion von Argumentationen nach dem erkenntnistheoretischen Ansatz ist, zu einer Erkenntnis zu führen, im ethischen Fall also zu einer moralischen Erkenntnis. Was ist aber eine Erkenntnis?

> **Definition und Erläuterung von ›Erkenntnisprinzip‹ und ›Erkenntnis‹**
>
> *Erkenntnisprinzipien* sind allgemeine Akzeptabilitätskriterien für Urteile; sie sind *effektiv*, wenn die Erfüllung ihrer Bedingungen die Akzeptabilität des fraglichen Urteils impliziert. Ein solches effektives Erkenntnisprinzip ist beispielsweise das *deduktive Erkenntnisprinzip*: ›Ein Urteil ist wahr, wenn es von wahren Urteilen logisch impliziert wird.‹ Im Folgenden wird der Zusatz »effektiv« zu »Erkenntnisprinzip« in der Regel weggelassen.
>
> Eine *Erkenntnis* ist ein *begründeter* Glaube; die Begründetheit besteht darin, dass dieser Glaube auf eine bestimmte, erkenntnistheoretisch ausgezeichnete Weise gewonnen wurde (die möglichst auch noch wenigstens im Groben erinnert wird): Der Erkennende prüft sukzessive, ob die spezifizierten Bedingungen eines effektiven Erkenntnisprinzips erfüllt sind, das angibt, unter welchen Bedingungen ein Urteil des fraglichen Typs *akzeptabel* (d.h. wahr, wahrheitsähnlich oder wahrscheinlich wahr) ist.

Was dies bedeutet, lässt sich am besten an einem Beispiel erklären. Das zu überprüfende Urteil sei: T (für »*These*«) = ›Die Bürger von Mali haben ein Recht auf Subsistenzsicherung.‹ Dieses Urteil werde auf deduktivem Wege erkannt, also mithilfe des deduktiven Erkenntnisprinzips: ›Ein Urteil ist wahr, wenn es von wahren Urteilen logisch impliziert wird.‹ Zwei wahre Urteile, die T logisch implizieren, sind: P1 = ›Alle Menschen haben ein Recht auf Subsistenzsicherung.‹, P2 = ›Die Bürger von Mali sind Menschen.‹ Die Spezifizierung des deduktiven Erkenntnisprinzips ist in diesem Fall: ›T ist wahr, wenn 1. T von P1 und P2 logisch impliziert wird und 2. wenn P1 und P2 wahr sind.‹ Um die Wahrheit von T deduktiv zu erkennen, kann Susanne dann so vorgehen: Sie verwendet das deduktive Erkenntnisprinzip als Kriterium für die Überprüfung von T; sie prüft also, ob die Bedingungen der Spezifizierung erfüllt sind; sie prüft, 1. ob P1 und P2 – die sogenannten Prämissen – zusammen T logisch implizieren und 2. ob P1 und P2 wahr sind. Wenn sie bei beiden Prüfungen zu einem positiven Ergebnis gekommen ist, dann kann sie T als wahr akzeptieren. Zu 1: Ob aus P1 und P2 zusammen T folgt, ist für sprachkundige Menschen sehr einfach zu überprüfen; es handelt sich um einen sehr einfachen logischen Schluss der Form: ›Alle F sind G; alle G sind H; also sind alle F auch H‹, den wir beim Spracherwerb zu meistern lernen; wenn der Schluss klar dargeboten wird, durchschauen normale Erwachsene seine Gültigkeit deshalb im Augenblick. Zu 2: Nehmen wir zusätzlich an, Susanne habe die Wahrheit von P1 und P2 schon vorher erkannt; sie braucht sich zur Überprüfung der Wahrheit von P1 und P2 nur an diese Erkenntnis zu erinnern. Die Überprüfungen, ob die Bedingungen 1 und 2 erfüllt sind, erfolgen in diesem Fall also in Windeseile; und weil sie beide ein positives Ergebnis haben, glaubt Susanne nun begründet an T.

Für jedes wahre Urteil T gibt es unsäglich (genauer: unendlich) viele gültige Spezifizierungen des deduktiven Erkenntnisprinzips. Das Problem ist nur, dass diese uns in den allermeisten Fällen nichts nützen, weil wir weder die Wahrheit der jeweiligen Prämissen erkannt haben noch den Schluss durchschauen. Die Kunst des deduktiven Erkennens ist vielmehr, geeignete Prämissenmengen zu finden, die wir also schon als wahr erkannt haben und aus denen auf eine für uns einigermaßen klar zu durchschauende Weise die fragliche These folgt.

2.2 Struktur und Funktionsweise von Argumentationen

Bei diesem Problem der Auswahl geeigneter Prämissen etc. können uns nun (deduktive) Argumentationen helfen. Argumentationen sind nach dem erkenntnistheoretischen Ansatz in der Argumentationstheorie Instrumente, mit denen das Erkennen angeleitet werden kann. Wie sind diese Instrumente konstruiert? Argumentationen bestehen aus 1. einer These, 2. einem oder mehreren Argumenten und 3. einem Argumentationsindikator wie ›deshalb‹, ›also‹ oder ›denn‹ etc., der angibt, dass es sich bei dieser Sequenz von Urteilen um eine Argumentation handelt, welches von ihnen die These ist und welche von ihnen die Argumente sind; bei ›deshalb‹ beispielsweise stehen die Argumente vor dem ›deshalb‹ und die These dahinter; bei ›also‹ ist es analog, bei ›denn‹ ist es umgekehrt. In unserem Beispiel sieht die Argumentation so aus: ›Alle Menschen haben ein Recht auf Subsistenzsicherung. Die Bürger von Mali sind Menschen. Also haben die Bürger von Mali ein Recht auf Subsistenzsicherung.‹ Oder kurz: ›P1, P2, also T.‹ Der Inhalt von Argumentationen besteht nun darin, dass in den Argumenten die Bedingungen – oder ein Teil davon – der Spezifizierung eines effektiven Erkenntnisprinzips als erfüllt beurteilt werden, und zwar zu Recht als erfüllt beurteilt werden. Allerdings werden in der Regel einige dieser Bedingungen weggelassen, von denen angenommen wird, dass der Adressat der Argumentation sie auch von sich aus ergänzen kann. So wird in unserem Beispiel ja schon weggelassen, dass P1 und P2 T logisch implizieren. (Allerdings kann dies auch über den Argumentationsindikator angedeutet werden. ›Folglich gilt‹ ist z.B. ein Argumentationsindikator, der nur in deduktiven Argumentationen vorkommt, der also auch die logische Implikation andeutet.) Wenn auch Prämissen weggelassen werden, spricht man von einem *Enthymem* oder einer *enthymematischen Argumentation*: ›Auch die Bürger von Mali haben ein Recht auf Subsistenzsicherung, weil alle Menschen ein Recht auf Subsistenzsicherung haben.‹ (P2 ist weggelassen). Eine solche Argumentation ist ein – im Prinzip und in erster Näherung – gutes Instrument zum Erkennen von T, wenn die Argumente nicht nur urteilen, dass die Bedingungen eines spezifizierten effektiven Erkenntnisprinzips für T erfüllt sind, sondern wenn diese Bedingungen auch tatsächlich erfüllt sind. Ist eine Argumentation im Prinzip funktionstüchtig zur Anleitung des Erkennens, so heißt sie »*gültig*«. Unser Beispiel ›P1, P2, also T‹ ist solch eine gültige Argumentation, ebenso seine enthymematischen Formen ›P1, also T‹ bzw. ›P2, also T‹.

Allerdings kann man nicht alle Instrumente erfolgreich zu allen möglichen Zwecken anwenden; man kann nicht einmal alle Instrumente in beliebigen Situationen erfolgreich für die Funktion einsetzen, für die sie eigentlich gemacht sind. Mit einem Sportwagen kann man sich nicht in schwerem Gelände fortbewegen und ohne Treibstoff schon gar nicht. Das Instrument muss auch *adäquat* verwendet werden. Dies gilt auch für Argumentationen, die zur Anleitung des Erkennens verwendet werden sollen: Sie müssen adäquat verwendet werden. Die *Adäquatheitsbedingungen* für die adäquate Verwendung einer Argumentation sind gewissermaßen die zugehörige Gebrauchsanleitung. Ein Instrument, das nicht adäquat eingesetzt wird – der Sportwagen in schwerem Gelände –, muss deswegen noch kein schlechtes Instrument sein. Analog muss eine Argumentation, die nicht adäquat verwendet wird, deswegen noch nicht ungültig sein. Die wichtigsten Adäquatheitsbedingungen, um einen Adressaten h (= *H*örer) mit einer deduktiven Argumentation beim Erkennen der These der Argumentation anzuleiten, sind: 1. Der Adressat h muss die Prämissen der Argumentation schon als akzeptabel erkannt haben (»erkannt haben« soll auch einschließen, dass er diese Akzeptabilität in dem Moment erkennt, in dem ihm die Argumente vorgetragen werden), 2. aber noch nicht die These T; 3. außerdem muss bei deduktiven Argumentationen die Folgerungsbeziehung zwischen den Prämissen und der These von ihm einigermaßen leicht zu durchschauen sein.

Wie funktioniert nun das Anleiten des Erkennens mit einer Argumentation? Susanne hat ja selbst schon die Wahrheit von T erkannt; sie möchte nun Hans davon überzeugen, dass T wahr ist, indem sie ihm die Argumentation ›P1, P2, also T‹ vorträgt. Nehmen wir zusätzlich an, dass die Argumentation in dieser Situation adäquat verwendet wird. Hans wird dann durch den Argumentationsindikator ›also‹ darauf aufmerksam gemacht, dass er anhand des in den Argumenten dargebotenen Materials die Akzeptabilität der These T erkennen kann. Hans nimmt dieses Angebot an und beginnt mit der Prüfung. Da ja die Adäquatheitsbedingung 1 (Erkenntnis der Prämissen) erfüllt ist, kann er, wenn die Prämissen P1 und P2 vorgetragen werden, sofort feststellen, dass diese Argumente akzeptabel sind. Da die Folgerungsbeziehung zwischen den Prämissen P1 und P2 und der These T, wie die Adäquatheitsbedingung 3 fordert, ziemlich leicht zu durchschauen ist, kann er *ad hoc* erkennen, dass die Prämissen die These logisch implizieren. Damit hat Hans die in der Spezifikation des deduktiven Erkenntnisprinzips formulierten Akzeptabilitätsbedingungen für die These T mit positivem Ergebnis überprüft. Da er als sprachkundiger Mensch dieses Erkenntnisprinzip (implizit) kennt, wird er auch sofort folgern, dass die Akzeptabilitätsbedingungen für die These T erfüllt sind, diese also akzeptabel ist.

Oben wurde ja gesagt, dass ein Problem beim Erkennen ist, dass es schwierig ist, zu einer uns interessierenden These die Spezifizierung eines Erkenntnisprinzips zu finden, deren Bedingungen wir schon als erfüllt erkannt haben (bzw. spontan als erfüllt erkennen können). Wenn Susanne gegenüber Hans argumentiert, dann löst sie genau dieses Problem: Sie zeigt ihm, auf der Basis welcher Prämissen er die Akzeptabilität der These T erkennen kann. Mittels gültiger Argumentationen können wir also nicht nur Meinungen als solche intersubjektiv vermitteln, sondern auch Erkenntnisse *als Erkenntnisse*.

> **Beweislastregeln als Argumentationsprinzip?**
>
> Die Bestimmung der Standardfunktion von Argumentationen als Anleiten zum Erkennen wie auch die Möglichkeit der Verwendung zum solipsistischen Erkennen machen deutlich, dass es für gutes Argumentieren und das argumentativ angeleitete Erkennen der Akzeptabilität nicht darauf ankommt, wer etwas beweist oder wer etwas beweisen muss, sondern nur darauf, ob hinreichende Akzeptabilitätsbedingungen mit positivem Resultat überprüft wurden. Man kann also Thesen nicht dadurch »beweisen«, dass man sagt: ›T ist offensichtlich; wer T bestreitet, hat die Beweislast.‹ (Beweislastregeln sind z.B. in Gerichtsverfahren sinnvoll. Aber hier ist die Situation anders als im philosophischen Diskurs: Es gibt einen Richter, der eine Frage entscheiden muss; die Prozessparteien haben ein mehr oder weniger massives Interesse daran, dass er in einer bestimmten Weise entscheidet und deshalb etwas Bestimmtes glaubt (nicht unbedingt die Wahrheit); die Prozessparteien sind oft nicht freiwillig vor Gericht, sondern aufgrund der Klage der anderen Prozesspartei, sie müssen also gezwungenermaßen argumentieren; unter Umständen sind die ökonomischen und technischen Mittel, etwas zu beweisen, sehr unterschiedlich verteilt usw. Beweise werden hier also massiv zum Mittel der Interessendurchsetzung. In solch einer Situation ist es dann wesentlich eine Frage der Gerechtigkeit, den Einsatz – und damit auch die Kosten und Vorteile – dieser Mittel zu regeln.)

2.3 Allgemeine Gültigkeits- und Adäquatheitskriterien für Argumentationen

Deduktive Argumentationen basieren auf dem deduktiven Erkenntnisprinzip. Daneben gibt es z.B. noch probabilistische Argumentationen, praktische Argumentationen für Werturteile, statistische Argumentationen usw. Sie beruhen jeweils auf anderen (effektiven) Erkenntnisprinzipien. Einige davon werden unten noch genauer vorgestellt werden. Diese weiteren Möglichkeiten müssen berücksichtigt werden, wenn man den Argumentationsbegriff allgemein definieren will. Diese allgemeine Definition kann ›Argumentation‹ nicht unter Rekurs auf deduktive Schlüsse definieren, sondern muss eben allgemeiner von der ›Erfüllung der spezifizierten Bedingungen eines effektiven Erkenntnisprinzips‹ sprechen.

Vor dieser allgemeinen Definition muss aber noch eine weitere wichtige Bedingung für gute Instrumente angesprochen werden: Sie müssen auch in wenigstens einer Situation erfolgreich angewendet werden können. Dies gilt auch für gültige Argumentationen. ›Die Bürger von Mali haben ein Recht auf Subsistenzsicherung, weil die Bürger von Mali ein Recht auf Subsistenzsicherung haben.‹ (›T, also T‹) ist beispielsweise ein gültiger deduktiver Schluss (denn alle Propositionen implizieren sich selbst), außerdem ist die Prämisse wahr; gleichwohl ist diese Argumentation nicht (argumentativ) gültig. Denn die Argumentation kann in keiner Situation erfolgreich zum Erkennen der Akzeptabilität von T eingesetzt werden. Entweder der Adressat hat die Akzeptabilität von T schon erkannt, dann kann er mit dieser Argumentation keine bessere Begründung erwerben; oder er hat die Akzeptabilität von T noch nicht erkannt, dann fehlt ihm die Erkenntnis der Prämisse als Basis für die weitere Erkenntnis. Die Argumentation ist deshalb prinzipiell inadäquat und entsprechend ungültig.

Nach diesen Erläuterungen kann nun allgemein bestimmt werden, wann eine Argumentation gültig ist:

> **Wann ist eine Argumentation gültig?**
>
> Eine Argumentation besteht immer aus einer These t, einem Argumentationsindikator und Argumenten $a_1, ..., a_n$. Damit solch eine Argumentation gültig ist, muss sie sich auf ein effektives Erkenntnisprinzip stützen – wie z.B. das deduktive Erkenntnisprinzip: ›Eine Proposition ist wahr, wenn sie von wahren Propositionen logisch impliziert wird.‹ Genauer verwendet eine gültige Argumentation eine Spezifizierung eines effektiven Erkenntnisprinzips für die These t der Argumentation – also z.B. ›t ist wahr, wenn 1. t von den Propositionen $p_1, p_2, ..., p_m$ (dies können irgendwelche Propositionen sein) logisch impliziert wird und 2. wenn diese Propositionen ($p_1, ..., p_m$) wahr sind.‹
> In einer *vollständigen* gültigen Argumentation werden dann in den Argumenten alle Bedingungen dieses für t spezifizierten Erkenntnisprinzips einzeln aufgezählt, als erfüllt beurteilt, und diese Beurteilung ist auch korrekt (die Bedingungen sind also tatsächlich erfüllt). In einer *unvollständigen* gültigen Argumentation werden einige der Argumente der vollständigen Argumentation weggelassen, die sogenannten *impliziten Argumente*. Aber diese impliziten Argumente müssen aus dem verbleibenden Rest noch rekonstruierbar sein, und sie müssen auch wahr sein.

> **Wann ist eine gültige Argumentation adäquat?**
>
> Die wichtigsten Bedingungen dafür, dass eine gültige Argumentation adäquat zum rationalen Überzeugen eines bestimmten Adressaten verwendet wird, sind: Der Adressat muss aufgeschlossen und urteilsfähig sein; er darf die These noch nicht als akzeptabel erkannt haben; er muss aber die expliziten und impliziten Argumente als akzeptabel erkannt haben bzw. sie *ad hoc* als akzeptabel erkennen können; schließlich muss er wenigstens intuitiv das Erkenntnisprinzip kennen. – Im beigefügten Kasten sind diese Bedingungen etwa präziser gefasst.

Die Bedingungen einer gültigen und adäquaten Argumentation

Gültigkeit einer Argumentation

Eine Argumentation x, bestehend aus der These t, den Argumenten $a_1, ..., a_n$ und dem Argumentationsindikator i, ist gültig genau dann, wenn gilt:

A1: Effektives Erkenntnisprinzip: Es gibt ein effektives Erkenntnisprinzip e und eine Spezialisierung k von e für die These t (k besagt also: ›t ist akzeptabel, wenn die Bedingungen $b_1, ..., b_m$ erfüllt sind‹), und die Argumente $a_1, ..., a_n$ sind identisch mit den Bedingungen $b_1, ..., b_m$ oder wenigstens mit einem Teil von ihnen. (Die in der Menge $a_1, ..., a_n$ enthaltenen Bedingungen aus der Menge $b_1, ..., b_m$ heißen »*explizite Argumente* von x«, die in $a_1, ..., a_n$ nicht enthaltenen »*implizite Argumente* von x«.)

A2: Akzeptabilitätsgarantie: Die Bedingungen $b_1, ..., b_m$ sind tatsächlich erfüllt.

A3: Prinzipielle Adäquatheit: Es gibt wenigstens ein Subjekt, das die These t noch nicht als akzeptabel erkannt hat (wohl aber die Argumente $a_1, ..., a_n$) und das, wenn ihm die Argumentation x präsentiert werden würde, durch x angeleitet werden würde, die Akzeptabilität der These t zu erkennen. (Genauer: Lumer 1990: 51–72, insbes. 58f.; oder: Lumer 2005: 235.)

Adäquatheit einer gültigen Argumentation

A4: Situative Adäquatheit: Eine gültige Argumentation x (›$a_1, ..., a_n$, also t‹) ist adäquat, um einen Adressaten h (Hörer) beim Erkennen der These anzuleiten, ihn also rational zu überzeugen, wenn gilt:

A4.1: Rationalität des Adressaten: h ist sprachkundig, aufgeschlossen, wahrnehmungs- und urteilsfähig und kennt bislang keine genügend starke Begründung für die These.

A4.2: Argumentatives Wissen: h kennt wenigstens implizit das Erkenntnisprinzip e.

A4.3: Erkenntnis der Argumente: h hat die Bedingungen $b_1, ..., b_m$ der Spezialisierung des Erkenntnisprinzips als erfüllt erkannt oder kann sie spontan erkennen.

A4.4: Explizitheit: Wenn die Argumente von x nicht alle Akzeptabilitätsbedingungen $b_1, ..., b_m$ (der Spezialisierung des Erkenntnisprinzips) als erfüllt beurteilen, dann kann h auf der Basis der (expliziten) Argumente $a_1, ..., a_n$ die wichtigsten fehlenden Bedingungen ergänzen. (Genauer: Lumer 2005: 236.)

2.4 Deduktive Argumentationen

Diese allgemeinen Bedingungen für die Gültigkeit und Adäquatheit von Argumentationen können für die diversen Argumentationstypen spezifiziert werden. Der bekannteste Argumentationstyp sind die deduktiven Argumentationen. Diese beruhen, wie gesagt, auf dem deduktiven Erkenntnisprinzip: ›Eine Proposition ist wahr, wenn sie von wahren Propositionen logisch impliziert wird.‹ Genauere Bedingungen für die Gültigkeit und Adäquatheit von deduktiven Argumentationen werden im beigefügten Kasten angegeben. Die allerwichtigsten dieser Anforderungen an gültige und adäquate deduktive Argumentationen sind:

1. Die Prämissen müssen wahr sein (DA2.1).
2. Die Prämissen müssen die These logisch implizieren (DA2.2).
3. Und der Adressat muss die Prämissen als akzeptabel erkannt, folglich auch akzeptiert haben (DA4.3.1).

Entsprechend sind dies auch die wichtigsten Fehlermöglichkeiten, und bei einer Schnellprüfung einer deduktiven Argumentation kann man sich zunächst auf diese drei Punkte beschränken. Wenn man selbst der Adressat der Argumentation ist (oder sich als solcher fühlt), kann der Prüfschritt 1 (Prämissen wahr?) vom Prüfschritt 3 (Prämissen von mir als akzeptabel erkannt?) absorbiert werden: Wenn man eine Prämisse als akzeptabel erkannt hat, dann gibt man mit dem dritten Prüfschritt auch eine positive Antwort auf den ersten (Prämisse wahr). Wenn man eine

Prämisse hingegen als falsch erkannt hat, dann gibt man mit dem dritten Prüfschritt auch eine negative Antwort für den ersten Prüfschritt. Und wenn man eine Prämisse weder als wahr noch als falsch erkannt hat, dann ist das Ergebnis beim dritten Prüfschritt (Prämissenerkenntnis) negativ – was hinreicht, um die Argumentation zurückzuweisen –, aber man muss die Antwort auf die Frage des ersten Prüfschritts (Prämissen wahr?) offenlassen.

Gültigkeit und Adäquatheit deduktiver Argumentationen

Im Falle von *deduktiven Argumentationen* ist e das deduktive Erkenntnisprinzip, und an die Stelle der Bedingungen A1 und A2 treten die Bedingungen DA1 und DA2:

DA1: Logischer Schluss: Es gibt einen logischen Schluss der Art: ›b_1, ..., b_{m-1}³ implizieren logisch t‹, und die Argumente a_1, ..., a_n sind identisch mit den Bedingungen b_1, ..., b_{m-1} oder wenigstens mit einem Teil von ihnen.

DA2: Wahrheitsgarantie: 1. Die Prämissen b_1, ..., b_{m-1} sind wahr. 2. b_1, ..., b_{m-1} implizieren tatsächlich logisch t. ($= b_m$)

Und an die Stelle der Adäquatheitsbedingungen A4.2 und A4.3 treten die Adäquatheitsbedingungen DA4.2 und DA4.3:

DA4.2: Logisches Wissen: h ist mit den Prinzipien logischen Schließens vertraut.

DA4.3: Erkenntnis der Argumente: 1. h hat die Prämissen b_1, ..., b_{m-1} als akzeptabel erkannt oder kann sie spontan erkennen. 2. h ist in der Lage, den logischen Schluss ›b_1, ..., b_{m-1} implizieren logisch t‹ als gültig zu erkennen. (Lumer 1990: 187–189.)

---

3. Argumentationsfehler

Wenn eine Gültigkeits- oder Adäquatheitsbedingung nicht erfüllt ist, liegt ein Argumentationsfehler (engl. »*fallacy*«) vor. Über Argumentationsfehler gibt es eine umfangreiche Literatur[4]; und viele von ihnen, vor allem diejenigen, die häufig vorkommen, haben eigene Namen. Manche dieser Fehlertypen sind so definiert, dass sie bei allen Argumentationstypen vorkommen können; andere sind spezifisch für bestimmte Argumentationstypen.

Ein Argumentationsfehler des ersten Typs (in allen Argumentationsarten möglich) ist z.B. die *Petitio principii*: Der Adressat hat nicht alle expliziten und impliziten Argumente als akzeptabel erkannt (die Bedingung A4.3 ist nicht erfüllt); außerdem ist das vom Adressaten nicht akzeptierte Argument a_i identisch mit der These t oder t so ähnlich, dass die naheliegendsten Begründungsversuche für das nicht akzeptierte Argument a_i sich z.T. mit denen für die These t selbst überschneiden. Betrachten wir folgendes Beispiel: ›P1: Jeder hat ein Recht auf das von ihm selbst Geschaffene bzw. im freien Vertrag Vereinbarte. Deshalb T: ist jede Besteuerung von legal erzieltem Einkommen (die über die Kosten für das hinausgeht, was der Betreffende rationalerweise vom Staat als Leistungen kaufen würde) Diebstahl/Verpflichtung zu Zwangsarbeit.‹ (Vgl. z.B. Nozick 1974: 159–162.) Zunächst fehlt in dieser Argumentation mindestens eine Prämisse wie: P2: ›Legal erzieltes Einkommen ist entweder von einem selbst geschaffen oder beruht auf freier vertraglicher Vereinbarung‹ (wobei dieser Vertrag auch ein einseitiger Schenkungsvertrag sein kann). Die Prämisse P2 ist alles andere als unproblematisch, denn legales Einkommen kann man z.B. auch durch Erschließung oder Bearbeitung von Rohstoffen (im weitesten Sinn, beispielsweise inklusive Müll) erzielen. Hier interessiert aber vor allem die Prämisse P1: In der These T geht es um die Prinzipien gerechter Besitzübertragung, insbesondere darum, ob staatliche Umverteilungen von legal erzieltem Einkommen legitim sein können, ob es also außer Eigenkreation und Vertrag noch andere Prinzipien gerechter Eigentumsübertragung gibt. In P1 wird aber einfach angenommen, dass genau Letzteres die beiden einzigen Prinzipien gerechter Eigentumsübertragung sind. Ein Befürworter der Umverteilung wird P1 nicht akzeptieren; und P1 und T sind sich so ähnlich, dass ihre Begründungsprobleme nahezu identisch sind. Also liegt eine *Petitio principii* vor.

Ein anderer Argumentationsfehler, der ebenfalls in allen Argumentationstypen vorkommen kann, ist der Fehler des *falschen materialen Arguments*: Eines der expliziten oder impliziten materialen Argumente, d. h. derjenigen Argumente, die nichts über die Beziehung zwischen anderen Urteilen der Argumentation aussagen, ist falsch. (Dies ist ein Verstoß gegen die Bedingung A2, Akzeptabilitätsgarantie.) Ein Beispiel dafür ist: ›Weil zwei Monate alte Embryonen schon Empfindungen haben / eine Psyche haben / einen Geist haben / beseelt sind, dürfen sie nicht abgetrieben werden.‹ Das im Nebensatz Behauptete ist empirisch falsch.

Ein weiterer Argumentationsfehler, der in allen Argumentationstypen vorkommen kann, ist die *Ambiguität* oder *Äquivokation*: Eine Intension, die nach dem Erkenntnisprinzip an zwei Stellen der Argumentation identisch vorkommen sollte, wird ausgetauscht (dies ist ein allgemeinerer Fehler, den man »*fehlende Passung*« nennen kann); doch dieser Umstand wird dadurch verdeckt, dass an diesen Stellen derselbe Ausdruck verwendet wird, aber in unterschiedlichen Bedeutungen (diese Besonderheit macht aus der fehlenden Passung eine Äquivokation). Ein Beispiel ist: »[1] Utilitaristen denken nur an den Nutzen$_{[1]}$; [2] wer nur an den Nutzen$_{[2]}$ denkt, ist materialistisch; also [3] sind Utilitaristen materialistisch.« In Satz 1 wird »Nutzen« in der Bedeutung »moralische Wünschbarkeit« verwendet, in Satz 2 hingegen in der Bedeutung »eigener Vorteil«. Damit eine gültige deduktive Argumentation vorliegt mit Satz 3 als These, müsste »Nutzen« in Satz 1 und 2 dieselbe Bedeutung haben. Der erste Satz wird jedoch mit der zweiten Bedeutung von »Nutzen« falsch; und der zweite Satz mit der ersten Bedeutung von »Nutzen«. Bei der Äquivokation (und der fehlenden Passung allgemein) ist die Bedingung A1 verletzt: Die Argumentation ist nicht aus einer (korrekten) Spezialisierung eines Erkenntnisprinzips entstanden.

Ein anderer allgemeiner Argumentationsfehler ist die *Ignoratio elenchi*. Der Autor ignoriert die These, für die er eigentlich argumentieren müsste; die Argumentation zielt auf eine andere These als die, die der Argumentierende begründen will oder (im größeren Zusammenhang) begründen müsste. Dies kann auf zwei Weisen passieren. Entweder die Argumentation zielt auf eine bestimmte These t, am Schluss wird aber als Ergebnis der Argumentation eine andere These, t', angegeben (formale *Ignoratio elenchi*). Dies ist ein weiterer Fall von fehlender Passung: Die Argumentation ist, entgegen A1, keine korrekte Spezialisierung des Erkenntnisprinzips mehr. Oder die Argumentation wird sogar sauber zu Ende gebracht inklusive der These t; aber für das umfassendere Beweisziel hätte der Argumentierende t' begründen müssen (pragmatische *Ignoratio elenchi*). Ein typischer Fall dieser zweiten Möglichkeit ist etwa, dass ein Ethiker zeigen will, dass die Befolgung der Moral sich für den Einzelnen rechnet, wofür man eigentlich zeigen müsste, dass die Befolgung der Moral für den Einzelnen optimal ist, dass aber tatsächlich nur gezeigt wird, dass die Befolgung der Moral moralisch gut / für die Gesamtheit gut / für den Einzelnen gut ist etc. Die oben aufgelisteten Bedingungen für gültige und adäquate Argumentationen sind dann zwar nicht verletzt; aber die Argumentation ist pragmatisch verfehlt; der Argumentierende beweist nicht das, was eigentlich interessiert. Die Ursache beider Typen der *Ignoratio elenchi* ist normalerweise, dass die eigentlich interessierende These t' viel schwieriger zu begründen ist als die tatsächlich begründete These t.

Ein spezifischer Fehler von deduktiven Argumentationen ist hingegen das *non sequitur*: Die Prämissen implizieren logisch nicht die Konklusion, selbst dann nicht, wenn man vom Adressaten als akzeptabel erkannte und aus den expliziten Argumenten erschließbare implizite Prämissen hinzufügt. Die Bedingung DA2.2 ist also verletzt. Ein Beispiel für ein *non sequitur* ist Kants Begründung des objektiven Werts der Vernunftwesen, die im beigefügten Kasten ausführlich analysiert wird.

Gerade in der Ethik ist es meist viel leichter, Argumentationen zu kritisieren und als falsch zu erweisen, als substantielle Thesen argumentativ zu begründen. Angesichts dessen ist zu beachten: Wenn eine Argumentation für eine These t falsch ist, impliziert dies *nicht*, dass t selbst falsch ist. Um eine ethische Theorie oder These t zu widerlegen, muss man also, wenn man die Argumentation für sie als falsch erwiesen hat, noch zusätzlich zeigen, dass t selbst falsch, also non-t wahr ist. Die Widerlegung der Argumentation pro t ist dann nur noch eine flankierende, dialektische Absicherung, dass man auch die angeblichen Evidenzen für t in seiner Gesamteinschätzung berücksichtigt hat.

Ein Fall von *non sequitur*:
Kants Beweis des objektiven Werts der Vernunftwesen

Die oben eingeführten Kriterien für gültige und adäquate Argumentationen sowie die daraus entwickelten Definitionen von Argumentationsfehlern lassen sich selbstverständlich auch auf übliche philosophische Texte anwenden. Häufig sind die dort präsentierten Argumentationen aber sehr umfänglich oder ausladend, sodass viel Interpretationsarbeit erforderlich ist, um sie zunächst in eine einigermaßen schematische Form zu bringen. Kants Texte haben den Vorteil, dass sie überhaupt viele Argumentationen enthalten – was bei Philosophen leider alles andere als selbstverständlich ist – und dass diese häufig recht konzise sind. Ein Beispiel ist:

»[1] *Die vernünftige Natur existiert als Zweck an sich selbst.* [2] So stellt sich notwendig der Mensch sein eignes Dasein vor; [3] so fern ist es also ein *subjektives* Prinzip menschlicher Handlungen. [4] So stellt sich aber auch jedes andere vernünftige Wesen sein Dasein, zufolge eben desselben Vernunftgrundes, der auch für mich gilt, vor; [5] also ist es zugleich ein *objektives* Prinzip.« (Kant, GMS BA 66.)

Diese Argumentation ist das letzte zentrale Stück in Kants Begründung der zweiten Formel des kategorischen Imperativs, des praktischen Imperativs, der darauf beruht, dass Menschen als Vernunftwesen einen absoluten oder objektiven Wert haben, nämlich einen nichtinstrumentellen, intrinsischen Wert für alle Vernunftwesen. (Dieser intrinsische Wert ist also mit reiner Vernunft erkennbar.) Dies ist mit dem »objektiven Prinzip« in [5] gemeint. Mit dem Argumentationsindikator »also« (in [5]) ist klar angezeigt, dass der nachstehende Satz die These ist und dass das davor Stehende die Argumente sind. Unter Rückgriff auf Kants sonstige Erläuterungen und bei einer Vereinfachung und Modernisierung von Kants Terminologie kann man diese Argumentation wie folgt rekonstruieren:

P1: Für ein beliebiges Vernunftwesen ist die eigene Existenz notwendigerweise ein intrinsischer Zweck. (s. [1] und [2])
P2: Dies gilt für alle Vernunftwesen gleichermaßen. (s. [4])
Also:
[*La:* Für alle Vernunftwesen ist die Existenz aller Vernunftwesen notwendigerweise intrinsisch gut.]
P3: Wenn etwas für alle Vernunftwesen notwendigerweise intrinsisch gut ist, dann ist es objektiv intrinsisch gut. (Dies hatte Kant vorher definiert.)
T (aus La und P3): Die Existenz aller Vernunftwesen ist objektiv intrinsisch gut. (s. [5])

(Satz [3] kommt in dieser Rekonstruktion nicht mehr vor, weil [3] nur eine Erläuterung ist, die zur Gültigkeit der Argumentation nichts beiträgt.) Argumente, die wörtlich vom jeweiligen Autor übernommen wurden oder nur Reformulierungen seiner Sätze darstellen, werden hier mit arabischen Ziffern unterschieden – z.B.: *P1*, *P2* –; Einfügungen im Sinne des Autors, die dieser nicht explizit vorgebracht hat, die aber für die Schlüssigkeit erforderliche oder zum Verständnis hilfreiche implizite Argumente darstellen, werden hier mit kleinen Buchstaben indiziert – z.B.: *La* – und im laufenden Text zunächst, als Einfügung des Rekonstrukteurs der Argumentation, in eckige Klammern gesetzt. Diese (oder eine ähnliche Unterscheidung) ist allgemein hilfreich bei ausführlichen Argumentationsrekonstruktionen. »*La*« bedeutet hier »*Lemma* a«. Ein *Lemma* ist eine Zwischenthese, die aus voranstehenden Argumenten begründet wurde und die im weiteren Verlauf der Argumentation als Argument bei der Begründung der Zielthese fungiert. Das *Lemma* ist logisch gesehen eigentlich überflüssig. (Wenn ›$p_1, ..., p_n$ impliziert q‹ und ›$q, r_1, ..., r_m$ impliziert s‹ logisch gültige Schlüsse sind, dann ist auch ›$p_1, ..., p_n, r_1, ..., r_m$ impliziert s‹ logisch gültig.) Aber das *Lemma* ist hilfreich zum Verständnis des logischen Gangs der Argumentation im Sinne der Adäquatheitsbedingung A4.3: Dass die Prämissen die These logisch implizieren, ist ein implizites Argument der Argumentation; und der Adressat muss ja spontan erkennen können, dass das in diesem Argument Behauptete erfüllt ist, er muss also die logische Beziehung spontan erkennen können; dabei hilft dann oft die Einschiebung eines *Lemmas*. P1 und P2 sind, logisch gesehen, eigentlich identisch: »ein beliebiges« und »alle« werden in einer logischen Formalisierung beide als »für alle ... gilt« wiedergegeben. Aber das »gleichermaßen« in P2 deutet eine Ausdehnung an, die in La explizit gemacht ist und die nachher für den Schluss auf T erforderlich ist: P1 besagt nur:

P1: Für alle Vernunftwesen x gilt: Die Existenz von x ist für x intrinsisch gut.

La besagt aber:

La: Für alle Vernunftwesen x und y gilt: Die Existenz von x ist für y intrinsisch gut.

La ist viel stärker als P1. P1 besagt ja nur, dass für jedes Vernunftwesen die *eigene* Existenz intrinsisch gut ist; La besagt hingegen, dass für jedes Vernunftwesen die Existenz *aller* Vernunftwesen intrinsisch gut ist, nicht nur die eigene. La impliziert logisch P1, aber P1 keinesfalls La. Die Argumentation enthält also ein klares *non sequitur*. Ob P1 wahr ist, können wir deshalb dahingestellt lassen.[5] Aber Kantianer können sich trösten: John Stuart Mill beispielsweise hat den gleichen logischen Fehler – Schluss von ›für jeden ist das eigene Glück ein Gut‹ auf ›für jeden ist das Glück aller ein Gut‹ – (verbunden mit einer *Ignoratio elenchi*) in seinem »Beweis des Nützlichkeitsprinzips« begangen (Mill ⟨1861⟩/1976: 61).

4. In der Ethik häufig vorkommende Argumentationstypen

In diesem Abschnitt sollen einige wichtige fundamentale Argumentationstypen vorgestellt werden, die häufig in der Ethik verwendet werden. Argumentationstypen werden hier nach den Erkenntnisprinzipien unterschieden, auf denen sie beruhen, also nicht z.B. nach ihren Inhalten; es geht hier deshalb um *prinzipielle* (oder formale) *Argumentationstypen*, nicht um inhaltliche. Außerdem sollen in diesem Abschnitt nur *fundamentale* (prinzipielle) *Argumentationstypen* vorgestellt werden; dies sind solche, die nicht auf andere prinzipielle Argumentationstypen reduziert werden können. Nicht fundamental sind zum einen *komplexe Argumentationen*, die aus mehreren einfacheren Argumentationen zusammengesetzt sind, von denen ein Teil *Lemmata* für die übergeordnete Argumentation liefert – gerade in der Ethik gibt es viele solcher komplexen Argumentationen; und in den nächsten Abschnitten werden einige von ihnen vorgestellt. Gesucht sind hier also elementare Argumentationstypen. Nicht fundamental sind zum anderen *spezielle Argumentationstypen*, die auf Erkenntnisprinzipien beruhen, die nur Spezialfälle allgemeinerer Erkenntnisprinzipien sind und mit diesen allgemeineren Prinzipien begründet werden. Gesucht werden hier also allgemeine Argumentationstypen.

Von den fundamentalen prinzipiellen Argumentationstypen werden in der Ethik außer den deduktiven insbesondere praktische und probabilistische Argumentationen verwendet. Außer diesen gibt es z.B. noch empirisch generalisierende oder statistische Argumentationen. Es gibt keine spezifisch ethischen fundamentalen prinzipiellen Argumentationstypen, die also nur in der Ethik vorkommen oder speziell auf die Ethik zugeschnitten wären. Ethisches Argumentieren bedient sich also allgemein verwendeter fundamentaler prinzipieller Argumentationstypen, die in der Ethik allerdings in besonderer Weise zu komplexen Argumentationen kombiniert und auf moralische Fragen angewendet werden.

4.1 Probabilistische Argumentationen für Wahrscheinlichkeitsurteile

Vor allem im Bereich der angewandten Ethik verfügen wir bei vielen für eine Entscheidung wichtigen Fragen über kein sicheres Wissen, und solch ein Wissen ist auch vor der notwendigen Entscheidung nicht erhältlich. Wird ein Patient, der nicht behandelt wird, innerhalb z.B. eines Jahres sterben? Wird sich als Folge der aktuellen Treibhausgasemissionen die Erdatmosphäre bis 2100 um 4° C erwärmen? Auf solche Fragen können wir bestenfalls probabilistische Antworten erhalten, also begründete Wahrscheinlichkeitsurteile. Aber auch bei der Diskussion der Moralbegründung benötigen manche Ethiken z.T. empirische Informationen, die häufig nur in unsicherer Form vorliegen oder statistisch sind und deshalb oft nur probabilistische Schlüsse erlauben: Wie groß ist der Anteil echt moralischer Motivation an der Motivation zu moralkonformem Handeln? Wie oft haben wir Mitgefühl mit anderen? Solche empirischen Daten zu ermitteln ist sicherlich nicht Aufgabe eines philosophischen Ethikers, sondern der entsprechenden empirischen Wissenschaftler. Aber Ethiker müssen nicht nur deren Informationen verstehen, sondern auch mit den von Empirikern erhaltenen statistischen und Wahrscheinlichkeitsurteilen umgehen, sie z.B. in komplexeren probabilistischen Argumentationen als Prämissen verwenden können.

Die erkenntnistheoretischen Grundlagen probabilistischer Argumentationen werden in der Wahrscheinlichkeitstheorie behandelt. Eine ausführlichere Darstellung probabilistischer Argumentationen ist hier leider nicht möglich. Hier muss jedoch auf einige wichtige Eigenschaften solcher Argumentationen hingewiesen werden.

1. Abhängigkeit von der Datenbasis: Probabilistische Argumentationen sind – im Gegensatz zu deduktiven Argumentationen mit sicheren Prämissen – unsichere Argumentationen, die nur unsichere Erkenntnisse vermitteln, die wir nur deshalb akzeptieren, weil wir keine besseren Erkenntnisse über den fraglichen Gegenstand haben. Implizit bedeutet dies, dass unsichere Erkenntnisse immer von der vorhandenen Datenbasis abhängen. Bei einer entsprechend besseren Datenbasis, die einem sichere Erkenntnisse erlaubt, wird man die unsicheren Erkenntnisse preisgeben.

2. Rationalität der stärksten Begründung: Es gibt aber nicht nur den Gegensatz zwischen sicheren und unsicheren Erkenntnissen, sondern auch unterschiedliche *Grade* unsicherer Erkenntnisse: Erkenntnisse über dieselbe Proposition können *unterschiedlich stark begründet* sein, unterschiedlich stark vor allem in Abhängigkeit von der Sachdienlichkeit und dem Umfang der zur Verfügung stehenden Datenbasis. (Begründungsstärke und Wahrscheinlichkeit sind unabhängig voneinander: Wir können eine sehr starke Begründung dafür haben, dass die Wahrscheinlichkeit einer Proposition minimal (z.B. 0,1 %) ist.) Gelegentlich kann man mit den vorhandenen Informationen auf unterschiedlichen Wegen konfligierende Wahrscheinlichkeitspropositionen für dieselbe Proposition begründen. Beispiel: ›P1: Helen ist 40 Jahre alt, Deutsche und eine starke Raucherin; P2: die (allgemeine) Lebenserwartung von 40jährigen Frauen beträgt in Deutschland 80 Jahre; also: T1: Helen hat z. Zt. eine Lebenserwartung von 80 Jahren.‹ versus: ›P1; P3: die Lebenserwartung von 40jährigen starken Raucherinnen beträgt in Deutschland 70 Jahre; also: T2: Helen hat z. Zt. eine Lebenserwartung von 70 Jahren.‹ In solchen Fällen sollte man rationaliter die besser begründete Proposition akzeptieren – das ist in diesem Fall diejenige, die mit den spezielleren Informationen begründet ist, also T2. (Man sagt auch: Probabilistische Schlüsse sind *nicht monoton*, d. h. zusätzliche Prämissen in einem probabilistischen Schluss mögen zu einer mit der vorher begründeten These unverträglichen These führen.) Bei allen unsicheren Argumentationen muss man deshalb auch kontrollieren, ob sich auf derselben Datenbasis nicht unter Umständen eine von der These nicht unabhängige (möglicherweise mit ihr identische oder mit ihr konfligierende) Proposition stärker begründen lässt.

3. Fallibilität: Aus dieser Abhängigkeit von der Datenbasis ergibt sich, dass probabilistisch begründete Erkenntnisse – wie alle unsicher begründeten Erkenntnisse – prinzipiell *anfechtbar* oder *fallibel* sind: Neue Informationen können die Datenbasis so verbessern, dass eine stärker begründete Erkenntnis über die Zielproposition möglich ist; insbesondere können neue Informationen also zeigen, dass die – völlig korrekt und rational – als sehr wahrscheinlich erwiesene Proposition doch falsch ist.

4.2 Praktische Argumentationen für Werturteile

Die umfassendste Form praktischer Argumentationen für Werturteile verwendet als Erkenntnisprinzip die Definition des ›Erwartungsnutzens‹. (Statt »Nutzen« (»*utility*«) kann man auch »Wünschbarkeit« sagen. Dies ist eigentlich angemessener und wird im Folgenden öfter getan. In der Literatur wird aber meist der Ausdruck »Nutzen« verwendet.) Diese Definition beruht auf folgenden Ideen.

1. Subjektrelativität: Die Definition des ›Erwartungsnutzens‹ ist das Kernstück der rationalen Entscheidungstheorie. In dieser Theorie geht es darum, rationalen Entscheidern Empfehlungen zu geben, wie sie möglichst viel von dem, was sie wünschen, realisieren können. Es geht also immer um die Wünsche oder Präferenzen eines spezifischen Subjekts, des Entscheiders. Deshalb ist der Begriff des ›Erwartungsnutzens‹ *subjektrelativ*; es ist immer der Erwartungsnutzen *für ein bestimmtes Subjekt*: ›der Gegenstand p hat für das Subjekt s den Erwartungsnutzen u_p.‹ Der Begriff des ›Erwartungsnutzens‹ soll es ermöglichen, das Maß an Realisierung der Wünsche des Subjekts s im voraus zu bestimmen – welche Wünsche werden erfüllt, und wie wichtig sind sie für das Subjekt –, um dann die für s beste Handlung wählen zu können; ›Erwartungsnutzen‹ ist also ein technischer, quantitativer Ausdruck für die Güte, Wünschbarkeit eines Gegenstandes für eine Person s. (Formal ausgedrückt ergibt sich der Begriff: ›der Nutzen des Gegenstandes p für das Subjekt s‹: $U_{p,s}$ oder: $U_s p$.) Ein tieferer Grund für die Subjektrelativität des Erwartungsnutzens ist, dass diese Definition eine praktische Funktion haben soll, nämlich – auf dem Wege über die Entscheidung für die Handlung mit dem höchsten Erwartungsnutzen – zum Handeln motivieren soll. Dies geht aber nur, wenn sie an schon vorhandene Wünsche und Präferenzen des jeweils Handelnden anknüpft. Statt einfach die vorhandenen Präferenzen der Subjekte zur Grundlage der rationalen Entscheidung zu machen, kann man, wie in philosophischen Theorien des rationalen Nutzens öfter vorgeschlagen worden ist, den Nutzen auch auf der Basis *ausgewählter* Präferenzen definieren. Die wichtigsten Ansätze hierzu sind: Zur Bestimmung des rationalen Nutzens werden nur voll informierte Präferenzen verwendet (Brandt 1979: Teil I; Griffin 1986). Oder es werden nur stabile intrinsische (s. u.) Präferenzen verwendet, und alle weiteren Wünschbarkeiten werden auf der Basis der Theorie berechnet (Lumer 2000: 241–427; 521–529). Solch eine Selektion unter den Präferenzen ist sicherlich angemessener, wenn die wirklichen Interessen des Subjekts bestimmt werden sollen. Denn wenn die durstige Susi präferiert, das Wasser aus dem vor ihr stehenden Glas zu trinken, weil sie nicht weiß, dass dieses Wasser vergiftet ist, dann wird man zwar ihre Präferenz gegen den Durst, aber nicht ihre Präferenz für das Trinken des Wassers als Basis zur Bestimmung ihrer Interessen annehmen wollen. Dies sollte man bei allen ethischen Überlegungen berücksichtigen und soll hier auch immer gemeint sein, wenn von dem ›Nutzen für s‹ gesprochen wird. Eine argumentationstheoretische Behandlung solcher spezielleren Bedingungen für die persönliche Wünschbarkeit führt hier aber zu weit.

2. Intrinsischer und Gesamtnutzen: Eine Reihe von Dingen wünschen wir (oder lehnen wir ab) um ihrer selbst willen, nicht wegen ihrer Folgen; sie haben einen *intrinsischen Nutzen* für uns. (Formal ausgedrückt: ›der intrinsische Nutzen von p für das Subjekt s‹: $U_{in}p,s$.) Für alle Menschen hat vor allem das eigene Wohlsein oder (Un-)Glück solch einen intrinsischen Nutzen. Außerdem kann man bei der Bewertung eines Gegenstandes berücksichtigen, ob er andere Dinge hervorbringt (bewirkt oder auf andere Weise impliziert), die für uns einen intrinsischen Nutzen haben. (Formal schreibt man meist einfach: »Die (relevanten) Folgen oder Implikationen $f_1, ..., f_n$ des Gegenstandes p für das Subjekt s«.) Essen beispielsweise hat viele intrinsisch relevante Folgen: die unmittelbaren Geschmackserlebnisse; das Stillen des Hungers; dass wir uns in den folgenden Stunden kräftig fühlen; dass wir wegen der Energie und der mit ihr in Angriff genommenen Projekte weitere angenehme Erlebnisse haben etc. Wenn man beides addiert, den intrinsischen Nutzen von p selbst (für s natürlich) und den intrinsischen Nutzen aller Implikationen von p, dann erhält man den *Gesamtnutzen* von p für s. ($U_{ges}p,s := U_{in}p,s + \Sigma_i U_{in}f_i,s$.) Allerdings dürfen sich die Implikationen dabei nicht überschneiden; sonst werden die Überschneidungsstücke bei der Addition doppelt gezählt. Die Idee hinter diesem Begriff des Gesamtnutzens ist, dass wir mit ihm alles erfassen, was der fragliche Gegenstand zur Realisierung unserer Wünsche beitragen kann. Wenn wir zwischen möglichen Handlungen wählen, entscheiden wir uns deshalb für diejenige mit der höheren Gesamtwünschbarkeit. – Meist ist es jedoch zu aufwändig, die in der Regel sehr vielen Wege vom Bewertungsgegenstand bis zu den intrinsisch relevanten Folgen zu betrachten und Letztere zu bewerten. Man begnügt sich deshalb mit der Betrachtung solcher Zwischenfolgen, für die man meint, schon eine Gesamtbewertung abgeben zu können. Um Doppeltzählungen zu vermeiden, dürfen dann die Folgen dieser Zwischenfolgen nicht mehr extra berechnet werden. (Dies kann man an einem Analogon verdeutlichen. Die intrinsische Wünschbarkeit entspreche den Blättern eines Baumes, die Gesamtwünschbarkeit der Blattoberfläche des Baumes. Um diese Blätteroberfläche des Baumes zu ermitteln, kann man die Oberfläche aller seiner einzelnen Blätter messen und die Resultate addieren. Man kann aber auch – auf der Basis entsprechender Erfahrungen – die Blattoberfläche der einzelnen Hauptäste nach der Dicke dieser Äste schätzen und diese Blattoberflächen addieren. Anschließend darf man selbstverständlich nicht noch einmal die Blattoberflächen einzelner Zweige oder Blätter dieses Astes zur Summe der Blattoberflächen der einzelnen Äste hinzufügen.)

3. Erwartungsnutzen: In vielen Entscheidungssituationen kennen wir die Folgen der zur Auswahl stehenden Alternativen nicht mit Sicherheit; wir können ihnen nur eine gewisse Wahrscheinlichkeit zuordnen. Wenn man aber weiß, dass diese Folgen mit einer gewissen Wahrscheinlichkeit eintreten werden, ist dies gleichwohl eine wichtige Information über die Option, und man sollte sie in der Entscheidung berücksichtigen und nicht einfach ignorieren. Andererseits sollte man solche Folgen auch nicht mit den Folgen auf gleiche Stufe stellen, von denen wir sicher wissen, dass sie eintreten werden. Aus diesem Dilemma hilft das Konzept des *Erwartungsnutzens*: Man berücksichtigt probabilistische Folgen eines Gegenstandes (z.B. einer Handlung) entsprechend ihrer Wahrscheinlichkeit; d.h. ihre Nutzen werden mit ihrer jeweiligen Wahrscheinlichkeit multipliziert; und diese Produkte (für jede relevante Folge des Gegenstandes ein Produkt) werden dann addiert; diese Summe ist der Erwartungsnutzen des Gegenstandes. (Wenn man die Wahrscheinlichkeit, dass ein Gegenstand p die Folge f_i hat, mit w_i abkürzt, erhält man also folgende Definition des ›Erwartungsnutzens‹: $U_{erw}p,s := U_{in}p,s + \Sigma_i w_i \cdot U_{in}f_i,s$.) Die rationale Entscheidungstheorie empfiehlt in solchen Situationen, die Handlung mit dem höchsten Erwartungsnutzen zu wählen. Man kann auf diese Weise nicht immer die tatsächlich beste Handlung wählen; dazu fehlt einfach das sichere Wissen. Aber man wird so langfristig, bei Entscheidungen, die sich ihrer Art nach sehr häufig wiederholen, den größten Nutzen erzielen, den man mit Entscheidungsmaximen, die sich nur auf solche beschränkten Informationen stützen, erreichen kann; alle anderen Maximen (auf der Basis beschränkter Informationen) führen langfristig zu einem geringeren Nutzen. Der Erfolg der Maxime der Maximierung des Erwartungsnutzens tritt also nur statistisch ein, nicht in jedem einzelnen Fall.

4. Vereinfachungen: Die Ermittlung des Erwartungsnutzens aller zur Auswahl stehenden Alternativen ist meist sehr aufwändig. Einige Vereinfachungen helfen, diesen Aufwand zu verringern.

Man versucht nicht alle Folgen (mit einem Nutzen ungleich 0) zu erfassen, sondern nur die relevanten, bei denen das Produkt aus Wahrscheinlichkeit und Nutzen über einem bestimmten Schwellen- oder Relevanzwert liegt. Je höher dieser Schwellenwert angesetzt wird, desto gröber ist die Nutzenberechnung.

Man vergleicht nicht alle Optionen mit allen Alternativen. Wenn sich eine Option als schlechter als eine ihrer Alternativen herausgestellt hat, dann wird sie nach dem K.o.-System aus der weiteren Betrachtung ausgeschieden. Man sucht ja die beste Alternative; und die so ausgeschiedene kann nicht mehr die beste sein.

Wenn zwei Optionen in manchen Hinsichten gleich sind, braucht man beim Wertvergleich diese Hinsichten nicht mehr zu berücksichtigen. Man braucht also nicht die Erwartungswünschbarkeiten der Optionen zu ermitteln, sondern nur noch die Erwartungswünschbarkeiten derjenigen Aspekte, in denen sie sich unterscheiden.

Praktische Argumentationen für Werturteile verwenden, wie gesagt, die Definition des Erwartungsnutzens als ihr Erkenntnisprinzip. In der ausführlichen Grundform ist die These einer praktischen Argumentation ein Werturteil, das besagt, dass ein bestimmter Wertgegenstand die und die persönliche Wünschbarkeit für ein bestimmtes Subjekt hat. Die Argumente hingegen führen die Bedingungen an, aus denen sich dann nach der Definition des ›Erwartungsnutzens‹ diese Erwartungswünschbarkeit ergibt.

Wie sind praktische Argumentationen strukturiert, und wann sind sie gültig?

Das den praktischen Argumentationen zugrundeliegende Erkenntnisprinzip ist die Definition des ›Erwartungsnutzens‹, dessen Bedingungen also in den Argumenten abgearbeitet werden. Entsprechend sind die wichtigsten Bedingungen für die Gültigkeit praktischer Argumentationen: 1. Die These t praktischer Argumentationen hat die Form: ›Der Sachverhalt p hat für das Subjekt s den Erwartungsnutzen u.‹ 2. Der größte Teil der Argumente besteht immer aus Paaren von i. Implikationsangaben, d.h. Urteilen, dass der Sachverhalt p (mit einer gewissen Wahrscheinlichkeit) eine bestimmte Folge/Implikation hat, und ii. Bewertungen dieser Implikationen aus der Perspektive von s. 3. Das zentrale *Lemma* dieser Argumentation enthält die für die Bestimmung des Erwartungsnutzens notwendige Berechnung. (›Die Summe aller Produkte aus Wahrscheinlichkeiten und Wünschbarkeiten der Implikationen von p ist u.‹) 4. Alle diese Argumente müssen wahr sein. 5. Außerdem müssen alle relevanten Implikationen erfasst sein. 6. Wenn die Bewertungen offensichtlich sind, genügen bei den Argumentpaaren auch die Implikationsangaben, die Bewertungen können weggelassen werden. Eine präzisere Bestimmung der Regeln praktischer Argumentationen findet sich im beigefügten Kasten.

Gültigkeit und Adäquatheit der Grundform praktischer Argumentationen

Die Grundform *praktischer Argumentationen* ist eine Argumentation dafür, dass ein bestimmter Gegenstand eine bestimmte Erwartungswünschbarkeit hat. Ihr Erkenntnisprinzip e ist die Definition des ›Erwartungsnutzens‹.

Eine Argumentation x, bestehend aus der These t, den Argumenten $a_1, ..., a_n$ und dem Argumentationsindikator i, ist eine *gültige praktische Argumentation* (der Grundform) genau dann, wenn gilt:

PA1: Struktur praktischer Argumentationen:

PA1.1: These: Die These t hat die Form: ›Der Sachverhalt p hat für das Subjekt s (auf der Datenbasis d) den Erwartungsnutzen u.‹

PA1.2: Argumente: Die expliziten Argumente $a_1, ..., a_n$ sind identisch mit folgenden Urteilen oder mit einem Teil von ihnen:

1. *Implikationen:* m Urteile des Typs: ›Auf der Datenbasis d beträgt die Wahrscheinlichkeit, dass p die Folge/Implikation f_i haben wird, w_i.‹
2. *Bewertungen:* zu jedem der m Urteile aus PA1.2.1 eine Bewertung des Typs: ›Auf der Datenbasis d ist der (intrinsische, totale oder erwartete) Nutzen von f_i für das Subjekt s gleich u_i.‹
3. *Vollständigkeit:* ein Urteil: ›$f_1, ..., f_m$ sind auf der Datenbasis d alle für s relevanten Folgen/Implikationen von p.‹
4. *Überschneidungsfreiheit:* ein Urteil: ›Die Sachverhalte $f_1, ..., f_m$ überschneiden sich nicht.‹
5. *Berechnung des Erwartungsnutzens:* ein Urteil: ›Die Summe der Produkte aus Wahrscheinlichkeit und Wünschbarkeit der Folgen/Implikationen $f_1, ..., f_m$ beträgt u.‹ ($_{i=1}\sum^m w_i \cdot u_i = u$.)

PA1.3: Auslassungen: Die expliziten Argumente $a_1, ..., a_n$ der Argumentation müssen mindestens die Argumente PA1.2.1 (Folgenbehauptungen) enthalten.

PA2: Akzeptabilitätsgarantie: Die Argumente aus PA1.2 sind alle wahr.

PA3: Prinzipielle Adäquatheit: Es gibt jemanden, für den zu irgendeinem Zeitpunkt gilt: d ist für diese Person die Menge der bekannten Daten, die Einfluss auf den Erwartungsnutzen von p für s haben könnten.

> **Wann ist eine gültige praktische Argumentation adäquat?**
>
> *PA4: Situative Adäquatheit:* Eine gültige praktische Argumentation x (der Grundform) ist adäquat, um einen Adressaten h zur Zeit z zum Erkennen der These anzuleiten, wenn gilt:
>
> *PA4.1–2: Rationalität und argumentatives Wissen des Adressaten:* Wie A4.1 und A4.2 (s.o.).
>
> *PA4.3: Passung der Datenbasis:* Die Menge der dem Argumentierenden und dem Adressaten h zur Zeit z bekannten argumentationsrelevanten Daten (das sind solche Daten, die Einfluss auf den Erwartungsnutzen haben könnten) ist identisch mit d, der der Argumentation zugrundeliegenden Datenbasis. Wenn sich die Datenbasen nicht hinreichend überschneiden, müssen sich Argumentierender und Adressat zunächst erst gegenseitig ihre überschießenden Kenntnisse vermitteln.
>
> *PA4.4: Erkenntnis der Argumente:* Der Adressat h hat zur Zeit z alle Argumente aus PA1.2.1 (Folgenauflistung), PA1.2.2 (Folgenbewertung) und PA1.2.5 (Berechnung des Erwartungsnutzens) als akzeptabel erkannt bzw. kann sie *ad hoc* erkennen. Dies setzt insbesondere voraus, dass, wenn Folgenbewertungen (PA1.2.2) weggelassen werden, der Adressat diese Ergänzungen selbst vornehmen kann. (Vgl. Lumer 1990: 362–366.)

Durch die zulässigen Auslassungen (s. PA1.3) können praktische Argumentationen äußerlich sehr vereinfacht werden. Weitere Vereinfachungsmöglichkeiten ergeben sich folgendermaßen. Die Nutzenwerte (u bzw. u_i) können Ratingwerte (also geschätzte Zahlenangaben) sein, aber auch nichtnumerische vage Angaben von Quantitäten wie ›sehr positiv‹, ›ein bisschen negativ‹; dies ist vor allem dann unproblematisch, wenn nur wenige Folgen und wenige Alternativen zu berücksichtigen und die Wahrscheinlichkeiten nahezu 1 sind. Indem man einen hohen Relevanzwert ansetzt, wird die Nutzenabschätzung zwar ungenauer, aber die Zahl der zu berücksichtigenden Folgen kann so unter Umständen drastisch reduziert werden. Nach vielen solcher Vereinfachungsschritte gelangt man dann zu praktischen Argumentationen etwa folgenden Typs: ›Das weitere Leben von s (s hat nach Auskunft der Ärzte ohnehin nur noch wenige Wochen zu leben) wird für ihn sehr negativ sein. Denn er wird, wenn er wach ist, entweder starke Schmerzen haben oder – wegen Morphingaben – nur in einem Dämmerzustand leben. Hinzukommen werden intermittierende Erstickungsanfälle. Das alles wird ihn so weit gefangen nehmen, dass er auch von positiven sozialen Kontakten in dieser Zeit nicht mehr viel mitbekommen wird.‹ Die Argumente für das Werturteil sind also auf ein paar Folgenangaben reduziert, deren Wertigkeit für s der Adressat der Argumentation unschwer ergänzen kann.

Trotz der vielen expliziten Vereinfachungsmöglichkeiten müssen für die Gültigkeit der Argumentation gleichwohl auch die dann implizit gebliebenen Argumente wahr sein (s. PA2). Typische Fehler speziell bei praktischen Argumentationen sind insbesondere: 1. Relevante Folgen/Implikationen des Wertgegenstandes p werden weggelassen. 2. Die Bewertung ist falsch: Der Nutzen wird unter- oder überschätzt. 3. Die Wahrscheinlichkeiten sind falsch; auch sie werden unter- oder überschätzt. 4. Vor allem wenn es um die Auswahl von Alternativen geht, wird häufig nur gezeigt, dass eine bestimmte Alternative insgesamt gut für s ist (also einen positiven Nutzen hat); es wird aber nicht gezeigt, dass sie die beste ist. (Dies ist ein spezieller Fall der *Ignoratio elenchi*.)

Praktische Argumentationen für Werturteile können nicht auf deduktive Argumentationen reduziert werden etwa derart, dass man als zusätzliche Prämisse die Definition der Erwartungswünschbarkeit einführt und dann aus all diesen Prämissen die These ableitet. Denn zum einen enthalten praktische Argumentationen ja probabilistische Argumente, sodass für sie die Besonderheiten probabilistischer Argumentationen gelten: Sie sind insbesondere abhängig von der Datenbasis, deshalb fallibel und nicht monoton. Zum anderen ist das Argument, dass alle relevanten Folgen aufgezählt wurden, bei antizipierenden Bewertungen zu Lebzeiten von s so gut wie nie positiv beweisbar. Deshalb ist in den Adäquatheitsbedingungen (s. PA4.4) auch nicht gefordert, dass der Adressat die Akzeptabilität dieses Urteils erkannt hat.

5. Argumentationen zur Begründung moralischer Prinzipien

Wie kann man *moralische Prinzipien* argumentativ begründen, also grundlegende Kriterien für die moralische Bewertung, grundlegende moralische Normen oder Imperative etc.? Wenn man einmal moralische Prinzipien begründet hat, sind angewandt ethische Argumentationen nicht mehr grundsätzlich problematisch (s.u.). Aber wie begründet man die Prinzipien selbst? Über diese Frage besteht in der

Ethik – wie so oft – keine Einigkeit. Und die unterschiedlichen Argumentationsweisen, die in vorhandenen Moralbegründungen verwendet werden, spiegeln zu einem großen Teil einfach die konkurrierenden Positionen in der Metaethik selbst wider.

Die wichtigsten aktuellen Typen ethischer Moralbegründung sind folgende. 1. In rein *deduktiven Moralbegründungen* wird versucht, moralische Prinzipien aus relativ starken Prämissen, insbesondere über Rationalitätsforderungen, logisch abzuleiten. Die bekanntesten Beispiele dafür sind Kants Begründungen des kategorischen Imperativs. 2. *Intuitionistische Moralbegründungen* verwenden singuläre oder generelle moralische Überzeugungen – die oft zunächst kohärent gemacht worden sein müssen – als Prämissen für die Begründung spezieller Maximen oder zur Widerlegung bestimmter Grundsätze. Rawls' Methode des reflektierten Gleichgewichts (Rawls ⟨1951⟩/⁵1984) ist ein Verfahren, wie man zunächst Kohärenz herstellen soll. Und seine »Theorie der Gerechtigkeit« (Rawls ⟨1971⟩/1979) ist dann eine intuitionistische Begründung von Grundsätzen einer Gesellschaftsverfassung aus basalen Gerechtigkeitsprinzipien wie der Unparteilichkeit. 3. *Spieltheoretische Moralbegründungen* zeigen mithilfe praktischer Argumentationen – die um einige Prinzipien der Spieltheorie ergänzt werden –, dass bestimmte Formen der sozialen Kooperation langfristig zum Vorteil des Kooperierenden und damit rational sind. Der bekannteste Ansatz dieser Art stammt von Gauthier (1986). 4. *Instrumentalistische Moralbegründungen* legen zunächst einen angenommenen Zweck von Moral und eine Reihe von Zusatzbedingungen, die Moral erfüllen soll, fest – eine solche Zusatzbedingung kann z.B. sein, dass es in der Regel rational sein muss, der Moral zu folgen. In einem zweiten Schritt zeigen instrumentalistische Moralbegründungen dann mithilfe praktischer, probabilistischer und deduktiver Argumentationen, dass eine bestimmte Konzeption von Moral oder bestimmte moralische Prinzipien jene Bedingungen erfüllen oder sogar am besten erfüllen (z.B. Lumer 1999).

Wie diese kurzen Charakterisierungen schon erkennen lassen, sind die meisten dieser Begründungsformen komplex, also jeweils aus mehreren Argumentationen zusammengesetzt, die z.T. unterschiedlichen Typs sind. Man kann aber ohne Weiteres präzise Regeln für solche komplexen Argumentationen aufstellen – auch wenn dies in der Literatur bisher nicht geschehen ist.

Alle vier genannten Formen der Moralbegründung haben ihre mehr oder weniger großen Vor- und Nachteile. Einige Nachteile sind etwa: 1. Keine der bisher bekannten *deduktiven Moralbegründungen* ist gültig und adäquat; oft liegt eine *Petitio principii* vor. Ein Grundproblem dieser Art von Moralbegründung ist nämlich, dass Moralbegründungen praktische Begründungen sind, die zum Handeln motivieren sollen. Und dann ist es relativ unwahrscheinlich, dass die Moralbegründung nicht auch wenigstens praktische Argumentationen einschließt. 2. Da *intuitionistische Moralbegründungen* immer auf bereits akzeptierten Intuitionen aufbauen, begehen sie gegenüber all jenen, die diese Intuitionen nicht teilen, mindestens eine *Petitio principii*. Außerdem ändern sich moralische Intuitionen biographisch. Da intuitionistische Moralbegründungen Intuitionen aber einfach als solche annehmen und nicht ihrerseits begründen, liefern sie auch all denjenigen, die an ihren Intuitionen zu zweifeln beginnen, keine Orientierung mehr. 3. Während die bisher diskutierten Formen der Moralbegründung schon rein argumentationstechnisch große Defizite aufweisen – sie sind nicht gültig oder nicht adäquat –, haben die folgenden beiden Begründungstypen primär inhaltliche Schwierigkeiten. So können gut ausgearbeitete *spieltheoretische Moralbegründungen* zwar gültig und adäquat sein. Ihr Problem ist aber, dass die resultierende Moral ziemlich schwach ist und dass sie strukturell unvollständig ist: In spieltheoretisch begründeten Moralen gibt es keine moralische Wünschbarkeit, keine moralische Bewertung der Welt, sondern nur persönliche Interessen und Bewertungen. 4. *Instrumentalistische Moralbegründungen* schließlich stehen vor dem Problem, dass es alles andere als offensichtlich ist, was denn eigentlich der Zweck der Moral sein soll.

Argumentationsregeln für diese vier Formen der Moralbegründung darzulegen und zu begründen sowie ihre Vor- und Nachteile bis hin zu einer Schlussbilanz zu diskutieren erfordert viel mehr Raum, als er hier zur Verfügung steht, sodass die Diskussion an dieser Stelle leider abgebrochen werden muss.

6. Argumentationen in der angewandten Ethik

Wenn die moralischen Prinzipien klar sind, sollte ihre Anwendung auf Einzelfälle oder auf Typen spezieller Fälle prinzipiell kein Problem mehr sein. »Prinzipiell« soll dabei heißen, es ist klar, wie vorgegangen werden muss. Dies schließt nicht aus, dass z.B. sehr komplexe oder umfangreiche empirische Informationen benötigt werden, die nicht nur aufwändig zu besorgen und zu verarbeiten sind, sondern möglicherweise auch nur in sehr unsicherer oder vager Form vorhanden sind. Es schließt auch nicht aus, dass Bewertungen aus der Perspektive der Betroffenen nur sehr schwer durchzuführen sind. Wenn nach Abzug dieser und ähnlicher Schwierigkeiten immer noch große Entscheidungsprobleme auftreten, dann liegen diese häufig bei den moralischen Prinzipien selbst; sie sind z. B. unvollständig, zu vage, doppeldeutig oder gar widersprüchlich. In solchen Fällen müssen zuerst die moralischen Prinzipien auf der Ebene der Moralbegründung verbessert werden.

Ein grundsätzliches Problem angewandt ethischer Argumentationen ist aber, dass diese eben auf als akzeptabel erkannte moralische Prinzipien als Argumente zurückgreifen müssen. Es gibt jedoch nur vergleichsweise wenige moralische Prinzipien, die einigermaßen universell anerkannt oder gar als akzeptabel erkannt sind. Entsprechend ist es schwierig, gegenüber vielen Adressaten und insbesondere gegenüber einem heterogenen Publikum eine *Petitio principii* zu vermeiden. Mit zwei Strategien kann man dieses Problem etwas verringern. Speziellere Maximen sind in der Regel noch weniger allgemein akzeptiert als grundlegende allgemeine Prinzipien. Man kann sich deshalb zum einen in seiner Argumentation eher auf solche allgemeinen Prinzipien stützen. Zum anderen kann man durch eine zusätzliche moralbegründende Argumentation die Erkenntnis und Akzeptanz des Prinzips vergrößern.

Die beiden wichtigsten Arten angewandt ethischer Argumentationen sind deontische Argumentationen für Gebots-, Verbots- oder Erlaubnisurteile und konsequentialistische, insbesondere wohlfahrtsethische Argumentationen für moralische Bewertungen.

6.1 Deontische Argumentationen für deontische Urteile

Deontische Urteile sind Urteile mit den deontischen Operatoren ›(moralisch) geboten‹, ›(moralisch) verboten‹, ›(moralisch) erlaubt‹ und ›(moralisch) freigestellt‹. *Deontische Argumentationen* sind Argumentationen, die aus deontischen Prämissen deontische Thesen begründen. Der Standardfall ist, dass in einer deduktiven Argumentation aus 1. einer allgemeinen deontischen Prämisse, 2. empirischen Prämissen und eventuell 3. interpretierenden Prämissen (oder *Lemmata*) – wie weit die empirischen Verhältnisse die Tatbestandsmerkmale der deontischen Prämisse erfüllen – eine speziellere deontische These abgeleitet wird. Die speziellere deontische These kann ein singuläres Urteil über einen einzigen Fall sein (›Svenja durfte (aus moralischer Sicht) in dieser Situation lügen‹); sie kann aber auch ein allgemeines deontisches Urteil sein, das spezieller als die allgemeine deontische Prämisse ist (z. B. ›Wenn man mit einer Lüge (und nur damit) einem Menschen das Leben retten kann, darf man lügen‹).

Eine deontische Argumentation mit einer singulären These ist beispielsweise:

Norm: P1: Staaten haben ein Recht auf angemessene Präventivschläge gegen andere Staaten, wenn von diesen eine unmittelbar bevorstehende Aggression droht.

Empirie: P2: A-Land hat an der Grenze zu B-Land auf die Hauptstadt von B-Land gerichtete Trägerraketen stationiert, mehrfach eine Annexion von B-Land gefordert und angedroht sowie – wie Geheimdienstberichte belegen – in den letzten Tagen begonnen, diese Trägerraketen mit an UN-Kontrollen vorbeigeschmuggelten Atomsprengköpfen zu bestücken. P3: B-Land hat die Trägerraketen in A-Land konventionell bombardiert.

Interpretation: L1: Das in P2 Beschriebene ist als unmittelbar bevorstehende Aggression zu werten. L2: Die in P3 beschriebene Bombardierung ist ein Präventivschlag. L3: Das in P3 Beschriebene ist ein angemessenes, die Verhältnismäßigkeit der Mittel wahrendes Vorgehen.

These: T: B-Land hatte ein Recht auf den (in P3 beschriebenen) Bombenangriff auf A-Land. (Der Bombenangriff war moralisch erlaubt.)

Selten ist die Faktenlage (P2 und P3) objektiv und epistemisch so klar wie in diesem fiktiven Beispiel. Und auch die Interpretation ist oft erheblich schwieriger. Die Funktionsweise dieser Argumentation (und spezieller deontischer Argumentationen allgemein) ist: Nach dem Konstatieren der einschlägigen Norm (P1) gehen die singulären Prämissen und *Lemmata* (P2 bis P3 und L1 bis L3) auf die einzelnen Bedingungen der Norm (P1) ein, ob diese Bedingungen erfüllt sind: unmittelbar bevorstehende Aggression, Präventivschlag, Angemessenheit der Mittel; wesentlich ist, dass alle Bedingungen der Norm betrachtet werden. Wenn sie erfüllt sind, kann unmittelbar auf den im Konsequens der Norm angegebenen Urteilstyp geschlossen werden; hier also: ›*x* hat ein Recht auf die Handlung, d. h. die Handlung ist erlaubt, und niemand darf *x* daran hindern.‹ Die empirischen Prämissen (P2 und P3) beschreiben mit Blick auf die Bedingungen der Norm den empirischen Sachverhalt in der nötigen Präzision: Wer hat was, wann und wie gemacht? Welche Umstände waren dabei erfüllt? Die Interpretationen (L1, L2 und L3) sind Brücken zwischen dieser empirischen Beschreibung und der Norm; sie *klassifizieren* die empirischen Tatbestände (Trägerraketen stationiert, Annexion angedroht, mit Atomsprengköpfen bestückt ...) in der Terminologie der Norm (»unmittelbar bevorstehende Aggression«, »angemessen«). Solche Interpretationsschritte sind oft erforderlich, weil die Norm zum einen in einer allgemeinen Sprache abgefasst ist, die sehr viele unvorhersehbare Einzelfälle abdecken soll. Zum anderen werden in dieser allgemeinen Sprache diejenigen Aspekte der Realität erfasst, die aus moralischer Sicht relevant sind; es wird nicht versucht, eine detaillierte Beschreibung der Situation zu geben; sondern die hinreichend detailliert beschriebene Situation - empirische Faktenlage - wird moralisch klassifiziert. Manchmal ist die empirische Beschreibung aber auch so, dass sie unmittelbar die in der Norm verwendete Terminologie verwendet, dann ist der entsprechende Interpretationsschritt überflüssig.

Die empirischen Beschreibungen (P2, P3) sind in unserem Beispiel Argumente für die Interpretationen (L1 bis L3), die selbst wiederum als *Lemmata* für die weitere Argumentation fungieren. Die These folgt dann deduktiv aus der normativen Prämisse P1 und diesen Interpretationen (L1 bis L3); für diesen letzten Schluss sind also die Prämissen P2 und P3 schon gar nicht mehr erforderlich.

Der deduktive Teil der Argumentation ist, argumentationstheoretisch gesehen, oft relativ trivial. Schwieriger ist häufig der interpretative Teil. Nicht selten gibt es um eine Norm herum eine einschlägige Interpretationspraxis, an der man sich beim Argumentieren orientieren kann. Aber auch diese Praxis ist keineswegs sakrosankt. Es werden also allgemeine Prinzipien der Normeninterpretation benötigt. In der juristischen Argumentationstheorie gibt es dazu mehrere Grundansätze. Die beiden wichtigsten sind: 1. Für die Interpretation zählt der Wille des Gesetzgebers - dieser Ansatz kann nicht auf moralische deontische Argumentationen übertragen werden, weil es hier keinen Gesetzgeber gibt. 2. Für die Interpretation zählt der (moralische) Sinn der Norm: Welcher (moralisch) erstrebenswerte Zustand soll mit ihr erreicht werden? Welcher (moralisch) unerwünschte Zustand soll verhindert werden? Der zweite Ansatz ist der natürliche Ansatz für moralisches deontisches Interpretieren. Im vorliegenden Beispiel des Präventivschlages geht es darum, eine ungerechtfertigte Schädigung - Atomschlag gegen B-Land - zu verhindern. Die Bedingung der Verhältnismäßigkeit hat in diesem Zusammenhang den Sinn, den Schaden nicht noch größer werden zu lassen: Der Präventivschlag darf nur diese ungerechtfertigte Schädigung verhindern und nicht etwa darüber hinausgehen; die Mittel müssen deshalb - *cum grano salis* - notwendig sein; der Schaden soll ja verringert werden. Und der erwartete Schaden aus dem Präventivschlag sollte das Ausmaß des zu verhindernden ungerechtfertigten Schadens (hier: Atomschlag) nicht übertreffen; denn es geht ja darum, Schaden zu vermeiden. Von dieser Sollte-Regelung werden aber auch Ausnahmen zugelassen, weil es nicht einfach darum geht, Schaden zu verringern, sondern *ungerechtfertigte* Schädigungen zu verhindern.

Manchmal sind auf dieselbe Handlung mehrere moralische Normen anwendbar, die zu widersprüchlichen singulären deontischen Urteilen über diese Handlung führen. Ein Standardbeispiel ist die Abtreibungsproblematik: Die Schwangere hat wie alle Personen (*prima facie*) ein Selbstbestimmungsrecht über ihren Körper; der Embryo hat spätestens ab der Empfindungsfähigkeit (*prima facie*) ein Lebensrecht. Wie die beiden Zusätze »*prima facie*« andeuten, sind generelle und singuläre deontische Urteile fast immer mit einer expliziten oder impliziten Einschränkung versehen, dass sie zunächst einmal nur dann gelten, wenn ihnen kein anderes (wahres) deontisches Urteil entgegensteht. Wenn ihnen kein anderes deontisches Urteil entgegensteht, gelten sie auch endgültig. Wenn ihnen aber eines entgegensteht, muss eine *Güterabwägung* vorgenommen werden: Welches der durch die beiden in Konflikt stehenden Normen geschützten Güter ist wichtiger? Das deontische Urteil, das den Schutz des wichtigeren Gutes ausdrückt, gilt dann endgültig. Deontische Argumentationen verweisen an dieser Stelle also (zumindest implizit) auf konsequentialistische Argumentationen zur moralischen Bewertung dieser Güter.

Das obige ausführliche Beispiel (Rechtfertigung eines Präventivschlages) hatte folgende Struktur: Aus einer allgemeinen Norm wird mithilfe von empirischen und interpretativen Prämissen ein singuläres Gebot, Verbot oder eine singuläre Erlaubnis abgeleitet. Dies ist der häufigste Fall deontischer Argumentationen. Die meisten deontischen Argumentationen sind im Kern deduktive Argumentationen; sie können deshalb beliebige deduktive Schlussformen annehmen. Es gibt Argumentationen für allgemeine deontische Urteile, für verneinte Urteile, für bedingte Gebote usw. Und als deontische Prämissen können nicht nur allgemeine und spezielle Gebote, Verbote oder Erlaubnisse verwendet werden, sondern insbesondere auch allgemeine formale deontische Prinzipien wie: ›Sollen setzt Können voraus‹ oder ›Wenn es in der Situation l_1 moralisch geboten ist, A zu tun, und die Situation l_2 ist in moralischer Hinsicht genau gleich zu l_1, dann ist es auch in l_2 geboten, A zu tun.‹[6] Mit dem ersten Grundsatz und der empirischen Prämisse ›Sonja konnte Helga nicht mehr retten‹ beispielsweise kann man argumentativ begründen: ›Dass Sonja Helga nicht gerettet hat, war keine Pflichtverletzung.‹

6.2 Konsequentialistische Argumentationen für moralische Bewertungen

Konsequentialistische (oder besser: axiologische) Ethiken beurteilen das, was aus moralischer Perspektive zu tun ist, nach seinem moralischen Wert. Allerdings wird die Beziehung zwischen moralischer Bewertung einerseits und moralischem Gebot oder moralischer Handlungsempfehlung oder moralischer Norm etc. andererseits, je nach dem normativen Teil dieser Ethiken, sehr unterschiedlich konzipiert. Hier seien nur einige wichtige Konzeptionen genannt: *1. Gebot der Handlungsoptimierung:* Im einfachsten Fall wird es zur moralischen Pflicht erklärt, immer das moralisch Beste (nicht das persönlich Beste!) zu tun, so etwa im klassischen Utilitarismus bei Mill (z.B. Mill ⟨1861⟩/1976: 21). *2. Quantitativ eingeschränkte Handlungsoptimierung:* Oder es wird gefordert, das moralisch Beste zu tun, aber nur innerhalb eines von persönlichen Interessen bestimmten Budgets; man braucht dieses Budget nicht zu überschreiten (z.B. Singer ⟨1979⟩/1994: 313f.). *3. Realer Normen- und Institutionenaxiologismus:* In eher realpolitisch orientierten Ansätzen werden nicht einzelne Handlungen oder ideale Regeln, sondern soziale Normen oder Institutionen bewertet, um dann möglichst die moralisch beste von ihnen sozial durchzusetzen oder wenigstens die beste unter den aktuell durchsetzbaren. *4. Supererogatorische Handlungen:* Schließlich kann jemand unabhängig von moralischen Geboten moralisch Gutes tun wollen, also eine supererogatorische Handlung ausführen wollen, und sich dabei davon leiten lassen, wie gut denn diverse Optionen aus moralischer Sicht sind usw.

In allen diesen Fällen müssen also bestimmte Gegenstände moralisch bewertet werden, seien es nun Handlungen, Regeln, Normen oder Institutionen. Die wichtigsten konsequentialistischen Bewertungskriterien sind wohlfahrtsethisch (oder »welfaristisch«). Der moralische Wert (oder die moralische Wünschbarkeit oder der moralische Nutzen) eines Gegenstandes p ist danach eine Aggregation oder Funktion des individuellen Nutzens von p für alle von p Betroffenen ($U_{mor}p := F(U_1p, ..., U_np)$) – mit $1, ..., n$ als den von p Betroffenen). Es wird also zunächst ermittelt, wer die von p Betroffenen sind. Dann wird der Erwartungsnutzen von p für alle diese einzelnen Betroffenen bestimmt. Schließlich müssen diese Erwartungsnutzen zur moralischen Wünschbarkeit von p »aggregiert« werden. Für diese Aggregationen gibt es mehrere konkurrierende Modelle. Die bekannteste und sehr einfache Form der Aggregation ist die *utilitaristische*: Die individuellen Nutzen werden einfach addiert; die Summe ist der moralische Nutzen ($U_{mor}^{util}p := U_1p + ... + U_np = \Sigma_i U_ip$). Nach dem von Rawls verwendeten *Maximinkriterium* ist der moralische Nutzen von p identisch mit dem niedrigsten aller Nutzen von p der von p Betroffenen ($U_{mor}^{maximin}p := MIN_i(U_ip)$). Nach einem *egalitaristischen* Kriterium der moralischen Wünschbarkeit wird zunächst auch die utilitaristische Wünschbarkeit von p bestimmt; anschließend wird aber ein Ungleichheitsmaß von dieser Summe subtrahiert. Bei perfekter Gleichheit (d.h. die Ungleichheit ist 0) wird nichts subtrahiert; je größer die Ungleichheit ist, desto mehr wird subtrahiert. ($U_{mor}^{egal}p := \Sigma_i U_ip - I(U_1p, ..., U_np)$ – wobei I ein geeignetes Ungleichheitsmaß ist (z.B. Trapp 1988: 356).) Nach einem *prioritaristischen* Kriterium der moralischen Wünschbarkeit werden die individuellen Nutzen zunächst in prioritaristische moralische Wünschbarkeiten übersetzt, und zwar so, dass nachher persönliche Nutzenverbesserungen für schlechter Gestellte moralisch höher bewertet werden als gleiche persönliche Nutzenverbesserungen für besser Gestellte. Dies geschieht mithilfe einer konkaven Gewichtungsfunktion ($PG(x)$), also einer mathematischen Funktion, die stetig ansteigt, aber immer langsamer ansteigt. Anschließend werden diese einzelnen prioritaristischen moralischen Nutzen addiert. ($U_{mor}^{prio}p := \Sigma_i GP(U_ip)$) (z.B. Lumer 2000: 620f.).

Die jeweils verwendete moralische Nutzenfunktion ist dann die zentrale allgemeine Prämisse in einer (konsequentialistischen) Argumentation für ein moralisches Werturteil über p – ob diese Prämisse nun explizit gemacht wird oder implizit bleibt. In den anderen Prämissen werden dann wieder die nach dieser Definition erforderlichen Bedingungen für den angegebenen Wert von p abgearbeitet. Es wird also aufgelistet, wer von p betroffen ist. Die persönlichen Nutzen von p für diese Betroffenen werden angeführt. Schließlich werden diese persönlichen Nutzen nach den Vorgaben der Definition aggregiert.

Kernstruktur einer konsequentialistischen Argumentation für moralische Bewertungen:

Das Kernstück einer konsequentialistischen Argumentation für eine moralische Bewertung des Gegenstandes p hat folgende Struktur:

P1: Definition des ›moralischen Nutzens‹ (s.o.); es muss mindestens angegeben werden, welche moralische Nutzendefinition verwendet wird.

P2: Auflistung der von p Betroffenen: 1, ..., n. Diese Betroffenen müssen nicht individuiert werden, es können auch »statistische« Betroffene sein; dann müssen aber Zahl und Typ der Betroffenen angegeben werden – z.B. ›6000 Verkehrstote‹.

P3.1–P3.n: Aufzählung der Nutzen von p für die von p Betroffenen: ›Der persönliche Nutzen von p für 1 beträgt u_1.‹ ($U_1 p = u_1$.) etc. (Bei großen Mengen von Betroffenen werden diese Aufzählungen nach Gruppen unterteilt und Allurteile über den Nutzen für diese Gruppenmitglieder aufgestellt: ›Für alle Mitglieder der Gruppe a ist der persönliche Nutzen von p gleich u_a.‹)

P4: Aggregation der persönlichen Nutzen: Die Aggregation der persönlichen Nutzen u_1 bis u_n hängt von der verwendeten moralischen Nutzendefinition ab. Bei einer utilitaristischen Nutzendefinition besteht die Aggregation in einer einzigen weiteren Prämisse: ›Die Summe der individuellen Nutzenwerte $u_1, ..., u_n$ ist u_p‹ ($\sum_i u_i = u_p$.). Bei Verwendung einer egalitaristischen Nutzendefinition muss als Nächstes das Ungleichheitsmaß bestimmt und von der Nutzensumme subtrahiert werden etc.

Also:

T: These, moralisches Werturteil: Der (utilitaristische/egalitaristische ...) moralische Nutzen von p beträgt u_p ($U_{mor} p = u_p$).

Diese Kernstruktur konsequentialistischer Argumentationen ist noch gut überschaubar. Im Normalfall wird diese Kernargumentation durch weitere Argumentationen für die Prämissen dieses Kerns zu einer komplexen Argumentation ergänzt. Die wichtigste Ergänzung ist, dass die persönlichen Nutzenangaben (also die Prämissen P3.i) mit praktischen Argumentationen begründet werden. Oft genügt auch dies nicht, und die Prämissen dieser praktischen Argumentationen müssen auch noch begründet werden; insbesondere muss eventuell ausführlicher begründet werden, dass p mit einer gewissen Wahrscheinlichkeit eine bestimmte für die Person i relevante Folge hat. usw. Sodann müssen zu Entscheidungszwecken in der Regel ja mehrere Alternativen verglichen und bewertet werden. Bei vielschichtigen und langfristigen sozialen Sachverhalten, wie etwa Maßnahmen zum Klimawandel oder Änderungen der Wirtschaftsordnung eines Landes oder Bau eines Atomkraftwerkes oder der grundlegenden Reform des Renten- oder Gesundheitssystems, können die Gesamtargumentationen so verschachtelt und komplex werden, dass sie ohne Weiteres Buchlänge annehmen. Bei Handlungen mit sehr beschränkter Bedeutung hingegen lassen sich auch komplexe Argumentationen, die – schon über die Kernstruktur konsequentialistischer Argumentationen hinausgehend – auch die individuellen Nutzenbehauptungen (s. P3.i) mittels Folgenangaben begründen, nicht selten auf wenige Sätze komprimieren: ›Es ist utilitaristisch besser, wenn Lukas und nicht Momo den (als Werbegeschenk erhaltenen) Taschenrechner bekommt. Denn Lukas ist mathematisch mehr interessiert und wird dadurch stimuliert, die mathematischen Funktionen auszuprobieren. Momo wird den Taschenrechner vermutlich nur dazu benutzen, ihre Mathematikhausaufgaben »abzukürzen«.‹ U.a. die Folgenbewertungen aus den beiden angedeuteten praktischen Argumentationen bleiben in diesem Beispiel implizit.

Ein Spezialfall konsequentialistischer Argumentationen: Schiefe-Bahn-Argumentationen

Ethisch besonders interessant innerhalb konsequentialistischer Argumentationen sind *Schiefe-Bahn-Argumentationen* (englisch: »*slippery slope argument*«) oder *Dammbruchargumentationen*[7]: Gegen eine bestimmte Maßnahme wird angeführt, dass sie moralisch korrumpierende Folgen haben wird, z.B.: ›Die Zulassung der aktiven Sterbehilfe wird dazu führen, dass Schwerkranke aus Kostengründen getötet werden; und dann ist man von einer Nazi-Euthanasie nicht mehr weit entfernt.‹ Konsequentialistisch hat ein solches Argument folgende Funktion: Es wird darauf hingewiesen, dass p (d.h. hier: die Zulassung der aktiven Sterbehilfe) zur moralischen Korrumpierung im Gesundheitswesen führen wird, derart, dass dann Handlungen zum Schaden von Personen ausgeführt werden, die ohne p nicht ausgeführt werden würden: zunächst die Tötung von Schwerkranken, die noch positive Lebenserwartungen haben, später auch die Tötung von nicht kranken Alten und Behinderten, deren persönlicher Erwartungsnutzen also deutlich gesenkt wird. Solche Schiefe-Bahn-Argumente haben also einen klaren Platz in der konsequentialistischen Argumentation. Und die empirische Möglichkeit der angedeuteten Folgenkette besteht. Die entscheidende Frage aus konsequentialistischer Sicht ist dann: Wie wahrscheinlich ist die Folgenkette? Im Regelfall wird diese Wahrscheinlichkeit in Schiefe-Bahn-Argumenten de facto aber nicht angegeben. Die bloße Möglichkeit – wie unwahrscheinlich auch immer – genügt für eine konsequentialistische Berücksichtigung jedoch nicht. Wenn hingegen einigermaßen hohe Wahrscheinlichkeiten angegeben werden, dann sind Schiefe-Bahn-Argumente äußerst voraussetzungsreich; sie erfordern einigermaßen umfassende Begründungen und Analysen des wahrscheinlichen kausalen Verlaufs.

Kontrollfragen

1. Was ist die Standardfunktion von Argumentationen nach dem erkenntnistheoretischen Ansatz? Und wie erfüllen sie diese Funktion?
2. Was sind typische Fehler deduktiver Argumentationen? Worauf muss man beim Erstellen und Bewerten solcher Argumentationen also besonders achten?
3. Was sind typische Fehler praktischer Argumentationen? Worauf muss man beim Erstellen und Bewerten solcher Argumentationen also besonders achten?
4. Was ist eine *Petitio principii*? Und warum ist sie problematisch?
5. Was ist ein falsches materiales Argument? Und was ist ein *non sequitur*?
6. Warum sind probabilistische Argumentationen nicht monoton?
7. Was ist ein deontisches Urteil?
8. Warum gelten in deontischen Argumentationen begründete deontische Urteile zunächst nur *prima facie*? Wann gelten sie endgültig?
9. Warum benötigen deontische Argumentationen häufig einen Interpretationsteil? Und nach welchem Prinzip erfolgt die Interpretation?
10. Wie sind konsequentialistische Argumentationen für moralische Bewertungen aufgebaut?

Verwendete Literatur

Brandt, Richard B[rooker]: *A Theory of the Good and the Right*, Oxford 1979.
Deutsche Bischofskonferenz: *Der Mensch: sein eigener Schöpfer? Wort der Deutschen Bischofskonferenz zu Fragen von Gentechnik und Biomedizin, 7. März 2001*. Bonn 2001.
Gauthier, David Peter: *Morals by agreement*, Oxford 1986.
Griffin, James: *Well-being. Its meaning, measurement, and moral importance*, Oxford 1986.
Höffe, Otfried: Rechtspflichten vor Tugendpflichten. Das Prinzip Menschenwürde im Zeitalter der Biomedizin. In: Frankfurter Allgemeine Zeitung 31.3.2001.
Lamb, David: *Down the Slippery Slope. Arguing in Applied Ethics*, London 1988.
Lumer, Christoph: *Praktische Argumentationstheorie. Theoretische Grundlagen, praktische Begründung und Regeln wichtiger Argumentationsarten*, Braunschweig 1990.
Lumer, Christoph: Quellen der Moral. Plädoyer für einen prudentiellen Altruismus. In: *Conceptus*, 32, 1999, S. 185–216.
Lumer, Christoph: *Rationaler Altruismus. Eine prudentielle Theorie der Rationalität und des Altruismus*, Osnabrück 2000.
Lumer, Christoph: The Epistemological Theory of Argument – How and Why? In: *Informal Logic*, 25, 2005, S. 213–243.
Mill, J[ohn] S[tuart]: *Der Utilitarismus* (*Utilitarianism* ⟨1861⟩), Übersetzung, Anmerkungen und Nachwort von Dieter Birnbacher. Stuttgart 1976.
Nozick, Robert: *Anarchie, Staat, Utopia* (*Anarchy, State, and Utopia*), München 1974.
Rawls, John: Ein Entscheidungsverfahren für die normative Ethik (Outline of a Decision Procedure for Ethics ⟨1951⟩). In: *Texte zur Ethik*, hg. von Dieter Birnbacher und Norbert Hoerster. München ⁵1984.
Rawls, John: *Eine Theorie der Gerechtigkeit* (*A Theory of Justice* ⟨1971⟩), übers. v. Hermann Vetter. Frankfurt a.M. 1979.
Singer, Peter: *Praktische Ethik* (*Practical Ethics* ⟨1979⟩), aus dem Englischen übers. v. Oscar Bischoff, Jean-Claude Wolf und Dietrich Klose. Stuttgart ²1994.
Trapp, Rainer W.: *»Nicht-klassischer« Utilitarismus. Eine Theorie der Gerechtigkeit*, Frankfurt a.M. 1988.

Kommentierte Auswahlbibliographie

Eemeren, Frans H. van und Rob Grootendorst: *A Systematic Theory of Argumentation. The pragma-dialectical approach*, Cambridge 2004.
(International bekannteste Konzeption einer konsensualistischen Argumentationstheorie. Ziel der Argumentation ist, einen Meinungskonflikt zu lösen. Schwerpunkt sind Regeln für Diskussionen, nicht für Argumentationen.)

Feldman, Richard: *Reason and Argument*, Upper Saddle River, N.J. ²1999.
(Allgemeines fortgeschrittenes Lehrbuch der Argumentationstheorie aus erkenntnistheoretischer Sicht.)

Hansen, Hans V[ilhelm] und Robert Pinto (Hg.): *Fallacies. Classical and Contemporary Readings*, University Park, Pennsylvania 1995.
(Sammlung einschlägiger Artikel über Argumentationsfehler.)

Korb, Kevin B.: Bayesian Informal Logic and Fallacy. In: *Informal Logic*, 23, 2003, S. 41–70.
(Einführung in probabilistische Argumentationen.)

Lumer, Christoph: *Praktische Argumentationstheorie. Theoretische Grundlagen, praktische Begründung und Regeln wichtiger Argumentationsarten*, Braunschweig 1990.
(Entwicklung eines erkenntnistheoretischen Ansatzes in der Argumentationstheorie. Präzise Kriterien für diverse Argumentationstypen: deduktive, praktische, interpretierende …)

Lumer, Christoph: Reductionism in Fallacy Theory. In: *Argumentation* 14, 2000, S. 405–423.
(Systematische Theorie und Klassifikation von Argumentationsfehlern.)

Lumer, Christoph: Interpreting Arguments. In: *Proceedings of the Fifth International Conference of the International Society for the Study of Argumentation*, hg. von Frans H. van Eemeren, J. Anthony Blair, Charles A. Willard und A. Francisca Snoeck Henkemans. Amsterdam 2003, S. 715–719.
(Praktische Anleitung zum Interpretieren, Rekonstruieren und Bewerten von Argumentationen.)

Lumer, Christoph (Hg.): *The Epistemological Approach to Argumentation*. (= 2 Themenhefte von:) *Informal Logic*, 25, 3 (2005), S. 189–287; 26, 1 (2006), S. 1–120.
(Beiträge zum erkenntnistheoretischen Ansatz in der Argumentationstheorie u.a. mit einem Theorie- und Literaturüberblick zu diesem Ansatz.)

MacCormick, Neil: *Rhetoric and The Rule of Law. A Theory of Legal Reasoning*, Oxford u.a. 2005.
(Probleme juristischer Argumentationen.)

Pirie, Madsen: *The book of the fallacy. A training manual for intellectual subversives*, London 1985.
(Populäres Lexikon einer Vielzahl von Argumentationsfehlern.)

Walton, Douglas: *Ethical Argumentation*, Lanham, MD 2002.
(Das Buch behandelt hauptsächlich (aber unter anderem Namen) intuitionistische Argumentationen und deontische Argumentationen für deontische Urteile und aus konsensualistischer Perspektive argumentative Dialogprozesse. Moralbegründungen im obigen Sinn werden nicht behandelt. Douglas Walton ist einer der drei bekanntesten lebenden Argumentationstheoretiker, aber kein Ethiker.)

Anmerkungen

[1] Die Argumentation lautet im Kern so: ›Gott hat den Menschen nach seinem Bild geschaffen. Das Leben des Menschen ist deshalb heilig und der Verfügbarkeit des Menschen entzogen.‹ (z.B. Deutsche Bischofskonferenz 2001: 5.)

[2] Die Potentialitätsargumentation hat folgenden Inhalt: ›Geborene Menschen haben Menschenwürde und ein unantastbares Lebensrecht. Menschliche Embryonen sind potentiell geborene Menschen. Also haben auch sie Menschenwürde und ein unantastbares Lebensrecht.‹ (Vgl. z.B. Höffe 2001.)

[3] b_m, die letzte Bedingung für die Akzeptabilität der These, ist keine Prämisse mehr, sondern ist die logische Implikationsbeziehung selbst.

[4] S. z.B. Hansen/Pinto 1995; Lumer 2000; Pririe 1985.

[5] Nach einer qualitativen Sicht vom Wert des menschlichen Lebens hängt die Zweckhaftigkeit des menschlichen Lebens von dessen Qualität ab; in ausweglosen Situationen, in denen einem das weitere Leben nur noch Leiden bescheren wird, ist danach ein Suizid rational; P1 ist danach obendrein falsch.

[6] Manche Ethiker und Argumentationstheoretiker behaupten, solche Prinzipien machten die besondere Form des ethischen Argumentierens aus. Tatsächlich handelt es sich aber nicht um argumentationstheoretische Prinzipien, sondern um inhaltliche ethische Prinzipien, die in völlig normalen deduktiven Argumentationen – allerdings mit deontischem Inhalt – als Prämissen verwendet werden.

[7] Über Schiefe-Bahn-Argumente gibt es relativ viel Literatur, z.B.: Lamb 1988.

VON SCHMUTZIGEN HÄNDEN UND REINEN GEWISSEN

Konflikte und Dilemmata als Problem der Ethik

Susanne Boshammer*

1. Konflikte als Ausgangspunkt und Streitfall der Moralphilosophie
2. Moralische Konflikte – und was sie (nicht) sind
   a. Konflikte *mit* der Moral und Konflikte *über* Moral
   b. Moralische Konflikte als intrapersonale Konflikte über Moral
3. Moralphilosophische Konfliktlösungen
   a. Scheinbare Konflikte und ihre Aufklärung
   b. Behebbare Konflikte und ihre Beseitigung
   c. Genuine Konflikte und ihre Lösung
4. Warum es Dilemmata nicht geben kann
   a. Du kannst, wenn du sollst! (›ought implies can‹)
   b. Du darfst, wenn du sollst! (›ought implies permissible‹)
5. Die Grenzen moralphilosophischer Konfliktlösungen
   a. Die Unausweichlichkeit moralischen Bedauerns
   b. Die Vielfalt der Moral und die theoretische Unvergleichbarkeit von Pflichten
   c. Die Getrenntheit von Personen und die praktische Unabwägbarkeit von Pflichten
6. Ausblick statt Ausweg

1. Konflikte als Ausgangspunkt und Streitfall der Moralphilosophie

Am 5. September 1977 entführten Mitglieder der Roten Armee Fraktion (RAF) in Köln den damaligen Arbeitgeberpräsidenten Hanns Martin Schleyer, um die Freilassung einiger ihrer Gesinnungsgenossen aus dem Hochsicherheitsgefängnis Stuttgart Stammheim zu erzwingen. Sollte die Bundesregierung sich weigern, die Inhaftierten auf freien Fuß zu setzen, drohten sie mit Schleyers Ermordung – und niemand zweifelte daran, dass diese Drohung ernst gemeint war. Schleyers Familie appellierte inständig an Bundeskanzler Helmut Schmidt, den Forderungen der Entführer nachzugeben, und auch das verzweifelte Opfer selbst flehte in Videobotschaften an den Krisenstab, dessen Mitgliedern Hanns Martin Schleyer zum Teil persönlich gut bekannt war, um die Rettung seines Lebens. Doch die Verantwortlichen waren davon überzeugt, dass sich ein Rechtsstaat von Terroristen nicht erpressen lassen dürfe, und lehnten den Austausch der Gefangenen kategorisch ab. Am 18. Oktober 1977, 43 Tage nach seiner Entführung, wurde Hanns Martin Schleyer von seinen Entführern erschossen.

Viele Menschen, die die Ereignisse im Herbst 1977 verfolgten, waren in den sechs Wochen, die sich Hanns Martin Schleyer in der Gewalt seiner Entführer befand, hin und her gerissen. Sie litten nicht nur mit dem Entführungsopfer, sondern auch mit denen, die über sein Schicksal zu entscheiden hatten. Denn selbst wenn der politische Imperativ in dieser Lage eindeutig sein mochte, aus moralischer Perspektive schien die Situation ausweglos: Entweder opferte man das Leben eines Menschen, um zu verhindern, dass sich die terroristische Bedrohung für andere erhöht; oder man gefährdete, um einen Einzelnen vor seinen Mördern zu retten, die Sicherheit und gegebenenfalls das Leben vieler Menschen, indem der Staat sich erpressbar zeigte. Nicht nur angesichts der bedrückenden Folgen jeder möglichen Entscheidung empfahl sich keine von ihnen als die moralisch richtige Wahl; beide waren vielmehr vor allem eins und dies gleichermaßen, nämlich von Übel. In dieser moralischen ›Zwickmühle‹ schienen die Verantwortlichen dazu verdammt, mit jedem möglichen ›Zug‹ Schuld auf sich zu laden.

Dieser Auffassung war offenbar auch der damalige Bundespräsident Walter Scheel, der sich eine Woche nach Schleyers Ermordung im Rahmen des Staatsakts zu Ehren des Opfers mit folgenden Worten an die Hinterbliebenen wandte: »Wir neigen uns vor dem Toten. Wir alle wissen uns in seiner Schuld. Im Namen aller deutschen Bürger bitte ich Sie, die Angehörigen von Hanns Martin Schleyer, um Vergebung.« Ganz ähnlich klingt es fünfzehn Jahre später aus dem Mund eines anderen Bundespräsidenten:

> »Die Verantwortlichen der Bundesrepublik Deutschland standen vor einer Entscheidung, die sie nicht treffen konnten, ohne Schuld auf sich zu laden: Hier ein unschuldiger Staatsbürger, dessen Leben gefährdet ist; ein Leben, das zu schützen oberste staatliche Pflicht ist; dort die Aussicht, dass die terroristische Bedrohung noch größer würde, wenn der Staat sich erpressbar zeigte und wenn er Männer und Frauen freigäbe, die wegen vielfachen Mordes im Gefängnis sitzen. [...] Wir wissen, dass die, die damals entscheiden mussten, bis heute die Last verspüren, die sie mit ihrer Entscheidung auf sich genommen haben, eine Entscheidung, mit der sie schuldlos schuldig wurden.« (Zitiert nach: Fahrenholz 2002)

Nun gesteht, wer von Schuld spricht und um Vergebung bittet, eben damit üblicherweise ein, dass er etwas getan hat, was er nicht hätte tun sollen – aus diesem Grund sind unsere Entschuldigungen in der Regel mit dem Versprechen verbunden, das eingestandene Vergehen in Zukunft zu vermeiden. Auch aus moralischen Fehlern kann man also klug werden, doch wer Nachsicht erwartet, muss Besserung geloben. Die Bitte um Vergebung wird daher meist nur gewährt, wenn der Schuldige verspricht, von nun an anders zu handeln. Doch keiner der beiden soeben zitierten Redner wollte seine Worte in diesem Sinne verstanden wissen. Ihr quasi stellvertretendes Schuldeingeständnis brachte nicht die tragisch verspätete Erkenntnis zum Ausdruck, dass die getroffene Wahl doch die falsche war und beim nächsten Mal anders ausfallen sollte. In der Rede von der ›schuldlosen Schuld‹ formuliert sich vielmehr eine andere, nicht minder tragische Einsicht: dass es in manchen Situationen für den Handelnden nichts moralisch Richtiges zu tun gibt und er so oder so moralische Schuld auf sich lädt.

Die Entführung Hanns Martin Schleyers wirft damit ein Problem auf, das für Ethikerinnen und Ethiker weit über diesen speziellen Fall hinaus von zentraler Bedeutung ist: Gibt es für jeden moralischen Konflikt eine Lösung oder kann es sein, dass wir manchmal dazu gezwungen sind, etwas moralisch Falsches zu tun, egal wie wir uns verhalten? Hat die Frage, was zu tun das Richtige ist, immer eine Antwort, und wie kann uns die Ethik gegebenenfalls dabei helfen, sie zu finden? Um diese Fragen soll es im Folgenden gehen.

Sie beschäftigen die Moralphilosophie seit jeher, denn die Erfahrung moralischer Konflikte ist sowohl wesentlicher Ausgangspunkt als auch zentraler Streitfall der Ethik. Als systematische Beschäftigung mit Moral geht Ethik insofern vom Konflikt aus, als sich in diesen Momenten der moralischen Zerrissenheit eben jene Frage stellt, die häufig als Kernfrage der Ethik bezeichnet wird: »Was soll ich tun?« Wer sich in der Ethik auskennt, weiß jedoch auch, dass die unterschiedlichen Moraltheorien verschiedene Antworten auf diese Frage geben, sodass moralische Konflikte zugleich ethische Streitfälle darstellen. Das Nachdenken über Moral wird also gleichsam aus dem Geist des Konflikts geboren und setzt sich zur Aufgabe, eine Lösung für den Konflikt zu finden, das heißt eine möglichst gut begründete und umsetzbare Antwort auf die Frage, was wir tun sollen.

Situationen wie der Entführungsfall Schleyer legen nun den Gedanken nahe, dass eben das nicht immer möglich ist und dem Bemühen der Moralphilosophie durch das Leben selbst und die ihm eigene Tragik Grenzen gesetzt sind. Es gibt demnach nicht immer eine richtige Antwort auf die moralphilosophische »Was soll ich tun?«-Frage. Manchmal geraten unsere moralischen Pflichten vielmehr auf eine Weise miteinander in Konflikt, die uns scheinbar dazu zwingt, eine von ihnen zu verletzen und uns, moralisch betrachtet, ›die Hände schmutzig zu machen‹. So jedenfalls denken wohl die meisten von uns.

> »Für viele stellt sich das Drama des menschlichen Lebens eher als Tragödie, denn als Komödie dar, oder mindestens als ein Drama, das auf ewig für tragische Episoden anfällig ist. Wer dieser Meinung ist, will nicht einfach sagen, dass das menschliche Leben voll Schmerz und Leid ist. Noch meint er, dass sich das Glück völlig außerhalb unserer Reichweite befindet. Für viele bedeutet diese tragische Sichtweise auf das Leben vielmehr, dass menschliches Glück zerbrechlich ist, und dass zu seinen fragilen Gegenständen unsere moralische Integrität gehört, die durch den schrecklichen Lauf, den die Welt gelegentlich nehmen kann, grundsätzlich gefährdet ist. Das Leben an sich ist, mit anderen Worten, schlicht derart, dass es tragische Konflikte hervorbringt, Konflikte, in denen ›ein Handelnder in der Überzeugung gerechtfertigt ist, dass, was immer er tut, falsch sein wird: dass es Konflikte zwischen moralischen Verpflichtungen gibt, von denen keine die andere aushebelt oder übertrumpft.‹« (McInerny 2002: 2; übers. SB]

Solche praktischen Entscheidungskonflikte ohne moralisch einwandfreie Lösung werden in der Ethik als Dilemmata bezeichnet, und gemeint sind damit Situationen, für die zu gelten scheint: »Wie man's macht, ist's moralisch verkehrt.« Dilemmata stellen damit einen Spezialfall moralischer Konflikte dar, nämlich diejenigen, die in dem Sinne nicht lösbar sind, als wir im Dilemma so oder so gezwungen sind, eine bestehende moralische Pflicht zu verletzen und damit etwas zu tun, was wir nicht tun sollten. Aus einem dilemmatischen Konflikt geht darum niemand mit reinem Gewissen hervor.

Entgegen der Überzeugung des *Common sense*, der zufolge prinzipiell jede und jeder von uns in eine solche Zwangslage geraten kann, sind überraschenderweise die meisten (wenn auch keineswegs alle) Philosophinnen und Philosophen felsenfest davon überzeugt, dass es solche unlösbaren Konflikte nicht gibt, ja gar nicht geben kann – und dies über alle moraltheoretischen ›Lagergrenzen‹ hinweg. Nach einhelliger Ansicht ansonsten so wenig einiger Moralphilosophen wie Aristoteles, Thomas von Aquin, Immanuel Kant und John Stuart Mill sind moralische Dilemmata weder wirklich noch möglich. Es kann, mit anderen Worten, schlicht nicht sein, dass unsere moralischen Pflichten auf eine Weise miteinander in Konflikt geraten, die uns letztlich dazu zwingt, eine der Pflichten zu verletzen.

Diese Position steht ganz offensichtlich in deutlichem Widerspruch zur moralischen Erfahrung vieler Menschen, von denen nicht wenige meinen, sich selbst bereits in einer solchen »moralischen Sackgasse« (Nagel 1974: 23) befunden zu haben. Sie haben darum keinen Zweifel daran, dass es neben den lösbaren moralischen Konflikten auch Dilemmata gibt. Aber stimmt das wirklich oder sieht es vielleicht nur so aus? Wodurch unterscheiden sich moralische Konflikte von Dilemmata bzw. woran mag es gegebenenfalls liegen, dass die einen lösbar, die anderen unlösbar sind, und was genau ist damit eigentlich gemeint? Um diese Fragen beantworten zu können, muss man zunächst klären, was moralische Konflikte sind (2.) und was Moralphilosophinnen und -philosophen unter der Lösung solcher Konflikte verstehen (3.). Erst dann werden die Argumente verständlich, die die philosophischen Dilemma-Gegner gegen die tragische Sicht der Moral vorbringen (4.), und können mit den Überlegungen derjenigen Philosophinnen und Philosophen konfrontiert werden, die gleichwohl davon überzeugt sind, dass sich bestimmte moralische Konflikte nicht restlos lösen lassen (5.).

2. Moralische Konflikte – und was sie (nicht) sind

Wenn von moralischen Konflikten die Rede ist, können damit ganz unterschiedliche Situationen gemeint sein. In der moralphilosophischen Debatte um die Lösbarkeit solcher Konflikte ist jedoch ein ganz bestimmtes Verständnis moralischer Konfliktsituationen vorausgesetzt, das explizit gemacht werden muss, bevor wir uns der Frage nach den Konfliktlösungen zuwenden können. Zu diesem Zweck unterscheide ich im Folgenden drei unterschiedliche Typen von Umständen, die wir alltagssprachlich als moralische Konflikte bezeichnen: Erstens *Konflikte mit der Moral*, zweitens *Konflikte über Moral* und drittens genuine *moralische Konflikte*. Die moralphilosophische Auseinandersetzung um die Lösbarkeit moralischer Konflikte nimmt auf den letzten dieser drei Situationstypen Bezug.

a. Konflikte *mit der* Moral und Konflikte *über* Moral

Konflikte mit der Moral: Manchmal empfinden wir eine Situation als moralischen Konflikt, in der unsere moralischen Pflichten im Widerstreit mit unseren Wünschen liegen: Ich habe einer Kollegin versprochen, ihr beim Umzug zu helfen, und nun lädt mich überraschend meine heimliche Liebe zu einem Wochenendausflug ein. Solche Konflikte kennen wir alle. Es ist bekanntlich nicht immer leicht, ›gut zu sein‹. Das Richtige zu tun, kann gelegentlich anstrengend sein; nicht selten bedeutet es den Verzicht auf bestimmte Vorteile oder verlangt Mut. In diesen Momenten geraten moralische Prinzipien in Konflikt mit unseren Neigungen. Wir wissen, was zu tun das Richtige wäre, aber noch zögern wir, es auch zu tun.

Die entsprechenden Situationen sind gleichwohl keine Momente moralischer Ratlosigkeit, in denen die Geltung unserer moralischen Überzeugungen infrage steht. Mein Zögern erklärt sich nicht dadurch, dass ich nicht weiß, ob das Prinzip, demzufolge ich mein Versprechen halten soll, auch gilt, wenn mich das ein verliebtes Wochenende kostet. Mein Problem besteht vielmehr nur, weil ich daran nicht zweifle und zugleich sicher bin, dass dieses Prinzip auch unter den gegebenen Umständen greift. Wenn ich mich überhaupt etwas frage, dann wohl eher, ob ich es mir leisten kann, die Freundin zu enttäuschen und ausnahmsweise »moralisch in Urlaub« (Hare 1992: 106) zu sein. Solche intrapersonalen oder persönlichen Konflikte zwischen Pflichten und Neigungen bezeichne ich als Konflikte *mit* der Moral.

Konflikte über Moral: Im Unterschied zu diesen Momenten moralischen Motivationsmangels, in denen sich eine einzelne Person im Widerstreit zwischen moralischen Pflichten und außermoralischen Neigungen befindet, wird der Begriff des moralischen Konflikts aber auch auf Situationen bezogen, in denen die moralischen Überzeugungen verschiedener Personen oder Gruppen in Konflikt geraten: Während die einen sich voller Überzeugung für das Recht von Frauen auf Abtreibung einsetzen, sind die anderen vehement dagegen, weil sie Abtreibung für Mord halten. Nicht selten gehen Konflikte dieser Art mit Gefühlen der Empörung einher: Wir empören uns über die aus unserer Sicht unmoralischen Ansichten anderer oder sind selbst Gegenstand entsprechender Empörung. Solche Konflikte nenne ich Konflikte *über* Moral. Sie bestehen im Unterschied zu den eben geschilderten Konflikten mit der Moral *zwischen* Personen, d.h. sie sind interpersonal oder *sozial*, wobei – wiederum anders als im ersten Konfliktfall – auf beiden Seiten des Widerstreits genuin *moralische* Überzeugungen stehen.

Sowohl Konflikte mit der Moral als auch solche über Moral werfen philosophisch interessante Fragen auf – etwa die nach dem Vorrang der Moral vor anderen Handlungsgründen oder die nach den Grenzen der Toleranz. Gleichwohl konfrontieren sie uns nicht mit dem Problem, das hier im Vordergrund stehen soll: der möglichen Unausweichlichkeit moralisch falscher Handlungen. Wenn im Folgenden von moralischen Konflikten die Rede ist, sind damit also weder persönliche Konflikte mit der Moral noch soziale Konflikte über Moral gemeint. Was dann?

b. Moralische Konflikte als intrapersonale Konflikte über Moral

Moralische Konflikte: Moralische Konflikte im hier einschlägigen Sinne gehen mit dem Gefühl moralischer Ratlosigkeit einher, das in der Frage zum Ausdruck kommt: »Was soll ich tun?« Diese Frage stellt sich in Momenten, in denen unsere moralischen Überzeugungen verschiedene Handlungen nahe legen, die sich wechselseitig ausschließen und zwischen denen wir uns darum entscheiden müssen. Unter moralischen Konflikten verstehe ich im Folgenden solche Situationen moralischer Zerrissenheit.

> »Mit ›moralischem Konflikt‹ meine ich [...] solche Fälle, in denen es einen Konflikt zwischen zwei moralischen Urteilen gibt, die jemand im Hinblick auf eine Handlung zu fällen geneigt ist. D.h., ich werde betrachten, was man herkömmlicherweise als ›Pflichtenkonflikt‹ bezeichnet. [...] [Z]wei grundlegende Erscheinungsformen moralischen Konflikts [sind die Folgenden; SB]. Bei der einen Situation hat es den Anschein, ich solle jedes von zwei Dingen tun, könne aber nicht beide ausführen. Die andere Situation ist die, in der etwas, das ich im Hinblick auf einige seiner Merkmale (anscheinend) tun sollte, auch noch andere Eigenschaften hat, im Hinblick auf die ich es (anscheinend) nicht tun sollte. [...] In der ersten Situation hat es den Anschein, als sollte ich *a* und als sollte ich *b* tun, während ich aber nicht sowohl *a* als auch *b* tun kann; in der zweiten hat es den Anschein, als sollte ich *c* und als sollte ich nicht *c* tun.« (Williams 1978: 271f.)

Ein in der Moralphilosophie prominentes Beispiel für einen solchen Konflikt findet sich bei Platon: Ein Freund hat mir vor einiger Zeit eine Waffe geliehen und möchte sie nun zurückhaben. Mir ist klar, dass ich verpflichtet bin, ihm sein Eigentum auszuhändigen, denn er hat mir die Waffe keineswegs zum Geschenk gemacht, und ich habe versprochen, sie zurückzugeben, sobald der Freund sie braucht. Das Problem ist nur, dass ich vermuten muss, dass er die Waffe zurückfordert, weil er jemanden damit töten will. Ich sehe mich verpflichtet, das zu verhindern, was ich jedoch nur kann, wenn ich die Rückgabe verweigere, zu der ich mich gleichwohl ebenfalls verpflichtet sehe (vgl. Platon 1982: 331c). Es sieht also so aus, als sollte ich in dieser Situation sowohl die Waffe herausgeben als auch sie zurückbehalten, aber das ist faktisch ausgeschlossen. Wie auch immer ich mich unter den gegebenen Umständen verhalte: Ich werde so oder so eine moralische Pflicht verletzen.

Einen anderen Konfliktfall schildert Richard Hare:

»Ich habe meinen Kindern für heute Nachmittag eine Bootsfahrt mit Picknick auf dem See bei Oxford versprochen; und jetzt taucht ein alter Freund von mir aus Australien auf, der nur noch heute hier ist, und möchte, dass ich ihm die hiesigen Colleges zeige. Klar, dass ich ihm unsere Colleges zeigen sollte; klar aber auch, dass ich meinen Kindern gegenüber mein Versprechen halten sollte. Und ich glaube selbiges nicht nur, in einem gewissen Sinn habe ich damit auch klar recht.« (Hare 1992: 71)

Moralische Konflikte sind demnach Situationen, in denen wir uns zu verschiedenen Handlungen, sagen wir der Einfachheit halber: Handlung A und Handlung B, verpflichtet sehen, die beide ›machbar‹, aber nicht gemeinsam durchführbar sind, sondern sich wechselseitig ausschließen. Wir können also nicht (A und B) tun, und dieser Umstand bedingt den Konflikt. Der Handelnde muss sich daher für *eine* der beiden Optionen – A *oder* B – entscheiden, doch das ist nicht ganz einfach, denn für *jede* von ihnen gibt es gute, ja scheinbar verpflichtende moralische Gründe. Mindestens auf den ersten Blick sieht es daher so aus, als sollte er *beides*, also (A *und* B) tun, und damit etwas, das er per definitionem nicht tun kann.

Im Unterschied zu den oben dargestellten persönlichen Konflikten mit der Moral stehen im Fall moralischer Konflikte auf beiden Seiten des Widerspruchs moralische Überzeugungen; doch anders als bei den genannten sozialen Konflikten über Moral handelt es sich hier um die moralischen Überzeugungen ein und derselben Person, d.h. um intrapersonale Konflikte. Moralische Konflikte stellen, mit anderen Worten, *intrapersonale Konflikte über Moral* dar.

3. Moralphilosophische Konfliktlösungen

Wer sich in einem solchen moralischen Konflikt befindet, sieht sich mit moralischen Ansprüchen konfrontiert, denen er nicht oder jedenfalls nicht vollständig genügen kann. Unser im Folgenden sogenannter ›Konfliktträger‹ ist ratlos und fragt sich, was er tun soll. Gibt es auf seine Frage eine Antwort und für seinen Konflikt eine Lösung?

a. Scheinbare Konflikte und ihre Aufklärung

Kehren wir zur Klärung dieser Frage zunächst zum platonischen Freund zurück: Er fühlt sich moralisch an sein Versprechen gebunden, dem Freund die Waffe zurückzugeben, wenn dieser sie braucht, und sieht sich zugleich verpflichtet, den offenbar geplanten Mord zu verhindern. Seiner Überzeugung nach darf er die Waffe also weder zurückbehalten noch darf er sie aushändigen, doch eines von beidem muss er tun, denn mehr Möglichkeiten gibt es nicht.

Gleichwohl würden sicher die meisten von uns stutzig werden, wenn sich der platonische Freund mit der Bitte um Rat an sie wendet und fragt, was er denn nun bloß tun soll. Die Sache ist einfach zu klar, als dass wir die Frage wirklich ernst nehmen, das heißt: als dass wir ihm abnehmen könnten, dass er sich wirklich in einem moralischen Konflikt befindet. Wir mögen ihm noch darin zustimmen, dass Menschen im Allgemeinen verpflichtet sind, ihre Versprechen zu halten, aber das allein ist wenig informativ. Pflichten bestehen eben nicht ›im Allgemeinen‹, sondern nur insoweit, als jemand sie in einer konkreten Situation aktuell hat. In diesem Fall hieße das jedoch, dass der Konfliktträger die moralische Pflicht hätte, einem angehenden Mörder auf dem Weg zur Tat die Mordwaffe auszuhändigen, und darin würden wir ihm wohl kaum recht geben.

Das liegt, wie mir scheint, gleichwohl nicht daran, dass unter den gegebenen Umständen eine andere Pflicht – nämlich die, den Mord zu verhindern – schwerer wiegt und die Versprechenspflicht zum Schweigen bringt. Es hat vielmehr damit zu tun, dass in der vorliegenden Situation die Versprechenspflicht gar nicht besteht, da diese in der Pflicht bestünde, Beihilfe zum Mord zu leisten. Das jedoch ist klarerweise nicht nur in der gegebenen Situation, sondern unter allen Umständen moralisch unzulässig und kann darum gar nicht Pflicht sein. Anders formuliert: Insofern das Versprechen gegenüber dem Freund nach Lage der Dinge ein Versprechen zur Beteiligung an einem Verbrechen wäre, ist es – wie alle Versprechen, die moralisch unzulässige Handlungen zum Gegenstand haben – nicht bindend.[1] Unter den gegebenen Umständen besteht darum meines Erachtens keine Versprechenspflicht, an die der platonische Freund gebunden wäre. Und dass er die Waffe nicht ausliefert, kommt darum auch keiner Pflichtverletzung gleich.

Mit anderen Worten: Der platonische Freund ist ein moralischer Hysteriker, dem es an Urteilskraft fehlt. Hätte er die, wäre ihm klar, dass hier gar kein moralischer Konflikt vorliegt, weil es dazu mindestens zwei Pflichten braucht, die miteinander in Widerstreit geraten. Diese Bedingung ist hier jedoch nicht erfüllt. Eine der vermeintlichen Pflichten besteht nämlich nur scheinbar. Ihre fälschliche Behauptung verdankt sich der fehlerhaften Anwendung einer allgemeinen moralischen Regel (›Man muss seine Versprechen halten!‹) auf spezifische Umstände, d.h. dem Versagen dessen, was wir moralische Urteilskraft nennen. Für den platonischen Freund gibt es denn auch keinen Gebotskonflikt, sondern nur *ein* Gebot der Stunde: Liefere die Waffe nicht aus!

Mit Blick auf die Frage der Lösbarkeit moralischer Konflikte ist dieser Fall auch dann lehrreich, wenn man der durchaus bestreitbaren Behauptung nicht zustimmt, dass in Fällen wie dem Geschilderten gar keine Versprechenspflicht besteht. Denn er macht darauf aufmerksam, dass unsere moralische Wahrnehmung durchaus täuschen kann und nicht jede Handlung, zu der wir uns verpflichtet fühlen, auch tatsächlich unsere Pflicht ist bzw. nicht jede Situation, die wir als konflikthaft wahrnehmen, tatsächlich einen Pflichtenkonflikt darstellt. Manche dieser Konflikte bestehen vielmehr nur scheinbar. Sie lassen sich ›lösen‹, indem man den Irrtum aufklärt, der zu ihrer Behauptung geführt hat.

b. Behebbare Konflikte und ihre Beseitigung

Dass die Strategie der Konfliktlösung qua Aufklärung jedoch nicht immer erfolgreich ist, zeigt das zweite der oben genannten Beispiele. Der Vater fühlt sich hin und her gerissen zwischen der Versprechenspflicht gegenüber seinen Kindern und der Freundschaftspflicht gegenüber dem Gast – und seine Bitte um moralischen Rat ist, anders als im Fall des platonischen Freundes, durchaus verständlich. Gleichwohl ist solcher Rat in dieser Situation nicht sonderlich teuer, denn auch hier drängt sich ein bestimmter Ausweg aus der anerkannt verzwickten Lage förmlich auf: Wahrscheinlich würden wir dem Vater empfehlen, seine Kinder in den Konflikt einzuweihen und sie zu bitten, ihn von seinem Versprechen zu entbinden. Möglicherweise sind sie dazu bereit, und vielleicht tun sie dies sogar gern, wenn er ihnen als Entschädigung für das kommende Wochenende einen Ausflug ans Meer in Aussicht stellt.

Auch in diesem Fall hätte sich der Konflikt aufgelöst, denn wenn mich jemand von meiner Versprechenspflicht entbindet, besteht sie nicht mehr und kann also auch nicht mehr mit der Freundschaftspflicht in Konflikt geraten. Wenn die Kinder den Vater aus seinem Versprechen entlassen, ist er nicht mehr verpflichtet, den Nachmittag auf dem See zu verbringen, und wäre frei, seinem Freund die Colleges zu zeigen, ohne sich bei den Kindern entschuldigen oder ihnen gegenüber schuldig fühlen zu müssen.

Manchmal lassen sich moralische Konflikte demnach beseitigen, indem wir die Situation verändern. Unsere ursprüngliche Einschätzung, dass wir sowohl A als auch B tun sollen, ist nicht – wie im Waffenbeispiel – schlicht falsch; aber sie ist nicht das letzte Wort. Auch wenn wir nicht beides, also (A und B) tun *können*, können wir doch etwas unternehmen, das zur Folge hat, dass wir nicht mehr beides tun *sollen*. Diese Strategie der Konfliktbeseitigung qua Pflichtenbehebung bietet sich insbesondere dort an, wo eine der konfligierenden Pflichten eine sogenannte transaktionale Pflicht ist, d.h. eine Pflicht, die auf eine bestimmte Transaktion – etwa ein Versprechen oder einen Vertragsschluss – zurückgeht. Solche Pflichten sind auf jemanden gerichtet bzw. jemandem bestimmten geschuldet, der die Macht hat, uns aus ihnen zu entlassen, und mit dem wir uns im Konfliktfall gegebenenfalls einigen können. Ist er oder sie dazu bereit, lässt sich der behebbare Pflichtenkonflikt beseitigen.

c. Genuine Konflikte und ihre Lösung

Nun steht dem Konfliktträger jedoch auch dieser Ausweg nicht immer offen. Das kann rein praktische Gründe haben, etwa wenn die Möglichkeit fehlt, mit demjenigen zu reden, dem wir die entsprechende Pflicht schulden. Es kann aber auch prinzipielle Gründe haben: Nicht alle unsere moralischen Pflichten sind derart, dass wir uns wechselseitig aus ihnen entlassen können – wie der Streit um die Suizidbeihilfe zeigt, könnte das etwa für unsere Pflicht gelten, andere Menschen nicht zu töten. Pflichtenkonflikte sind daher nicht immer auf die geschilderte Weise behebbar. Dass das gleichwohl noch nicht heißen muss, dass solche Konflikte unlösbar sind, wird deutlich, wenn wir die Geschichte vom Vater und seinem alten Freund ein bisschen weiterspinnen.

Nehmen wir an, der Vater hat sich mit seinen Kindern geeinigt, dem Freund die Colleges gezeigt und ihm beim Abschied zugesagt, ihn am nächsten Morgen früh um fünf abzuholen und zum Flughafen zu bringen. Auf dem Weg durch die verschlafene Stadt zum Hotel des Freundes wird er nun jedoch einziger Zeuge eines Unfalls und sieht sich verpflichtet, sich um den Verletzten zu kümmern. Er weiß, dass der Freund im Vertrauen auf seine Zusage, ihn abzuholen, seinen Flug nach Australien wohl verpassen wird, wenn er dem Unfallopfer hilft. Er hat keine Möglichkeit, ihn anzurufen, und für ein Taxi wäre es mittlerweile ohnehin zu spät.

In diesem Fall scheitern die beiden bisher genannten Konfliktlösungsstrategien: Es handelt sich *erstens* nicht nur scheinbar um einen Konflikt, der sich in Luft auflöst, wenn man die einschlägigen allgemeinen Prinzipien oder »moralischen Faustregeln« (Hare 1961: 93) – ›Halte Dein Wort!‹, ›Hilf den Hilfsbedürftigen!‹ – nur korrekt auf die Situation anwendet. Der Vater hat nicht wirklich unrecht damit, sich dem Freund verpflichtet zu fühlen, und wenn er sich, nachdem er den Verletzten versorgt hat, für den Versprechensbruch entschuldigt, würden wir dies – anders als im Fall des platonischen Konfliktträgers – wahrscheinlich nicht absurd finden. Die Lage lässt sich jedoch *zweitens* auch nicht dadurch moralisch entspannen, dass der Betroffene die Situation entsprechend verändert. Ihm sind diesbezüglich die Hände gebunden: Weit und breit ist niemand in Sicht, der dem bewusstlosen Verletzten helfen könnte, und der Freund ist nicht erreichbar.

Haben wir damit also ein echtes Dilemma entdeckt, einen moralischen Konflikt, der nicht lösbar ist bzw. eine Situation, in der es auf die Frage »Was soll ich tun?« keine richtige Antwort gibt? Ich denke, dass das nicht der Fall ist. Vielmehr kann es auch für Konflikte dieser Art, die weder scheinbar noch behebbar sind, eine richtige Lösung geben, und das zeigt sich meines Erachtens an unserer Reaktion auf die jeweilige Entscheidung des Handelnden.

Nehmen wir an, dass der Vater uns später von der Situation erzählt, und unterscheiden wir zum Zweck der Veranschaulichung zwei mögliche Berichte. Der erste endet mit folgenden Worten: »Und dann musste ich den Verletzten leider sich selbst überlassen. Ich hatte meinem Freund ja schließlich versprochen, ihn pünktlich zum Flughafen zu bringen, und ich konnte ihn nicht erreichen. Ein gutes Gefühl hatte ich dabei nicht, aber versprochen ist versprochen.« Im zweiten Fall schließt seine Geschichte so: »Ja, und dann hat mein Freund leider den Flug verpasst, und ich habe mich ihm gegenüber nicht besonders gut gefühlt. Aber was hätte ich denn tun sollen? Ich konnte den Verletzten schließlich nicht sich selbst überlassen.«

Entscheidend ist nun Folgendes: Hätten wir es hier tatsächlich mit einem Konflikt zu tun, für den es keine richtige Lösung gibt, bzw. würden wir die Lage tatsächlich für dilemmatisch halten, müsste unsere *moralische* Reaktion auf die beiden Erzählungen wohl identisch ausfallen. Denn im Dilemma dürfte keine der möglichen Handlungen als die richtige Lösung gelten; *aus moralischer Perspektive* wäre vielmehr jede von ihnen so gut, respektive schlecht wie die jeweils andere. Ob der Vater den Verletzten im Stich lässt oder den Freund versetzt, macht mit Blick auf die moralische Richtigkeit oder Falschheit der Handlung dann keinen Unterschied. Wenn wir die Situation als Dilemma betrachten, halten wir den Vater so oder so der Pflichtverletzung für schuldig. Insofern er gleichwohl ohne eigenes Verschulden, also ›schuldlos schuldig‹ wurde, hätten wir gegebenenfalls Mitleid mit ihm – aber auch darin würden sich die beiden Fälle nicht unterscheiden. Entsprechendes Mitgefühl wäre dann so oder so am Platze.

Diese Behauptung ist meines Erachtens jedoch absurd. Wer tatsächlich auf die beiden Geschichten unterschiedslos reagiert, weil er die Lage als dilemmatisch einschätzt, macht sich eines moralischen Fehlers schuldig, der dem des platonischen Freundes quasi entgegengesetzt ist: Während der eine unter moralischer Hysterie leidet, krankt der andere an moralischer Indifferenz im Sinne eines fehlenden moralischen Differenzierungsvermögens. Der eine ist nicht imstande, die einschlägigen Prinzipien korrekt auf den vorliegenden Fall anzuwenden, d. h. sie in einer Weise zu interpretieren, die den gegebenen Umständen angemessen ist. Dem anderen gelingt es nicht, diese Prinzipien im Lichte der konkreten Situation in geeigneter Weise zueinander in Beziehung zu setzen.

Beides lässt einen Mangel an Urteilskraft erkennen, der sich im Fall der mangelnden Differenzierung in der Unfähigkeit ausdrückt, zu erkennen, dass unsere moralischen Verpflichtungen ungleich schwer wiegen. Mit anderen Worten: Im vorliegenden Fall ist, so jedenfalls möchte ich behaupten, die Hilfspflicht gegenüber dem Verletzten alles in allem gesehen schlicht gewichtiger als die Versprechenspflicht gegenüber dem Freund. Sie hat darum Vorrang, und ihr nicht zu folgen, bedeutet, einen moralischen Fehler zu machen, der vermeidbar ist, indem wir stattdessen unser Wort brechen. Wenn das zutrifft, hat auch dieser moralische Konflikt eine richtige Lösung, und sie lässt sich finden, indem wir die beiden konfligierenden Verpflichtungen mit Blick auf die vorliegende Situation gegeneinander gewichten.

> »[D]arüber hinaus können sie [i.e. meine Mitmenschen] in weiteren Beziehungen zu mir stehen: in der Beziehung desjenigen, dem ein Versprechen gegeben worden ist, zu dem, der das Versprechen gegeben hat, in der Beziehung des Gläubigers zum Schuldner, der Ehefrau zum Ehemann, des Kindes zu den Eltern, des Freundes zum Freund [...] und dergleichen, und jede dieser Beziehungen ist die Grundlage einer prima-facie-Pflicht, die mir je nach den Umständen des Falles in bestimmtem Maße obliegt. Befinde ich mich in einer Situation [...], in der mir nicht nur eine, sondern mehrere dieser prima-facie-Pflichten obliegen, ist es meine Aufgabe, mir einen möglichst vollständigen Überblick über die Situation zu verschaffen und mir daraufhin eine begründete Mei-

> nung – mehr ist es nicht – darüber zu bilden, welche Pflicht mir unter diesen besonderen Umständen in höherem Maße obliegt als jede andere; und in der Erfüllung dieser prima-facie-Pflicht ist in dieser Situation meine Pflicht schlechthin zu sehen. […] Ob eine Handlung eine Pflicht im eigentlichen Sinne (eine tatsächliche Pflicht) ist, hängt von der Gesamtheit ihrer moralisch relevanten Merkmale ab.« (Ross 1930, zit. nach Hoerster 1976: 255 f.)

Welchen Gewichtungsmaßstab wir bei der Abwägung unserer »*prima-facie*-Pflichten« anlegen, hängt davon ab, an welcher Moraltheorie wir uns orientieren: Utilitaristen werden überprüfen, welche Handlung den insgesamt höchsten Nutzen generiert oder die Befriedigung der stärksten Präferenz verspricht, denn eben daran bemisst sich dieser Theorie zufolge die Richtigkeit von Handlungen. Versprechen zu halten, ist demnach nur dann geboten, wenn das die vergleichsweise besten Konsequenzen hat. Wer in seiner moralischen Grundausstattung eher kantisch orientiert ist, wird sich dagegen fragen, welche der alternativen Handlungsweisen am ehesten derart ist, dass ich denken und wünschen könnte, dass jede und jeder in dieser Lage sich zu ihren Gunsten entscheidet. Denn aus kantischer Perspektive hängt die Richtigkeit von Handlungen unter anderem davon ab, dass die Maximen, die ihnen zugrunde liegen, verallgemeinerbar sind und sozusagen als allgemeines Gesetz taugen. Jene schließlich, die ein tugendethisch-teleologisches Verständnis von Moral vertreten, werden darüber nachdenken, welches der jeweils auf dem Spiel stehenden Güter in engerer oder direkterer Verbindung zum eigentlichen und höchsten Zweck unseres Lebens oder Zusammenlebens steht. Hier ist entscheidend, welche Wahl ein tugendhafter Mensch unter den gegebenen Umständen treffen würde, der über genau die Dispositionen und Einstellungen verfügt, die ein Leben zu einem moralisch guten Leben machen.

Dabei ist es durchaus möglich, dass wir je nach moralischer Grundorientierung zu unterschiedlichen Urteilen kommen, was in der jeweils vorliegenden Konfliktsituation zu tun ist. Der Ausweg aus der vermeintlichen moralischen Sackgasse besteht jedoch unabhängig von diesen Differenzen in allen Fällen darin, der aktuell stärksten oder schwerwiegendsten Verpflichtung zu folgen, und damit zu tun, was unter den gegebenen Umständen unsere eigentliche oder tatsächliche Pflicht ist.

Statt sich zwischen den widerstreitenden Ansprüchen hin und her reißen zu lassen, muss der Handelnde in einem moralischen Konflikt also gleichsam einen Schritt zurücktreten, um von dieser distanzierteren Warte aus mit Blick auf die vorliegende Situation die beiden konkurrierenden Verpflichtungen bzw. die durch sie vorgeschriebenen Handlungen am Maßstab des höchsten Moralprinzips zu bemessen, gegeneinander abzuwägen und entsprechend ihrem Gewicht hierarchisieren zu können. Sobald er das tut, erkennt er, was zu tun ist, d. h. worin unter den gegebenen Umständen seine Pflicht ›schlechthin‹ besteht.

Das gilt auch dann, wenn die Gewichtung der konfligierenden Ansprüche zu einem Gleichstand führt. Denn sollte es tatsächlich der Fall sein, dass – utilitaristisch gesprochen – beide Handlungen denselben und zugleich gegenüber allen dritten und vierten etc. Alternativen vergleichsweise höchsten Nutzen haben, werde ich, welche auch immer ich wähle, den Nutzen optimieren und damit genau das tun, was moralisch von mir verlangt ist. Oder wenn sich – kantisch gesprochen – herausstellen sollte, dass beiden Handlungen eine universalisierbare Regel zugrunde liegt, werde ich, was auch immer ich tue, so handeln, »dass ich auch wollen könnte, meine Maxime solle ein allgemeines Gesetz werden« (Kant 2000 [1785]: 40), und damit genau das tun, was ich als Kantianer oder Kantianerin für meine moralische Pflicht halte.

Die Distanznahme vom konkreten Konfliktfall besteht also darin, dass wir gleichsam auf eine grundlegendere Ebene der Moral, nämlich die des basalen Moralprinzips, zurücktreten. Von ihr aus betrachtet wird erkenntlich, dass wir unter den vorliegenden Umständen nur eine Pflicht haben, der wir fehlerfrei entsprechen können. In entsprechenden Patt-Situationen hat diese einen *disjunktiven* Charakter: »Du sollst A *oder* B wählen!«

Wie auch immer die Pflichtengewichtung also ausfallen mag: Sie beendet die moralische Ratlosigkeit und lässt uns wissen, was zu tun das Richtige, i. e. unsere eigentliche Pflicht ist. Folgen wir dieser Pflicht, bleibt unser Gewissen rein, denn in dem Fall haben wir alles getan, was in dieser speziellen Lage moralisch von uns verlangt ist.

> Fasst man die bisher dargestellten moralphilosophischen Konfliktlösungsmethoden zusammen, ergeben sich die folgenden Fragen, die sich auf der Suche nach der Lösung eines gegebenen moralischen Konfliktes stellen:
>
> 1. Worin genau besteht der konkrete Konflikt? Zu welchen Handlungen sehe ich mich verpflichtet, die nicht miteinander kompatibel sind?

2. Bin ich zu diesen Handlungen tatsächlich verpflichtet? Welches moralische Prinzip, welche allgemeine moralische Regel steht jeweils im Hintergrund?
3. Können diese Regeln oder Prinzipien allgemeine Geltung beanspruchen? Kann ich wollen, dass jeder und jede sich in dieser Situation an diese Regeln hält?
4. Sind diese Prinzipien oder Regeln in der gegebenen Situation wirklich einschlägig?
5. Ist die Handlung, zu der ich mich verpflichtet sehe, durch das jeweilige moralische Prinzip wirklich geboten?
6. Wem gegenüber bestehen meine konkreten Pflichten in der gegebenen Situation? Wem schulde ich was genau?
7. Kann ich mich von einer der Pflichten gegebenenfalls entbinden lassen? Was müsste ich dafür tun?
8. Lässt sich meine Pflicht vielleicht in anderer Weise erfüllen? Ist die gebotene Handlung durch eine kompatible Alternative substituierbar? Welche der beiden Handlungsunterlassungen ist eher kompensierbar?
9. Welche meiner Pflichten ist dringlicher oder gewichtiger? Wie würde meine Reaktion auf jemanden ausfallen, der sich in dieser Situation für Handlung A entscheidet, und was genau würde ich ihm oder ihr gegebenenfalls vorwerfen? Und wie würde ich auf jemanden reagieren, der Handlung B wählt, und was genau würde ich ihm oder ihr gegebenenfalls vorwerfen? Wären meine Reaktionen identisch?

4. Warum es Dilemmata nicht geben kann

Das moralphilosophische Konfliktlösungsrepertoire ist dem bisher Gesagten zufolge also durchaus vielfältig. Dabei fällt auf, dass gleichwohl in jeder der drei geschilderten Lösungsstrategien ein und derselbe Mechanismus zum Tragen kommt: (Vermeintliche) moralische Konflikte werden gelöst, indem man die Pluralität der konfligierenden Pflichten durch *rationale Aufklärung*, *zwischenmenschliche Einigung* oder *moralische Abwägung* reduziert, bis nur noch eine einzige übrig bleibt, die entweder keine normative Konkurrenz hat oder jeden konkurrierenden Anspruch mit ihrem Gewicht gleichsam erdrückt und so zum Schweigen bringt. Ist dieses Ziel erreicht, kann der Konflikt als gelöst gelten, denn wo nur noch eine Pflicht besteht, gibt es *erstens* eine Antwort auf die Frage, was der Handelnde tun soll, deren Berücksichtigung ihn *zweitens* davor bewahrt, etwas moralisch Falsches zu tun, sodass er *drittens* aus moralischer Perspektive als schuldlos zu gelten hat.

Vor dem Hintergrund dieser Idee von Konfliktlösung lässt sich die Ausgangsfrage, ob jeder moralische Konflikt eine Lösung hat, präzisieren: Ist es im Konfliktfall immer möglich, die moralischen Pflichten, denen wir uns gegenübersehen, gleich welcher Art sie sind und wem sie geschuldet sind, in eine entsprechend hierarchische Rangfolge zu bringen, die es ermöglicht, sie nach ihrem Gewicht oder ihrer Stärke gegeneinander abzuwägen? Und erlaubt es das Ergebnis dieser Gewichtung, die Vielfalt unserer Verpflichtungen auf eine einzige – singuläre oder disjunktive – zu reduzieren? Lassen sich, mit anderen Worten, *alle* moralischen Konflikte auf diese Weise »restlos lösen« (Williams 1978: 285)? Oder kann es sein, dass am Ende unserer moralischen Deliberation im Fall mancher Konflikte nach wie vor zwei gleich gewichtige und gleichermaßen geltende genuine Pflichten stehen, sodass wir, was auch immer wir tun, gezwungen sind, eine von ihnen zu verletzen?

Die philosophischen Dilemma-Gegner geben auf diese Fragen eine klare Antwort: Moralische Dilemmata, i. e. genuine nicht auflösbare Pflichtenkonflikte kann es aus prinzipiellen Gründen nicht geben! Um diese These zu belegen, reicht es offensichtlich nicht aus, anhand einzelner Konfliktbeispiele vorzuführen, wie sich in vermeintlich ausweglosen Lagen schließlich doch eine Lösung finden lässt. Es braucht vielmehr ein grundsätzliches Argument, mit dem sich zeigen lässt, *warum* das prinzipiell so sein sollte bzw. warum grundsätzlich ausgeschlossen ist, dass alles, was wir tun können, moralisch falsch wäre.

Manche Philosophinnen und Philosophen meinen, dass sich solche Argumente finden lassen, wenn man sich der moralischen (oder: deontischen) Logik zuwendet. Sie macht Prinzipien oder Regeln explizit, von denen wir in unserem moralischen Denken wie selbstverständlich ausgehen und denen, dem Anspruch der deontischen Logik zufolge, alle vernünftigen Moraltheorien genügen müssen, seien sie nun utilitaristisch oder kantisch oder tugendethisch. Zu diesen Regeln gehören die folgenden zwei Prinzipien: Das eine besagt, dass jedes moralische Sollen ein Können impliziert (›ought implies can‹). Dem anderen zufolge gilt, dass es immer erlaubt ist, zu tun, was wir tun sollen (›ought implies permissible‹).

Die philosophischen Dilemma-Gegner haben nun zu zeigen versucht, dass die Behauptung, dass es Dilemmata gibt bzw. dass wir manchmal zwei Dinge tun sollen, die wir nicht beide tun können, im Widerspruch zu diesen beiden Prinzipien steht. Und weil Behauptungen, die sich widersprechen, nicht zugleich wahr sein können, haben sie daraus den Schluss gezogen, dass die Dilemma-Behauptung falsch sein muss, wenn die Prinzipien gelten. Betrachten wir zwei dieser Argumente ein bisschen genauer.

a. Du kannst, wenn du sollst!
(›ought implies can‹)

Wer sich in einem Dilemma befindet, sieht sich zwei tatsächlichen Pflichten gegenüber, die er nicht zugleich erfüllen kann. Ein Dilemma ist also per definitionem eine Situation, in der gilt:

1) Ich soll A tun.
2) Ich soll B tun.
3) Ich kann nicht (A und B) tun.

Nun gehen wir üblicherweise davon aus, dass unsere moralischen Pflichten nicht alternativ (entweder – oder), sondern kumulativ (sowohl – als auch) gelten: Dass ich meinen Kollegen nicht hintergehen *und* den verhassten Konkurrenten nicht töten darf, bedeutet klarerweise, dass ich weder das eine noch das andere tun, also *beides* nicht tun darf. Ich kann mir nicht einfach eine der Pflichten aussuchen und die andere ignorieren.

Für die Dilemma-Frage heißt das: Wenn sich der Handelnde tatsächlich zwei echten (i.e. nicht nur scheinbaren oder behebbaren) Verpflichtungen, A und B, gegenübersieht, dann besteht seine Pflicht eben darin, (A und B) zu tun. So weit, so gut – bzw. so schlecht, denn dass er das nicht kann, macht die Situation ja gerade so kompliziert.

Nahezu ebenso selbstverständlich wie die kumulative Geltung unserer moralischen Pflichten ist uns nämlich ein anderes moralisches Grundprinzip, demzufolge jedes »du sollst!« ein »du kannst« voraussetzt. Moralisch von mir gefordert sein, kann demnach nur, was ich auch praktisch zu leisten imstande bin. Niemand kann die Pflicht haben, das Unmögliche zu tun, auch wenn wir gelegentlich so reden.

Wenn jemand fragt, bis wann ein bestimmter Arbeitsauftrag erledigt sein muss, mag er zur Antwort erhalten: »Bis vorgestern!« Doch solche Formulierungen haben rein metaphorischen Gehalt, indem sie etwa die Dringlichkeit einer Angelegenheit signalisieren. Wer den Satz gehört und verstanden hat, dass die Sache eilt, hat die Bedeutung der Aussage im Wesentlichen erfasst, wohingegen derjenige, der irritiert nachfragt und darauf hinweist, dass das doch gar nicht möglich ist, offensichtlich einem Missverständnis unterliegt. Sein Fehler besteht darin, nicht verstanden zu haben, was sich doch von selbst versteht: dass nämlich jedes Sollen ein Können impliziert und die Anweisung schon aus diesem Grund gar nicht als Verpflichtung gemeint sein *kann*, die Aufgabe tatsächlich »bis vorgestern« zu erledigen. Auch das scheint klarerweise richtig.

Der Clou des ersten Anti-Dilemma-Argumentes besteht nun darin, deutlich zu machen, dass sich diese beiden Grundprinzipien mit der Behauptung von Dilemmata nicht in Einklang bringen lassen, ja mehr noch: dass sie in Verbindung miteinander in eindeutigem Widerspruch zu ihr stehen. Denn aus dem ersten Grundsatz ergibt sich, wie gesehen, dass wir angesichts der beiden konfligierenden Ansprüche die Pflicht haben, beide zu erfüllen, also (A und B) zu tun. Wer »Du sollst A tun!« und »Du sollst B tun!« sagt, muss, mit anderen Worten, auch »Du sollst (A und B) tun!« sagen – jedenfalls, wenn er verstanden hat, was er da sagt bzw. was moralische Pflichten sind. Wer behauptet, dass ein bestimmter Konflikt ein Dilemma darstellt, sagt demnach, dass der Handelnde unter den je gegebenen Umständen (A und B) tun soll.

Damit aber behauptet er dem anderen Grundsatz zufolge, dass der Handelnde (A und B) auch tun *kann*. Denn wenn er *erstens* (A und B) tun soll, und wenn *zweitens* jedes Sollen ein Können impliziert, dann ist damit *drittens* gesagt, dass er (A und B) tun kann. Doch das wurde in der Beschreibung der Situation als Dilemma ja gerade verneint. Schenken wir der Aussage Glauben, dass sich ein Handelnder in einem Dilemma befindet, müssten wir also zugleich davon überzeugt sein, dass er (A und B) *nicht tun kann*, und davon überzeugt sein, dass er (A und B) *tun kann*. Das jedoch kann man von niemandem erwarten, der bei Verstand ist und die Regeln der Logik kennt, denn beide Behauptungen stehen in klarem Widerspruch zueinander.

Es sieht also ganz so aus, als müssten wir uns entscheiden: Entweder halten wir an der Behauptung fest, dass es Dilemmata geben kann, also Situationen, in denen wir zwei Pflichten haben, die sich wechselseitig ausschließen aber gleichwohl echte Pflichten sind, deren Verletzung unser Gewissen aus gutem Grund belastet. Dann müssen wir uns, um Widersprüche zu vermeiden und unsere moraltheoretische Glaubwürdigkeit nicht zu riskieren, von mindestens einem der beiden Grundsätze verabschieden: Wir sollten in dem Fall also entweder die Vorstellung fallen lassen, dass jedes Sollen ein Können voraussetzt (so Lemmon 1987), oder uns damit einverstanden erklären, dass moralische Pflichten nicht zugleich oder insgesamt, sondern alternativ gelten (so etwa Williams 1978, van Fraassen 1987).

Wem beide Auswege aus dem Widerspruch nicht gangbar erscheinen – und dafür gibt es gute Gründe, wenn man bedenkt, was man mit diesen Prinzipien aufgibt –

dem bleibt nur jene Alternative, die viele Philosophinnen und Philosophen für die einzig einleuchtende und überzeugende Entscheidung halten (McConell 1987; Conee 1987; Donagan 1987): Wir sollten den Glauben an Dilemmata aufgeben und uns dem Votum anschließen: »Wenn deine Pflichten in Konflikt geraten, ist eine davon nicht deine Pflicht!« (Hare 1992: 71)

> »Da aber Pflicht und Verbindlichkeit überhaupt Begriffe sind, welche die objektive praktische Notwendigkeit gewisser Handlungen ausdrücken und zwei einander entgegen gesetzte Regeln nicht zugleich notwendig sein können, sondern, wenn nach einer und derselben zu handeln es Pflicht ist, so ist nach der entgegen gesetzten zu handeln nicht allein keine Pflicht, sondern sogar pflichtwidrig: so ist eine Kollision von Pflichten und Verbindlichkeiten gar nicht denkbar (obligationes non colliduntur).« (Kant 1990 [1797]: Abschnitt 24).

b. Du darfst, wenn du sollst!
(›ought implies permissible‹)

Auch das zweite grundsätzliche Argument gegen die Dilemma-Behauptung folgt der Strategie, denjenigen einen Widerspruch nachzuweisen, die behaupten, dass es manchmal sein kann, dass wir zwei tatsächliche Pflichten haben, die wir gleichwohl nicht beide erfüllen können.

Der Widerspruch, auf den dieses Argument aufmerksam macht, ergibt sich jedoch mit Blick auf ein anderes, ebenfalls weithin anerkanntes Grundprinzip des moralischen Denkens. Diesem Prinzip zufolge ist es immer erlaubt, zu tun, was die Pflicht von uns verlangt: Wenn es stimmt, dass ich die Pflicht habe, dem Verletzten am Unfallort Hilfe zu leisten, dann ist mit dieser Pflicht zugleich behauptet, dass ich diese Hilfe auch leisten darf. So viel scheint klar. Doch wie ergibt sich daraus ein Widerspruch zur Dilemma-Behauptung?

Um das zu sehen, muss man eine weitere Annahme explizit machen, die wir meist stillschweigend voraussetzen. Ihr zufolge gilt, dass wir alles tun müssen, was notwendig ist, um unsere Pflicht zu erfüllen, und nichts tun dürfen, was uns an der Pflichterfüllung hindert: Wenn ich dazu verpflichtet bin, den Freund um fünf Uhr morgens an seinem Hotel abzuholen (etwa weil ich ihm das versprochen habe), dann *gebietet* mir eben diese Pflicht, früh genug aufzustehen, um pünktlich dort sein zu können, und *verbietet* mir, im Bett zu bleiben. Ich kann, mit anderen Worten, nicht behaupten, dass ich die Pflicht habe, pünktlich dort zu sein, und zugleich behaupten, dass es mir erlaubt ist, bis halb sechs zu schlafen. Wer so redet, hat nicht verstanden, was Pflichten sind.

Der Widerspruch zur Dilemma-Behauptung ergibt sich nun folgendermaßen. Ausgangspunkt ist wiederum die Beschreibung des Dilemmas als einer Situation, für die gilt:

1) Ich soll A tun.
2) Ich soll B tun.
3) Ich kann nicht (A und B) tun.

Nimmt man die dritte Behauptung beim Wort, heißt das: Wenn ich A tue, unterlasse ich B – und umgekehrt. Oder: Ich kann A nur tun, wenn ich B nicht tue. Oder: Um A zu tun, muss ich B unterlassen.

Wenn es nun aber richtig ist, dass ich nichts tun darf, was mich an der Erfüllung meiner Pflichten hindert, und wenn es richtig ist, dass A zu tun meine Pflicht ist, dann heißt das nichts anderes, als dass ich B nicht tun darf. B zu tun, ist mir dann verboten, weil es der Erfüllung meiner Pflicht zu A im Wege steht. Wer das genannte Prinzip *und* die Dilemma-These akzeptiert, müsste also behaupten, dass es der Fall ist, dass ich B tun soll (2), und zugleich *nicht* der Fall ist, dass ich B tun soll – das aber ist absurd, weil klarerweise widersprüchlich.

Man kann denselben Punkt auch allgemeiner formulieren: Im Fall eines jeden Dilemmas wäre jede der beiden Handlungen zugleich geboten (insofern sie per definitionem Pflicht ist) als auch verboten (insofern sie, quasi: per situationem, die Unterlassung einer pflichtgemäßen Handlung beinhaltet). Das zu behaupten, macht jedoch keinen Sinn und raubt dem Begriff der Pflicht jede Bedeutung.

> »Wenn wir die angeblichen Dilemmata tatsächlich als solche akzeptieren, müssen wir uns mit der folgenden Behauptung anfreunden: Es gibt Handlungen, die absolut, unbedingt und nicht nur *prima facie* geboten sind, und die zugleich absolut, unbedingt und nicht nur *prima facie* verboten sind. Das jedoch ist, wie ich vorschlagen möchte, absolut, unbedingt und nicht nur *prima facie* unglaubhaft.« (Conee 1987: 240; übers. SB)

Im Ergebnis stellt uns auch dieses zweite Argument wiederum vor die Entscheidung, entweder den Glauben an Dilemmata fallen zu lassen oder mit den genannten Prinzipien bestimmte Vorstellungen aufzugeben, die fest in unserem moralischen Denken oder unserer moralischen Sprache verankert sind. In diesem Fall hieße das, dass die

›Dilemma-Freunde‹ zur Vermeidung der genannten Widersprüche dazu aufgefordert wären, den Begriff der Pflicht aus ihrem moralischen Vokabular zu entfernen. Denn was soll es noch bedeuten, dass eine Person zu einer Handlung verpflichtet ist, wenn es zugleich der Fall sein kann, dass es ihr verboten ist, diese Handlung zu vollziehen?

Den Dilemma-Gegnern ist dieser Preis zu hoch. Sie empfehlen, stattdessen die Dilemma-Behauptung fallen zu lassen. Es kann demnach nicht sein, dass wir tatsächlich *verpflichtet* sind, zwei Dinge zu tun, die wir nicht beide tun können, das heißt: Es kann nicht sein, dass wir uns in einem Dilemma befinden. Wann immer es den Anschein hat, als sei das der Fall, unterliegen wir entweder einem Wahrnehmungsirrtum oder einem Denkfehler, den wir mit moralphilosophischer Hilfe überwinden müssen.

5. Die Grenzen moralphilosophischer Konfliktlösungen

Angesichts der Tatsache, dass Dilemma-Situationen nicht eben glückliche Umstände sind und die Unausweichlichkeit moralischer Vergehen eine eher bedrückende Perspektive darstellt, klingt die Nachricht, dass es solche Zwangslagen gar nicht geben kann, zunächst befreiend. Gleichwohl fehlt vielen Menschen der Glaube an diese frohe Botschaft, und ihr Zweifel nährt sich nachhaltig aus der Erfahrung moralischer Konflikte, die ihre eigene Eindringlichkeit und ›Beweiskraft‹ hat und in bestimmten Konfliktsituationen offenbar keinen anderen Schluss zulässt, als dass wir, was auch immer wir tun, etwas moralisch Falsches tun.

Dieser Auffassung haben sich auch manche Moralphilosophinnen und -philosophen angeschlossen und argumentativ zu zeigen versucht, warum die moralphilosophischen Konfliktlösungsstrategien der rationalen Aufklärung, sozialen Einigung und moralischen Abwägung in manchen dieser Zwangslagen an ihre Grenzen stoßen müssen. Dabei stützen sie sich nicht nur auf die Besonderheiten der moralischen Konflikterfahrung, sondern nehmen auf bestimmte Strukturmerkmale der Moral Bezug, respektive die Pluralität moralischer Güter und Werte und die Divergenz der ihnen entspringenden moralischen Pflichten. Inwiefern diese Überlegungen zugunsten der Dilemma-Behauptung sprechen, soll nun dargestellt werden.

a. Die Unausweichlichkeit moralischen Bedauerns

Wie die Schleyer-Entführung zeigt, gibt es moralische Konflikte, aus denen die Betroffenen nicht unbeschadet hervorgehen. Auch wenn sie nicht daran zweifeln, das unter den gegebenen Umständen Beste getan zu haben, haben sie gleichwohl das Gefühl, sich bei den ›Opfern‹ ihrer Entscheidung entschuldigen zu müssen. Und obwohl sie einer Pflicht gefolgt sind, die sich ihrer »begründeten Meinung« (Ross, s. o. Kasten) nach unter den gegebenen Umständen als »tatsächliche Pflicht« (Ross, s. o. Kasten) herausstellte, empfinden sie tiefes Bedauern bzw. Reue.

Diese Reaktionen sind keineswegs befremdlich, sondern im Gegenteil mehr als verständlich, ja gegebenenfalls gehören Reue bzw. moralisches Bedauern und Entschuldigungen in solchen Situationen zu dem, was man von einem anständigen Menschen erwarten kann. »Der Begriff einer [...] moralisch handelnden Person kann nicht so weit vom Begriff eines anständigen Menschen entfernt sein, und anständige Menschen neigen in einigen Konfliktsituationen zu solchen Reaktionen« (Williams 1978: 275).

Diese Erfahrung nährt Zweifel an der Idee, dass die moralische Gewichtung unserer Pflichten den bestehenden Konflikt tatsächlich löst, indem sie die konkurrierenden Ansprüche auf einen einzigen reduziert. Denn wer aus moralischen Gründen bedauert, was er tat, gibt eben damit zu erkennen, dass er das eigene Handeln nicht für richtig hielt. Oder besser: Wer alles richtig gemacht hat, hat keinen Grund für Reue.

> »Es wird an dieser Stelle erhellend sein, [...] sich zu fragen, warum sich Philosophen, ja in der Tat die meisten von uns, der Tatsache so sicher sind, dass wir manchmal zwei Dinge tun sollten, die wir nicht beide zugleich tun können. Ein erster Hinweis findet sich in der folgenden, gelegentlich anzutreffenden Begründung. Was von den zwei Dingen auch immer wir tun, wir werden, so heißt es, sofern wir moralisch integer sind, *Reue* empfinden; und das sei untrennbar mit dem Gedanken verknüpft, dass wir das, was wir getan haben, nicht hätten tun sollen. Wenn, so heißt es, wir einer Pflicht, das eine zu tun, infolge einer Pflicht, das andere zu tun, gerade enthoben wurden [...] – woher dann die Reue?« (Hare 1992: 73)

Die Unausweichlichkeit von Reue oder tiefem Bedauern im Fall der Entscheidung bestimmter moralischer Konflikte scheint demnach ein Indiz dafür zu sein, dass am Ende der Pflichtenabwägung nach wie vor zwei, wenn auch gegebenenfalls ungleich gewichtige Sollens-Ansprüche an den Handelnden gerichtet sind. Die unterlegene oder alternative Pflicht verschwindet nicht einfach, weil sie durch eine andere übertrumpft oder aufgewogen wird. Sie bleibt vielmehr intakt und beweist ihre moralische Vitalität in dem moralischen Bedauern, das wir empfinden, weil wir ihr nicht gefolgt sind (vgl. Williams 1978).

Wenn es hingegen tatsächlich so wäre, dass die übertrumpfende Pflicht jede andere Verpflichtung aushebelt und also meine einzige ›Pflicht schlechthin‹ ist, dann hätte ich, ihr folgend, moralisch gesehen alles richtig gemacht, und es gäbe keinen, jedenfalls keinen *moralischen* Grund für Bedauern oder Entschuldigungen. Solche Reaktionen wären dann zwar *psychologisch* erklärbar durch den Schaden, den wir – wenn auch gerechtfertigter Weise – angerichtet haben. Aus moralischer Perspektive müssten sie gleichwohl als irrational gelten, nämlich als Eingeständnis eines Fehlers, den wir gar nicht begangen haben.

Mit anderen Worten: Wer meint, dass im Konfliktfall die Gewichtung unserer Pflichten immer eine saubere Lösung des Konflikts herbeiführt, müsste konsequenterweise bereit sein, die Schuldgefühle der Verantwortlichen im Fall der Schleyer-Entführung, ihre Entschuldigung und mögliche Entschädigungen der Opfer nicht nur als überflüssig, sondern letztlich als unvernünftig zu deklarieren. Doch das scheint vielen Menschen und unter ihnen auch einigen Moralphilosophinnen und -philosophen geradezu absurd.

Dass die im Schleyer-Fall Zuständigen an der Last ihrer Entscheidung nachhaltig tragen, ist ihrer Ansicht nach nicht nur psychologisch aussagekräftig, sondern auch moralisch: Es macht sie nicht nur menschlicher, sondern zu besseren Menschen. Denn als solche erkennen sie an, dass der bei der Entscheidung des Konflikts aus gutem Grund vernachlässigte Anspruch gleichwohl besteht. Auch wenn die damals Verantwortlichen das unter den gegebenen Umständen Beste getan haben, haben sie demnach nichtsdestotrotz »mit der Ausführung dieser Handlung etwas getan […], was [sie] nicht hätte[n] tun sollen« (Williams 1978: 277) – und es ist diese Überzeugung, die in ihrem moralischen Bedauern zum Ausdruck kommt.

»Mir scheint, es ist eine grundlegende Kritik an vielen ethischen Theorien, dass ihre Darstellungen moralischer Konflikts und seiner Lösung den Gegebenheiten des Bedauerns und ähnlichen Überlegungen nicht gerecht werden, und zwar im wesentlichen deshalb, weil sie das *Sollen*, nach dem nicht gehandelt wird, vom Schauplatz entfernen. Ein Muster, das Überzeugungskonflikten angemessen ist, wird auf den moralischen Fall projiziert, ein Muster, demzufolge der Konflikt im Grunde eine Nebensache ist, durch dessen Lösung man von einer verkehrten Ansicht befreit wird, die eine Zeit lang die Lage verwirrt hat. […] Falls dies ein Anlass für Gefühle ist, dann für solche Gefühle wie Erleichterung (darüber, einen Fehler vermieden zu haben), Selbstbeglückwünschung (weil man die richtige Lösung gefunden hat) oder möglicherweise Selbstkritik (weil man sich beinahe irreführen ließ).« (Williams 1978: 279)

Dass wir nach der Entscheidung bestimmter Konflikte so oder so aus moralischen Gründen Bedauern empfinden und alles andere als erleichtert sind, muss demnach als Hinweis darauf gedeutet werden, dass beide Sollens-Ansprüche, die hier im Konflikt liegen, in Geltung sind. Der ›moralische Fehltritt‹, den wir bereuen, besteht darin, einem von ihnen nicht gefolgt zu sein.

Diesem Einwand zufolge kann die Strategie der Pflichtengewichtung also nicht als Konfliktlösung im oben geschilderten Sinne gelten. Zwar beseitigt sie unsere moralische Ratlosigkeit, indem sie uns erkennen lässt, was wir tun sollen. Gleichwohl gelingt es ihr nicht, uns vor moralischem Fehlverhalten zu bewahren, denn sie reduziert die Pluralität der Handlungen, zu denen sich der Konfliktträger aus guten Gründen verpflichtet fühlt, nicht. Auch wenn der Handelnde nun weiß, was zu tun ist, kann er eben das nicht mit reinem Gewissen tun.

Das sogenannte *argument from regret* (vgl. Williams 1978), auf das ich mich hier bezogen habe, ist in der moralphilosophischen Dilemma-Debatte prominent geworden – aber es hat sie keineswegs beendet. Das mag auch damit zusammenhängen, dass es, beim Wort genommen, letztlich jeden genuinen und nicht qua Einigung behebbaren moralischen Konflikt zum Dilemma erklärt und damit erheblich an Plausibilität verliert. Dass *manche* Konflikte dilemmatisch sind, mögen wir vor dem Hintergrund unserer moralischen Erfahrung noch überzeugend finden; aber dass *keiner* von ihnen lösbar ist, ist eine Behauptung, die ihrerseits unserer Erfahrung widerspricht.

Eben diesen Schluss legt das Argument jedoch nahe, denn wenn im Konfliktfall auch dann beide Ansprüche in Geltung bleiben, wenn einer den anderen klar übertrumpft, bleibt in jedem Konflikt *qua Konflikt* eine Pflicht unerfüllt. Und insofern eben in der Verletzung von Pflichten moralisches Fehlverhalten besteht, und sich die Unlösbarkeit von Konflikten in der Unausweichlichkeit solcher Pflichtverletzungen realisiert, wäre jeder Konflikt unlösbar, d. h. dilemmatisch. Mit anderen Worten: Wenn in einer Situation wie der der Schleyer-Entführung die gewichtigere Pflicht die Unterlegene nicht ausschaltet, warum sollte es dann in anderen, weniger dramatischen aber gleichwohl genuinen Pflichtenkonflikten anders sein? In jedem nicht durch soziale Einigung behebbaren Konfliktfall wäre es dann unvermeidlich, etwas moralisch Falsches zu tun.

Das aber ist wenig plausibel. Denken wir nochmals an den Vater zurück, der den Freund versetzt, um dem Verletzten zu helfen. Dass er sich nachträglich entschuldigt und moralisches Bedauern empfindet, halten wir, anders als im Fall des platonischen Freundes, durchaus für angemessen – und seinen Konflikt insofern für genuin. Aber würden wir deswegen sagen, dass sein Verhalten moralisch falsch war? Ich denke nicht. Das zeigt sich nicht zuletzt auch daran, dass der Freund in seiner Reaktion auf diese Entschuldigung nicht frei ist. Er *muss* sie akzeptieren und damit anerkennen, dass der Vater richtig gehandelt hat. Sollte er ihm hingegen die Freundschaft kündigen, weil er infolge der Hilfsbereitschaft des Vaters seinen Flug verpasst hat, würden wir mit gutem Grund an seinem ›moralischen Sachverstand‹ oder Anstand zweifeln.

Mit anderen Worten: »[D]ie fraglichen Philosophen [haben] einfach Reue und Bedauern verwechselt. Oder sie haben, wie man auch sagen könnte, ein jedes dieser Dinge mit etwas Drittem verwechselt, das man […] als *Gewissensbisse* bezeichnen könnte.« (Hare 1992: 73) Denn im Unterschied zur Reue setzen Gewissensbisse nicht voraus, dass wir – alles in allem gesehen – nicht hätten tun sollen, was wir letztlich getan haben. Sie sind, so wie Entschuldigungen, Entschädigungen und Gefühle des Bedauerns auch, vollständig durch den Schaden erklärbar, den wir im Konfliktfall anrichten mussten, während wir gleichwohl, moralisch gesehen, alles richtig gemacht und insofern nichts zu bereuen haben. Wir bereuen nicht, was wir taten, sondern bedauern, dass wir es tun mussten, weil es moralisch gesehen das einzig Richtige und gleichwohl für die ›Opfer‹ unserer Handlung von Übel war.

Die entsprechenden Reaktionen sind also keineswegs notwendigerweise ein Indiz dafür, dass wir eine Pflicht verletzt haben, und können darum auch nicht als Beleg dafür gelten, dass die Abwägung unserer konfligierenden Pflichten keine ›saubere Lösung‹ des Konflikts verspricht.

b. Die Vielfalt der Moral und die theoretische Unvergleichbarkeit von Pflichten

Doch auch wenn die Tatsache des unausweichlichen Bedauerns keinen überzeugenden Nachweis der Unvermeidbarkeit moralischen Fehlverhaltens in bestimmten Konflikten darstellt, gibt es gleichwohl andere Quellen des Zweifels daran, dass die Gewichtung der konfligierenden Pflichten tatsächlich jeden moralischen Konflikt löst. Während das *regret-argument* infrage stellte, ob sich unsere Pflichten durch die entsprechenden Abwägungen restlos reduzieren lassen, lautet der Einwand nun, dass es gar nicht in allen Fällen möglich ist, konfligierende moralische Ansprüche überhaupt gegeneinander abzuwägen, weil sie dazu viel zu verschieden sind.

> »Um Ihnen ein Beispiel […] zu geben, führe ich den Fall eines meiner Schüler an: Sein ältester Bruder war bei der deutschen Offensive 1940 getötet worden, und der junge Mann brannte darauf, ihn zu rächen. Doch er lebte allein mit seiner Mutter, die nach dem Tod ihres ältesten Sohnes verzweifelt war und ihren einzigen Trost in jenem jungen Mann fand. Unter den gegebenen Umständen sah er sich also vor die Wahl gestellt, entweder nach England zu gehen und sich in die Freien Französischen Streitkräfte einzureihen oder bei seiner Mutter zu bleiben, um sie zu unterstützen. […] Er war hin und her gerissen zwischen zwei Arten von Moral: auf der einen Seite die Moral des Mitgefühls und der Hingabe an eine einzelne Person; auf der anderen Seite eine umfassendere Moral, die das Wohl der ganzen Gemeinschaft in den Blick nahm. Zwischen ihnen musste er sich entscheiden. Doch was hätte seine Wahl erleichtern können? […] Welches Ziel ist höher zu veranschlagen? Das allgemeine Ziel, also der Kampf für die Gemeinschaft; oder das sehr spezifische Ziel, das Leben eines einzelnen zu erleichtern? Wer könnte darauf a priori eine Antwort geben? Niemand. Und sie findet sich ebenso wenig in den Werken der Moralphilosophie.« (Sartre 1946: 85; übers. SB)

In manchen moralischen Entscheidungskonflikten geraten demnach moralische Ansprüche miteinander in Widerstreit, die zu wenig gemeinsam haben, als dass es möglich wäre, sie miteinander zu vergleichen, gegeneinander zu gewichten oder auf ein einziges, ihnen gemeinsam zugrunde liegendes Grundprinzip der Moral zurückzuführen. In solchen Momenten sind entsprechende Abwägungen so willkürlich bzw. unverständlich wie der sprichwörtliche Vergleich zwischen Äpfeln und Birnen. Es ist einfach nicht ersichtlich, woraufhin wir sie vergleichen oder gewichten sollen, da es keine gemeinsame Währung gibt, die sie in je unterschiedlicher Weise ausdrücken oder repräsentieren. Jeder Anspruch steht vielmehr für ein gänzlich anderes Gut, einen differenten moralischen Wert, ja gegebenenfalls einen anderen Blick auf das, was Moral von uns verlangt.

Hinter dieser Zurückweisung der Konfliktlösung qua Anspruchsgewichtung verbirgt sich die Überzeugung, dass Moral ein plurales Phänomen ist, das eine Vielzahl von Werten oder Gütern umfasst, von denen keiner oder keines für unsere moralische Praxis verzichtbar ist, und das sich nicht auf ein einziges, höchstes Moralprinzip zurückführen lässt. Auch die Welt des Moralischen ist demnach groß und bunt. Sie hat und braucht Raum für so unterschiedliche Tugenden wie Ehrlichkeit und Rücksicht; so unverwandte Werte wie Freundschaft und Unparteilichkeit; so unvergleichbare Güter wie Gerechtigkeit und Freiheit und so unverrechenbare Erfordernisse wie die Rettung eines unschuldig in Not geratenen menschlichen Lebens und die Verteidigung öffentlicher Sicherheit gegenüber den Bedrohungen des Terrorismus.

Die Vielfalt dieser Werte macht unseren moralischen Reichtum aus, und sie bildet die Grundlage der unterschiedlichen Arten von moralischen Ansprüchen, mit denen wir uns als Handelnde konfrontiert sehen und denen wir uns als Personen verpflichtet fühlen. Dazu gehören jene moralischen Rechte, die alle Menschen wechselseitig verpflichten, ebenso wie die besonderen moralischen Verbindlichkeiten, die wir gegenüber bestimmten Personen haben. Unsere moralische Aufmerksamkeit gilt zudem sowohl den Folgen unseres Tuns als auch den Tugenden und Untugenden, die schon im Vollzug unserer Handlungen zum Ausdruck kommen, und sie richtet sich nicht zuletzt auch auf die Motive, die unseren Handlungsentscheidungen zugrunde liegen.

»Schuldigkeiten, Rechte, Nutzen, an Vollkommenheit orientierte Ziele sowie private Verbindlichkeiten – diese Werte fließen unablässig in all unsere Entscheidungen ein. [...] Wie könnte man je ein System von Prioritäten unter diesen Wertetypen aufstellen? [...] Für eine Mischung, die so heterogen ist, wie unsere, wäre dies unangemessen. [...] Meine allgemeine These lautet also: In den *formalen* Unterschieden zwischen den Arten von Gründen spiegeln sich fundamentale Unterschiede ihrer *Herkunft* wider, und damit ist eine bestimmte Art der Lösung von Konflikten, die unter diesen Begründungstypen aufkommen, von vornherein ausgeschlossen. [...] Es gibt echte praktische Dilemmata, die unmöglich gelöst werden können.« (Nagel 1996: 185; 189f.)

Manche moralischen Konflikte sind, mit anderen Worten, auf die Kollision *unvergleichbarer* moralischer Werte zurückzuführen, die unter bestimmten Umständen unterschiedliche, nicht kompatible Handlungen erfordern. Wo wir die konfligierenden Ansprüche je für sich als berechtigt und damit die inkompatiblen Handlungen beide als geboten verstehen, spitzen sich diese Konflikte dilemmatisch zu. Denn in diesem Fall lässt sich aufgrund der wesentlichen Differenz der konfligierenden Pflichten keinerlei Abwägung vornehmen, die uns erkennen ließe, worin unsere tatsächliche Pflicht besteht, und uns vor moralischem Fehlverhalten bewahrt, indem wir dieser Pflicht folgen. Die Behauptung lautet demnach, dass die zur Lösung des Konflikts erforderliche Pflichtengewichtung aufgrund der Unvergleichbarkeit der Ansprüche ausgeschlossen und der Konflikt *darum* unlösbar ist.

Dieser Verweis auf die sogenannte *theoretische Inkommensurabilität* moralischer Werte oder Pflichten kann gleichwohl für sich genommen ebenso wenig überzeugen wie der Hinweis auf das unausweichliche Bedauern. Denn tatsächlich ist es alles andere als klar, ob aus der Unvergleichbarkeit der Ansprüche tatsächlich folgt, dass diese nicht gegeneinander abwägbar und Konflikte zwischen ihnen nicht lösbar sind. Der Fall des Vaters, der den Freund versetzt, um dem Unfallopfer zu helfen, lässt diese Behauptung mindestens zweifelhaft, wenn nicht falsch erscheinen: Zwar leuchtet es durchaus ein, dass der Wert der Gesundheit des Verletzten nicht im eigentlichen Sinne mit dem Wert eines gehaltenen Versprechens vergleichbar ist – worin sollte hier die ›gemeinsame Währung‹ bestehen? Gleichwohl scheint die Entscheidung des Vaters zugunsten des Verletzten *allein deswegen* noch keineswegs willkürlich. Es sieht also ganz so aus, als seien wir in moralischen Fragen gegebenenfalls durchaus imstande, Äpfel mit Birnen zu vergleichen und dabei zu brauchbaren, d.h. überzeugenden Ergebnissen zu kommen.

c. Die Getrenntheit von Personen und die praktische Unabwägbarkeit von Pflichten

Die Anerkennung des moralischen Pluralismus allein verpflichtet uns demnach noch nicht auf die eingangs erläuterte ›tragische Sichtweise‹ des moralischen Lebens: Dass unsere Pflichten vielfältig sind und unterschiedlichen Quellen entspringen, muss keineswegs bedeuten, dass Konflikte zwischen ihnen nicht gelöst werden können. Gleichwohl deutet der Fall von Sartres Schüler eine andere Schwierigkeit an, der wir bei der Gewichtung und Abwägung konfligierender Pflichten begegnen können. Sie betrifft nicht das Problem, dass unsere Pflichten gegebenenfalls nicht gegeneinander abgewogen werden *können* (theoretische Inkommensurabilität), sondern stellt infrage, ob sie in jedem Fall gegeneinander abgewogen werden *dürfen* (praktische Inkommensurabilität) (vgl. Schaber 1999).

Betrachten wir dazu ein weiteres Beispiel, das in der moralphilosophischen Dilemma-Debatte prominent ist und einem Roman von William Styron entstammt (vgl. Styron 1980). Die Hauptfigur ist Sophie, eine polnische Katholikin, die mit ihren beiden kleinen Kindern, Jan und Eva, nach Auschwitz deportiert worden ist. An der Rampe stellt sie ein SS-Mann vor eine grausame Entscheidung: Wählt sie eines der Kinder für die Vergasung aus, darf sie das andere mit ins Lager nehmen. Wählt sie keines, sterben beide Kinder auf der Stelle. Was soll Sophie tun?

Es liegt nahe, angesichts dieses Beispiels moralphilosophisch zu resignieren. In einer solchen Lage überhaupt noch von moralischem Sollen zu sprechen, scheint schlicht absurd. Das ist gleichwohl nicht Sophies Perspektive. Sie glaubt offensichtlich nicht, dass unter den gegebenen Umständen ohnehin alles egal ist, sondern trifft tatsächlich eine Wahl. Für die fühlt sie sich schließlich ihr Leben lang schuldig, und es ist erwartbar, dass es ihr nicht anders gegangen wäre, hätte sie statt der kleinen Eva deren Bruder Jan den Mördern ausgehändigt. Hin und her gerissen zwischen der Pflicht, ihre Tochter zu retten, und der gleich lautenden Verpflichtung gegenüber ihrem Sohn, scheint es für Sophie keine richtige Wahl und für ihren Konflikt keine richtige Lösung zu geben.

Das Problem kann hier freilich nicht in der Unvergleichbarkeit der konfligierenden Pflichten bestehen. Denn wie auch immer man das moralische Gut oder die Pflicht benennt, deren Verletzung hier auf dem Spiel steht: Es ist im Fall beider Optionen exakt dieselbe. Es ist nicht so, dass für Jans Rettung andere Gründe sprechen als die, die gebieten, Eva zu verschonen. Um den Eindruck zu gewinnen, dass es in dieser Situation »nichts gibt, das man mit Anstand oder Ehre oder angemessener Weise tun *kann*« (Williams 1995: 86), braucht es also keinen Verweis auf die Vielfalt von Werten und die Divergenz von Handlungsgründen, die ihnen entspringen. Sophie ist die Mutter beider Kinder und schuldet in dieser Rolle dem einen nicht mehr und nicht weniger als dem anderen. Oder besser: *Wenn* sie dem einen Kind etwas schuldet, schuldet sie dem anderen dasselbe.

Dass die Gewichtung der widerstreitenden Pflichten hier keine Lösung des Konflikts bereitstellt, hängt also nicht damit zusammen, dass ein Vergleich der beiden Ansprüche *sachlich unmöglich* ist; es liegt vielmehr daran, dass eine solche Abwägung im vorliegenden Fall *moralisch unzulässig* scheint. Das Leben eines Kindes gegen das des anderen zu gewichten und abzuwägen, ist demnach schon an sich moralisch falsch, etwas, das wir einfach nicht tun dürfen. Die beiden Ansprüche, die in Sophies Herzen streiten, sind demnach nicht deswegen unabwägbar, weil sie unterschiedlichen, unvergleichbaren Prinzipien entspringen, sondern weil sie unterschiedlichen, unvergleichbaren Menschen geschuldet sind, die je für sich moralisch zählen. Ihre Ansprüche auf Schutz und Leben gegeneinander zu verrechnen, heißt, den grundlegendsten moralischen Imperativ überhaupt zu missachten: dass jeder Mensch aus moralischer Perspektive gleichermaßen zählt und keiner weniger wert ist als ein anderer.

In manchen Konflikten bedeutet darum offenbar schon die Tatsache der Abwägung und nicht erst ihr Ergebnis, respektive dessen Folgen, eine schwere Schuld. Und weil das so ist, weil manche Pflichten nicht gegeneinander abgewogen werden dürfen, sind die entsprechenden Pflichtenkonflikte auch nicht mittels Pflichtengewichtung lösbar. Der Weg zur Lösung des moralischen Konflikts ist, mit anderen Worten, seinerseits aus moralischen Gründen versperrt.

Wer so zugunsten der moralischen Unlösbarkeit entsprechender Konflikte argumentiert, muss sich gleichwohl vor Augen führen, worin im vorliegenden Fall die Alternative besteht. Wenn Sophie sich weigert, eine Wahl zu treffen, hat eben das zur Folge, dass beide Kinder getötet werden. Indem das Argument von der praktischen Inkommensurabilität bestimmter Pflichten unter den hier gegebenen Umständen die Verweigerung einer Entscheidung zur eigentlichen moralischen Pflicht erklärt – denn nur so kann Sophie der moralischen Forderung entsprechen, jedes ihrer Kinder als eine Person zu behandeln, die je für sich moralisch zählt und deren Ansprüche nicht gegen die anderer verrechenbar sind –, deklariert es faktisch den *worst case* aus der Perspektive der Folgen zum *best case* aus der Perspektive der Moral. Viele Menschen halten das nicht für überzeugend.

6. Ausblick statt Ausweg

Am Anfang dieses Artikels stand die Frage, ob es möglich ist, dass wir in manchen Momenten unseres Lebens moralisch zum Scheitern verurteilt sind, was auch immer wir tun. Niemand bestreitet, dass das gelegentlich so scheint; gleichwohl behaupten viele Philosophinnen und Philosophen mit guten Argumenten, dass dieser Schein trügt, und widersprechen damit der Überzeugung vieler Menschen, die sich auf die Erfahrung solcher Konflikte berufen.

Diesen Konflikt zwischen moralischer Erfahrung und moralischer Theorie, der in der Dilemma-Debatte in besonderer Weise sichtbar wird, haben andere Philosophinnen und Philosophen zum Anlass genommen, die entsprechenden Moraltheorien und ihre Denkfiguren grundsätzlich infrage zu stellen. Wenn es solchen Theorien aus Konsistenzgründen nicht gelingen könne, grundlegenden moralischen Erfahrungen gerecht zu werden, seien sie weder überzeugend noch sachlich angemessen. Denn Moral habe es wesentlich mit Erfahrung zu tun, und moralisches Wissen sei Erfahrungswissen. Wenn wir es reduzieren müssten, um es theoretisch erfassen zu können, stelle das nicht unsere Erfahrung, sondern das Unternehmen einer Theorie der Moral in Zweifel.

Diese Position ist, wenn man sie tatsächlich zu Ende denkt und ausformuliert, im wörtlichen Sinne radikal: Sie reicht an die Wurzeln der Ethik als einer auch theoretischen und wesentlichen kritischen Disziplin. Ethikerinnen und Ethiker tauschen nicht nur Erfahrungen aus, sondern sie streiten mit vernünftigen Argumenten. Und das tun sie, um einen kritischen Blick auf die Üblichkeiten und Selbstverständlichkeiten unserer moralischen Praxis zu eröffnen, die nicht notwendig Recht hat, nur weil sie funktioniert. Mit anderen Worten: Wer sich auf die Ethik einlässt, muss bereit sein, seine moralischen Erfahrungen infrage stellen zu lassen, und er wird gegebenenfalls gezwungen sein, die eine oder andere bisher unhinterfragte Überzeugung aufzugeben. Möglicherweise gehört dazu auch die Überzeugung, dass es moralische Dilemmata gibt.

Das jedoch ist keineswegs entschieden. Verfolgt man den philosophischen Streit um die Dilemma-Frage, sieht es vielmehr ein bisschen so aus, als führe dieses Problem die Moralphilosophie selbst in eine Art Dilemma: Entweder anerkennt sie um den Preis ihrer theoretischen Stimmigkeit, dass moralische Pflichten gelegentlich nicht erfüllbar sind und moralische Schuld unausweichlich sein kann; oder sie verweigert dieses Eingeständnis auf Kosten ihrer phänomenologischen Glaubwürdigkeit und Erfahrungsnähe.

Ob sich dieser theoretische Konflikt letztlich als nur scheinbar dilemmatisch entpuppt, muss hier offen bleiben. Noch jedenfalls ist diesbezüglich keine Lösung in Sicht. Die Auseinandersetzung um die Frage, ob es in jeder moralischen Konfliktsituation etwas Richtiges zu tun gibt, geht weiter, und wie die vorangegangene Darstellung hoffentlich deutlich gemacht hat, können wir von ihr einiges lernen.

Kontrollfragen

1. Was ist der Unterschied zwischen Konflikten mit der Moral, Konflikten über Moral und moralischen Konflikten? Nennen Sie jeweils ein Beispiel.

2. Welche moralphilosophischen Möglichkeiten gibt es, moralische Konflikte zu lösen?

3. Manche Philosophinnen und Philosophen meinen, dass einige moralische Konflikte nicht lösbar sind. Welche Gründe bringen sie für diese Auffassung vor?

4. Was versteht man unter der theoretischen Inkommensurabilität moralischer Werte/Pflichten, und was versteht man unter der praktischen Inkommensurabilität solcher Werte/Pflichten?

5. Warum gilt das Gefühl des Bedauerns als Hinweis darauf, dass manche Konflikte unlösbar sind?

6. Was ist gemeint, wenn behauptet wird, dass die Moral ein pluralistisches Phänomen ist?

7. Was besagt der Grundsatz »Sollen impliziert Können«? Stimmen Sie diesem Grundsatz zu? Wenn ja, warum, wenn nein, warum nicht?

8. Was besagt der Grundsatz »Sollen impliziert erlaubt Sein«? Stimmen Sie diesem Grundsatz zu? Wenn ja, warum, wenn nein, warum nicht?

9. Manche Philosophinnen und Philosophen meinen, dass die Behauptung von Dilemmata in Widersprüche führt. Worin bestehen diese Widersprüche?

10. Was meinen Sie: Kann es sein, dass wir manchmal zu moralischen Fehlern gezwungen sind? Oder können wir dieses Leben prinzipiell mit ›sauberen Händen‹ verlassen?

11. Einer kleinen Geschichte zufolge tritt ein Mensch, der gestorben ist, vor Gott und ›bewirbt‹ sich um Einlass ins Paradies. Als Nachweis seiner Eignung zeigt er Gott seine Hände und sagt: »Sieh Herr, sie sind sauber.« Und Gott betrachtet die sauberen Hände, schüttelt den Kopf und sagt: »Nein, sie sind leer.« Wie verstehen Sie diese Geschichte vor dem Hintergrund der Dilemma-Debatte? Was ist ›die Moral von der Geschichte‹?

Verwendete Literatur

Anwander, Norbert: *Versprechen und Verpflichten*, Paderborn 2008.

Conee, Earl: Against Moral Dilemmas. In: *Moral Dilemmas*, hg. von Christopher Gowans. Oxford 1987, S. 239–249.

Donagan, Alan: Consistency in Rationalist Moral Systems. In: *Moral Dilemmas*, hg. von Christopher Gowans. Oxford 1987, S. 271–290.

Fahrenholz, Bernd (Hg.): *Gedenkveranstaltung für die Opfer des Terrorjahres 1977*, Hamburg 2002.

Gowans, Christopher (Hg.): *Moral Dilemmas*, Oxford 1987.

Hare, Richard: *Die Sprache der Moral*, Frankfurt a.M. 1961.

Hare, Richard: *Moralisches Denken: seine Ebenen, seine Methode, sein Witz*, Frankfurt a.M. 1992.

Hoerster, Norbert u.a. (Hg.): *Texte zur Ethik*, München 1976.

Kant, Immanuel: *Grundlegung zur Metaphysik der Sitten* (1785), Stuttgart 2000.

Kant, Immanuel: Über ein vermeintliches Recht, aus Menschenliebe zu lügen (1797). In: Kant: *Werke*, Bd. 7, hg. von Wilhelm Weischedel. Darmstadt 1956, S. 637–643.

Marcus, Ruth: Moral Dilemmas and Consistency. In: *Moral Dilemmas*, hg. von Christopher Gowans. Oxford 1987, S. 188–204.

McConell, Terrance: Moral Dilemmas and Consistency in Ethics. In: *Moral Dilemmas*, hg. von Christopher Gowans. Oxford 1987, S. 154–173.

McNaughton, David: *Moralisches Sehen. Eine Einführung in die Ethik*, Frankfurt a.M. u.a. 2003.

Nagel, Thomas: War and Massacre. In: *War and Moral Responsibility*, hg. von M. Cohen, T. Nagel, T. Scanlon. Princeton 1974, S. 3–24.

Nagel, Thomas: Die Fragmentierung des Guten. In: Ders.: *Letzte Fragen*, Bodenheim 1996, S. 181–200.

Plato: *Der Staat*, Stuttgart 1982.

Ross, William David Sir: *The Right and the Good* (1930), wiederabgedruckt Oxford 2002.

Sartre, Jean-Paul: *Ist der Existentialismus ein Humanismus?*, Frankfurt a.M. 1946.

Schaber, Peter: Value Pluralism: Some Problems. In: *The Journal of Value Inquiry* 33, 1999, S. 71–78.

Styron, William: *Sophies Entscheidung*, München 1980.

Van Fraassen, Bas: Values and the Heart's Command. In: *Moral Dilemmas*, hg. von Christopher Gowans. Oxford 1987, S. 138–153.

Williams, Bernard: Widerspruchsfreiheit in der Ethik. In: Ders.: *Probleme des Selbst. Philosophische Aufsätze 1956–1972*, Stuttgart 1978, S. 263–296.

Williams, Bernard: Konflikte von Werten. In: Ders.: *Moralischer Zufall: Philosophische Aufsätze 1973–1980*, Königstein ⁹1995, S. 82–93.

Kommentierte Auswahlbibliographie

WEITERFÜHRENDE LITERATUR

Donagan, Alan: Consistency in Rationalist Moral Systems. In: *Moral Dilemmas*, hg. von Christopher Gowans. Oxford 1987, S. 271–290.
(Der Aufsatz präsentiert eine exemplarische Argumentationsweise gegen Dilemmata und Pflichtenkonflikte, die sich an Kant orientiert.)
Gowans, Christopher (Hg.): *Moral Dilemmas*, Oxford 1987.
(Die Textsammlung stellt die wichtigsten modernen Beiträge zur Dilemma-Debatte sowie die einschlägigen klassischen Texte zusammen und liefert mit der Einführung von Christopher Gowans einen sehr hilfreichen und klaren einführenden Überblick über die Debatte.)
Hare, Richard: *Moralisches Denken: seine Ebenen, seine Methode, sein Witz*, Frankfurt a.M. 1992.
(Das Buch beinhaltet eine sehr informative und gut verständliche Darstellung einer prominenten modernen präferenzutilitaristischen Moraltheorie; das dritte Kapitel präsentiert eine exemplarische Argumentationsweise gegen die Unlösbarkeit von moralischen Konflikten und die Möglichkeit von Pflichtenkollisionen aus utilitaristischer Sicht.)
Nagel, Thomas: Die Fragmentierung des Guten. In: Ders.: *Letzte Fragen*, Bodenheim 1996, S. 181–200.
(Der Aufsatz präsentiert eine exemplarische Argumentationsweise für die Unlösbarkeit mancher Konflikte, die sich wesentlich auf die Pluralität der Moral und die Inkommensurabilität von Werten bzw. Pflichten bezieht.)
Williams, Bernard: Widerspruchsfreiheit in der Ethik. In: Ders.: *Probleme des Selbst. Philosophische Aufsätze 1956–1972*, Stuttgart 1978.
(Das Erscheinen dieses Aufsatzes von Bernard Williams im Jahr 1965 bildet sozusagen die Geburtsstunde der modernen Dilemma-Debatte; Williams vertritt in diesem Text die These, dass nicht alle moralischen Konflikte restlos lösbar sind. Auf diesen Text gehen auch die verschiedenen Versionen des ›argument from regret‹ zurück.)

Anmerkungen

* Für kritische Hinweise und wertvolle Anregungen gilt mein herzlicher Dank Kurt Bayertz, Barbara Bleisch und Peter Schaber.
1 Andernfalls ergäbe sich das Problem, dass wir Handlungen, die moralisch verboten sind, zur Pflicht machen könnten, indem wir ihren Vollzug versprechen. – Zu dieser Frage und allgemein zum Problem, was Versprechen sind und wodurch, wozu und inwiefern sie uns moralisch verpflichten, vgl. Anwander 2008.

IV. ETHIK IN DER MODERNEN GESELLSCHAFT

WAS IST ANGEWANDTE ETHIK?

Kurt Bayertz

I. Ein hybrides Unternehmen
   1. Eine neue (Sub-)Disziplin der Philosophie
   2. Ein transakademisches Unternehmen
   3. Soziale Entstehungsbedingungen
II. Angewandte Ethik als Theorie
   1. Zwei Modelle angewandter Ethik
   2. Ein spezifischer Problemtypus
   3. Problemlösungen in der angewandten Ethik
   4. Ein drittes Modell
III. Grenzen der angewandten Ethik
   1. Die epistemische Autorität
   2. Die politische Autorität

I. Ein hybrides Unternehmen

1. Eine neue (Sub-)Disziplin der Philosophie

Zu den charakteristischen Merkmalen moderner Gesellschaften gehört, dass sie sich in einem permanenten öffentlichen Diskussionszustand befinden. Diskutiert werden die Sportergebnisse vom letzten Wochenende und die Aussichten für die nächste Wahl, die ständig steigenden Preise und die Vorzüge bestimmter Automodelle. Diskutiert werden aber auch Fragen, die sich von den zuvor genannten dadurch unterscheiden, dass sie als *moralische* Fragen angesehen werden oder als Fragen, die zumindest eine wichtige *moralische Komponente* besitzen (vgl. Kasten 1). Sie werden in modernen Gesellschaften ebenso öffentlich und ebenso kontrovers diskutiert wie die zuvor genannten Fragen. Das ist keineswegs selbstverständlich. Man könnte denken, dass es in Sachen Moral ›eigentlich‹ keine Zweifel und keine Meinungsverschiedenheiten geben sollte: Denn was moralisch ist, versteht sich von selbst. Wäre das aber der Fall, gäbe es keine Veranlassung und keinen Bedarf, moralische Fragen zu diskutieren. Es genügt, die Zeitung aufzuschlagen, das Rundfunk- oder Fernsehgerät einzuschalten oder mit Freunden und Kollegen zu sprechen, um erkennen zu können, dass sich das Moralische keineswegs von selbst versteht. Zumindest über einige moralische Probleme wird in modernen Gesellschaften seit Jahrzehnten öffentlich diskutiert und gestritten.

In den 70er Jahren des vergangenen Jahrhunderts haben Vertreter verschiedener Wissenschaften begonnen, sich intensiv mit solchen Fragen zu befassen; insbesondere gehörten dazu Vertreter von ›Normwissenschaften‹ wie Phi-

> **(1) Moralische Streitfragen**
>
> 1. Soll die Folter zur Abwehr großer Gefahren legalisiert werden?
> 2. Ist es legitim, wenn deutsche Unternehmen in Ländern, in denen das üblich ist, Bestechungsgelder zahlen und diese von der Steuer absetzen können?
> 3. Soll die Sicherheit an öffentlichen Plätzen durch die Installation von Überwachungskameras gefördert werden?
> 4. Soll die aktive Sterbehilfe zugelassen werden?
> 5. Dürfen Frauen bei der Besetzung wichtiger Positionen bevorzugt behandelt werden?
> 6. Sind Tierversuche (auch zum Test von Kosmetika) legitim?

losophie, Theologie oder Rechtswissenschaften. Sie haben ihre professionellen Kenntnisse eingesetzt, um Antworten auf sie zu geben. Zunächst geschah das vor allem in den USA, später auch in Europa. Für diese Bemühungen hat sich rasch die Bezeichnung »angewandte Ethik« (manchmal auch »praktische Ethik«, »problemorientierte Ethik« oder »konkrete Ethik«) eingebürgert. Die angewandte Ethik war also von Beginn an nicht auf Philosophen beschränkt; sie ist auch nicht als ein ›Ableger‹ der philosophischen Ethik entstanden. Ihre Ursprünge liegen eher in dem öffentlichen Engagement von Wissenschaftlern aus verschiedenen Disziplinen. Aber es waren eben *auch* Philosophen, die sich verstärkt den Themen der angewandten Ethik zuzuwenden begannen; auf diese spezifisch philosophische Seite der angewandten Ethik wird sich der hier vorliegende Aufsatz beschränken.

Natürlich ist es nicht neu, dass Philosophen sich in öffentlichen Debatten zu Wort melden; und seit jeher haben zumindest einige von ihnen auch zu aktuellen moralischen Fragen Stellung bezogen. Gleichwohl war die philosophische Ethik dominiert von der Auseinandersetzung mit grundsätzlichen Problemen auf einer sehr hohen Stufe der Abstraktion: vor allem mit der Konstruktion übergreifender ethischer Theorien oder mit der Frage nach der Bedeutung wichtiger moralischer Begriffe (›gut‹, ›sollen‹). Aktuelle praktische Fragen, die auch außerhalb der Philosophie diskutiert wurden, spielten im Vergleich mit den Grundsatzfragen nur eine untergeordnete Rolle. Diese Schwerpunktsetzung begann sich nun langsam zu verschieben; nicht in dem Sinne, dass die Beschäftigung mit den Grundlagenproblemen nachgelassen hätte, sondern dass den öffentlichen praktischen Problemen eine wachsende Aufmerksamkeit *neben* den Grundlagenproblemen geschenkt wurde. Die angewandte Ethik hat die allgemeine Ethik keineswegs verdrängt oder ersetzt; sie ist aber aus ihrem Schatten getreten und hat sich in den letzten Jahrzehnten in vielen Ländern rasch zu einem intensiv bearbeiteten Feld entwickelt.

Dies zeigt sich besonders deutlich, wenn man die in der Wissenschaftssoziologie üblichen Kriterien für die Entstehung neuer Forschungsfelder oder Disziplinen zugrunde legt. Es gibt heute (a) Zeitschriften und Buchreihen, (b) Institute und Lehrstühle, (c) akademische Studiengänge und Abschlüsse, (d) wissenschaftliche Gesellschaften, (e) Tagungen und Kongresse, die vorwiegend oder ausschließlich der angewandten Ethik gewidmet sind. Man kann daher sagen, dass die angewandte Ethik zu einem eigenständigen Forschungsfeld oder zu einer eigenständigen (Sub-)Disziplin der Philosophie geworden ist. Und mehr noch. Sie ist inzwischen zu einem Oberbegriff für eine Vielzahl von »Bereichsethiken« geworden, d.h. für Forschungsfelder, die auf bestimmte Problembereiche spezialisiert sind. Dazu gehören etwa die Medizinethik, die Wirtschaftsethik, die Umweltethik oder die Medienethik. Für diese »Bereichsethiken« existieren inzwischen längst eigenständige Zeitschriften, Lehrstühle oder wissenschaftliche Gesellschaften, sodass man sie ihrerseits als eigenständige (Sub-)Disziplinen ansehen kann.

2. Ein transakademisches Unternehmen

Aber das ist nicht alles. Die bisher skizzierte Entwicklung bezieht sich auf die angewandte Ethik als eine (Sub-)Disziplin der Philosophie, als ein *akademisches Fach* also. Mit einer gewissen Zeitverzögerung war diese akademische Etablierung begleitet von einem Prozess der Einbeziehung der angewandten Ethik in verschiedene Verfahren *praktischer Entscheidungsfindung* außerhalb der Universität. Beispiele dafür bieten Ethikkommissionen, klinische Ethikkomitees, Gremien der Politikberatung oder Kommissionen in Verbänden (vgl. den Beitrag von Ludwig Siep in diesem Band). Hier geht es nicht mehr nur um die klassischen Aufgaben einer akademischen (Sub-)Disziplin, nämlich um Forschung und Lehre; hier geht es um die Bewältigung praktischer Aufgaben in der Gesellschaft. Die angewandte Ethik wächst mit der Übernahme solcher Aufgaben über die Grenzen der akademischen Moralphilosophie hinaus; sie wird zu einem ›Rädchen‹ im außeruniversitären Getriebe der Gesellschaft. Sie wächst in eine *öffentliche Rolle* hinein und übernimmt (in einem sehr allgemeinen Sinne des Wortes) *politische* Funktionen.

Man kann dies von zwei Seiten aus betrachten. Auf der einen Seite ist die angewandte Ethik von Beginn an mit dem Anspruch verbunden gewesen, zur (theoretischen) Lösung der von ihr untersuchten Probleme beizutragen. Es ist leicht einsehbar, dass die Chancen dafür umso größer sind, je enger Theorie und Praxis miteinander verbunden werden. Angewandte Ethiker haben daher ein Interesse, sich in Ethikkommissionen, Gremien der Politikberatung oder in einschlägigen Ausschüssen von Verbänden zu engagieren, anstatt ihr Arbeitsfeld auf Universitätsseminare, Fachzeitschriften und -kongresse zu beschränken. Der praktische Anspruch der angewandten Ethik treibt sie über die Grenzen des akademischen Faches ›Philosophie‹ hinaus und legt ihr ein ›transakademisches‹ Engagement nahe. Auf der anderen Seite ist dieses Engagement gesellschaftlich willkommen und wird von der Öffentlichkeit und den entsprechenden Institutionen angenommen. Man traut der angewandten Ethik offenbar zu, relevante Beiträge zur Diagnose und zur Therapie wichtiger öffentlicher Probleme zu erbringen.

Dieses transakademische Engagement sollte nun nicht nur als eine lineare Erweiterung des Aufgabenbereichs der akademischen (angewandten) Ethik begriffen werden. Es hat einen *zweiten Typus* von angewandter Ethik entstehen lassen, der sich zwar nicht in jeder, aber doch in einiger Hinsicht von der akademischen Variante unterscheidet. Die entscheidende Differenz besteht darin, dass der erste Typ Teil des akademischen Betriebs ist und dessen ›Logik‹ folgt, während der zweite Typ seinen Platz in außerakademischen Institutionen hat und folglich außerakademischen Mechanismen unterworfen ist. Diese Differenz muss keine dramatischen Dimensionen annehmen, sie führt aber zu deutlichen Unterschieden, von denen fünf besonders hervorzuheben sind.

(1) Das paradigmatische *Subjekt* der angewandten Ethik ist kein Gelehrter, der sich auf eigene Faust Gedanken über ein Problem macht; es ist kein Sokrates, der auf dem Marktplatz interessierte Mitbürger zur gemeinsamen Reflexion anstiftet; und es ist auch kein Volkstribun, der öffentlich gegen die Autoritäten rebelliert. Das Subjekt ist in den meisten Fällen eine Kommission oder Arbeitsgruppe, die einen bestimmten Auftrag zu erfüllen hat. Der Philosoph ist Mitglied eines Teams, in dem (a) auch Vertreter anderer Disziplinen und (b) oft auch nichtwissenschaftliche Experten (Vertreter von Institutionen oder Verbänden) mitwirken. Dies hängt damit zusammen, dass die Komplexität der behandelten Probleme nur mithilfe verschiedener Experten und unter Berücksichtigung verschiedener Perspektiven bewältigt werden kann.

(2) Das *Ziel* der Kommissionsarbeit ist nicht selbst gewählt, sondern von einem Auftraggeber vorgegeben. Es besteht auch nicht in der Erweiterung oder Vertiefung des Wissens an sich; es geht vielmehr um die Erarbeitung praktisch verwertbarer Empfehlungen oder Richtlinien. Das Ziel ist also nicht genuin wissenschaftlicher, sondern praktischer Art; es kommt nicht auf die ›Tiefe‹ der gewonnenen Einsicht an, sondern auf den zu erzielenden Nutzen.

(3) Aus diesem Grunde ist das *Produkt*, das am Ende des Prozesses steht, kein nach den Regeln und Gepflogenheiten wissenschaftlicher Publikationen verfasster Text, sondern ein Protokoll, ein Gutachten, eine Empfehlung, eine Richtlinie, die anderen Maßstäben verpflichtet sind: z. B. dem der praktischen Relevanz und Machbarkeit, der Akzeptierbarkeit für die betroffenen Akteure oder der Kompatibilität mit dem geltenden Recht.

(4) Der Arbeits- und Reflexions*prozess* selbst erfolgt nicht in Einsamkeit und Freiheit, in der Abgeschiedenheit des philosophischen Studierzimmers, sondern im Rahmen eines interdisziplinär besetzten Gremiums, das arbeitsteilig operiert und bestimmten Verfahrensregeln unterliegt. Die Philosophie ist nicht Herrin des Verfahrens, sondern nur eine Stimme unter mehreren anderen; es gibt Diskussionen, Abstimmungen und nicht selten werden auch Kompromisse zu schließen sein.

(5) Der *Adressat* dieses Produkts sind nicht Fachkollegen, sondern ein außerwissenschaftlicher Auftraggeber, der in erster Linie nicht an einer Erweiterung seiner Einsichten, sondern an irgendeiner Form praktischer Verwertung interessiert sein dürfte. Dieses Interesse an praktischer Verwertung war bereits bei der Formulierung des Auftrages maßgeblich.

Der zweite Typ angewandter Ethik geht also über die akademischen Grenzen hinaus; er ist in die ›Logik‹ des jeweiligen außerakademischen Arbeitsfeldes eingebunden. Insbesondere kann er nicht mehr als eine (Sub-)Disziplin der Philosophie angesehen werden. Philosophen sind lediglich beteiligt; und dies nicht einmal notwendigerweise, denn etliche der einschlägigen Gremien, darunter auch viele der für Human- und Tierversuche vorgeschriebenen Ethikkommissionen, haben keine Philosophen als Mitglieder. Von angewandter *Ethik* kann hier nur insofern die Rede sein, als in diesem Rahmen ›ethische‹ Probleme in einem sehr weiten Sinne des Wortes behandelt werden. Wir können daraus schließen, dass (a) in der Gesellschaft ein bisweilen recht unscharfes Verständnis von »Ethik« vorherrscht; und dass (b) Philosophen kein Monopol auf die Behandlung solcher Probleme besitzen.

Man kann die angewandte Ethik daher als ein »hybrides« Unternehmen charakterisieren. Als ein Unternehmen, das aus *zwei* miteinander durchaus verbundenen, aber dennoch keineswegs identischen Unternehmen besteht. Sie ist *einerseits* eine akademische (Sub-)Disziplin, die an Universitäten nach ähnlichen Kriterien und unter ähnlichen Bedingungen betrieben wird wie andere akademische Disziplinen, beispielsweise auch die allgemeine Ethik. *Andererseits* ist sie zugleich ein außerakademisches Unternehmen, an das andere, eben außerakademische Anforderungen gestellt werden. Eine klare Grenze zwischen den beiden Teilunternehmungen gibt es nicht; gleichwohl dürfen die Unterschiede zwischen ihnen nicht übersehen werden. In *mancher* Hinsicht ähnelt die angewandte Ethik damit solchen älteren Hybridunternehmungen wie der Rechtswissenschaft, der Medizin oder der Theologie, die seit sehr viel Längerem eine Doppelrolle als akademische Disziplin und als Teil außeruniversitärer Institutionen spielen. Für eine philosophische Disziplin ist diese Rolle aber neu.

3. Soziale Entstehungsbedingungen

Am Beginn ihrer Karriere ist die angewandte Ethik bisweilen als eine Modeerscheinung gedeutet worden. Moden gibt es ja nicht nur auf den Feldern der Bekleidung, der Inneneinrichtung oder der populären Musik, sondern auch in dem der Wissenschaft. Sie erscheinen blitzartig, dominieren über einige Monate oder Jahre und verschwinden dann wieder hinter einer neuen Mode. Bei der angewandten Ethik dürfte es sich allerdings *nicht* um eine solche Mode handeln. Zum einen dauert sie dafür schon zu lange. Zum anderen aber kann ihr Auftauchen und ihre Ausbreitung durch Ursachen erklärt werden, die ihrerseits grundsätzlicher und irreversibler Natur sind. Um diesen Ursachen auf die Spur zu kommen, müssen wir uns den gesellschaftlichen *Rahmenbedingungen* zuwenden, unter denen die angewandte Ethik entstanden ist und die *Funktion* näher betrachten, die sie in der Gesellschaft ausübt. Ich werde drei Faktoren skizzieren, die zur Entstehung der angewandten Ethik geführt haben.

1. Moderne Gesellschaften sind durch eine starke Beschleunigung des sozialen Wandels gekennzeichnet. Da dieser Wandel nicht glatt verläuft, kommt es zu vielfältigen ›Verwerfungen‹, die in der Gesellschaft als zu lösende Probleme wahrgenommen werden. Wir haben gesehen, dass die angewandte Ethik sich mit derartigen Problemen befasst, wenn auch nicht mit allen von ihnen, denn nicht alle sind moralische Probleme (wir werden weiter unten noch genauer sehen, was unter einem ›Problem‹ der angewandten Ethik zu verstehen ist). Zu einem beträchtlichen Teil ergeben sich diese Probleme als Folge des wissenschaftlich-technischen Fortschritts, der beständig neue Handlungsmöglichkeiten erzeugt, für die der herkömmliche Kanon moralischer Normen und Werte keine hinreichenden Bewertungskriterien bereitstellt. Es genügt, die zahlreichen Techniken zu benennen, mit deren Hilfe heute oder in nicht allzu ferner Zukunft Menschen gezeugt oder ›hergestellt‹ werden können – künstliche Befruchtung, In-vitro-Fertilisation, Embryotransfer, Leihmutterschaft, Klonierung –, um auf eine Reihe von heftig debattierten Problemen zu stoßen, die zum Gegenstand der angewandten Ethik geworden sind. Es sind aber keineswegs nur wissenschaftlich-technisch erzeugte Probleme, die die angewandte Ethik beschäftigen. Eine andere Quelle sind der Wertewandel und Veränderungen im politischen Bewusstsein, die neue Fragen aufwerfen (z.B. die nach der ›Frauenquote‹).

2. Aber nicht jede Schwierigkeit ist ein ›Problem‹ in dem hier relevanten Sinne. Betrachten wir die zu Beginn angeführte Problem-Liste, so wird erkennbar, dass es sich um eine Liste von Schwierigkeiten handelt, die als *öffentlich relevant* wahrgenommen werden. Es handelt sich um Probleme, (a) von denen nicht nur einzelne Personen privat betroffen sind, sondern die ganze Gesellschaft; und die (b) daher auch öffentlich, d.h. von der ganzen Gesellschaft (bzw. ihren zuständigen Institutionen) gelöst oder bewältigt werden müssen. Man kann daher auch sagen, dass es sich um ›politische‹ Probleme handelt. Wenn Frau Meier oder Herr Müller Probleme mit ihrer Figur haben, ist das kein öffentliches Problem und daher auch kein Problem der angewandten Ethik. Wenn aber hinlänglich viele Menschen übergewichtig sind und wenn den Krankenkassen dadurch hohe zusätzliche Kosten entstehen, können auch Figurprobleme zu einer ›politischen‹ Frage und zu einem

Gegenstand der angewandten Ethik werden. Genauer gesagt: zu einem Gegenstand der angewandten Ethik werden weniger die Figurprobleme selbst, als die gesundheitspolitischen Maßnahmen, mit denen man ihnen zu Leibe zu rücken versucht.

3. Unter den Bedingungen demokratischer Strukturen ist es schwer, Lösungen solcher Probleme ›von oben‹ durchzusetzen, ohne dabei auf die öffentliche Meinung Rücksicht zu nehmen. Die Omnipräsenz der Kommunikationsmedien macht auftretende Schwierigkeiten rasch publik und löst Diskussionen über sie aus. Jede solche Schwierigkeit, vor allem aber die Frage nach den geeigneten Wegen ihrer Bewältigung, wird zum Gegenstand öffentlicher Argumentation. Pro und Contra werden öffentlich erörtert. Auch wenn es illusionär wäre, die Bedeutung von Macht und Autorität zu übersehen, kann doch festgehalten werden, dass es in demokratischen Gesellschaften nicht mehr auf sie *allein* ankommt. Politische Entscheidungen müssen mithilfe von Argumenten begründet und legitimiert werden; und dabei spielen auch ethische Argumente eine Rolle. Die angewandte Ethik ist ein Teil dieses öffentlichen Diskussions- und Argumentationsprozesses. Sie besitzt kein Monopol auf die Erörterung der einschlägigen Probleme; sie bildet die normwissenschaftlich-professionelle Komponente des öffentlichen Problembearbeitungsprozesses. (Gleichzeitig ergibt sich daraus natürlich auch die Gefahr einer Funktionalisierung der angewandten Ethik zur Legitimation politischer Entscheidungen und Strategien.) Kurzum: Anders als in vormodernen Gesellschaften, in denen (a) keine institutionalisierte Öffentlichkeit existierte und (b) wichtige Entscheidungen meist autoritär entschieden wurden, *ermöglicht* und *erzwingt* die Existenz einer institutionalisierten Öffentlichkeit und demokratischer Strukturen die öffentliche Diskussion moralischer Probleme.

Fasst man diese drei Punkte zusammen, so kann man sagen, dass moderne Gesellschaften sich durch eine intensive Selbstbeobachtung auszeichnen; sie sind *reflektierende* und darum *reflektierte* Gesellschaften; nahezu alles in ihnen wird zum Gegenstand der Beobachtung, der Kommunikation und der Reflexion. Dies geschieht (a) auf einer informellen Ebene, d.h. im Rahmen von privaten Gesprächen, Leitartikeln, Talkshows und Magazinsendungen; (b) auf einer politischen Ebene, z.B. in Parlamentsdebatten und Parteitagsbeschlüssen; und (c) auf einer wissenschaftlichen Ebene, etwa im Rahmen von demoskopischen Untersuchungen, empirischen Studien – oder eben ethischer Überlegungen. Im Hinblick auf ihre soziale Funktion kann die angewandte Ethik als ein Teil des vielschichtigen Prozesses der Selbstbeobachtung und Kommunikation begriffen werden, in dem sich moderne Gesellschaften über ihre Probleme klar zu werden versuchen. Sie entspringt dem Bemühen, auf den wachsenden Problemdruck mit philosophischen Mitteln zu reagieren und die normativen Orientierungsprobleme mit professioneller Expertise zu bearbeiten. Von der traditionellen Ethik unterscheidet sich die angewandte durch die Direktheit ihres Problembezuges und ihrer inhaltlichen Reaktion.

Aus einer solchen gesellschaftstheoretischen Perspektive betrachtet, kann der Aufstieg der angewandten Ethik nicht als verwunderlich erscheinen. Moderne Gesellschaften haben ein *strukturelles* Orientierungsdefizit und die angewandte Ethik ist ein Teil der verschiedenartigen Bemühungen um einen Ausgleich dieses Defizits. Es gibt daher keinen Grund für die Hoffnung oder Befürchtung, dass sie ebenso schnell und spurlos verschwinden wird, wie beliebige philosophische Modeströmungen.

II. Angewandte Ethik als Theorie

Soweit sie im akademischen Kontext betrieben wird, ist die angewandte Ethik (= erster Typus) keinen grundsätzlich anderen Anforderungen und institutionellen Mechanismen unterworfen als die Ethik allgemein. Gleichwohl ist sie eine (Sub-)Disziplin, die neben Gemeinsamkeiten auch Unterschiede zur allgemeinen Ethik aufweist. Im folgenden Abschnitt sollen diese Unterschiede herausgearbeitet werden. Sie ergeben sich zum einen daraus, dass die angewandte Ethik sich mit *spezifischen Problemen* befasst, die sich von denen der allgemeinen Ethik unterscheiden; und zum anderen aus dem Anspruch, diese Probleme zu *lösen*. Obwohl sich die nachfolgenden Überlegungen vor allem auf den ersten Typus angewandter Ethik beziehen, trifft manches von ihnen sicher auch auf den zweiten Typus zu.

1. Zwei Modelle angewandter Ethik

Über die charakteristische Denk- und Argumentationsweise der angewandten Ethik gibt es divergierende Auffassungen. Ich werde zunächst zwei ›Modelle‹ kurz skizzieren, die in den einschlägigen Debatten prominente Befürworter gefunden haben, inzwischen aber mehrheitlich als einseitig und verkürzt angesehen werden. (Ich werde weiter unten ein alternatives drittes Modell kurz vorstellen.)

Dennoch sind beide Modelle gerade in ihrer Einseitigkeit erhellend.

Nach dem ersten Modell kann »angewandte Ethik« als die Anwendung *allgemeiner* ethischer Theorien, Prinzipien oder Werte auf *konkrete* Fälle oder Probleme definiert werden. Diese Definition wird schon durch den Terminus »angewandte Ethik« nahegelegt, in dem »Anwendung« die *differentia specifica* bezeichnet, die die angewandte von der allgemeinen Ethik unterscheidet. Wenn wir dieses Modell zugrunde legen, ergibt sich eine deutliche Abgrenzung und Arbeitsteilung. Die *allgemeine Ethik* ist als ethische Grundlagenforschung zu verstehen. Sie analysiert ethische Begriffe und konstruiert allgemeine ethische Theorien oder Teiltheorien, ohne dabei von vornherein bestimmte Anwendungen im Sinn zu haben. Die *angewandte Ethik* setzt den Inhalt und die Geltung dieser Theorien voraus und wendet sie auf bestimmte Fälle oder Fallgruppen an. Sie schließt also da an, wo die allgemeine Ethik aufhört und ›verlängert‹ ihre Resultate in die Praxis hinein.

Nach diesem Modell, kann man die Tätigkeit des angewandten Ethikers mit der eines Richters vergleichen, der (a) die Geltung eines Gesetzes voraussetzt, das er (b) auf einen konkreten Fall anwendet. Seine Aufgabe kann als die *Subsumtion* des einzelnen Falles unter das allgemeine Gesetz beschrieben werden. So muss der Richter beispielsweise entscheiden, ob eine bestimmte Handlung (sagen wir: die Wegnahme eines Gegenstandes) unter das einschlägige Gesetz (in diesem Fall: das strafrechtliche Diebstahlverbot) fällt und muss sie dann auf die im Gesetz festgelegte Weise bewerten. Die von ihm zu beantwortende Hauptfrage lautet also: Ist die Handlung ein ›Fall von Diebstahl‹?

Entscheidend bei diesem Modell ist dabei nicht so sehr, dass es sich bei den Problemen der angewandten Ethik um *einzelne* Handlungen handelt wie im Fall des Richters. Es kann auch um die Formulierung von speziellen Normen gehen, die für *alle* Handlungen in einem bestimmten Bereich leitend sein sollen. Wenn es z.B. um die Frage geht, ob Frauen bei der Besetzung wichtiger Positionen bevorzugt behandelt werden sollen, geht es ja um eine spezielle (weil auf einen bestimmten Bereich anzuwendende), aber doch universelle Norm, die alle Handlungen in diesem Bereich (Einstellungsverfahren) leiten soll. Entscheidend für das erste Modell ist die Idee einer hierarchischen Struktur des ethischen Denkens, in der die jeweils speziellen Normen ausschließlich durch allgemeinere und daher logisch übergeordnete Normen gerechtfertigt werden. Das ethische Denken erscheint hier somit als ein deduktives System verschiedener Ebenen, wie es schematisch in Kasten 2 exemplifiziert ist. Dabei befasst sich die allgemeine Ethik mit den Ebenen A und B; die angewandte Ethik mit den Ebenen B, C und D.

---

(2) Ebenen ethischen Denkens

Ebene A:
Allgemeine und umfassende ethische Theorien
(z.B. Kantianismus oder Utilitarismus)

Ebene B:
Moralische Prinzipien mittlerer Reichweite
(z.B. das Prinzip der Gerechtigkeit)

Ebene C:
Spezielle moralische Regeln
(z.B. »Aus dem Prinzip der Gerechtigkeit folgt, dass Frauen bei der Besetzung wichtiger Positionen (nicht) bevorzugt behandelt werden!«)

Ebene D:
Konkrete moralische Urteile
(z.B. »Diese Frau soll in diesem Besetzungsverfahren (nicht) bevorzugt eingestellt werden!«)

Wegen seiner hierarchischen Struktur und seiner Bevorzugung deduktiver Argumente wird dieses Modell meist als *Deduktivismus* charakterisiert. Zu seinen Vertretern gehört der amerikanische Ethiker Bernard Gert, der es gemeinsam mit anderen Autoren auf die Bioethik angewandt hat (Gert/Culver/Clouser 1997).

Nach dem zweiten Modell geschieht die Lösung eines konkreten Problems auf dem Weg einer genauen Betrachtung seiner Entstehung und seiner speziellen Eigenschaften, sowie aufgrund eines Vergleichs mit ähnlichen Fällen. Allgemeine Prinzipien oder Theorien spielen keine oder nur eine untergeordnete Rolle: Sie sind im günstigen Fall nutzlos, da sie zu allgemein sind, um den konkreten Fall erfassen zu können; und im ungünstigen Fall sind sie schädlich, weil sie zum Schematismus oder zum Dogmatismus verführen.

Die Tätigkeit des angewandten Ethikers kann hier am besten mit der Vorgehensweise eines Arztes verglichen werden, der einen schwierigen Fall vor sich hat. Da jeder solche Fall anders ist, wird der Arzt die richtige therapeutische Entscheidung kaum aus allgemeinen medizinischen Theorien oder Gesetzen ableiten können; vielmehr wird er (a) den Patienten genau untersuchen und alle relevanten medizinischen Fakten zusammentragen; (b) er wird den vorliegenden Fall mit ähnlichen Fällen vergleichen, die ihm in seiner Laufbahn schon vorgekommen sind oder die in der Literatur beschrieben sind; und er wird dann (c) auf der Basis eines so gewonnenen Gesamtbildes seine auf den konkreten einzelnen Fall zugeschnittene Entscheidung treffen.

Ein historischer Vorläufer dieses Modells ist die vor allem von den Jesuiten im 17. und 18. Jahrhundert entwickelte »Kasuistik«, eine Methodik der moraltheologischen Beurteilung einzelner Fälle, die im Zusammenhang der neueren Diskussion wiederentdeckt und weiterentwickelt wurde (Jonson/Toulmin 1988). Da dieses Modell die Bedeutung des Kontextes für die adäquate Beurteilung des einzelnen Falles besonders hervorhebt, wird es meist als *Kontextualismus* charakterisiert.

Wenn wir diese beiden Modelle vergleichen, fallen einige Unterschiede ins Auge, die schematisch so beschrieben werden können:

- Im ersten Modell wird das zu lösende *Problem* als spezieller Fall von etwas Allgemeinem aufgefasst; das zweite Modell betont demgegenüber die Besonderheit oder Einmaligkeit des Falls.
- Im ersten Modell stellen sich die charakteristischen *Denkprozesse* als logisches Schließen vom Allgemeinen auf das Besondere (= Deduktion oder Subsumtion) dar; im zweiten Modell geht es um kontextsensitive Beobachtung und analogisches Denken.
- Im ersten Modell erscheint als *Produkt* des Denkens ein deduktives Argument; im zweiten Modell ein Geflecht ›horizontaler‹ Analogien zwischen gleichrangigen Fällen.
- Im ersten Modell ergeben sich die *Kriterien der Richtigkeit* des Resultats aus den Regeln der formalen Logik; im zweiten Modell aus der Angemessenheit an den konkreten Fall und an dessen Kontext.

Eine detaillierte Analyse der beiden Modelle kann an dieser Stelle nicht vorgenommen werden. Einige der mit ihnen verbundenen Probleme werden in den folgenden Überlegungen aber deutlich werden. Durch sie wird dann zugleich auch ein alternatives drittes Modell nahegelegt, das heute von der Mehrheit der angewandten Ethiker favorisiert wird.

2. Ein spezifischer Problemtypus

Wenn angewandte Ethik ein Unternehmen ist, das primär auf die Anwendung moralischer Prinzipien oder Theorien zielt, dann stellt sich die Frage, *worauf* die Prinzipien angewandt werden. Bisher war von ›Fällen‹ oder von ›Problemen‹ die Rede, ohne dass hier ein Unterschied angegeben oder eine genauere Bestimmung vorgenommen worden wäre.

Von ›Fällen‹ spricht man in der Regel dort, wo es um einzelne Handlungen in konkreten Kontexten geht. Dies lässt sich noch einmal an der Analogie zum Richter verdeutlichen: Der Richter hat es mit einer einzelnen Handlung zu tun (Wegnahme eines Gegenstandes), die er im Lichte allgemeiner Gesetze bewertet. Eine solche Auseinandersetzung mit ›Fällen‹ findet auch in der angewandten Ethik statt, zum Beispiel in Ethikkommissionen und klinischen Ethikkomitees. Hier kann es um die Frage gehen, wie die Behandlung eines bestimmten Patienten fortgesetzt werden soll, ob etwa von einer kurativen auf eine palliative Strategie umgestellt werden soll. Dabei sind dann die speziellen medizinischen Fakten zu betrachten, die persönlichen Lebensumstände des Patienten, seine Werte und sein Wunsch.

Bei den eingangs (Kasten 1) aufgezählten Beispielen für öffentliche Diskussionen, in denen sich auch die angewandte Ethik zu Wort meldet, handelt es sich aber offensichtlich nicht um einzelne Fälle dieser Art. Wenn es in der öffentlichen Diskussion um die Videoüberwachung öffentlicher Plätze, um Sterbehilfe oder um die »Frauenquote« geht, dann geht es offensichtlich *nicht* um die Aufstellung einer bestimmten Videokamera an einem bestimmten Ort, sondern um die Frage, ob die Aufstellung solcher Kameras *generell* der richtige Weg zu mehr Sicherheit ist, geht es *nicht* um einen bestimmten Patienten in einer bestimmten Situation, sondern um die Frage, ob die Tötung von Patienten eine legitime Handlungs*weise* von Ärzten ist, steht auch nicht eine Einstellung einer bestimmten Frau auf einen bestimmten Posten zur Diskussion, sondern die Frage, ob die Bevorzugung von Frauen eine gerechte *Regelung* für Einstellungen im öffentlichen Dienst ist. Zur Debatte stehen in allen diesen Beispielen nicht einzelne ›Fälle‹, sondern allgemeine Handlungsoptionen. Anders ausgedrückt: Zur Debatte steht also die *Geltung einer Norm*. Eine solche Norm kann beispielsweise lauten: »Bei Einstellungen im öffentlichen Dienst sind Frauen bevorzugt zu berücksichtigen!«.

Dass es um Normen (also um generelle Handlungsanweisungen) geht, ergibt sich aus der eingangs beschriebenen Funktion der angewandten Ethik. Sie ist ein Element des *öffentlichen* Reflexionsprozesses, in dem die Gesellschaft sich über die angemessene Lösung ihrer *öffentlichen* Probleme klar zu werden versucht. Solche öffentlichen Probleme sind allgemeiner Natur und erfordern daher auch eine allgemeine Lösung. Dies schließt natürlich nicht aus, dass ein allgemeines Problem durch eine singuläre Handlung bewusst wird und in die öffentliche Diskussion gelangt. So kann, wie vor einigen Jahren geschehen, durch einen einzelnen Fall von Folter oder Androhung von Folter zur Gefahrenabwehr die allgemeine Frage aufgeworfen werden, ob eine solche Handlungs*weise* legitimiert werden sollte.

So weit unterscheiden sich die Probleme der angewandten Ethik nicht von Problemen der allgemeinen Ethik. Es gibt aber auch wichtige Unterschiede zwischen ihnen. Wenn wir die oben angeführte Liste von Beispielen betrachten, fällt zunächst ins Auge, dass es sich bei ihnen um *reale* Probleme handelt: um Probleme, die ›vom Leben selbst‹ gestellt werden. Gemeint ist damit die einfache Tatsache, dass diese Probleme ihren Ursprung *außerhalb* der Philosophie haben. (a) Sie werden nicht zu philosophischen Zwecken ersonnen; (b) sie sind auch für Nichtphilosophen als Probleme erkennbar; und (c) sie werden auch von Nichtphilosophen für lösungsbedürftig gehalten.

Demgegenüber sind die Probleme, die üblicherweise von Philosophen zur Ankurbelung ihrer Intuition oder zur Illustration ihrer Lehren ersonnen werden, in der Regel *hypothetischer* Natur; sie haben (implizit) meist die Form »angenommen, dass ...« oder »gesetzt den Fall, dass ...«, und es folgt dann eine skizzenhafte Beschreibung. So konstruiert Aristoteles, wenn er über verschiedene Arten moralischer Verpflichtung reflektiert, einen Fall von Entführung, der aber offensichtlich erfunden ist (vgl. Kasten 3). Seine Schilderung bleibt auf eine charakteristische Weise abstrakt; wir erfahren nichts über die näheren Umstände der skizzierten Situation – und brauchen es auch nicht zu erfahren, denn es geht um ein Beispiel, um die *Illustration* eines Gedankens oder Prinzips. In dieser illustrativen Funktion sind hypothetische Beispiele immer Beispiele *für etwas*, das in der jeweiligen ethischen Theorie vorgegeben ist und nur in der Bezogenheit auf dieses Element der Theorie sind sie von Interesse. Dies zeigt auch das berühmte Depositum-Beispiel bei Kant.

(3) Zwei klassische ethische Probleme

1. Eine Entführung

»Zum Beispiel: ein Mann ist durch ein Lösegeld aus Räuberhand befreit worden: müßte er nun seinerseits seinen Befreier loskaufen, ganz gleich, wer es gewesen sei, oder müßte er ihm das Lösegeld zurückzahlen, auch wenn dieser nicht in Räuberhand gefallen ist, aber die Summe zurückhaben möchte – oder müßte er eher seinen Vater loskaufen? Hier gilt doch, daß er seinen Vater loszukaufen hätte, sogar eher als sich selbst.«

(Aristoteles, *Nikomachische Ethik*, 1165a)

2. Ein Depositum

»Ich habe z.B. es mir zur Maxime gemacht, mein Vermögen durch alle sichere Mittel zu vergrößern. Jetzt ist ein *Depositum* in meinen Händen, dessen Eigenthümer verstorben ist und keine Handschrift darüber zurückgelassen hat. Natürlicherweise ist dies der Fall meiner Maxime. Jetzt will ich nur wissen, ob jene Maxime auch als allgemeines praktisches Gesetz gelten könne. Ich wende jene also auf gegenwärtigen Fall an und frage, ob sie wohl die Form eines Gesetzes annehmen, mithin ich wohl durch meine Maxime zugleich ein solches Gesetz geben könnte: daß jedermann ein Depositum ableugnen dürfe, dessen Niederlegung ihm niemand beweisen kann. Ich werde sofort gewahr, daß ein solches Princip, als Gesetz, sich selbst vernichten würde, weil es machen würde, daß es gar kein Depositum gäbe.«

(Immanuel Kant, *Kritik der praktischen Vernunft*, S. 27)

Daraus, dass es sich bei den Problemen der angewandten Ethik um reale Probleme handelt, ergibt sich sofort ihr zweites Charakteristikum: Sie sind auf eine nicht-triviale und oft vertrackte Weise mit *empirischen* Fragen verknüpft. Zwar handelt es sich bei ihnen um normative Probleme, d.h. um Probleme, deren Lösung in einer Norm besteht; und Normen sind keine empirischen Aussagen, sondern Vorschriften. Auf dem Feld der angewandten Ethik müssen solche Normen aber hinreichend spezifisch, d.h. auf ihre spezifischen Anwendungsbedingungen zugeschnitten sein. Für die Formulierung einer solchen Norm sind genaue Kenntnisse der jeweils vorliegenden faktischen Zusammenhänge notwendig.

Aus dieser engen Verknüpfung von normativen und empirischen Aspekten ergibt sich: Die Lösung ethischer Probleme in den verschiedenen Bereichen der angewandten Ethik (Politik, Wirtschaft, Medizin, Ökologie, Technik etc.) ist mit philosophischer Kompetenz *allein* nicht möglich. Es ist zwar richtig, dass sich die spezifische Kompetenz der Ethik als einer philosophischen Disziplin auf die normative Seite der entsprechenden Probleme bezieht; zugleich aber ist hervorzuheben, dass eine Beschränkung auf diese Seite jegliche Problemlösung unmöglich machen würde. Die angewandte Ethik hat daher nur dann eine Chance zu befriedigenden Problemlösungen zu kommen, wenn ihre Reflexionen auf Fachkenntnissen über den jeweiligen Problembereich beruhen. Die bisweilen abschätzig als »Bindestrich-Ethiken« bezeichneten Teilgebiete der angewandten Ethik (Bio-ethik, Wirtschafts-ethik, Umwelt-ethik etc.) sind Ausdruck einer von der empirischen Komplexität der Aufgabe erzwungenen Spezialisierung. Der interdisziplinäre Charakter der angewandten Ethik hat hier seine Wurzeln.

3. Problemlösungen in der angewandten Ethik

Abgesehen von dem besonderen Typus von Problemen, mit denen sie sich befasst, besteht ein weiteres Spezifikum der angewandten Ethik in ihrem Anspruch, diese Probleme nicht nur zu erörtern und zu reflektieren, sondern theoretisch zu *lösen* oder zumindest zu ihrer theoretischen Lösung beizutragen. In diesem Anspruch liegt eine Differenz zur allgemeinen Ethik, für die ein durchaus respektables Resultat der Forschung auch aporetischer Natur sein kann. Man kann ja in der Auseinandersetzung mit einem Problem durchaus interessante Einsichten gewinnen, auch wenn man keine Lösung erreicht; dies ist in einigen der Dialoge Platons der Fall, die aporetisch enden. Für die angewandte Ethik wäre ein aporetisches Ergebnis unbefriedigend, denn es geht ihr eben nicht nur um Einsicht, sondern auch um praktische Relevanz. Sie will die Probleme, mit denen sie sich befasst, nicht nur erhellen, sondern auch lösen.

Dabei ist allerdings von vornherein zu betonen, dass der Begriff »Lösung« nicht mit überzogenen Erwartungen verbunden werden darf. Zum einen sind ethische Probleme keine Rechenaufgaben, die eine in jeder Hinsicht ›glatte‹ Lösung haben (im Übrigen haben das auch längst nicht alle Rechenaufgaben). Wir müssen vielmehr davon ausgehen, dass es in der angewandten Ethik meist um solche Probleme geht, die eben nicht ohne ›Rest‹ lösbar sind (vgl. den Beitrag von Susanne Boshammer in diesem Band). Zum zweiten kann die angewandte Ethik ihre Probleme nicht *praktisch* lösen, sondern nur theoretisch. Sie kann also beispielsweise zu dem Resultat kommen, dass Frauen auf wichtigen Positionen bevorzugt eingestellt werden sollten, sie kann aber nicht selbst Frauen bevorzugt einstellen oder auf andere Weise garantieren, dass dies geschieht.

Die Lösung eines Problems der angewandten Ethik besteht aus zwei Teilen. (a) Aus einer *moralischen Norm*, d. h. aus einer Anleitung oder Vorschrift für das richtige Handeln, deren allgemeine Befolgung das Problem beseitigen würde. (Natürlich kann es sich auch um mehrere aufeinander abgestimmte Normen handeln.) Dass im Zentrum der Lösung eine Norm steht, ergibt sich aus dem normativen Charakter von Moral, die ja ein System von Handlungsvorschriften darstellt. Wenn wir mit einem moralischen Problem konfrontiert sind, möchten wir wissen, was wir tun sollen; und genau das sagen uns Normen. (b) Hinzukommen muss eine *Begründung*. Die nackte Norm sagt zwar, was zu tun ist; sie sagt aber nicht, *warum* es getan werden soll. Es müssen also Gründe angeführt werden, die dafür sprechen, dass genau diese Norm (und nicht eine andere) gelten soll. Diese Gründe können in allgemeineren moralischen Prinzipien bestehen oder in ethischen (Teil-)Theorien.

So weit unterscheiden sich die Lösungen in der angewandten Ethik nicht von Problemlösungen in der allgemeinen Ethik. Und beide haben darüber hinaus auch gemeinsam, dass sie bestimmten Kriterien gerecht werden müssen, die hier nicht näher erläutert werden können: Vor allem müssen sie widerspruchsfrei und universalisierbar sein. Wichtiger für den hier vorliegenden Zusammenhang sind einige Adäquatheitskriterien, die in manchen Fällen zwar auch für die allgemeine Ethik, in besonderem Maße aber für die angewandte Ethik charakteristisch sind. Diese Kriterien ergeben sich aus dem für die angewandte Ethik charakteristischen Typus von Problemen. Es handelt sich ja um ›reale‹ Probleme, die eng mit empirischen Fragen verknüpft sind. Dementsprechend hoch muss der Anteil empirischer Gesichtspunkte sein, die in die Lösung eingehen. Die folgenden vier Adäquatheitskriterien bringen Eigenschaften von Problemlösungen zum Ausdruck, die die Implementierbarkeit der vorgeschlagenen Norm sichern sollen:

1. *Angemessenheit*: Die angewandte Ethik hat es vorwiegend mit kleinräumigen, bisweilen mit hochspezifischen Problemen zu tun; um implementierbar zu sein, müssen ihre Lösungen den betreffenden Problemräumen angemessen sein, d. h. sie müssen die empirischen Verhältnisse in diesen ›Räumen‹, also beispielsweise dem Gesundheitswesen oder der Wirtschaft, berücksichtigen. Die als Lösungen vorgeschlagenen Normen müssen also auf die spezifischen Bedingungen ihres Anwendungsfeldes zugeschnitten sein.
2. *Machbarkeit*: Die als Lösungen vorgeschlagenen Normen müssen praktikabel sein; ihre Anwendung darf also nicht auf unüberwindliche technische Hindernisse stoßen oder mit unzumutbaren finanziellen Aufwendungen verbunden sein. Dabei ist die Finanzierbarkeit natürlich nicht als eine fixe Grenze zu verstehen; welche Kosten ›zumutbar‹ sind, ist sehr interpretationsfähig. Aber es dürfte klar sein, dass die Implementierung einer Lösung umso schwieriger ist, je höher die für sie anfallenden Kosten ausfallen.
3. *Nachhaltigkeit*: Eine Norm garantiert ihre Anwendung nicht aus sich heraus; nicht selten stößt sie sogar auf Widerstand. Die angewandte Ethik wird dies mitbedenken und die Chancen zur Befolgung der Norm durch eine geeignete institutionelle Einbettung zu erhöhen versuchen. Sie wird also Vorschläge für ein die Norm stützendes institutionelles Arrangement (Bildungsmaßnahmen, Gesetze, Kontrollorgane) entwickeln.
4. *Anschlussfähigkeit*: Eine als Lösung vorgeschlagene Norm stößt in ihrem Anwendungsfeld auf eine Fülle von bereits etablierten anderen Normen. Dazu können einfache lokale Üblichkeiten gehören, professionelle Normen oder auch Rechtsnormen; mit ihnen muss die vorgeschlagene Norm kompatibel sein. Dies heißt nicht, dass die etablierten Normen sakrosankt sind; es kann sehr wohl sinnvoll oder notwendig sein, Üblichkeiten oder auch Gesetze zu kritisieren und zu ändern. Aber ähnlich wie im Fall der Finanzierbarkeit sinken die Implementierungschancen einer vorgeschlagenen Lösung, wenn sie mit sehr vielen oder sehr grundlegenden anderen Normen inkompatibel ist. Solche Vorschläge müssen nicht notwendigerweise unsinnig sein; aber wenn zur Lösung eines wirtschaftsethischen Problems die Abschaffung des Privateigentums gefordert wird, würde man ein solches Konzept nicht mehr als ›angewandte Ethik‹ bezeichnen, sondern eher der politischen Philosophie zurechnen.

4. Ein drittes Modell

Vor dem Hintergrund dieser Darstellung des Problemtypus und der charakteristischen Eigenschaften von Problemlösungen der angewandten Ethik ist leicht erkennbar, warum die beiden oben skizzierten Modelle unzulänglich sind.

Da es in der angewandten Ethik nicht nur und nicht einmal überwiegend um die Beurteilung einzelner Fälle geht, sondern um die Begründung von allgemeinen (wenn auch speziellen, d. h. auf bestimmte Bereiche zugeschnittenen) Normen, kann der *Kontextualismus* ein Modell bestenfalls für bestimmte Teilbereiche der angewandten Ethik abgeben. Die Denk- und Argumentationsweise in der angewandten Ethik kann die von diesem Modell favorisierten kontextsensitiven und wahrnehmungsorientierten Problemlösungsverfahren zwar einschließen, muss darüber hinaus aber auch auf die von ihm misstrauisch beäugten Theorien und Prinzipien Bezug nehmen. Es ist im Übrigen eine Illusion, alles Allgemeine und Prinzipielle vermeiden zu können. Jede Einzelfallentscheidung, wenn sie nicht willkürlich und beliebig sein soll, schließt eine Prinzipienentscheidung notwendig ein.

Aber auch das deduktivistische Modell erweist sich als unbefriedigend. Erstens kann ›Anwendung‹ nicht auf eine bloße Subsumtion reduziert werden. Dies wird schon im vergleichsweise einfachen Fall der Bewertung einer singulären Handlung deutlich. Zwar wird bei einer solchen Bewertung ein allgemeines Prinzip ›angewandt‹, zugleich aber wird es auch *interpretiert*. Die ›Anwendung‹ geht nämlich in zwei verschiedene Richtungen: Zum einen wird mit ihr eine Bewertung des Falls vorgenommen, zum anderen aber wirkt diese Bewertung auf das Prinzip zurück, indem sie es mit Inhalt füllt und (wenn auch minimal) erweitert oder einengt. Dies ergibt sich daraus, dass Prinzipien stets einen sehr hohen Allgemeinheitsgrad aufweisen. Sie sollen ja auf eine Vielzahl von im Detail durchaus unterschiedlichen Handlungen anwendbar sein und das moralisch Bedeutsame an diesen Handlungen hervorheben. Aufgrund dieser Allgemeinheit sind Prinzipien notwendigerweise inhaltsarm. Erst durch ihre Anwendung werden sie inhaltlich reicher. Mit einem Wort: Die ›Anwendung‹ eines Prinzips besteht nicht nur in einem Subsumtionsvorgang, sondern enthält ein interpretatives und damit auch produktives Element.

Zweitens ergeben sich moralische Probleme meist aus einer Konkurrenz oder Kollision *mehrerer* Prinzipien. Der Fall oder die spezifischere Norm sind dann also unter mindestens zwei allgemeine Prinzipien zu subsumieren, aus denen sich divergierende Bewertungen ergeben. Es muss also ein Ranking der Prinzipien vorgenommen und eines von ihnen den übrigen nachgeordnet werden. Für diesen (meist »Güterabwägung« genannten) Vorgang gibt es keine Standardmethoden, die bei korrekter Anwendung zu einem richtigen Resultat führen. Das heißt aber: Eine solche Güterabwägung besteht nicht nur in einer Anwendung von Prinzipien, sondern enthält zugleich auch ein interpretatives Element. Der Inhalt und das relative Gewicht der moralischen Prinzipien hängen nämlich auch von ihrem Verhältnis zu den anderen gültigen moralischen Prinzipien ab. Wer im Hinblick auf das Folterbeispiel zu dem Resultat kommt, dass die Menschenwürde des Terroristen höher zu veranschlagen ist als das Leben und die Gesundheit der zu rettenden Menschen, nimmt damit nicht nur eine Bewertung der Folter vor, sondern legt damit zugleich auch fest, was die Prinzipien der Menschenwürde und des Lebensschutzes bedeuten.

Drittens sind bei der Problemlösung die umfangreichen und oftmals komplexen empirischen Gesichtspunkte zu berücksichtigen, die sich aus der hohen Spezifizität der gesuchten Norm ergeben. Um in einem konkreten Bereich tatsächlich anwendbar zu sein, müssen die in diesem Bereich gegebenen tatsächlichen Verhältnisse berücksichtigt werden. Nicht selten liegen in den damit aufgeworfenen Fragen die größten Schwierigkeiten für die angewandte Ethik.

Ähnlich wie das kontextualistische Modell erweist sich also auch das deduktive Modell als einseitig und verkürzt. Seit Längerem hat sich daher ein drittes Modell durchgesetzt, das Elemente beider Modelle aufgreift, zugleich aber ihre Einseitigkeiten überwindet. Seine Grundidee besteht darin, dass die Alternative zwischen einem *top-down approach* (Deduktivismus) und einem *bottom-up approach* (Kontextualismus) gar nicht besteht, da die Theoriebildung als eine Verknüpfung beider Herangehensweisen konzipiert werden kann. Wenn wir angewandte Ethik betreiben, verfügen wir immer schon über allgemeine ethische Theorien und Prinzipien; ebenso verfügen wir aber auch über »wohlüberlegte Urteile« im Hinblick auf Einzelfälle. Um zu befriedigenden Resultaten zu kommen, müssen wir zwischen der allgemeinen Ebene der Theorien und Prinzipien und der Ebene der konkreten Urteile hin- und hergehen; sofern dabei Widersprüche zutage treten, müssen wir diese dadurch ausräumen, dass wir auf einer der beiden Ebenen Änderungen vornehmen: also entweder die Theorie bzw. die Prinzipien modifizieren *oder* unsere »wohl-überlegten Urteile«. Wenn diese Änderung auf eine geeignete Weise vorgenommen wurde, ist ein »reflexives Gleichgewicht« zwischen der theoretischen Ebene und der Ebene konkreter Urteile hergestellt.

Dieses dritte Modell wird meist auf die Gerechtigkeitstheorie von John Rawls (1979: 65–73) zurückgeführt und wurde in dem einflussreichen Buch *Principles of Bioethics* von Beauchamp und Childress in die angewandte Ethik eingeführt. Natürlich ist auch dieses Modell keineswegs problemfrei und daher auch auf Kritik gestoßen (vgl. Quante/Vieth 2000). Es zeichnet ein Bild von der Tätigkeit des angewandten Ethikers, das am ehesten mit dem Knüpfen eines Netzes verglichen werden kann. Die zu begründende spezifische Norm wird in ein komplexes Netz von Argumenten und Urteilen eingeflochten, in dem es weder einen Primat abstrakter Prinzipien und Theorien gibt, noch einen Primat konkreter kontextbezogener Urteile. Die Rechtfertigung für die spezifische Norm kann sowohl

---

(4) Drei Modelle angewandter Ethik

1. Im *deduktivistischen* Modell erscheint die Tätigkeit des angewandten Ethikers vor allem als logische Subsumtion. Es geht um den Aufbau eines deduktiven Systems von Aussagen, in dem die konkreten Urteile über einzelne Fälle oder die spezifischen (anwendungsnahen) Normen sich als Folgerungen aus allgemeineren Normen darstellen.

2. Im *kontextualistischen* Modell erscheint die Tätigkeit des angewandten Ethikers vor allem als ein Wahrnehmen von Kontextgegebenheiten des jeweiligen Falls und von seinen Unterschieden und/oder Gemeinsamkeiten mit anderen Fällen. Allgemeine Theorien oder Prinzipien sind im besten Fall nutzlos, da sie nichts über den Einzelfall sagen; im schlechtesten Fall sind sie schädlich, da sie zum Schematismus und Dogmatismus verführen.

3. Im *kohärentistischen* Modell stellt sich die Tätigkeit des angewandten Ethikers als das Knüpfen eines Netzes von Überlegungen und Argumenten dar, die sowohl deduktiver als auch induktiver Natur sein können. Um das jeweils vorliegende Problem zu lösen, können also Prinzipien oder Theorien bemüht werden, ebenso aber auch Analogien zu ähnlichen Fällen hergestellt werden.

von ›oben‹, als auch von ›unten‹ kommen. Entscheidend ist nicht die Richtung, aus der die Rechtfertigung kommt, sondern die Kohärenz des geknüpften Netzes. Aus diesem Grund wird dieses Modell meist als *kohärentistisch* bezeichnet.

Für die angewandte Ethik hat dieses Modell zwei Vorzüge. (a) Da es die Verknüpfung der als Lösung vorgeschlagenen spezifischen Norm mit beliebigen anderen Arten von Gründen vorsieht, kann es zwanglos auch der Bedeutung empirischer Überlegungen Rechnung tragen. Die spezifische Norm muss eben nicht nur zu unseren allgemeinen ethischen Prinzipien passen, sondern auch mit unserem Tatsachenwissen hinsichtlich des speziellen Anwendungsbereichs vereinbar sein. (b) Da angewandte Ethik ja nicht nur Theorien konstruieren, sondern Lösungen für tatsächliche und gesellschaftlich relevante normative Probleme zur Verfügung stellen will, müssen ihre Lösungsvorschläge nach verschiedenen Seiten hin anschlussfähig sein. Dazu gehören natürlich ethische Theorien, aber auch etablierte professionelle Normen, sowie vor allem Rechtsnormen: In erster Linie natürlich die Grund- und Menschenrechte.

III. Grenzen der angewandten Ethik

Wenn die angewandte Ethik den Anspruch erhebt, zur Lösung öffentlicher Probleme beizutragen, so wirft dies die Frage auf, was ihr in dieser Hinsicht zuzutrauen ist. Wie weit reicht ihr Problemlösungsvermögen und wo liegen seine Grenzen? Anders ausgedrückt: Mit ihrem praktischen Anspruch übernimmt die angewandte Ethik eine ›politische‹ Verantwortung, denn sie hat nicht mehr nur Folgen in Gestalt von Büchern und Aufsätzen, sondern auch von praktischen Entscheidungen. Dies gibt Anlass zur Selbstreflexion über die *Autorität*, die sie legitimerweise beanspruchen kann.

1. Die epistemische Autorität

Die erste Frage, die hier zu stellen ist, ist die nach der *epistemischen* Autorität der angewandten Ethik. Können und sollen wir von ihr erwarten, dass sie verlässliches ethisches Wissen bereitstellt? Ein naheliegender Vergleich für eine solche epistemische Autorität bezieht sich auf die empirischen Wissenschaften, die in zahlreichen Kontexten das Wissen bereitstellen, auf dessen Basis wichtige Entscheidungen gefällt werden. Dabei ist zunächst daran zu erinnern, dass auch die empirischen Wissenschaften durchaus keine Unfehlbarkeit beanspruchen können. Irrtümer sind schon in vergleichsweise einfachen Fragen nicht eben selten; und sobald die Fragestellungen eine höhere Komplexität erreichen, nimmt auch die Eindeutigkeit der Antworten deutlich ab. Die Debatten über die Kernkraftsicherheit oder über den anthropogenen Klimawandel zeigen das sehr deutlich. Doch auch wenn wir wenig Grund haben, den empirischen Wissenschaften blind zu vertrauen, kann kein ernsthafter Zweifel daran bestehen, dass sie über Methoden verfügen, die zumindest auf längere Sicht zu verlässlichen Resultaten führen. Empirische Wissenschaftler fungieren daher legitimerweise als Experten für bestimmte Fragen. Die Frage ist, ob die angewandte Ethik für sich bzw. für ihre Repräsentanten Vergleichbares beanspruchen kann.

Aus zwei Gründen wird man diese Frage nur mit »nein!« beantworten können. (a) Der erste besteht darin, dass die Philosophie nicht über zuverlässige Methoden verfügt, die ihren Ergebnissen eine mit den empirischen Wissenschaften vergleichbare Zuverlässigkeit garantieren. Die Gewissheitsansprüche, die nicht eben wenige Philosophen der Vergangenheit für ihre Einsichten erhoben haben, sind heute durch eine Vielzahl grandioser Irrtümer und grotesker Fehleinschätzungen desavouiert. Man kann nur froh darüber sein, dass die von etlichen Philosophen formulierten politischen Theorien und ethischen Prinzipien niemals über das Papier hinaus ihren Weg in die Praxis gefunden haben. Die Philosophie allgemein und die angewandte Ethik im besonderen tun daher gut daran, sich der Einsicht zu stellen, dass ihre praktische Wirksamkeit *nicht notwendigerweise* eine Wirksamkeit zum Besseren ist. (b) Der zweite Grund besteht darin, dass moralisches Wissen nicht in derselben Weise Expertenwissen ist, wie das Wissen in den empirischen Wissenschaften. Wir gehen davon aus, dass jeder rationale und erwachsene Mensch ein hinlängliches Wissen über die Moral besitzt (auch wenn er nicht immer danach handelt). Man muss keinen Hochschulabschluss in Philosophie besitzen, um zu wissen, dass man niemanden belügen, betrügen, verletzen oder töten darf.

Dieses Resultat scheint desaströs zu sein. Hat die angewandte Ethik überhaupt noch eine Existenzberechtigung, wenn es zutreffend ist? Muss eine solche Existenzberechtigung nicht insbesondere für den zweiten Typus angewandter Ethik bestritten werden: für die in institutionelle Problemlösungsprozesse involvierte angewandte Ethik? Soweit aber Philosophen in entsprechende Kommissionen und Gremien berufen werden, geschieht dies offenbar, weil man ihnen aufgrund ihrer fachlichen Ausbildung und Erfahrung zutraut, in normativen Fragen kompetent zu urteilen und zu entscheiden. Anders ausgedrückt: weil man ihnen eine besonders elaborierte moralische Reflexions- und Urteilsfähigkeit zutraut. Sie bekleiden auf diese Weise die Rolle von *Experten*. Dieser Status ist aber, wie wir gerade gesehen haben, durchaus heikel (vgl. auch Kymlicka 2000).

Dennoch kann auf solche Experten offenbar nicht verzichtet werden. Dies hat seinen Grund in der schon mehrfach betonten Komplexität der einschlägigen Probleme. Aufgrund der Vielzahl der dabei involvierten empirischen und normativen Aspekte ist der moralische *Common sense* in vielen Fällen überfordert. Um zu befriedigenden und belastbaren Lösungen zu gelangen, ist eine gründliche Vorbildung ebenso erforderlich wie die Zeit, sich intensiv mit den Problemen beschäftigen zu können. Ohne Experten sind daher Lösungen nicht zu erwarten. Doch wofür könnten *die Ethiker* Experten sein? Hier muss zwischen zwei verschiedenen Arten der Expertise sorgfältig unterschieden werden:

- *Moralische* Expertise wäre die wissenschaftliche Kompetenz, moralische Normen oder Werte festzulegen. Der moralische Experte hätte die Kompetenz, verbindlich zu sagen, welche Normen oder Werte gelten sollen; er wäre eben eine Art von ›moralischem Gesetzgeber‹.
- *Ethische* Expertise beschränkt sich demgegenüber auf die Kenntnis ethischer Theorien, Begriffe und Methoden. Aufgrund seiner professionellen Ausbildung verfügt der ethische Experte über Kompetenzen der Analyse von Problemen und der korrekten Argumentation.

Der Unterschied zwischen beiden kann durch einen Vergleich illustriert werden. Der Moralexperte gliche einem Priester, der kultische Handlungen vollziehen darf oder einem Beamten, der eine Trauung bzw. Scheidung vollziehen darf. Dem ethischen Experten entspräche hingegen ein Theologe, der kultische Handlungen deutet, oder ein Jurist, der das Ehe- und Scheidungsrecht analysiert.

Der angewandte Ethiker sollte sich nicht als ein moralischer, sondern als ein ethischer Experte verstehen; seine Kompetenz besteht nicht darin, Normen und Werte in Kraft zu setzen, sondern darin, sie zu analysieren. Er sollte seine Aufgabe darin sehen, die *Rationalität* des ethischen Diskurses in den verschiedenen Kommissionen und Gremien, aber auch in der Gesellschaft überhaupt zu fördern. Dies kann auf vielfältige Weise geschehen:

- Er kann sich um größere Klarheit über den ›Sinn‹ und die Aufgabe von Moral überhaupt bemühen; nicht zuletzt auch über die Grenzen der Moral. (Das schließt beispielsweise auch ein, dass er vor der überzogenen Moralisierung von allem und jedem ebenso warnen sollte, wie vor dem Missbrauch von Moral zu Werbezwecken.)
- Er kann sich um die Explikation schwieriger moralischer Begriffe bemühen und dort, wo es notwendig ist, Unterscheidungen einführen.
- Er kann auf der Basis seiner Kenntnis des ethischen *state of the art* auch in schwierigeren Fällen gerechtfertigte Geltungsansprüche von dogmatischen Geltungsbehauptungen unterscheiden.
- Er kann die stillschweigenden Voraussetzungen moralischer Positionen offenlegen und auf Konsequenzen aufmerksam machen, die sich aus diesen Positionen (oder aus ihrer Anwendung) ergeben.

2. Die politische Autorität

Die Unterscheidung zwischen moralischer und ethischer Expertise hat eine wichtige Implikation im Hinblick auf die *politische* Autorität der angewandten Ethik. Unter »politischer Autorität« soll dabei die Vollmacht verstanden werden, Entscheidungen im Hinblick auf die Lebensweise der Gesellschaft oder relevanter Teile derselben zu treffen. Da moralische Normen diese Lebensweise betreffen, hätte die Vollmacht, moralische Normen in Kraft zu setzen, zweifellos einen politischen Charakter. Einige prominente Philosophen haben eine solche Vollmacht erträumt und gefordert. So zum Beispiel Platon (*Der Staat*, 473b ff.) mit seiner Idee, dass die Könige Philosophen und die Philosophen Könige werden sollten, um auf diese Weise eine Einheit von Politik und Philosophie herzustellen; oder Nietzsche (1884: 258f.) mit seiner Idee einer »philosophischen Gesetzgebung«, die natürlich eine Gesetzgebung von Philosophen sein sollte. Derartige Utopien zeugen nicht nur von unrealistischen und überzogenen Ansprüchen hinsichtlich der epistemischen Autorität der Philosophie, sondern auch von einem autoritären oder totalitären, jedenfalls vordemokratischen Politikverständnis. Es wird eine politische Macht beansprucht, deren Legitimität aus einer (angeblich) höheren Einsichtsfähigkeit der Philosophen abgeleitet wird.

In einer demokratischen Gesellschaft kann politische Macht aber nur dann legitim sein, wenn sie (zumindest indirekt) ihren Ursprung in freien Entscheidungen der Bevölkerung hat, in Wahlen also. Eine solche Legitimität besitzen Philosophen aber offensichtlich *nicht*. Sie sind weder vom Volk (oder von dessen Vertretern) gewählt und kontrolliert; und sie sind für ihre Theorien niemandem gegenüber verantwortlich. Das ist auf der einen Seite die Grundlage für die Freiheit ihres Denkens, an der sie größtes Interesse haben sollten; auf der anderen Seite aber auch der Grund dafür, dass sie kein politisches Mandat besitzen.

Wenn die angewandte Ethik Lösungen für die öffentlichen Probleme moderner Gesellschaften erarbeitet, die (wie oben ausgeführt) in der Formulierung von moralischen Normen bestehen, so darf das daher nicht so verstanden werden, dass sie diese Normen *in Kraft setzt*, dass sie ihnen also öffentliche *Verbindlichkeit* verleiht. Der angewandte Ethiker kann solche Normen lediglich *vorschlagen* und für ihre Verbindlichkeit *plädieren*; er ist aber kein moralischer Gesetzgeber. Wenn die von ihm vorgeschlagenen Normen Verbindlichkeit erlangen, so kann das nur aufgrund einer Entscheidung geschehen, die eine dafür demokratisch legitimierte Instanz trifft. Sofern die angewandte Ethik (in Gestalt einer Kommission etwa) also über die Autorität zur Inkraftsetzung von Normen verfügt, verfügt sie darüber nicht aus eigenem Recht, sondern abgeleitet von der Autorität anderer Instanzen.

Dies gilt im Übrigen für beide Typen angewandter Ethik. Im einen Fall entwickelt der angewandte Ethiker einen Vorschlag für eine Norm, die er einem unbestimmten Publikum (sei es die *scientific community*, sei es die Öffentlichkeit allgemein) in der Hoffnung unterbreitet, dass es sich diesen Vorschlag zu eigen macht. Über die verschlungenen Wege des öffentlichen Diskurses kann dieser Vorschlag dann praktischen Einfluss gewinnen und schließlich auch durch zuständige Instanzen (z.B. durch das Parlament) allgemein verbindlich gemacht werden. Im Fall der transakademischen angewandten Ethik ist dieser Weg kürzer, da sich die Vorschläge oft direkt an eine zuständige Instanz richten, von dieser vielleicht sogar in Auftrag gegeben worden sind. Verbindlichkeit können sie aber auch hier nur dadurch erlangen, dass sie von dieser Instanz in Kraft gesetzt werden.

Kontrollfragen

1. In welchem Sinne kann die angewandte Ethik als ein »hybrides« Unternehmen bezeichnet werden?

2. Wodurch unterscheiden sich die beiden Typen angewandter Ethik?

3. Wie sind die sozialen Entstehungsbedingungen der angewandten Ethik zu charakterisieren?

4. Durch welche Eigenschaften sind die Probleme der angewandten Ethik typischerweise gekennzeichnet? Erläutern Sie diese Eigenschaften anhand einiger der in Kasten 1 angeführten Beispiele.

5. Was ist unter der »Lösung« eines Problems in der angewandten Ethik zu verstehen? Welche Adäquatheitsbedingungen muss sie (idealerweise) erfüllen?

6. Worin unterscheiden sich die drei im Text vorgestellten »Modelle« angewandter Ethik?

7. Was heißt »epistemische Autorität« und »politische Autorität«?

8. Wo liegen die Grenzen der angewandten Ethik im Hinblick auf diese beiden Arten der Autorität?

9. Worin kann die Aufgabe der angewandten Ethik bestehen, welche Leistungen vermag sie zu erbringen?

Verwendete Literatur

Aristoteles: *Nikomachische Ethik*, Übers. und komm. von Franz Dirlmeier, Berlin 1983.
Beauchamp, Tom und James Childress: *Principles of Biomedical Ethics*, Oxford 2001.
Gert, Bernard, Ch. M. Culver und K. D. Clouser: *Bioethics: A Return to the Fundamentals*, New York/Oxford 1997.
Jonson, Albert und Stephen Toulmin: *The Abuse of Casuistry. A History of Moral Reasoning*, Berkeley u.a. 1998.
Kant, Immanuel: *Kritik der praktischen Vernunft*, (Akademie Textausgabe Bd. V), Berlin 1968.
Kymlicka, Will: Moralphilosophie und Staatstätigkeit: das Beispiel der neuen Reproduktionstechnologien. In: *Angewandte Ethik als Politikum*, hg. von Matthias Kettner. Frankfurt a.M. 2000, S. 193–225.

Nietzsche, Friedrich: Nachgelassene Fragmente Sommer-Herbst 1884. In: *Kritische Studienausgabe*, hg. von Giogio Colli und Mazzino Montinari, Bd. 11. München/Berlin 1980.

Platon: *Der Staat*, Sämtliche Dialoge Bd. V, übers. von Otto Apelt. Hamburg 1988.

Quante, Michael und Andreas Vieth: Angewandte Ethik oder Ethik in der Anwendung? Überlegungen zur Weiterentwicklung des principlism. In: *Jahrbuch für Wissenschaft und Ethik*, Bd. 5. Berlin/New York 2000, S. 5–34.

Rawls, John: *Eine Theorie der Gerechtigkeit*, Frankfurt a.M. 1979.

Kommentierte Auswahlbibliographie

WEITERFÜHRENDE LITERATUR

Ach, Johann S. und Christa Runtenberg: *Bioethik: Disziplin und Diskurs. Zur Selbstaufklärung angewandter Ethik*, Frankfurt a.M. 2002.
(Eine instruktive Darstellung von Problemen der Institutionalisierung angewandter Ethik am Beispiel der Bioethik.)

Brand, Cordula, Eve-Marie Engels, Arianna Ferrari und László Kovács (Hg.): *Wie funktioniert Bioethik?*, Paderborn 2008.
(Am Beispiel der Bioethik werden vielfältige Probleme der angewandten Ethik aus unterschiedlicher Sicht dargestellt.)

Chadwick, Ruth (Hg.): *Applied Ethics. Critical Concepts in Philosophy*, 6 Bände, London 2002.
(Ein lexikonähnliches Handbuch mit einer Fülle von Beiträgen zu wichtigen Einzelproblemen der angewandten Ethik; empfehlenswert zur ersten Orientierung über spezielle Themen.)

Frey, R. G. und Christopher Heath Wellman (Hg.): *A Companion to Applied Ethics*, Malden/Oxford 2003.
(Ähnlich wie die von Chadwick herausgegebene Enzyklopädie, aber deutlich kürzer.)

Kettner, Matthias (Hg.): *Angewandte Ethik als Politikum*, Frankfurt a.M. 2000.
(Enthält Beiträge, die aus unterschiedlichen Perspektiven die politische Dimension der angewandten Ethik thematisieren.)

Nida-Rümelin, Julian (Hg.): *Angewandte Ethik. Die Bereichsethiken und ihre theoretische Fundierung. Ein Handbuch*, Stuttgart ²2005.
(Eine empfehlenswerte Sammlung von Übersichtsartikeln zu den wichtigsten Bereichsethiken; theoretisch eher anspruchsvoll.)

Siep, Ludwig: *Konkrete Ethik. Grundlagen der Natur- und Kulturethik*, Frankfurt a.M. 2004.
(Ein holistischer Ansatz, bei dem das Schwergewicht auf metaethischen Fragen liegt; eher anspruchsvoll.)

Singer, Peter: *Praktische Ethik*, Stuttgart 1994.
(Ein klassisches Buch aus utilitaristischer Sicht.)

ETHIK-KOMMISSIONEN – ETHIK-EXPERTEN?

Ludwig Siep

1. Einleitung
2. Wissenschaftliche und öffentliche Ethik-Begriffe
3. Typen und Verfahren von Ethik-Kommissionen
4. Der Anteil philosophischer Grundlagenreflexion an ethischer Beratung
   Zwei Beispiele:
   A. Die medizinische Forschung mit Nicht-Einwilligungsfähigen
   B. Die Debatte um embryonale Stammzellforschung
5. Philosophische Kommissionsberatung als Expertenwissen?

1. Einleitung

Philosophen als Experten haben in der Philosophie keine besonders rühmliche Geschichte. Die Sophisten, die als professionelle Erzieher der Söhne wohlhabender Griechen Geld verdienten, haben sich damit nicht nur heftige Kritik bei Sokrates und Platon eingehandelt. Sie hatten offenbar auch in der Öffentlichkeit einen zweideutigen Ruf. Aristophanes' Karikatur ausgerechnet von Sokrates als Sophisten mag zwar eine mehrbödige Ironie enthalten, knüpft aber offenbar an öffentliche Klischees der Sophisten als gewinnsüchtiger Begriffsverdreher an. Sie sind ja z. T. noch heute mit dem Wort verbunden.[1] Aber auch der Sophisten-Kritiker Platon hat sich mit seinem politischen Expertenrat in Syrakus keinen philosophischen oder historischen Ruhm eingehandelt. Karl Marx oder Martin Heidegger erging es später nicht viel besser. Lediglich das Zeitalter der Philosophen im 18. Jahrhundert steht im Ruf, mit Aufklärung und republikanischen Revolutionen trotz erheblicher Kosten doch einen bleibenden Gewinn für die Menschheit erreicht zu haben. Aber »*les philosophes*« und viele Aufklärer waren exoterische Schriftsteller, Künstler und manchmal auch Politiker, wie etwa Condorcet. Ihr Erfolg war keine Expertenwirkung, obwohl sich Rousseau bekanntlich als Verfassungsexperte für Polen und Korsika versucht hat.

Nach dem Zweiten Weltkrieg hat man Philosophen als forschende Gelehrte eher im Elfenbeinturm angesiedelt. Jedenfalls so lange, bis die Konjunktur der Ethik-Kommissionen und -Räte begann.[2] In diesen spielten anfangs jedoch, zumindest in Deutschland, Philosophen – anders als Juristen und Theologen – kaum eine Rolle. Inzwischen gibt es international und national eine große Anzahl verschiedener Typen von Ethik-Kommissionen, an denen vielfach Philosophen beteiligt sind. Darauf werde ich zurückkommen.

Vor allem mit dem Aufkommen dieser Kommissionen erneuerte sich der Streit um das Expertentum. Gerade in der Ethik hatte die Philosophie seit Sokrates zur Emanzipation des individuellen Gewissens beigetragen. Erst recht wird in der Moderne das individuelle moralische Urteil sakrosankt. Was darüber hinausgeht, die moralischen Gesetze, die Werte und Tugenden, sind in ihrer Allgemeinverbindlichkeit gerade in der modernen Ethik-Diskussion umstritten. Angesichts des historischen Wertewandels und der Pluralität von Traditionen und Kulturen scheint es hier nichts Objektives, Allgemeingültiges zu geben, das Gegenstand von Wissenschaft und damit von Expertentum sein könnte. Je nach Ethik-Auffassung haben sich daher auch viele Ethiker geweigert, als Experten zu fungieren, während andere weniger Bedenken hatten. Die erste Gruppe verstand sich als Berater und Moderatoren, aber nicht als Autoren von Gutachten oder Entscheidungsvorschlägen.

Was ein Experte eigentlich ist, was für Bedingungen er zu erfüllen hat, soll an dieser Stelle nicht allgemein diskutiert werden. Ich will vielmehr umgekehrt von der praktischen Tätigkeit in den Kommissionen ausgehen und fragen, was für ein Ethik-Verständnis ihnen zugrunde liegt und was für eine Bedeutung philosophische Überlegungen in ihnen haben. Es geht also im ersten Teil um öffentliche und wissenschaftliche Ethik-Begriffe (2.) und im zweiten Teil um Typen und Verfahren von Ethik-Kommissionen (3.). Im dritten frage ich, wie viel Philosophie dabei im Spiel ist und wieweit ein Philosoph seine eigene Konzeption in solchen Kommissionen zur Geltung bringen oder testen kann (4.). Am Schluss komme ich auf die Frage zurück, ob und in welchem Sinn es sich dabei um Expertenwissen handelt (5.).

2. Wissenschaftliche und öffentliche Ethik-Begriffe

Es vermeidet Missverständnisse, wenn man sich von vornherein klar macht, dass der öffentliche Begriff von »Ethik«, der auch im Begriff der »Ethik-Kommission« steckt, sich deutlich von dem wissenschaftlichen unterscheidet, wie er als Bezeichnung von Fachgebieten in der Philosophie oder auch der Theologie Verwendung findet. Das wird bereits an der Zusammensetzung solcher Kommissionen klar, in denen Naturwissenschaftler und Mediziner in der Regel die Mehrheit haben, Juristen, heute oft auch Patientenvertreter, sozusagen »Pflichtplätze« einnehmen, Theologen oft als Repräsentanten von Kirchen verstanden werden und Philosophen meist nur optional sind. Auch Vertreter nichtnormativer Disziplinen, wie Naturwissenschaften und empirische Sozialwissenschaften sind reichlich in Ethik-Kommissionen vertreten. In der auf Basis eines Bundesgesetzes konstituierten Zentralen Ethik-Kommission für Stammzellenforschung (ZES) etwa gibt es neun stimmberechtigte Mitglieder, davon einen Philosophen, aber fünf Naturwissenschaftler und Mediziner. Die in der EU eingerichteten Ethik-Beiräte haben es mit den sogenannten »ELSA«-Aspekten zu tun, also mit *Ethical, Legal and Social Aspects* von Forschung und Entwicklung unter europäischer Förderung.

Man könnte die beiden Ethik-Begriffe plakativ so umschreiben:

> (1) Der wissenschaftliche Begriff hat es mit der Begründung von richtigen Handlungen und Verhaltensweisen, richtigen Zielen, guten Eigenschaften (Charakter, Tugenden, Zuständen) und Werten zu tun.
> (2) Der öffentliche Begriff von »Ethik« hat es mit der Anwendung und Überprüfung von Normen, Gesetzen, Richtlinien und unbestimmten Rechtsbegriffen sowie mit der Interpretation von »Wertordnungen« (Grundgesetz, Menschenrechtskonventionen) zu tun. Wesentliches Ziel ist die Antizipation und Verhinderung von Schäden, physischen und psychischen, auch von Verletzungen der in einem Rechtsgebiet geltenden Moralvorstellungen.

Zu beiden Charakterisierungen einige Erläuterungen.

(1) Wissenschaftlicher Ethik-Begriff

In der philosophischen Ethik unterscheidet man heute drei Ebenen: Erstens die Metaethik, die sich mit dem erkenntnistheoretischen und ontologischen Status ethischer Urteile und ihrer Kriterien befasst; zweitens die allgemeine Ethik, die es mit allgemeinen ethischen Kriterien, Normen, Tugenden etc. und ihrer Begründung zu tun hat; und drittens die angewandte Ethik.[3] Letztere nennt man auch praktische, besondere, konkrete Ethik; oder man spricht von Bereichsethiken, denn das Verständnis der bloßen Anwendung allgemeiner Regeln auf besondere Fälle wird von vielen in diesem Feld Tätigen bezweifelt. In Ethik-Kommissionen hat man es klarerweise mit angewandter oder konkreter Ethik zu tun. Aber die Frage, inwieweit dabei auch Themen der allgemeinen Ethik – etwa die Bedeutung von Pflichten in der kantischen Tradition des kategorischen Imperativs oder von Tugenden im aristotelischen Sinne – ins Spiel kommen, wird uns noch beschäftigen. Auch metaethische Fragen nach dem Status von ethischem Wissen oder der Seinsweise von Werten spielen im Hintergrund eine Rolle – etwa wenn es um die Frage des Anspruches oder der Verbindlichkeit von Kommissionsempfehlungen geht.

Noch eine Bemerkung zum philosophischen Begriff von Ethik: Die Ausgangssituation für die angewandte Ethik war in Deutschland im letzten Drittel des 20. Jahrhunderts besonders schwierig, weil man unter philosophischer

Ethik fast ausschließlich »Ethikbegründung« oder »Normbegründung« verstand. Das hing mit der Vorherrschaft prozeduraler Ethiken, sei es im neo-kantischen Sinn, wie etwa der Diskursethik, oder im Sinne von Vertragsethiken zusammen. Dass zur Ethik auch Tafeln oder Listen von Geboten, Tugenden oder Werten gehören, war in Vergessenheit oder Ablehnung geraten. Dabei enthalten die klassischen Werke der Ethik, von Aristoteles Tugendlehre in der *Nikomachischen Ethik* bis zu Kants Pflichten- und Tugendlehren der *Metaphysik der Sitten*, selbstverständlich solche Gehalte. Auch die Pflichten- und Tugendlehren für bestimmte Berufe oder Stände haben eine lange ethische Tradition – nicht nur für Politiker, Ärzte oder Eltern, sondern auch für Gelehrte und Lehrer, wie etwa in Fichtes Schriften über Wesen und Bestimmung des Gelehrten von 1805 und 1811. Das ist also keine Neuerfindung der angewandten Ethik oder gar der *»professional ethics«* im angelsächsischen Sinne.

Trotzdem ist es die besondere Aufgabe gerade des philosophischen Ethikers, an Normen, Gesetze oder Werte die Frage nach ihrer Rechtfertigung zu stellen. Und zwar nicht nur als Frage nach der Prozedur oder Autorität, auf der sie beruhen, sondern nach den Gründen, die jeder Mensch aus vernünftiger Überlegung und Erfahrung für oder wider solche Gültigkeit anführen und akzeptieren könnte. Das aber ist gerade *nicht* die Frage, um die es in Ethik-Kommissionen meistens geht, nämlich die, welche Entscheidung oder welche Regel nach Lage der Gesetze, der Verfassung und der ihr zugrunde liegenden Wertungen zu empfehlen oder zu vertreten ist.

(2) Öffentlicher Ethik-Begriff

Diese Verwendung hat sozusagen eine konservative und eine innovatorische Seite. Die konservative besteht darin, dass Ethik-Kommissionen zusätzlich zu Aufsichtsbehörden und Gerichten die Menschen vor Schaden bewahren sollen. Ferner, dass sie die geltenden Maßstäbe des Rechts und seiner »Wertordnung« gegen den sozialen Wandel bewahren sollen, vor allem gegen seine vorwärts treibenden Kräfte in Technik, Wissenschaft und Wirtschaft, aber auch gegen die Politik, die ja gerne erneuern, reformieren, »gestalten« will. Zugleich sollen Ethik-Kommissionen aber auch daran mitwirken, dass die Chancen und Möglichkeiten des technischen und wissenschaftlichen Fortschritts, auch im weltweiten Wettbewerb, nicht aus übertriebenem Moralismus verspielt werden. »Chancen und Risiken«, »mögliche Güter und moralische Standards« etc. sollen gerade von Ethik-Kommissionen gegeneinander abgewogen werden. Dementsprechend haben Kommissionen, die es mit der Beratung von Politik oder Berufsverbänden zu tun haben, auch die Aufgabe, zu prüfen, ob Gesetze und Verordnungen noch zeitgemäß sind, oder ob sie überflüssige Einschränkungen enthalten oder auf veralteten Wertvorstellungen beruhen, wie etwa in der Sexualmoral. Juristisch gesprochen: Ihr Rat soll nicht nur »*de lege lata*«, in Bezug auf das geltende Recht gegeben werden, sondern auch »*de lege ferenda*«, im Blick auf ein verändertes, verbessertes Recht.

Man kann im Bezug auf das Recht insgesamt von Rechtsanwendung, Rechtserneuerung und Rechtslernen sprechen. Angesichts der schnellen Entwicklung von Wissenschaft und Technik sind Gesetze ja oft schon nach kurzer Zeit »überfordert« (das Stammzellgesetz ist nach fünf Jahren schon verändert worden). Bevor man das tut, kann man aber in den Kommissionen Erfahrungen mit neuen Fällen machen und prüfen, wieweit Gesetze etwa angepasst werden müssten. Rechtswissenschaftler mit systemtheoretischer Perspektive haben daher Ethik-Kommissionen die Funktion zugeschrieben, die Möglichkeiten des Rechts zur »Beobachtung und Beschreibung der Umwelt und dadurch dessen Lern- und Leistungsfähigkeit zu steigern« (Albers 2003: 429).

Für die Verschränkung von Bewahrung und Innovation, die charakteristisch für die Ethik-Kommissionen ist, sei schon hier ein konkretes Beispiel genannt, auf das ich später zurückkomme: Das Stammzellgesetz von 2002 beauftragt eine Ethik-Kommission mit der Prüfung, ob beim Import von menschlichen embryonalen Stammzellen, die im Ausland durch Zerstörung von überzähligen Embryonen der künstlichen Befruchtung gewonnen werden, drei grundsätzliche Rechte und Güter gewahrt bzw. realisiert werden: Erstens der Schutz von menschlichen Embryonen, zweitens das individuelle Recht und das öffentliche Gut wissenschaftlicher Forschung und drittens das zukünftige Wohl von Patienten, die von den Ergebnissen dieser Forschung für Diagnose, Prävention und Therapie von Krankheiten profitieren könnten.

Blickt man zurück auf die allgemeine philosophische Ethik, dann sieht man schon hier, dass es nicht allein um unbedingte Pflichten und Verbote geht, sondern auch um Güter, die im Wohl von Menschen oder in der Ausübung einer wichtigen Tätigkeit (wie der Forschung) bestehen. Aber zunächst einmal einige Bemerkungen über Art und Verfahrensweise dieser Kommissionen. Auch da liegt nämlich eine Quelle verbreiteter Missverständnisse.

3. Typen und Verfahren von Ethik-Kommissionen

Unter dem Begriff »Ethik-Kommission« werden im öffentlichen Sprachgebrauch eine Reihe von Typen zusammengefasst oder vermischt, die zum Teil sehr verschiedene Aufgaben und Befugnisse haben. Man sollte eigentlich Kommissionen, Komitees und Räte oder Beiräte unterscheiden, aber terminologisch hat sich das nicht vollständig durchgesetzt. Ich beschränke mich im Folgenden auf Kommissionen im Bereich der Medizin und der Lebenswissenschaften (s. Kasten S. 185).

Natürlich sind die ethischen Fragen und ihre philosophische Bedeutung in diesen Kommissionen sehr unterschiedlich. In den »Bewilligungs-Kommissionen« geht es in der Regel um Anwendung von Gesetzen, die aber oft unbestimmte, auslegungsbedürftige Rechtsbegriffe enthalten. Was sind etwa vertretbare Risiken? Was sind minimale Belastungen bei der klinischen Forschung mit Kindern? Was heißt es, wenn das Stammzellgesetz nur »hochrangige« und alternativlose Forschung zulässt?

In den klinischen Ethik-Komitees dürfen Gesetze natürlich ebenfalls nicht übersprungen werden. Aber auch hier bleibt oft ein Handlungsspielraum oder gar ein »übergesetzlicher Notstand«. Wie oft man etwa ein schwerstgeschädigtes Kleinkind noch operieren muss, bevor man es sterben lässt, ist nicht genau festgelegt. Ähnliches gilt in Fragen des Lebensendes, also beim Therapieabbruch oder der Sondenernährung. Oftmals hat man es hier mit Dilemmata zu tun, für die keine eindeutige Lösung vorgeschrieben ist – etwa dem Konflikt zwischen Lebensschutz und Schmerzbekämpfung, Patientenautonomie und ärztlichem Heilungsauftrag.

Den größten Spielraum haben sicher Kommissionen, die zur Politik- oder Gesetzgebungsberatung (wie etwa Enquête-Kommissionen oder Regierungsbeiräte) eingerichtet sind. Sie können Vorschläge zur künftigen Gestaltung von Gesetzen etwa zum Embryonenschutz, zum Schwangerschaftsabbruch oder zur Sterbehilfe machen. Allerdings bleiben diese auch oft folgenlos, jedenfalls für lange Zeit.

Wie arbeiten bzw. verfahren die Kommissionen? Auch das wirft schon ein Licht auf die Frage, welche philosophische Ethik zur Kommissionsarbeit am besten passt.

Viele Kommissionen, sowohl in der Forschung wie in der Politikberatung, arbeiten mit »*Hearings*«: Die Antragsteller von Projekten stellen ihre Anträge vor, in Enquête-Kommissionen werden Experten und Verbandsvertreter angehört. Bei klinischen Einzelberatungen gibt es ein »Konsil«, das dem ärztlichen ähnelt, aber eben rechtliche und ethische Aspekte in den Vordergrund stellt. Bei größeren Stellungnahmen überregionaler Beiräte werden natürlich Arbeitsgruppen eingesetzt und Texte erarbeitet. Am Ende wird in vielen Fällen abgestimmt, wenn nicht schon Einhelligkeit sichtbar ist. Dann kommt es eventuell wie bei Gericht zu Minderheitsvoten.

Man kann sich fragen, welche Positionen der philosophischen Ethik solchen Aufgaben und Verfahren von Ethik-Kommission am ehesten verwandt sind.

(1) Die *erste* Vermutung ist, dass sie am ehesten zur Diskursethik passen. Nach dieser soll ja über jeden Normvorschlag von allen Betroffenen in einem freien, nicht durch Herrschaft oder Autorität verzerrten Dialog ein Konsens herbeigeführt werden. Aber es gibt auch charakteristische Unterschiede zum Verfahren der Kommissionen: Erstens dient der Diskurs in der Kommission ja meist nicht zur *Begründung* einer Norm, sondern zu ihrer Auslegung und Anwendung. Zweitens sind die Teilnehmer meist gerade nicht »betroffen«, sondern müssen sich in die Situation der Gefährdeten oder Begünstigten hineinversetzen: advokatorisch, wie man in der Diskursethik gerne sagt. Drittens gibt es durchaus Autorität und Asymmetrie bei den Mitgliedern: Der medizinische oder naturwissenschaftliche Fachmann ist auf seinem Gebiet dem medizinischen Laien so überlegen wie der Jurist bei der Kenntnis der Gesetze, Kommentare und richterlichen Entscheidungen. Geht es aber um die Begriffe der Autonomie oder der Gerechtigkeit in einem über die Gesetze hinausgehenden Sinne, so darf der Philosoph besondere Vertrautheit mit Konzepten und Theorien beanspruchen.

Wenn er sich dabei aber an den Werthintergrund einer Verfassung halten soll, etwa an die Begriffe der Menschenwürde, des Lebensschutzes und der personalen Selbstbestimmung, dann kann er nicht einfach aus dem ihm am ehesten einleuchtenden ethischen Ansatz deduzieren. Eine kantische Pflicht etwa, jeden Mörder mit dem Tode zu bestrafen oder das Leben unter allen Umständen bis zu seinem Ende zu ertragen, kann man heute in den meisten europäischen Rechtsordnungen nicht mehr zur Geltung bringen.

(2) Das bringt die *zweite* philosophische Ethik-Position ins Spiel, die nicht externalistisch jede Norm nach einem universalen Verfahren überprüft, sondern internalistisch oder aus der Teilnehmerperspektive an der Auslegung und Konkretisierung eines gemeinsamen Rechts- und Werteho-

A. Unterscheidung nach Aufgaben:

(a) Die Beratung, Bewilligung und Beobachtung von Forschung
(b) Die Beratung der Entscheidungen von Ärzten und medizinischen Einrichtungen bei Einzelfällen, aber auch über Abläufe, Regeln und Maßnahmen in diesen Einrichtungen
(c) Die Beratung über Regeln, Richtlinien und Maßnahmen an Regierungen oder Berufsverbände

Beispiele dafür:
(a) Ethik-Kommissionen für medizinische Forschung bei Kliniken, Universitäten und Landesärztekammern (z.B. Ethik-Kommission der Medizinischen Fakultät der Westfälischen Wilhelms-Universität Münster und der Landesärztekammer Westfalen-Lippe)
(b) Klinische Ethik-Komitees in Krankenhäusern
(c) Deutscher Ethik-Rat (bis 2007: Nationaler Ethik-Rat) oder Zentrale Ethik-Kommission bei der Bundesärztekammer (ZEKO)

B. Unterscheidung nach Entscheidungsbefugnissen:

(a) Beratende und vorschlagende Kommissionen
(b) Kommissionen mit Genehmigungskompetenz

Beispiele:
(a) Nationale Ethik-Räte (z.B. President's Commission in den USA) haben nur Beratungs- und Vorschlagsfunktion. Sie geben Stellungnahmen und Empfehlungen ab, allerdings auch »*de lege ferenda*«. Klinische Ethik-Komitees beraten nur, bewilligen oder genehmigen aber nicht (anders z.T. in den USA).
(b) Ethik-Kommissionen für klinische Forschung haben nach der letzten (12.) Novelle des Arzneimittelgesetzes praktisch genehmigende Funktionen, weil sie eine »positive Stellungnahme« abgeben müssen, bevor die Forschung beginnen kann. Auf nationaler Ebene hat nur die Zentrale Ethik-Kommission für Stammzellenforschung diese Funktion, allerdings als Stellungnahme an die Genehmigungsbehörde (Robert-Koch-Institut).

C. Unterscheidung nach Ursprung und Legitimation:

(a) gesetzliche (Forschungskommissionen, ZES, Deutscher Ethik-Rat)
(b) freiwillige Kommissionen (ZEKO bei der Bundesärztekammer, Kommissionen in Unternehmen, kommerzielle Kommissionen)

D. Unterscheidung nach Reichweite:

(a) lokal (Klinik),
(b) regional (Landesärztekammern),
(c) national und übernational (z.B. beim Europarat, der Europäischen Kommission, der UNESCO)

rizonts teilnimmt. Dies ist der hermeneutische Ansatz in der Ethik. Zu fragen ist dann etwa: Wie ist ein Gesetz wie das Embryonenschutzgesetz auf dem Hintergrund des Grundgesetzes, der Menschenrechte etc. zu verstehen? Wie vermeidet man Wertungswidersprüche zwischen verschiedenen Gesetzen, etwa dem Embryonenschutzgesetz und dem Gesetz zum Schwangerschaftsabbruch? In der Tat sind solche Aufgaben der Prüfung von Einzelfällen nicht nur vor einem Gesetz, sondern auch vor dem Werthorizont verschiedener Gesetze und der Verfassung auch in Gesetzesbegründungen, wie etwa beim Stammzellgesetz, ausdrücklich erwähnt (Begründung des StZG, Bundestagsdrucksache 14/8394).

(3) Eine *dritte* Tradition der philosophischen Ethik, die in den Ethik-Kommissionen gut zu »passen« scheint, ist die aristotelische Klugheits- und Tugendethik. Nach dieser Tradition kommt es darauf an, in jeder Situation eine angemessene Handlung zu finden, in der sich ein typischer guter Habitus realisiert. Man fragt also, was fordert die Haltung der Barmherzigkeit, der Gerechtigkeit, des Mutes etc. in dieser Situation und in Bezug auf die Empfindlichkeit, Leidensfähigkeit, Selbstständigkeit etc. der Betroffenen? Man kann sich dabei entweder aristotelisch an Vorbildern guter Entscheidungen und überzeugender Personen (Ärzte, Richter etc.) orientieren oder stärker situationsethisch die »Intuitionen« sammeln, die verschiedene Betroffene bezüglich der besten Entscheidungen haben. Diese dürfen aber nicht »aus dem Gefühl« allein kommen,

sondern müssen sämtliche relevanten Aspekte der Situation bzw. des Falles unterscheiden sowie die betroffenen Rechte, Güter, Interessen und Folgen zum Bewusstsein bringen. Insofern die Kommission sich in einem Dialog mit beteiligten Ärzten oder sonstigen »Entscheidungsträgern« oder Betroffenen befindet, kann sie dann die Rolle des aristotelischen *phronimos*, des erfahrenen Klugen einnehmen. Auch das ist natürlich eine Art »Experte«, aber weit entfernt von einem Sachverständigen oder Gutachter im technischen oder naturwissenschaftlichen Sinne, obwohl solches Wissen in der Kommission verarbeitet wird.

Welche der drei ethischen Positionen zum Verfahren von Ethik-Kommissionen am besten passt, lässt sich nicht eindeutig beantworten. Es hängt auch vom Typ der Kommission ab. Dilemma-Komitees im Krankenhaus haben die größte Affinität zum tugendethischen Modell. Bewilligungs-Kommissionen stehen vielleicht dem hermeneutischen Modell am nächsten und Richtlinien- bzw. Gesetzgebungsbeiräte haben am ehesten mit dem ersten Modell zu tun. Aber auch sie kommen in einer Verfassung, die weder radikale Demokratie noch Expertokratie vorsieht, ohne Momente der anderen Positionen nicht aus.

4. Der Anteil philosophischer Grundlagenreflexion an ethischer Beratung

Ich möchte im dritten Teil die bisherigen Überlegungen auf zwei Beispiele anwenden. Dabei geht es vor allem darum, inwieweit sich ethische Positionen im engeren philosophischen Sinne in Ethik-Kommissionen erproben, bewähren oder korrigieren lassen.

Ich wähle zwei Beispiele, die in der Öffentlichkeit eine große Rolle spielen (und den Autor selber in verschiedenen Ethik-Kommissionen beschäftigt haben):

A. Die medizinische Forschung mit Nicht-Einwilligungsfähigen,

B. Die Debatte um die embryonale Stammzellforschung.

A. Die medizinische Forschung mit Nicht-Einwilligungsfähigen

Über die Notwendigkeit und Erlaubtheit der medizinischen Forschung mit Nicht-Einwilligungsfähigen hat es in Deutschland vor allem in den 90er Jahren eine heftige Debatte gegeben (Siep 1999). Die Anstöße kamen aus zwei verschiedenen Richtungen: Zum einen von der Menschenrechtskonvention zur Biomedizin des Europarates, der sogenannten Bioethikkonvention, in der diese Forschung unter besonderen Einschränkungen zugelassen wurde. Deutschland hat die Konvention u. a. aus der Uneinigkeit über diesen Punkt bis heute nicht einmal gezeichnet. Der andere Anstoß waren die Proteste vor allem der Kinderärzte, die sich jahrzehntelang gezwungen sahen, Kindern nicht erprobte, vor allem in ihrer Dosierung nicht getestete Medikamente zu verabreichen. Nach der bis vor wenigen Jahren gültigen Fassung des deutschen Arzneimittelgesetzes konnten Medikamente bei Kindern nur erprobt werden, wenn sie jedem in den Versuch eingeschlossenen Kind einen individuellen Nutzen versprachen.

Das ethische Dilemma bei dieser Frage ist klar: Nach dem Prinzip der informierten Einwilligung, das vor allem nach den verbrecherischen Experimenten in Nazi-Deutschland weltweit vertreten wird, dürfen Patienten oder gesunde Probanden nur in Forschungen einbezogen werden, wenn sie nach ausreichender Aufklärung dazu ihre überlegte und freie Zustimmung gegeben haben. Dazu sind Nicht-Einwilligungsfähige nicht in der Lage. Unterlässt man die Forschung mit solchen Patienten aber, dann kommt die medizinische Entwicklung auf diesen Gebieten zum Stillstand. Damit wird einer Patientengruppe etwas vorenthalten, worauf nach der Menschenrechtskonvention (Bioethikkonvention) ebenfalls jeder ein Recht hat: Nämlich, dass sich die Zuständigen und Fähigen um die Verbesserung therapeutischer Mittel und Strategien bemühen.

Nicht ganz zu Unrecht ist dieses Dilemma auf die ethischen Positionen des Kantianismus und des Utilitarismus bezogen worden. Für den Kantianer darf kein Mensch als Mittel für das Wohl anderer benutzt werden, wenn er dem nicht selber zustimmt. Das verbietet die Autonomie. Für den Utilitaristen kommt es darauf an, bei allen Betroffenen möglichst viel Leid zu verhindern und Wohlergehen zu fördern. Entsprechend dieser Zuordnung wurde auch politisch die Bioethikkonvention als angelsächsischer Utilitarismus und Kollektivismus kritisiert, gegen den man an der deutschen Autonomieethik festhalten müsse – eine merkwürdige Verkehrung der jüngeren Geschichte, in der jedenfalls die Autonomie der Individuen in den angelsächsischen Ländern besser aufgehoben war als in den anti-westlichen Phasen der deutschen Kultur.

Die Lösung der Menschenrechtskonvention war eine Einschränkung dieser Versuche auf solche, die nur mit minimalen Risiken und Belastungen verbunden sind, bei niemandem anders als Patienten der besonderen Krankheit oder Mitgliedern einer bestimmten Altersgruppe – z.B.

Kindern – durchgeführt werden können und ein erhebliches Fortschrittspotenzial besitzen. Diese in Deutschland öffentlich nicht akzeptierte Bestimmung ist inzwischen zumindest für Kinder auch in das deutsche Arzneimittelgesetz aufgenommen worden.

Die Zentrale Ethik-Kommission bei der Bundesärztekammer (ZEKO) hatte seinerzeit versucht, etwas mehr kantische Autonomie festzuhalten, indem sie nur Fälle einer mutmaßlichen Zustimmung, wie man sie aus der Kenntnis der Risikobereitschaft und Hilfsbereitschaft des betroffenen Patienten ableiten konnte, für Forschungen mit Nicht-Einwilligungsfähigen akzeptierte. Der Vorschlag enthielt auch ein stärker einzelfallbezogenes Element, weil er auf die Vorgeschichte und das Temperament des Betroffenen einging (ZEKO 1997).

Wer an kantischen Prinzipien strikt festhält, wird gleichwohl eine Instrumentalisierung nicht bestreiten und daher eigentlich kaum zustimmen können. Entsprechend müsste er dann aber einräumen, dass vielen kranken Kindern und alten Menschen ein Schaden entsteht. Rein utilitaristisch ist die Lösung auch nicht, weil bei etwas höherem Risiko ein deutlich größerer Nutzen für die künftigen Patienten erzielt werden könnte.

Das Beispiel zeigt, dass es einleuchtende Entscheidungen von Ethik-Kommissionen geben kann, die Grundpositionen der philosophischen Ethik auf den Prüfstand stellen und korrigieren. Zugleich verhilft die Kenntnis dieser Positionen dem Philosophen auch zur Einsicht darin, was hier prinzipiell auf dem Spiel steht und welche »Kosten« bei jeder Alternative zu tragen sind. Für diese Schärfung des Problem- und Folgebewusstseins ist der Philosoph eine Art Experte.

B. Die Debatte um embryonale Stammzellforschung

Diese Forschung ist medizinisch interessant, weil sich embryonale Stammzellen in sämtliche Körperzellen entwickeln können, allerdings nicht zu einem ganzen Lebewesen. Man nennt sie darum *pluripotent*. Im Prinzip könnte man auf diese Weise Ersatzgewebe für erkrankte oder absterbende Gewebe herstellen. Außerdem lassen sie das Studium von Entwicklungsprozessen und ihren Entartungen zu, z. B. der Tumorbildung.

Zur Gewinnung dieser Zellen ist derzeit die Zerstörung von frühen Embryonen bis zum Hundertzell-Stadium notwendig. Das gilt in einigen Ländern als Verstoß gegen das Prinzip des Lebensschutzes bzw. des Lebensrechtes jedes Menschen von Anfang an. In anderen Ländern, wie etwa Großbritannien, wird dem Embryo vor der Einpflanzung in den Mutterleib oder dem 14. Tag seiner Entwicklung zwar eine Gattungswürde zugesprochen, die beliebigen Umgang verbietet, aber kein individuelles Lebensrecht.

Das Besondere des ethischen Streites über die Erlaubnis zur Gewinnung solcher Zellen durch Zerstörung von Embryonen liegt darin, dass es dabei nicht um ethische Prinzipien wie Autonomie, Wohlergehen oder Gerechtigkeit geht. Auch über die grundlegenden Rechte wie Lebensschutz oder Menschenwürde besteht kein Streit. Völlig umstritten ist aber die Frage, ab wann einem sich entwickelnden Organismus dieser Schutz zukommt. Darüber hat sich eine Diskussion entwickelt, die so verästelt ist, wie eine komplizierte wissenschaftliche Theorie oder ein scholastischer Traktat (vgl. Damscher/Schönecker 2003). In fast allen mit diesen Fragen befassten Kommissionen bilden sich nahezu dieselben Fronten. Generelle Voten sind fast immer Mehrheitsentscheidungen, die von Minderheitsvoten begleitet werden.

Die Unlösbarkeit dieses Streites hat nicht nur metaethische Gründe, z. B. die offene Frage, wann etwas überhaupt einen moralischen Status hat, ob ein solcher an einem Gegenstand sozusagen abzulesen ist oder sich zumindest auch aus einem erprobten Umgang mit ihm ergibt. Sie liegt auch an der umstrittenen Beziehung von naturwissenschaftlich erklärbaren Gegenständen, wie Embryonen oder *totipotenten* Zellen einerseits[4], und Normsetzungen, die diesen bestimmte Rechte zusprechen, auf der anderen Seite. Darin offenbaren sich tief greifende Differenzen in den philosophischen, rechtswissenschaftlichen und weltanschaulichen Voraussetzungen der modernen Gesellschaften.

Ethik-Kommissionen haben zu diesen Debatten vielfach Stellung genommen. Hier nur zwei Beispiele: In den 80er Jahren des letzten Jahrhunderts hat in England die von einer Philosophin, Lady Mary Warnock, geleitete Kommission die Grundlagen für den englischen *Embryo Protection Act* gelegt, nach dem, wie gesagt, die befruchtete Eizelle in den ersten Tagen ihrer Entwicklung noch kein subjektives Recht auf Leben besitzt (Warnock 1987). In Deutschland hat die Zentrale Ethik-Kommission bei der Bundesärztekammer in den späten 90er Jahren eine Stellungnahme vorgelegt, in der sie Möglichkeiten aufzeigte, den Wertungswiderspruch zwischen deutschen Gesetzen zu beseitigen und Forschung mit embryonalen Stammzellen zu ermöglichen (ZEKO 2002). Dazu gehörte eine strenge Trennung zwischen den Handlungsbereichen erstens der Sexualität, in der Nidationshemmer erlaubt sind, zweitens der Reproduktion, bei der alles für die Entwicklung zur Geburt Nötige getan werden muss, und drittens der medizinischen Forschung, in der eine Regelung nach englischem Vorbild möglich sein könnte. Diese Stellungnahme hat erheblichen Widerstand schon innerhalb der Bundesärztekammer ausgelöst.

Natürlich kann der Ethiker seine »wahre Lehre« weiter vertreten und auf Einsicht in ferner Zukunft hoffen. Wenn er aber in einer Kommission arbeitet und daran interessiert ist, dass sein Rat auf fruchtbaren Boden fällt, dann muss er sich auf den kulturellen Horizont einlassen, in dem er arbeitet. Wenn man über den Status des Embryos streitet, nützen radikale Argumente wie die, vor der Gehirnentwicklung hätten Embryonen noch keine Interessen, Moral aber habe es nur mit der Berücksichtigung von Interessen zu tun, nur wenig. Ähnliches gilt für das sogenannte Potentialitätsargument, das in der Debatte eine zentrale Rolle spielt. Natürlich hat ein möglicher amerikanischer Präsident noch nicht die Rechte, die ein wirklicher hat. Aber deswegen kann immer noch überzeugen, dass ein Lebewesen in seiner Entwicklung nicht gestört werden soll, damit es später die Freuden eines menschlichen Lebens genießen kann. Allerdings kann man einen solchen Schutz auch graduell verstehen und den entscheidenden Schritt zu einer Entwicklung auf die Geburt hin nicht in der Befruchtung, sondern in der Einpflanzung sehen.

Jedenfalls wird ein Ethiker, wenn er die Forschung an embryonalen Stammzellen für wichtig im Hinblick auf die Bekämpfung schwerer und weit verbreiteter Krankheiten hält, sich nicht auf seine philosophisch-ethische Position zurückziehen können, sondern im Rahmen des öffentlichen Ethik-Begriffes arbeiten müssen – eben im Rahmen der Gesetze und der »Wertordnung« des Grundgesetzes. Man muss nicht unbedingt Wertethiker sein oder gar Werte für übersinnliche Entitäten halten, um das zu akzeptieren. Aber man muss anerkennen, dass Gesetze auf Wertungen von Handlungen, Entwicklungen und Zuständen beruhen. Man muss sie verstehen und auslegen, wenn man unbestimmte Begriffe anwenden und insgesamt beurteilen will, ob ein Projekt »ethisch vertretbar« ist. Im Beispiel der Stammzellforschung gehört dazu z.B. auch die Frage, ab wann die Transplantation von menschlichen Zellen in Tiere oder umgekehrt zur Bildung einer Chimäre führen würde, was nicht nur das Embryonenschutzgesetz, sondern auch der moralische *Common sense* verwirft.

5. Philosophische Kommissionsberatung als Expertenwissen?

Ich komme zu der Frage zurück, ob und in welchem Sinne bei der Tätigkeit des Philosophen in Ethik-Kommissionen von Expertenwissen die Rede sein kann. Dabei gehe ich von folgendem vorläufigen Verständnis von Experten aus: Experte ist jemand, der über Fachwissen verfügt, das unter Beachtung anerkannter Methoden erworben und weitergegeben werden kann. Stellungnahmen von Experten haben gewöhnlich die Form von Gutachten, deren Inhalte durch Prüfung der Daten, der verwendeten Quellen und der Schlüssigkeit der Argumentation nachvollziehbar oder kritisierbar sind. Wenn unter den Quellen und Prämissen *keine* Normen sind, wird es sich in der Regel um Gutachten über die erwartbaren Folgen bei alternativen Handlungsweisen handeln. Bei Stellungnahmen hinsichtlich der Anwendung von Normen können diese entweder vorausgesetzt, oder auch in ihrer Begründung erörtert werden. Auch da wird man in einer pluralistischen Gesellschaft in der Regel Alternativen aufzeigen.

Die Frage, inwieweit die Funktion und die Stellungnahmen philosophischer Ethiker in Ethik-Kommissionen einem solchen Expertenwissen gleichen bzw. davon abweichen, muss also in zwei Hinsichten gestellt werden:

Zum einen ist die Frage, ob der philosophische Ethiker über Wissen und Kompetenzen verfügt, die Laien oder Vertreter anderer Fächer nicht haben (1).

Zum anderen, ob das Ergebnis der Beratung, die Stellungnahme oder die Genehmigung eines Antrages, den Status von Expertenwissen hat (2).

Ad 1. Was ich von den Erprobungen ethischer Positionen und Argumente in der Arbeit von Ethik-Kommissionen gesagt habe, scheint mir den Schluss nahe zu legen, dass die Kenntnis und das Verständnis ethischer Grundbegriffe und Verfahren, aber auch klassischer ethischer Positionen wie der aristotelischen, kantischen oder utilitaristischen für die philosophischen Beiträge wichtig sind. Nicht in dem Sinne, als würde der Philosoph eine dieser Positionen unbedingt vertreten und den Rest der Kommission davon zu überzeugen suchen. Eher wird er selber den Ausschließlichkeitsanspruch dieser Positionen für sich infrage stellen. Aber er kann die ethischen Probleme auf diesem Hintergrund erkennen, verstehen und die alternativen Lösungsmöglichkeiten klarer unterscheiden.

Hinzu kommt, dass Philosophen eine lange Tradition interdisziplinärer Arbeit und Gespräche haben, die ihnen auch das Verständnis der Informationen erleichtert, die sie aus Recht, Medizin und Naturwissenschaft in solchen Kommissionen erhalten. Andererseits macht die Ausdifferenzierung der Wissenschaften und die Entfernung der wissenschaftlichen Kulturen voneinander zusammen mit den Arbeitsbelastungen in Forschung und Lehre solches Verständnis auch schwerer. Dauerhafte Institutionen der Interdisziplinarität auf diesen Gebieten, wie etwa das National Institute of Health (NIH) in den USA, in denen Forscher aus unterschiedlichen Wissenschaftsbereichen für ein paar Jahre zusammen forschen, gibt es in Deutschland ja nicht.

Im Sinne nicht alltäglicher Kompetenz, die in anderen Fächern zumindest unwahrscheinlicher ist, wird man den philosophischen Ethiker also als Experten bezeichnen können. Aber gilt das auch für die Empfehlungen von Ethik-Kommissionen?

Ad 2. Hier wird man wieder deutlich nach den Arten der Kommissionen unterscheiden müssen. Wenn ein klinisches Ethik-Komitee einen Behandlungsabbruch oder eine Therapie – etwa die Mehrfachtransplantation von Organen eines Elternteils auf ein Kind – für vertretbar hält, dann ist das sicher nicht wie ein technisches Gutachten zu verstehen. Zwar enthält auch eine solche Stellungnahme medizinische, juristische und philosophisch-ethische Fachkenntnisse und Aussagen – etwa bezüglich Autonomie und Gerechtigkeit zwischen Generationen. Aber der Rat wird sich oft nicht grundsätzlich von dem unterscheiden, was ein erfahrener Kollege, jemand aus dem Pflegepersonal, oder ein lebenskluger Laie auch vorschlagen könnte. Oft wird er auch Alternativen offenlassen, die sämtlich »vertretbar« sind, im Falle lebenserhaltender Maßnahmen etwa, die Behandlung zu beenden oder noch einen letzten Versuch zu machen. Ein solcher Ratschlag eines interdisziplinären und auch mit wissenschaftlichen Laien besetzten Gremiums setzt Fachwissen voraus, besteht aber selber aus vielen Komponenten auch von Laienurteilen. Den Anspruch der bewiesenen Wahrheit oder empirischen Bestätigung – außer in der lebensweltlichen Erfahrung – wird er nicht erheben können.

Ratschläge von Politikberatungskommissionen können größere Anteile an Fachwissen und methodisch erarbeiteten und belegten Aussagen enthalten. Dazu gehören sozialwissenschaftliche Erhebungen etwa über die Befolgung von Gesetzen oder die Angewiesenheit auf Pflegeeinrichtungen usw. Auch die juristische Kompetenz kann hier in der Gestalt förmlich erstellter wissenschaftlicher Gutachten zum Ausdruck kommen. Trotzdem enthalten sie in vielen Fällen auch politische und ethische Überzeugungen, die zwar reflektiert, abgewogen und unter Berücksichtigung des weltanschaulichen Pluralismus abgegeben werden, aber keinen Anspruch auf die Zustimmung jedes korrekt Denkenden erheben können. Auch hier handelt es sich um wissenschaftlich begründete, aber nicht allein auf Logik und Daten beruhende Ratschläge. Vielfach liegen ihnen Güterabwägungen zugrunde, die mit plausiblen Gründen auch anders ausfallen könnten.

Eine Mischform aus beiden sind schließlich die Genehmigungen von Forschungskommissionen. Nehmen wir als Beispiel wieder die Stammzellenkommission (ZES, vgl. Siep 2006). Ihre Stellungnahmen beruhen auf Voten von naturwissenschaftlichen und normwissenschaftlichen Berichterstattern. Sie enthalten eine zusammenfassende Darstellung des Projekts unter der Fragestellung, ob die Ziele verständlich, für die Forschung wichtig und mit den angegebenen Methoden auch erreichbar sind. Ferner, ob die Vorklärungen vorliegen und alternative Forschungsgegenstände nicht gegeben sind, sodass nur menschliche embryonale Stammzellen infrage kommen. Hochrangigkeit der Forschung aus einem weniger fachgebundenen, sondern die allgemeinen Interessen berücksichtigenden Sinne wird auch von den Ethikern geprüft. Ansonsten geht es um die ethische Vertretbarkeit im Sinne der genannten Güterabwägung zwischen Embryonenschutz, Forschungsfreiheit und medizinischer Entwicklung. Das Gesamtvotum enthält also eine Menge fachlicher Aussagen, aber auch Güterabwägungen mit Ermessensspielraum. Es ist ein Expertenvotum, ohne den Anspruch zu erheben, logisch zwingend oder erfahrungswissenschaftlich lückenlos belegt zu sein.

Hier muss offen bleiben, wie die Frage nach Experten und Expertenwissen aus erkenntnistheoretischer Perspektive beurteilt wird. Die praktische Erfahrung in Ethik-Kommissionen legt nahe, dass ihre Voten durch viel Fachwissen, auch in der Methodologie und Geschichte der Ethik, abgestützte Ratschläge sind, die Interpretationen von Normen und Wertungen sowie Güterabwägungen enthalten. Gerade das Letztere ist dem Laien nicht prinzipiell entzogen, er kann es nachvollziehen oder nicht, er kann es kritisieren und zu anderen Ergebnissen kommen. In der Ethik entscheidet in den meisten Fällen zuletzt das persönliche, autonome Urteil. Man kann sich beraten lassen von Menschen, die Expertenwissen, ethische Reflexion und Verständnis für den moralischen *Common sense* vereinen. Aber ein ethischer Rat ist nicht dasselbe wie ein technisches oder erfahrungswissenschaftliches Gutachten. Insofern ist der Ethiker tatsächlich eher ein *phronimos* im aristotelischen Sinne, d.h. ein durch Klugheit, Erfahrung und Weite des Horizontes ausgezeichneter Berater.

Kontrollfragen

1. Wie unterscheiden sich öffentliche und wissenschaftliche Ethik-Begriffe?

2. Was ist die konservative und was die innovative Seite des öffentlichen Ethik-Begriffs?

3. Welche verschiedenen Typen von Ethik-Kommissionen gibt es?

4. Welche Verfahren kommen in Ethik-Kommissionen zur Anwendung? Wie hängen sie mit klassischen Ansätzen der Ethik zusammen?

5. Warum passt eine angewandte oder konkrete Ethik am besten zur Arbeit in Ethik-Kommissionen?

6. In welcher Hinsicht/wofür kann der Philosoph als Experte angesehen werden?

7. Wie muss der Ethiker mit seiner Lehre/seinen Überzeugungen innerhalb einer Kommission umgehen? In welchem Verhältnis stehen dabei öffentlicher und wissenschaftlicher Ethik-Begriff?

8. Was zeichnet einen Experten aus? Über welche besonderen Kompetenzen verfügt der philosophische Ethiker? Haben Beratungsergebnisse im Kontext von Ethik-Kommissionen den Status von Expertenwissen?

Verwendete Literatur

Bockenheimer-Lucius, Gisela: *Forschung an embryonalen Stammzellen*, Köln 2002.

Gesang, Bernward (Hg.): *Biomedizinische Ethik. Aufgaben, Methoden, Selbstverständnis*, Paderborn 2002.

Bundesministerium für Bildung und Forschung (Hg.): *Humane Stammzellen. Perspektiven und Grenzen regenerativer Medizin*, Stuttgart/New York 2001.

Damschen, Gregor und Dieter Schönecker (Hg.): *Der moralische Status menschlicher Embryonen*, Berlin 2003.

Deutsche Forschungsgemeinschaft: *Forschung mit humanen embryonalen Stammzellen*, Weinheim 2003.

Deutsches Referenzzentrum für Ethik in den Biowissenschaften (DRZE): *Dossier. Forschung an menschlichen embryonalen Stammzellen und Anwendung von Klonierungstechniken beim Menschen*, 2000 (mehrfach aktualisiert, www.drze.de).

Dunstan, Richard und Mary J. Seller (Hg.): *The Status of the Human Embryo*, London 1988.

Helmchen, Hanfried: Forschung mit nicht-einwilligungsfähigen Demenzkranken: Ein aktuelles Problem im Lichte der Deutschen Geschichte. In: *Jahrbuch für Wissenschaft und Ethik*, hg. von L. Honnefelder und C. Streffer. Berlin 1999, S. 129–142.

Kettner, Matthias (Hg.): *Angewandte Ethik als Politikum*, Frankfurt a.M. 2000.

Kollwitz, Arne A.: *Kontrolle medizinischer Forschung durch Ethikkommissionen*, Dortmund 1999.

Martin, Jochen: Zur Entstehung der Sophistik. In: *Saeculum 27*, 1976, S. 143–164.

Merkel, Reinhard: *Forschungsobjekt Embryo*, München 2002.

Rippe, Klaus-Peter (Hg.): *Angewandte Ethik in der pluralistischen Gesellschaft*, Freiburg (Schweiz) 1999.

Rippe, Klaus-Peter: Ethik-Kommissionen in der deliberativen Demokratie. In: *Angewandte Ethik als Politikum*, hg. von M. Kettner. Frankfurt a.M. 2000, S. 140–164.

Schöne-Seifert, Bettina: *Grundlagen der Medizinethik*, Stuttgart 2007.

Siep, Ludwig: Ethische Aspekte der Forschung mit nicht-einwilligungsfähigen Personen. In: *Jahrbuch für Wissenschaft und Ethik* 4, 1999, S. 115–126.

Siep, Ludwig: Kriterien und Argumenttypen im Streit um die Embryonenforschung in Europa. In: *Jahrbuch für Wissenschaft und Ethik* 7, 2002, S. 179–195.

Siep, Ludwig: *Konkrete Ethik. Grundlagen der Natur- und Kulturethik*, Frankfurt a.M. 2004.

Siep, Ludwig: Ethische und rechtliche Regelung der Stammzellforschung in Deutschland. In: *Freiheit und Bindung der medizinischen Forschung*, hg. von P. Hucklenbroich, O. Schober und L. Siep. Münster 2006, S. 71–76.

Tannert, Christof und Peter Wiedemann (Hg.): *Stammzellen im Diskurs*, München 2004.

Spickhoff, Andreas: Forschung an nicht-einwilligungsfähigen Notfallpatienten. In: *Medizinrecht* 24/12, 2006, S. 707–715.

Tenbruck, Friedrich H.: Zur Soziologie der Sophistik. In: *Neue Hefte für Philosophie* 10, 1976, S. 51–77.

Toellner, Richard: Problemgeschichte: Entstehung der Ethik-Kommissionen. In: *Die Ethik-Kommission in der Medizin*, hg. von R. Toellner. Stuttgart/New York 1990, S. 3–18.

Warnock, Mary: *A Question of Life. The Warnock-Report on Human Fertilisation and Embryology*, Oxford u.a. 1985.

Zentrale Ethikkommission bei der Bundesärztekammer: Zum Schutz nicht-einwilligungsfähiger Personen in der medizinischen Forschung. In: *Deutsches Ärzteblatt* 94, H. 15, (71), 1997, S. A-1011.

Zentrale Ethikkommission bei der Bundesärztekammer: Stellungnahme zur Stammzellforschung. In: Deutsches Ärzteblatt 98, H. 49, 2001, S. A–3249.

Zentrale Ethikkommission bei der Bundesärztekammer: Forschung mit Minderjährigen. In: *Deutsches Ärzteblatt* 101, 2004, S. A613–617.

Kommentierte Auswahlbibliographie

Weiterführende Literatur

Albers, Marion: Die Institutionalisierung von Ethik-Kommissionen. Zur Renaissance der Ethik im Recht. In: *Kritische Vierteljahresschrift für Gesetzgebung und Rechtswissenschaft* 86, 2003, S. 419–436.
(*Treffende Darstellung der Bedeutung der Ethik-Kommissionen aus rechtswissenschaftlicher Sicht.*)

Altner, Günter: Ethik-Kommissionen. In: *Lexikon der Bioethik*, hg. im Auftr. der Görres-Gesellschaft von Wilhelm Korf in Verb. mit Ludger Honnefelder, Gütersloh 1998, S. 682–691.
(*Gut brauchbarer Übersichtsartikel.*)

Birnbacher, Dieter: Für was ist der ›Ethik-Experte‹ Experte? In: *Angewandte Ethik in der pluralistischen Gesellschaft*, hg. von Klaus-Peter Rippe. Freiburg (Schweiz) 1999, S. 267–283.
(*Grundlegender Text zum Expertenstatus des philosophischen Ethikers.*)

Brudermüller, Gerd: Ethikkommissionen und ethischer Diskurs. In: *Angewandte Ethik und Medizin*, hg. von G. Brudermüller. Würzburg 1999, S. 85–116.

Doppelfeld, Elmar: Ethikkommissionen in Europa: Bunte Vielfalt. In: *Deutsches Ärzteblatt* (89) 21, 1992, S. B1193–B1194.

Illhardt, Franz Josef: Ethik-Kommission. In: *Lexikon für Medizin – Ethik – Recht*, hg. von A. Eser u.a. Freiburg/Basel/Wien 1989, S. 314–320.
(*Knapper, instruktiver Handbuchartikel.*)

Kettner, Matthias: *Welche Autorität haben nationale Ethik-Komitees?*, Münster 2006.

Kettner, Matthias: Ethik-Komitees. Ihre Organisationsform und ihr moralischer Anspruch. In: *Erwägen, Wissen, Ethik* 16/1, 2005, S. 3–16.
(*Knapper Überblick und kritische Erörterung des Anspruchs von Ethik-Komitees in Krankenhäusern.*)

Rasmussen, Lisa (Hg.): *Ethics Expertise: History, Contemporary Perspectives, and Applications*, Dordrecht 2005.
(*Wichtiger internationaler Sammelband zu Problemen der Ethik-Expertise.*)

Selinger, Evan und Robert P. Crease (Hg.): *The Philosophy of Expertise*, New York 2006.

Siep, Ludwig: Ethik in Anwendung: Der Philosoph in Ethikkommissionen. In: *Biomedizinische Ethik. Aufgaben, Methoden, Selbstverständnis*, hg. von B. Gesang. Paderborn 2002, S. 86–96.

Toellner, Richard. (Hg.): *Die Ethik-Kommission in der Medizin. Problemgeschichte, Aufgabenstellung, Arbeitsweise, Rechtstellung und Organisationsformen medizinischer Ethik-Kommissionen*, Stuttgart 1990.
(*Erste wichtige Aufsatzsammlung zu Geschichte und Problemen der deutschen medizinischen Ethik-Kommissionen.*)

Van den Daele, Wolfgang und Heribert Müller-Salomon: *Die Kontrolle der Forschung am Menschen durch Ethikkommissionen*, Stuttgart 1990.
(*Guter sozialwissenschaftlicher Überblick.*)

Vollmann, Jochen: Klinische Ethikkomitees und Ethikberatung in Deutschland. In: *Zeitschrift für Palliativmedizin* 6, 2005, S. 2–5.

Vollmann, Jochen: Klinische Ethikkomitees und klinische Ethikberatung im Krankenhaus. Ein Praxisleitfaden über Strukturen, Aufgaben, Modelle und Implementierungsschritte. In: *Medizinethische Materialien Bochum*, 164, 2006.

Wiesing, Urban (Hg.): *Die Ethikkommissionen. Neuere Entwicklungen und Richtlinien*, Köln 2003.
(*Instruktiver Überblick der neueren deutschen Entwicklung aus interdisziplinärer Perspektive.*)

Anmerkungen

[1] In der modernen Forschung wird der wichtige Beitrag der Sophisten für die Philosophie und die allgemeine Kultur in Griechenland hingegen weitgehend anerkannt. Vgl. Martin, J. *Zur Entstehung der Sophistik*; Tenbruck, F. H., *Zur Soziologie der Sophistik*.

[2] In Deutschland wurden die ersten Ethik-Kommissionen für klinische Forschung vor ca. 30 Jahren auf zunächst freiwilliger Basis von Ärztekammern und medizinischen Fakultäten gegründet. Vgl. Toellner, R., *Problemgeschichte: Entstehung der Ethik-Kommissionen.*

[3] Vgl. dazu ausführlicher den Beitrag von Ach/Siep in diesem Band.

[4] Nach §3 des Stammzellgesetzes (StZG) ist »Embryo bereits jede menschliche totipotente Zelle, die sich bei Vorliegen der dafür erforderlichen weiteren Voraussetzungen zu teilen und zu einem Individuum zu entwickeln vermag« (vgl. Bundesgesetzblatt, Jg. 2002, Teil I, Nr. 42, S. 2277).

V. ARBEITS- MATERIALIEN

ETHISCHE THEORIEN

Grundlagentexte zur Vertiefung

REINHARD KURZER UND VERENA WILKES

Die im zweiten Kapitel dieses Buches vorgestellten ethischen Theorien – Tugendethik, kontraktualistische Ethik, deontologische Ethik und konsequentialistische Ethik – gehen auf zentrale Werke philosophischer Klassiker zurück.

Bei den hier ausgewählten Texten handelt es sich um Auszüge aus den entsprechenden Primärtexten, die für das Verständnis der verschiedenen Ansätze förderlich sind. Da die Positionen von Aristoteles, Kant, Bentham und anderen die Grundlage der vier Theorien bilden, erscheint es sinnvoll, sie – hier auszugsweise – auch im Original zu lesen.

Einige jeweils zugeordnete Leitfragen dienen als Anregungen für eine weitergehende eigene Auseinandersetzung mit den Texten. Die Fragen und Aufgaben können dazu beitragen, die Theorien detailliert zu bearbeiten, vergleichend zu untersuchen und gegenüberzustellen.

Tugendethik

Aristoteles *(384–322 v. Chr.):*
Nikomachische Ethik

[TUGENDHAFT WERDEN]
Die Tugenden [...] erwerben wir, indem wir sie zuvor ausüben, wie dies auch für die sonstigen Fertigkeiten gilt. Denn was wir durch Lernen zu tun fähig werden sollen, das lernen wir eben, indem wir es tun: durch Bauen werden wir Baumeister und durch Kitharaspielen Kitharisten. Ebenso werden wir gerecht, indem wir gerecht handeln, besonnen durch besonnenes, tapfer durch tapferes Handeln. [...]

Man könnte aber fragen, wie wir dies meinen, daß die, die gerecht handeln, gerecht werden müßten, und die, die besonnen handeln, besonnen. Wenn sie nämlich gerecht und besonnen handeln, dann sind sie ja schon gerecht und besonnen, so wie man schon Grammatiker und Musiker ist, wenn man Grammatik und Musik treibt. Oder verhält es sich auch bei diesen Künsten nicht so? Denn man kann etwas grammatisch Korrektes tun auch durch Zufall und wenn es einem ein anderer zeigt. Also ist man nur dann ein Grammatiker, wenn man etwas grammatisch Korrektes tut, und dies auf fachmännische Weise, das heißt: im Sinne der Grammatik, die man sich angeeignet hat. Außerdem verhält es sich nicht gleich bei den Künsten und bei den Tugenden. Denn was durch die Künste geschieht, hat seine Qualität in sich selbst. Es genügt also, daß dies in einer gewissen Weise zustande kommt. Im Bereich der Tugenden geschieht etwas nicht schon dann auf gerechte oder besonnene Weise, wenn die Tat sich irgendwie verhält, sondern erst wenn auch der Handelnde in einer entsprechenden Verfassung handelt: erstens wissentlich, dann auf Grund einer Entscheidung, und zwar einer solchen um der Sache selbst willen, und drittens, wenn er im Handeln sicher und ohne Wanken ist.

Dies alles spielt beim Besitz der Künste keine Rolle, abgesehen vom Wissen als solchem. Bei den Tugenden hat jedoch das Wissen überhaupt keinen oder doch nur einen geringen Einfluß, das andere dagegen keinen geringen, sondern es entscheidet vielmehr alles und bewirkt es; und zwar entsteht es aus dem häufigen Tun des Gerechten und Besonnenen. Die Handlungen heißen also gerecht und besonnen, wenn sie so sind, wie sie ein Gerechter und Besonnener ausführt. Gerecht und besonnen ist aber nicht derjenige, der solche Handlungen ausführt, sondern der so handelt, wie es der Gerechte und der Besonnene tun. [...]

[TUGEND ALS MITTE]
Die Tugend ist also ein Verhalten der Entscheidung, begründet in der Mitte im Bezug auf uns, einer Mitte, die durch Vernunft bestimmt wird und danach, wie sie der Verständige bestimmen würde. Die Mitte liegt aber zwischen zwei Schlechtigkeiten, dem Übermaß und dem Mangel. Während die Schlechtigkeiten in den Leidenschaften und Handlungen hinter dem Gesollten zurückbleiben oder über es hinausgehen, besteht die Tugend darin, die Mitte zu finden und zu wählen. Darum ist die Tugend hinsichtlich ihres Wesens und der Bestimmung ihres Was-Seins eine Mitte, nach der Vorzüglichkeit und Vollkommenheit aber das Höchste.

Freilich hat nicht jede Handlung und nicht jede Leidenschaft Raum für eine Mitte. Denn einzelne sind in ihrem Namen schon verbunden mit der Schlechtigkeit, wie die Schadenfreude, die Schamlosigkeit oder der Neid, und bei den Handlungen der Ehebruch, der Diebstahl und der Mord. Alle diese und ähnliche Dinge werden getadelt, weil sie in sich selbst schlecht sind und nicht ihr Übermaß oder ihr Mangel. Man kann bei ihnen also niemals das Rechte treffen, sondern immer nur sich verfehlen. Es gibt kein Richtig oder Unrichtig im Bezug auf solche Dinge, etwa mit wem und wann und wie man Ehebruch treiben solle, sondern etwas derart zu tun ist schlechthin falsch. Ebenso steht es, wenn man meinen wollte, es gäbe bei Ungerechtigkeit, Feigheit, Zügellosigkeit eine Mitte, ein Übermaß und einen Mangel. Denn so gäbe es ja eine Mitte in Übermaß und Mangel und ein Übermaß des Übermaßes und einen Mangel des Mangels. [...]

Dies darf man aber nicht nur allgemein feststellen, sondern muß es auch dem Einzelnen anpassen. Denn in den Untersuchungen über das Handeln sind die Allgemeinheiten zwar umfassender, die Einzelheiten aber wahrer. Denn die Handlungen betreffen das Einzelne, und dem müssen die Aussagen entsprechen.

Das Folgende muß man nun dem Schema entnehmen. Bei Furcht und Mut ist die Tapferkeit die Mitte. Beim Übermaß hat dasjenige in der Richtung auf die Furchtlosigkeit keinen eigenen Namen (dies ist oftmals der Fall), dasjenige in Richtung auf den Mut heißt Tollheit; das Übermaß der Angst und der Mangel an Mut heißt Feigheit.

Bei Lust und Schmerz, freilich nicht in jedem Falle und weniger beim Schmerz, heißt die Mitte Besonnenheit, das Übermaß Zügellosigkeit. Mangelhaft in Richtung auf die Lust sind die Menschen kaum. Darum haben solche auch keinen eigenen Namen. Man mag sie stumpf nennen.

Bei Geben und Nehmen von Geld ist die Mitte die Großzügigkeit, Übermaß und Mangel sind Verschwendung und Kleinlichkeit. Übermaß und Mangel verhalten sich da auf entgegengesetzte Weise: denn der Verschwender ist übermäßig im Ausgeben und mangelhaft im Nehmen, der Kleinliche ist übermäßig im Nehmen und mangelhaft im Ausgeben. [...]

[ZUR TAPFERKEIT]
Als erstes sei von der Tapferkeit gesprochen. Daß sie eine Mitte ist im Hinblick auf Furcht und Zuversicht, ist bereits klar geworden. Was wir fürchten, ist offensichtlich das Furchterregende; dieses ist, allgemein gesagt, das Schlimme. Darum wird auch die Furcht bestimmt als die Erwartung eines Schlimmen. Wir fürchten nun zwar alle Übel, wie Schande, Armut, Krankheit, Freundlosigkeit,

Tod, aber die Tapferkeit scheint sich nicht auf alle zu beziehen. Denn einige Übel zu fürchten ist sogar Pflicht und edel, sie nicht zu fürchten ist schlecht, etwa die Unehre. Denn wer sie fürchtet, ist ein ordentlicher und empfindsamer Mensch, wer sie nicht fürchtet, dagegen schamlos. Von einigen wird er allerdings tapfer genannt in einem übertragenen Sinne, sofern er mit dem Tapferen eine gewisse Ähnlichkeit besitzt; denn auch der Tapfere kennt keine Furcht. Armut dagegen und Krankheit soll man wohl nicht fürchten, und überhaupt all das nicht, was nicht von der Schlechtigkeit herrührt und nicht durch einen selbst veranlaßt ist. Aber wer dem gegenüber keine Furcht empfindet, ist nicht tapfer. Wir nennen auch ihn nur so wegen einer gewissen Ähnlichkeit; manche nämlich sind zwar in Kriegsgefahren feige, dafür aber großzügig und machen sich nichts aus dem Verlust ihres Vermögens. Auch wird man weder den feige nennen, der Gewalttat an Frau und Kindern oder Neid oder sonst dergleichen fürchtet, noch auch den tapfer, der gleichmütig bleibt, wenn er Prügel bekommen soll.

Welches ist also das Furchtbare, dem der Tapfere entgegentritt? Etwa die schlimmsten Dinge? Denn keiner ist eher imstande, das Schreckliche zu ertragen. Das Furchtbarste ist aber der Tod. Denn er ist ein Ende, und es scheint für den Toten weder Gutes noch Schlechtes mehr zu geben. Indessen scheint es der Tapfere auch nicht mit dem Tode in jeder Form zu tun zu haben; etwa mit demjenigen auf dem Meere oder in Krankheiten. In welcher Form also? Etwa demjenigen in der edelsten Form? Das wäre derjenige im Kriege. Denn hier ist die Gefahr am größten und am edelsten. Dazu stimmen auch die Ehren, die in den Demokratien und bei den Fürsten den im Kampfe Gefallenen zuerkannt werden.

Tapfer im wesentlichen Sinne hieße dann, wer unerschrocken ist vor einem edlen Tode und vor all dem, was den Tod unmittelbar nahe bringt, wie das vor allem im Kriege geschieht. [...]

Das Furchterregende ist nicht für alle Menschen dasselbe; wir sprechen auch von einem solchen, das über das Menschenmaß hinausgeht. Dieses ist furchtbar für jeden, der vernünftig ist. Was aber menschlicherweise furchterregend ist, ist verschieden nach seiner Größe und nach dem Mehr oder Weniger. Dasselbe gilt auch für jenes, was Mut macht.

Der Tapfere ist unerschrocken nach dem Maße des Menschen. Er wird zwar auch die menschlicherweise furchterregenden Dinge fürchten; aber so wie es Pflicht ist und wie es die Vernunft will, wird er sie aushalten um des Edlen willen. Denn dies ist der Endzweck der Tugend. Man kann diese Dinge mehr oder weniger fürchten und auch Dinge, die nicht furchtbar sind, fürchten, als ob sie es wären. Die möglichen Fehler bestehen also darin, daß man fürchtet, was man nicht soll oder wie oder wann man nicht soll und dergleichen mehr. Dasselbe gilt auch im Bezug auf die Zuversicht.

Wer also aushält und fürchtet, was man soll und weswegen man es soll und wie und wann, und wer in derselben Weise Zuversicht hat, der ist tapfer.

Der Tapfere nämlich leidet und handelt, wie es angemessen ist und wie es die Vernunft will.

(aus: Aristoteles: *Nikomachische Ethik*, übers. von Olof Gigon. München ³1998, 2. Buch, S. 131 f., 136 f., 141 f.; 3. Buch S. 163 f.)

Arbeitsanregungen

1. Wodurch kann man – Aristoteles zufolge – tugendhaft werden?
2. Was macht tugendhaftes Handeln aus und inwiefern ähnelt oder unterscheidet es sich von kompetentem Handeln in unterschiedlichen Fähigkeitsbereichen (Kunst, Handwerk, …)?
3. Stellen Sie eine Liste mit Eigenschaften auf, die alltäglich als Tugenden bezeichnet werden (Pünktlichkeit, Fleiß, …) und formulieren Sie jeweils die beiden Extreme, zwischen denen die Tugend die Mitte bildet.
4. Wie findet man nach Aristoteles die »angemessene« Mitte? Inwieweit lässt sich diese Angemessenheit heutzutage allgemein und eindeutig bestimmen?
5. Halten Sie die Tapferkeit für eine auch heute relevante Tugend?

Kontraktualistische Ethik

Thomas Hobbes: Leviathan *(1651)*

13. Kapitel: Von den natürlichen Bedingungen der Menschen im Hinblick auf ihr Glück und Unglück

Die Natur hat die Menschen hinsichtlich ihrer körperlichen und geistigen Fähigkeiten so gleich geschaffen, daß trotz der Tatsache, daß bisweilen der eine einen offensichtlich stärkeren Körper oder gewandteren Geist als der andere besitzt, der Unterschied zwischen den Menschen alles in allem doch nicht so beträchtlich ist, als daß der eine auf Grund dessen einen Vorteil beanspruchen könnte, den ein anderer nicht ebenso gut für sich verlangen dürfte. Denn was die Körperstärke betrifft, so ist der Schwächste stark genug, den Stärksten zu töten – entweder durch Hinterlist oder durch ein Bündnis mit anderen, die sich in derselben Gefahr wie er selbst befinden. Und was die geistigen Fähigkeiten betrifft, so finde ich, dass die Gleichheit unter den Menschen noch größer ist als bei der Körperstärke [...]

Aus dieser Gleichheit der Fähigkeiten entsteht eine Gleichheit der Hoffnung, unsere Absichten erreichen zu können. Und wenn daher zwei Menschen nach demselben Gegenstand streben, den sie jedoch nicht zusammen genießen können, so werden sie Feinde und sind in Verfolgung ihrer Absicht, die grundsätzlich Selbsterhaltung und bisweilen nur Genuß ist, bestrebt, sich gegenseitig zu vernichten oder zu unterwerfen. Daher kommt es auch, daß, wenn jemand ein geeignetes Stück Land anpflanzt, einsät, bebaut oder besitzt und ein Angreifer nur die Macht eines einzelnen zu fürchten hat, mit Wahrscheinlichkeit zu erwarten ist, daß andere mit vereinten Kräften anrücken, um ihn von seinem Besitz zu vertreiben und ihn nicht nur der Früchte seiner Arbeit, sondern auch seines Lebens und seiner Freiheit berauben. Und dem Angreifer wiederum droht die gleiche Gefahr von einem anderen. Und wegen dieses gegenseitigen Mißtrauens gibt es für niemand einen anderen Weg, sich selbst zu sichern, der so vernünftig wäre wie Vorbeugung, das heißt, mit Gewalt oder List nach Kräften jedermann zu unterwerfen, und zwar so lange, bis er keine andere Macht mehr sieht, die groß genug wäre, ihn zu gefährden. Und dies ist nicht mehr, als seine Selbsterhaltung erfordert und ist allgemein erlaubt. Auch weil es einige gibt, denen es Vergnügen bereitet, sich an ihrer Macht zu weiden, indem sie auf Eroberungen ausgehen, die sie über das zu ihrer Sicherheit erforderliche Maß hinaustreiben, könnten andere, die an sich gerne innerhalb bescheidener Grenzen ein behagliches Leben führen würden, sich durch bloße Verteidigung unmöglich lange halten, wenn sie nicht durch Angriff ihre Macht vermehrten. Und da folglich eine solche Vermehrung der Herrschaft über Menschen zur Selbsterhaltung eines Menschen notwendig ist, muß sie ihm erlaubt werden.

Ferner empfinden die Menschen am Zusammenleben kein Vergnügen, sondern im Gegenteil großen Verdruß, wenn es keine Macht gibt, die dazu in der Lage ist, sie alle einzuschüchtern. Denn jedermann sieht darauf, daß ihn sein Nebenmann ebenso schätzt, wie er sich selbst einschätzt, und auf alle Zeichen von Verachtung oder Unterschätzung hin ist er von Natur aus bestrebt, soweit er es sich getraut (was bei weitem genügt, Menschen, über denen keine allgemeine, sie zum Stillhalten zwingende Macht steht, dazu zu bewegen, daß sie sich gegenseitig vernichten), seinen Verächtern durch Schädigung und den anderen Menschen durch das Exempel größere Wertschätzung abzunötigen. So liegen also in der menschlichen Natur drei hauptsächliche Konfliktursachen: Erstens Konkurrenz, zweitens Mißtrauen, drittens Ruhmsucht. Die erste führt zu Übergriffen der Menschen des Gewinnes, die zweite der Sicherheit und die dritte des Ansehens wegen. [...]

Daraus ergibt sich klar, daß die Menschen während der Zeit, in der sie ohne eine allgemeine, sie alle im Zaum haltende Macht leben, sich in einem Zustand befinden, der Krieg genannt wird, und zwar in einem Krieg eines jeden gegen jeden. Denn *Krieg* besteht nicht nur in Schlachten oder Kampfhandlungen, sondern in einem Zeitraum, in dem der Wille zum Kampf genügend bekannt ist. Und deshalb gehört zum Wesen des Krieges der Begriff Zeit, wie zum Wesen des Wetters. Denn wie das Wesen des schlechten Wetters nicht in ein oder zwei Regenschauern liegt, sondern in einer Neigung hierzu während mehrerer Tage, so besteht das Wesen des Kriegs nicht in tatsächlichen Kampfhandlungen, sondern in der bekannten Bereitschaft dazu während der ganzen Zeit, in der man sich des Gegenteils nicht sicher sein kann. Jede andere Zeit ist *Frieden*.

Deshalb trifft alles, was Kriegszeiten mit sich bringen, in denen jeder eines jeden Feind ist, auch für die Zeit zu, während der die Menschen keine andere Sicherheit als diejenige haben, die ihnen ihre eigene Stärke und Erfindungskraft bieten. In einer solchen Lage ist für Fleiß kein Raum, da man sich seiner Früchte nicht sicher sein kann; und folglich gibt es keinen Ackerbau, keine Schiffahrt, keine Waren, die auf dem Seeweg eingeführt werden können, keine bequemen Gebäude, keine Geräte, um Dinge, deren Fortbewegung viel Kraft erfordert, hin- und herzubewegen, keine Kenntnis von der Erdoberfläche, keine Zeitrechnung, keine Künste, keine Literatur, keine gesellschaftlichen Beziehungen, und es herrscht, was das Schlimmste von allem ist, beständige Furcht und Gefahr eines gewaltsamen Todes – das menschliche Leben ist einsam, armselig, ekelhaft, tierisch und kurz. [...]

14. Kapitel: Vom ersten und zweiten natürlichen Gesetz und von Verträgen

[...] Und weil sich die Menschen, wie im vorhergehenden Kapitel dargelegt, im Zustand des Kriegs eines jeden gegen jeden befinden, was bedeutet, daß jedermann von seiner eigenen Vernunft angeleitet wird, und weil es nichts gibt, das er nicht möglicherweise zum Schutze seines Lebens gegen seine Feinde verwenden könnte, so folgt daraus, daß in einem solchen Zustand jedermann ein Recht auf alles hat, selbst auf den Körper eines anderen. Und deshalb kann niemand sicher sein, solange dieses Recht eines jeden auf alles besteht, die Zeit über zu leben, die die Natur dem Menschen gewöhnlich einräumt, wie stark und klug er auch sein mag. Folglich ist dies eine Vorschrift oder allgemeine Regel der Vernunft: *Jedermann hat sich um Frieden zu bemühen, solange dazu Hoffnung besteht. Kann er ihn nicht herstellen, so darf er sich alle Hilfsmittel und Vorteile des Kriegs verschaffen und sie benutzen.* Der erste Teil dieser Regel enthält das erste und grundlegende Gesetz der Natur, nämlich: *Suche Frieden und halte ihn ein.* Der zweite Teil enthält den obersten Grundsatz des natürlichen Rechts: *Wir sind befugt, uns mit allen zur Verfügung stehenden Mitteln zu verteidigen.*

Aus diesem grundlegenden Gesetz der Natur, das den Menschen befiehlt, sich um Frieden zu bemühen, wird das zweite Gesetz der Natur abgeleitet: *Jedermann soll freiwillig, wenn andere ebenfalls dazu bereit sind, auf sein Recht auf alles verzichten, soweit er dies um des Friedens und der Selbstverteidigung willen für notwendig hält, und er soll sich mit so viel Freiheit gegenüber anderen zufrieden geben, wie er anderen gegen sich selbst einräumen würde.* Denn solange jemand das Recht beibehält, alles zu tun, was er will, solange befinden sich alle Menschen im Kriegszustand. Verzichten aber andere nicht ebenso wie er auf ihr Recht, so besteht für niemanden Grund, sich seines Rechts zu begeben, denn dies hieße eher, sich selbst als Beute darbieten – wozu niemand verpflichtet ist – als seine Friedensbereitschaft zeigen. Dem entspricht dieses Gesetz der Heiligen Schrift: *Was ihr wollt, daß euch andere tun sollen, das tut ihnen,* sowie dieses für alle Menschen geltende Gesetz: *Quod tibi fieri non vis, alteri ne feceris.* [...]

Ein Recht wird niedergelegt, indem man entweder einfach darauf verzichtet oder es auf einen anderen überträgt. *Einfacher Verzicht* liegt dann vor, wenn man sich nicht darum kümmert, wem der Vorteil daraus zufällt, *Übertragung*, wenn man beabsichtigt, den Vorteil einer gewissen Person oder Personenmehrheit zukommen zu lassen. [...]

Die wechselseitige Übertragung von Recht nennt man *Vertrag.* [...]

15. Kapitel: Von anderen natürlichen Gesetzen

Aus dem Gesetz der Natur, das uns verpflichtet, auf einen anderen solche Rechte zu übertragen, deren Beibehaltung den Frieden der Menschheit verhindert, folgt ein drittes, nämlich: *Abgeschlossene Verträge sind zu halten.* Ohne dieses Gesetz sind Verträge unwirksam und nur leere Worte, und wenn das Recht aller auf alles bleibt, befinden wir uns immer noch im Kriegszustand.

Und in diesem natürlichen Gesetz liegen Quelle und Ursprung der *Gerechtigkeit.* Denn wo kein Vertrag vorausging, wurde auch kein Recht übertragen, und jedermann hat ein Recht auf alles; folglich kann keine Handlung ungerecht sein. Wurde aber ein Vertrag abgeschlossen, so ist es *ungerecht*, ihn zu brechen, und die Definition der *Ungerechtigkeit* lautet nicht anders als »die Nichterfüllung eines Vertrages«. Und alles, was nicht ungerecht ist, ist *gerecht.*

Weil aber auf gegenseitigem Vertrauen beruhende Verträge ungültig sind, wenn, wie im letzten Kapitel ausgeführt, eine der beiden Parteien die Nichterfüllung befürchtet, so kann es tatsächlich – obwohl der Ursprung der Gerechtigkeit im Abschluß von Verträgen liegt – solange keine Ungerechtigkeit geben, bis die Ursachen dieser

Furcht beseitigt sind. Solange die Menschen im natürlichen Kriegszustand leben, kann dies nicht geschehen. Bevor man deshalb von ›gerecht‹ und ›ungerecht‹ reden kann, muß es eine Zwangsgewalt geben, um die Menschen gleichermaßen durch die Angst vor einer Bestrafung zur Erfüllung ihrer Verträge zu zwingen, die gewichtiger ist als der Vorteil, den sie sich vom Bruch ihres Vertrags erhoffen, und um das Eigentum zu sichern, das die Menschen durch gegenseitigen Vertrag als Entschädigung für das aufgegebene universale Recht erwerben. Eine solche Macht gibt es aber vor Errichtung eines Staates nicht. […]

17. Kapitel: Von den Ursachen, der Erzeugung und der Definition eines Staates

Die Menschen, die von Natur aus Freiheit und Herrschaft über andere lieben, führten die Selbstbeschränkung, unter der sie, wie wir wissen, in Staaten leben, letztlich allein mit dem Ziel und der Absicht ein, dadurch für ihre Selbsterhaltung zu sorgen und ein zufriedeneres Leben zu führen – das heißt, dem elenden Kriegszustand zu entkommen, der, wie im 13. Kapitel gezeigt wurde, aus den natürlichen Leidenschaften der Menschen notwendig folgt, dann nämlich, wenn es keine sichtbare Gewalt gibt, die sie im Zaume zu halten und durch Furcht vor Strafe an die Erfüllung ihrer Verträge und an die Beachtung der natürlichen Gesetze zu binden vermag, die im vierzehnten und fünfzehnten Kapitel aufgestellt wurden.

Denn die natürlichen Gesetze wie *Gerechtigkeit, Billigkeit, Bescheidenheit, Dankbarkeit*, kurz, das Gesetz, *andere so zu behandeln, wie wir selbst behandelt werden wollen*, sind an sich, ohne die Furcht vor einer Macht, die ihre Befolgung veranlasst, unseren natürlichen Leidenschaften entgegengesetzt, die uns zu Parteilichkeit, Hochmut, Rachsucht und Ähnlichem verleiten. Und Verträge ohne das Schwert sind bloße Worte und besitzen nicht die Kraft, einem Menschen auch nur die geringste Sicherheit zu bieten. […]

Der alleinige Weg zur Errichtung einer solchen allgemeinen Gewalt, die in der Lage ist, die Menschen vor dem Angriff Fremder und vor gegenseitigen Übergriffen zu schützen und ihnen dadurch eine solche Sicherheit zu verschaffen, daß sie sich durch eigenen Fleiß und von den Früchten der Erde ernähren und zufrieden leben können, liegt in der Übertragung ihrer gesamten Macht und Stärke auf einen Menschen oder eine Versammlung von Menschen, die ihre Einzelwillen durch Stimmenmehrheit auf einen Willen reduzieren können. Das heißt so viel wie einen Menschen oder eine Versammlung von Menschen bestimmen, die deren Person verkörpern sollen, und bedeutet, daß jedermann alles als eigen anerkennt, was derjenige, der auf diese Weise seine Person verkörpert, in Dingen des allgemeinen Friedens und der allgemeinen Sicherheit tun oder veranlassen wird, und sich selbst als Autor alles dessen bekennt und dabei den eigenen Willen und das eigene Urteil seinem Willen und Urteil unterwirft. Dies ist mehr als Zustimmung oder Übereinstimmung: Es ist eine wirkliche Einheit aller in ein und derselben Person, die durch Vertrag eines jeden mit jedem zustande kam, als hätte jeder zu jedem gesagt: *Ich autorisiere diesen Menschen oder diese Versammlung von Menschen und übertrage ihnen mein Recht, mich zu regieren, unter der Bedingung, daß du ihnen ebenso dein Recht überträgst und alle ihre Handlungen autorisierst.* Ist dies geschehen, so nennt man diese zu einer Person vereinte Menge *Staat*, auf lateinisch civitas. Dies ist die Erzeugung jenes großen *Leviathan* oder besser, um es ehrerbietiger auszudrücken, jenes *sterblichen Gottes*, dem wir unter dem *unsterblichen Gott* unseren Frieden und Schutz verdanken. Denn durch diese ihm von jedem einzelnen im Staate verliehene Autorität steht ihm so viel Macht und Stärke zur Verfügung, die auf ihn übertragen worden sind, daß er durch den dadurch erzeugten Schrecken in die Lage versetzt wird, den Willen aller auf den innerstaatlichen Frieden und auf gegenseitige Hilfe gegen auswärtige Feinde hinzulenken. Hierin liegt das Wesen des Staates, der, um eine Definition zu geben, *eine Person* ist, *bei der sich jeder einzelne einer großen Menge durch gegenseitigen Vertrag eines jeden mit jedem zum Autor ihrer Handlungen gemacht hat, zu dem Zweck, daß sie die Stärke und Hilfsmittel aller so, wie sie es für zweckmäßig hält, für den Frieden und die gemeinsame Verteidigung einsetzt.*

Wer diese Person verkörpert, wird *Souverän* genannt und besitzt, wie man sagt, *höchste Gewalt*, und jeder andere daneben ist sein *Untertan*.

(aus: Hobbes, Thomas: *Leviathan. Oder Stoff, Form und Gewalt eines kirchlichen und bürgerlichen Staates*, hg. u. eingel. von Iring Fetscher. Frankfurt a.M. 2006, S. 94–96, 99f., 131–135 ©1966 Neuwied u.a.)

Arbeitsanregungen

1. Hobbes charakterisiert den Naturzustand als »Krieg eines jeden gegen jeden«. Beschreiben Sie die genaue Bedeutung dieser Formulierung und stellen Sie das zugrunde liegende Menschenbild dar.
2. Was tun die Menschen – Hobbes zufolge –, um dem Naturzustand zu entkommen?
3. Hobbes' Werk trägt den Titel »Leviathan«; was soll dieser Titel bezeichnen?
4. Worin besteht die Funktion des Staates nach Hobbes und wodurch erhält er seine Legitimität?
5. Erläutern Sie den Vertragsgedanken näher.
6. Durch den Vertrag erfolgt gewissermaßen ein Tauschgeschäft. – Was gibt jeder einzelne Vertragspartner auf, was erhält er dafür?
7. Warum kann man davon sprechen, dass aus Hobbes' Theorie eine sogenannte ›Minimalmoral‹ folgen würde?

John Rawls: Eine Theorie der Gerechtigkeit
(1971)

Wir wollen uns also vorstellen, daß diejenigen, die sich zu gesellschaftlicher Zusammenarbeit vereinigen wollen, in einem gemeinsamen Akt die Grundsätze wählen, nach denen Grundrechte und -pflichten und die Verteilung der gesellschaftlichen Güter bestimmt werden. Die Menschen sollen im voraus entscheiden, wie sie ihre Ansprüche gegeneinander regeln wollen und wie die Gründungsurkunde ihrer Gesellschaft aussehen soll. Ganz wie jeder Mensch durch vernünftige Überlegung entscheiden muß, was für ihn das Gute ist, d.h. das System der Ziele, die zu verfolgen für ihn vernünftig ist, so muß eine Gruppe von Menschen ein für allemal entscheiden, was ihnen als gerecht und ungerecht gelten soll. Die Entscheidung, die vernünftige Menschen in dieser theoretischen Situation der Freiheit und Gleichheit treffen würden, bestimmt die Grundsätze der Gerechtigkeit. [...]

In der Theorie der Gerechtigkeit als Fairneß spielt die ursprüngliche Situation der Gleichheit dieselbe Rolle wie der Naturzustand in der herkömmlichen Theorie des Gesellschaftsvertrags. Dieser Urzustand wird natürlich nicht als ein wirklicher geschichtlicher Zustand vorgestellt, noch weniger als primitives Stadium der Kultur. Er wird als rein theoretische Situation aufgefaßt, die so beschaffen ist, daß sie zu einer bestimmten Gerechtigkeitsvorstellung führt. Zu den wesentlichen Eigenschaften dieser Situation gehört, daß niemand seine Stellung in der Gesellschaft kennt, seine Klasse oder seinen Status, ebensowenig sein Los bei der Verteilung natürlicher Gaben wie Intelligenz oder Körperkraft. Ich nehme sogar an, daß die Beteiligten ihre Vorstellung vom Guten und ihre besonderen psychologischen Neigungen nicht kennen. Die Grundsätze der Gerechtigkeit werden hinter einem Schleier des Nichtwissens festgelegt. Dies gewährleistet, daß dabei niemand durch die Zufälligkeiten der Natur oder der gesellschaftlichen Umstände bevorzugt oder benachteiligt wird. Da sich alle in der gleichen Lage befinden und niemand Grundsätze ausdenken kann, die ihn aufgrund seiner besonderen Verhältnisse bevorzugen, sind die Grundsätze der Gerechtigkeit das Ergebnis einer fairen Übereinkunft oder Verhandlung. Denn in Anbetracht der Symmetrie aller zwischenmenschlichen Beziehungen ist dieser Urzustand fair gegenüber den moralischen Subjekten, d.h. den vernünftigen Wesen mit eigenen Zielen und – das nehme ich an – der Fähigkeit zu einem Gerechtigkeitsgefühl. Den Urzustand könnte man den angemessenen Ausgangszustand nennen, und damit sind die in ihm getroffenen Grundvereinbarungen fair. Das rechtfertigt die Bezeichnung »Gerechtigkeit als Fairneß«: Sie drückt den Gedanken aus, daß die Grundsätze der Gerechtigkeit in einer fairen Ausgangssituation festgelegt werden. Sie will nicht besagen, die Begriffe der Gerechtigkeit und der Fairneß seien ein und dasselbe, ebensowenig wie der Ausdruck »Dichtung als Metapher« sagen will, Dichtung und Metapher seien dasselbe.

Die Gerechtigkeit als Fairneß beginnt, so sagte ich, mit der allgemeinsten Entscheidung, die Menschen überhaupt zusammen treffen können, nämlich mit der Wahl der ersten Grundsätze einer Gerechtigkeitsvorstellung, die für alle spätere Kritik und Veränderung von Institutionen maßgebend sein soll. Nachdem sie nun eine Gerechtigkeitsvorstellung festgelegt haben, können wir uns vorstellen, daß sie eine Verfassung, ein Gesetzgebungsverfahren und anderes wählen müssen, alles gemäß den anfänglich vereinbarten Gerechtigkeitsgrundsätzen. Unsere gesellschaftlichen Verhältnisse sind gerecht, wenn das ihnen zugrundeliegende allgemeine Regelsystem durch diese Abfolge fiktiver Vereinbarungen erzeugt worden ist. Nimmt man an, daß der Urzustand tatsächlich ein System von Grundsätzen bestimmt (daß also eine bestimmte Gerechtigkeitsvorstellung gewählt würde), dann gilt des weiteren: Wer in gesellschaftliche Institutionen eingebunden ist, die diesen Grundsätzen entsprechen, kann einem anderen Mitglied gegenüber behaupten, beide arbeiteten nach Regeln zusammen, auf die sie sich einigen würden, wenn sie freie und gleiche Menschen wären und in fairen Beziehungen zueinander stünden. Alle könnten von ihren Verhältnissen behaupten, sie erfüllten die Bedingungen, die man in einem Urzustand aufstellen würde, der weithin anerkannte und vernünftige Einschränkungen für die Wahl der Grundsätze enthält. Die allgemeine Anerkennung dieser Tatsache wäre die Grundlage für die allgemeine Anerkennung der entsprechenden Gerechtigkeitsgrundsätze. Natürlich kann keine Gesellschaft ein Plan der Zusammenarbeit sein, dem die Menschen im buchstäblichen Sinne freiwillig beitreten; jedermann findet sich bei seiner Geburt in einer bestimmten Position in einer bestimmten Gesellschaft, die seine Lebenschancen entscheidend beeinflußt. Doch eine Gesellschaft, die den Grundsätzen der Gerechtigkeit als Fairneß entspricht, kommt einem freiwilligen System noch am nächsten, denn sie entspricht den Grundsätzen, denen freie und gleiche Menschen unter fairen Bedingungen zustimmen würden. In diesem Sinne sind ihre Mitglieder autonom und die von ihnen anerkannten Pflichten selbstauferlegt.

Zur Gerechtigkeit als Fairneß gehört die Vorstellung, daß die Menschen im Urzustand vernünftig sind und keine aufeinander gerichteten Interessen haben. Das bedeutet nicht, daß sie Egoisten wären, die also nur ganz bestimmte Interessen hätten, etwa an Reichtum, Ansehen oder Macht. Sie werden aber so vorgestellt, daß sie kein Interesse an den Interessen anderer nehmen. Sie halten selbst ihre geistigen Ziele für möglicherweise entgegengesetzt wie etwa die Ziele der Angehörigen verschiedener Religionen. Ferner muß der Begriff der Vernünftigkeit im engstmöglichen Sinne verstanden werden, wie es in der Wirtschaftstheorie üblich ist: daß zu gegebenen Zielen die wirksamsten Mittel eingesetzt werden. [...] Auf den ersten Blick erscheint es kaum als naheliegend, daß Menschen, die sich als Gleiche sehen und ihre Ansprüche gegeneinander geltend machen können, sich auf einen Grundsatz einigen sollten, der einigen geringere Lebenschancen auferlegt, nur weil die Summe der Vorteile für die anderen größer ist. Da jeder seine Interessen – die Möglichkeit, seiner Vorstellung vom Guten nachzugehen – schützen möchte, gibt es für niemanden einen Grund, sich selbst mit einem dauernden Verlust zufrieden zu geben, um insgesamt mehr Befriedigung hervorzubringen. Ohne starke und beständige altruistische Motive würde kein vernünftiger Mensch eine Grundstruktur akzeptieren, nur weil sie die Summe der Annehmlichkeiten für alle zusammengenommen erhöht – ohne Rücksicht auf ihre dauernden Wirkungen auf seine eigenen Grundrechte und Interessen. Das Nutzenprinzip* scheint also unvereinbar zu sein mit der Vorstellung gesellschaftlicher Zusammenarbeit zwischen Gleichen zum gegenseitigen Vorteil, mit dem Gedanken der Gegenseitigkeit, der im Begriff einer wohlgeordneten Gesellschaft enthalten ist. Diese Auffassung werde ich jedenfalls vertreten.

Ich behaupte, daß die Menschen im Urzustand zwei ganz andere Grundsätze wählen würden: einmal die Gleichheit der Grundrechte und -pflichten; zum anderen den Grundsatz, daß soziale und wirtschaftliche Ungleichheiten, etwa verschiedener Reichtum oder verschiedene Macht, nur dann gerecht sind, wenn sich aus ihnen Vorteile für jedermann ergeben, insbesondere für die schwächsten Mitglieder der Gesellschaft. Nach diesen Grundsätzen kann man Institutionen nicht damit rechtfertigen, daß den Unbilden einiger ein größerer Gesamtnutzen gegenüberstehe. Es ist vielleicht zweckmäßig, aber nicht gerecht, daß einige weniger haben, damit es anderen besser geht. Es ist aber nichts Ungerechtes an den größeren Vorteilen weniger, falls es dadurch auch den nicht so Begünstigten besser geht. Die intuitive Vorstellung ist die, daß jedermanns Wohlergehen von der Zusammenarbeit abhängt, ohne die niemand ein befriedigendes Leben hätte, und daß daher die Verteilung der Güter jeden, auch den weniger Begünstigten, geneigt machen sollte, bereitwillig mitzuarbeiten. Die beiden soeben erwähnten Grundsätze dürften eine faire Grundlage dafür sein, daß die Begabteren oder sozial besser Gestellten – was beides nicht als Verdienst angesehen werden kann – auf die bereitwillige Mitarbeit anderer rechnen können, sofern eine funktionierende Regelung eine notwendige Bedingung für das Wohlergehen aller ist. Sobald man sich für eine Gerechtigkeitsvorstellung entschieden hat, die die Zufälligkeiten der natürlichen Begabung und der gesellschaftlichen Verhältnisse nicht zu politischen und wirtschaftlichen Vorteilen führen läßt, gelangt man zu diesen Grundsätzen. Sie lassen jene Seiten der sozialen Welt aus dem Spiel, die als moralisch willkürlich erscheinen.

* Nutzenprinzip »Principle of utility«. Gemeint ist das Prinzip der *Maximierung der Summe oder des Durchschnittswerts* des Nutzens. (Anm. d. Übers.)

(aus: Rawls, John: *Eine Theorie der Gerechtigkeit*. Aus dem Amerikanischen von Hermann Vetter © der deutschen Ausgabe Suhrkamp Verlag, Frankfurt a.M. 1975, S. 28–32.)

Arbeitsanregungen

1. Wie ist der Urzustand in Rawls' Theorie der Gerechtigkeit als Fairness beschaffen? Welche Funktion hat er?
2. Kennzeichnen Sie die Ähnlichkeiten und Unterschiede zum Naturzustand bei Hobbes.
3. Was ist nach Rawls unter »Gerechtigkeit als *Fairness*« zu verstehen?
4. Warum schließt Rawls die Zufälligkeiten der natürlichen Begabung (»Lotterie der Natur«) und der gesellschaftlichen Verhältnisse aus den Verhandlungen über die Gerechtigkeitsgrundsätze aus?
5. Worin bestehen die Unterschiede zwischen Rawls' Position und dem Nutzenprinzip?
6. Welche Grundsätze würden die Menschen nach Rawls im Urzustand wählen?

Deontologische Ethik

Immanuel Kant:
Grundlegung zur Metaphysik der Sitten *(1785)*

[DER GUTE WILLE]

Es ist überall nichts in der Welt, ja überhaupt auch außer derselben zu denken möglich, was ohne Einschränkung für gut könnte gehalten werden, als allein ein *guter Wille*. Verstand, Witz, Urteilskraft und wie die *Talente* des Geistes sonst heißen mögen, oder Mut, Entschlossenheit, Beharrlichkeit im Vorsatze, als Eigenschaften des *Temperaments*, sind ohne Zweifel in mancher Absicht gut und wünschenswert; aber sie können auch äußerst böse und schädlich werden, wenn der Wille, der von diesen Naturgaben Gebrauch machen soll und dessen eigentümliche Beschaffenheit darum *Charakter* heißt, nicht gut ist. Mit den *Glücksgaben* ist es ebenso bewandt. Macht, Reichtum, Ehre, selbst Gesundheit und das ganze Wohlbefinden und Zufriedenheit mit seinem Zustande, unter dem Namen der *Glückseligkeit*, machen Mut und hierdurch öfters auch Übermut, wo nicht ein guter Wille da ist, der den Einfluß derselben aufs Gemüt und hiermit auch das ganze Prinzip zu handeln berichtige und allgemein-zweckmäßig mache […].

Der gute Wille ist nicht durch das, was er bewirkt oder ausrichtet, nicht durch seine Tauglichkeit zu Erreichung irgend eines vorgesetzten Zweckes, sondern allein durch das Wollen, d.i. an sich gut […]. Wenngleich durch eine besondere Ungunst des Schicksals, oder durch kärgliche Ausstattung einer stiefmütterlichen Natur es diesem Willen gänzlich an Vermögen fehlte, seine Absicht durchzusetzen; wenn bei seiner größten Bestrebung dennoch nichts von ihm ausgerichtet würde, und nur der gute Wille (freilich nicht etwa als ein bloßer Wunsch, sondern als die Aufbietung aller Mittel, soweit sie in unserer Gewalt sind) übrig bliebe: so würde er wie ein Juwel doch für sich selbst glänzen als etwas, das seinen vollen Wert in sich selbst hat. Die Nützlichkeit oder Fruchtlosigkeit kann diesem Werte weder etwas zusetzen noch abnehmen. [...]

[DER GUTE WILLE IST IM HANDELN *rein aus Pflicht* ENTHALTEN]
Um aber den Begriff eines an sich selbst hochzuschätzenden und ohne weitere Absicht guten Willens, so wie er schon dem natürlichen gesunden Verstande beiwohnt und nicht sowohl gelehrt als vielmehr nur aufgeklärt zu werden bedarf, diesen Begriff, der in der Schätzung des ganzen Wertes unserer Handlungen immer obenan steht und die Bedingung alles übrigen ausmacht, zu entwickeln: wollen wir den Begriff der *Pflicht* vor uns nehmen, der den eines guten Willens, obzwar unter gewissen subjektiven Einschränkungen und Hindernissen, enthält [...].

Wohltätig sein, wo man kann, ist Pflicht, und überdem gibt es manche so teilnehmend gestimmte Seelen, daß sie, auch ohne einen anderen Bewegungsgrund der Eitelkeit oder des Eigennutzes, ein inneres Vergnügen daran finden, Freude um sich zu verbreiten, und die sich an der Zufriedenheit anderer, sofern sie ihr Werk ist, ergötzen können. Aber ich behaupte, daß in solchem Falle dergleichen Handlung, so pflichtmäßig, so liebenswürdig sie auch ist, dennoch keinen wahren sittlichen Wert habe, sondern mit anderen Neigungen zu gleichen Paaren gehe, z. E. der Neigung nach Ehre, die, wenn sie glücklicherweise auf das trifft, was in der Tat gemeinnützig und pflichtmäßig, mithin ehrenwert ist, Lob und Aufmunterung, aber nicht Hochschätzung verdient; denn der Maxime¹ fehlt der sittliche Gehalt, nämlich solche Handlungen nicht aus Neigung, sondern *aus Pflicht* zu tun. Gesetzt also, das Gemüt jenes Menschenfreundes wäre vom eigenen Gram umwölkt, der alle Teilnehmung an anderer Schicksal auslöscht, er hätte immer noch Vermögen, anderen Notleidenden wohlzutun, aber fremde Not rührte ihn nicht, weil er mit seiner eigenen genug beschäftigt ist, und nun, da keine Neigung ihn mehr dazu anreizt, risse er sich doch aus dieser tödlichen Unempfindlichkeit heraus und täte die Handlung ohne alle Neigung, lediglich aus Pflicht, alsdann hat sie allererst ihren echten moralischen Wert. Noch mehr: wenn die Natur diesem oder jenem überhaupt wenig Sympathie ins Herz gelegt hätte, wenn er (übrigens ein ehrlicher Mann) von Temperament kalt und gleichgültig gegen die Leiden anderer wäre [...]; wenn die Natur einen solchen Mann (welcher wahrlich nicht ihr schlechtestes Produkt sein würde) nicht eigentlich zum Menschenfreunde gebildet hätte, würde er denn nicht noch in sich einen Quell finden, sich selbst einen weit höheren Wert zu geben, als der eines gutartigen Temperaments sein mag? Allerdings! gerade da hebt der Wert des Charakters an, der moralisch und ohne alle Vergleichung der höchste ist, nämlich daß er wohltue, nicht aus Neigung, sondern aus Pflicht. [...]

[GUTER WILLE – HANDELN AUS PFLICHT – HANDELN NACH DEM KATEGORISCHEN IMPERATIV]
Es liegt also der moralische Wert der Handlung nicht in der Wirkung, die daraus erwartet wird, also auch nicht in irgend einem Prinzip der Handlung, welches seinen Bewegungsgrund von dieser erwarteten Wirkung zu entlehnen bedarf. Denn alle diese Wirkungen (Annehmlichkeit seines Zustandes, ja gar Beförderung fremder Glückseligkeit) konnten auch durch andere Ursachen zustandegebracht werden, und es brauchte also dazu nicht des Willens eines vernünftigen Wesens; worin gleichwohl das höchste und unbedingte Gute allein angetroffen werden kann. Es kann daher nichts anderes als die *Vorstellung des Gesetzes* an sich selbst, *die freilich nur im vernünftigen Wesen stattfindet*, sofern sie, nicht aber die verhoffte Wirkung, der Bestimmungsgrund des Willens ist, das so vorzügliche Gute, welches wir sittlich nennen, ausmachen, welches in der Person selbst schon gegenwärtig ist, die danach handelt, nicht aber allererst aus der Wirkung erwartet werden darf.

Was kann das aber wohl für ein Gesetz sein, dessen Vorstellung, auch ohne auf die daraus erwartete Wirkung Rücksicht zu nehmen, den Willen bestimmen muß, damit dieser schlechterdings und ohne Einschränkung gut heißen könne? Da ich den Willen aller Antriebe beraubt habe, die ihm aus der Befolgung irgend eines Gesetzes entspringen könnten, so bleibt nichts als die allgemeine Gesetzmäßigkeit der Handlungen überhaupt übrig, welche allein dem Willen zum Prinzip dienen soll, d. i. ich soll niemals anders verfahren als so, *daß ich auch wollen könne, meine Maxime solle ein allgemeines Gesetz werden.* Hier ist nun die bloße Gesetzmäßigkeit überhaupt (ohne irgend ein auf gewisse Handlungen bestimmtes Gesetz zum Grunde zu legen) das, was dem Willen zum Prinzip dient und ihm auch dazu dienen muß, wenn Pflicht nicht überall ein leerer Wahn und chimärischer Begriff sein soll; hiermit stimmt die gemeine Menschenvernunft in ihrer praktischen Beurteilung

---
¹ subjektiver Handlungsgrundsatz

auch vollkommen überein und hat das gedachte Prinzip jederzeit vor Augen.

Die Frage sei z.B.: darf ich, wenn ich im Gedränge bin, nicht ein Versprechen tun in der Absicht, es nicht zu halten? Ich mache hier leicht den Unterschied, den die Bedeutung der Frage haben kann, ob es klüglich oder ob es pflichtmäßig sei, ein falsches Versprechen zu tun. Das erstere kann ohne Zweifel öfters stattfinden. [...]

Allein es leuchtet mir hier bald ein, daß eine solche Maxime doch immer nur die besorglichen Folgen zum Grunde habe. Nun ist es doch etwas ganz anderes, aus Pflicht wahrhaft zu sein, als aus Besorgnis der nachteiligen Folgen: indem im ersten Falle der Begriff der Handlung an sich selbst schon ein Gesetz für mich enthält, im zweiten ich mich allererst anderwärtsher umsehen muss, welche Wirkungen für mich wohl damit verbunden sein möchten. Denn wenn ich von dem Prinzip der Pflicht abweiche, so ist es ganz gewiß böse; werde ich aber meiner Maxime der Klugheit abtrünnig, so kann das mir doch manchmal sehr vorteilhaft sein, wiewohl es freilich sicherer ist, bei ihr zu bleiben. Um indessen mich in Ansehung der Beantwortung dieser Aufgabe, ob ein lügenhaftes Versprechen pflichtmäßig sei, auf die allerkürzeste und doch untrügliche Art zu belehren, so frage ich mich selbst: Würde ich wohl damit zufrieden sein, daß meine Maxime (mich durch ein unwahres Versprechen aus Verlegenheit zu ziehen) als ein allgemeines Gesetz (sowohl für mich als andere) gelten solle? Und würde ich wohl zu mir sagen können: es mag jedermann ein unwahres Versprechen tun, wenn er sich in Verlegenheit befindet, daraus er sich auf andere Art nicht ziehen kann? So werde ich bald inne, daß ich zwar die Lüge, aber ein allgemeines Gesetz zu lügen gar nicht wollen könne; denn nach einem solchen würde es eigentlich gar kein Versprechen geben, weil es vergeblich wäre, meinen Willen in Ansehung meiner künftigen Handlungen anderen vorzugeben, die diesem Vorgeben doch nicht glauben oder, wenn sie es übereilterweise täten, mich doch mit gleicher Münze bezahlen würden; mithin meine Maxime, sobald sie zum allgemeinen Gesetze gemacht würde, sich selbst zerstören müsse. [...]

[MENSCH UND MENSCHHEIT ALS ZWECK AN SICH]
Die Zwecke, die sich ein vernünftiges Wesen als *Wirkungen* seiner Handlung nach Belieben vorsetzt (materiale Zwecke), sind insgesamt nur relativ; denn nur bloß ihr Verhältnis auf ein besonders geartetes Begehrungsvermögen des Subjekts gibt ihnen den Wert, der daher keine allgemeine für alle vernünftige Wesen, und auch nicht für jedes Wollen gültige und notwendige Prinzipien, d.i. praktische Gesetze, an die Hand geben kann. [...]

Gesetzt aber, es gäbe etwas, *dessen Dasein an sich selbst* einen absoluten Wert hat, was, als *Zweck an sich selbst*, ein Grund bestimmter Gesetze sein könnte, so würde in ihm, und nur in ihm allein, der Grund eines möglichen kategorischen Imperativs, d.i. praktischen Gesetzes, liegen.

Nun sage ich: der Mensch und überhaupt jedes vernünftige Wesen *existiert* als Zweck an sich selbst, *nicht bloß als Mittel* zum beliebigen Gebrauche für diesen oder jenen Willen, sondern muß in allen seinen, sowohl auf sich selbst, als auch auf andere vernünftige Wesen gerichteten Handlungen, jederzeit *zugleich als Zweck* betrachtet werden. Alle Gegenstände der Neigungen haben nur einen bedingten Wert; denn wenn die Neigungen und darauf gegründete Bedürfnisse nicht wären, so würde ihr Gegenstand ohne Wert sein. Die Neigungen selber aber, als Quellen der Bedürfnisse, haben so wenig einen absoluten Wert, um sie selbst zu wünschen, daß vielmehr gänzlich davon frei zu sein, der allgemeine Wunsch eines jeden vernünftigen Wesens sein muß. Also ist der Wert aller durch unsere Handlung *zu erwerbenden* Gegenstände jederzeit bedingt. Die Wesen, deren Dasein zwar nicht auf unserem Willen, sondern der Natur beruht, haben dennoch, wenn sie vernunftlose Wesen sind, nur einen relativen Wert, als Mittel, und heißen daher *Sachen*, dagegen vernünftige Wesen *Personen* genannt werden, weil ihre Natur sie schon als Zwecke an sich selbst, d.i. als etwas, das nicht bloß als Mittel gebraucht werden darf, auszeichnet, mithin sofern alle Willkür einschränkt (und ein Gegenstand der Achtung ist). Dies sind also nicht bloß subjektive Zwecke, deren Existenz, als Wirkung unserer Handlung, *für uns* einen Wert hat; sondern *objektive Zwecke*, d.i. Dinge, deren Dasein an sich selbst Zweck ist, und zwar ein solcher, an dessen Statt kein anderer Zweck gesetzt werden kann, dem sie *bloß* als Mittel zu Diensten stehen sollten, weil ohne dieses überall gar nichts von *absolutem Werte* würde angetroffen werden; wenn aber aller Wert bedingt, mithin zufällig wäre, so könnte für die Vernunft überall kein oberstes praktisches Prinzip angetroffen werden.

Wenn es denn also ein oberstes praktisches Prinzip und, in Ansehung des menschlichen Willens, einen kategorischen Imperativ geben soll, so muß es ein solches sein, das aus der Vorstellung dessen, was notwendig für jedermann Zweck ist, weil es *Zweck an sich selbst* ist, ein *objektives* Prinzip des Willens ausmacht, mithin zum allgemeinen praktischen Gesetz dienen kann. Der Grund dieses Prinzips ist: *die vernünftige Natur existiert als Zweck an sich selbst.*

So stellt sich notwendig der Mensch sein eigenes Dasein vor; sofern ist es also ein *subjektives* Prinzip menschlicher Handlungen. So stellt sich aber auch jedes andere vernünftige Wesen sein Dasein, zufolge eben desselben Vernunft-
220 grundes, der auch für mich gilt, vor; also ist es zugleich ein *objektives* Prinzip, woraus, als einem obersten praktischen Grunde, alle Gesetze des Willens müssen abgeleitet werden können. Der praktische Imperativ wird also folgender sein: *Handle so, daß du die Menschheit, sowohl in deiner Person*
225 *als in der Person eines jeden anderen, jederzeit zugleich als Zweck, niemals bloß als Mittel brauchst.*

(aus: Kant, Immanuel: *Grundlegung zur Metaphysik der Sitten*, hg. von Karl Vorländer. Hamburg ⁷1994, S. 10, 14–16, 20f., 50f. Neuausgabe Hamburg 1999.)

Arbeitsanregungen

1. Was meint Kant, wenn er den »guten Willen« als »ohne Einschränkung gut« bezeichnet?
2. Erläutern Sie anhand des zweiten Kant-Textauszuges, welche Handlungen »wahren sittlichen Wert« haben und welche nicht.
3. Alltagssprachlich ist häufig davon die Rede, dass jemand »guten Willens« sei oder seine »Pflicht« erfülle. Inwiefern unterscheidet sich Kants Verwendung und Charakterisierung dieser Begriffe vom Alltagssprachgebrauch?
4. Kant bestimmt das Gutsein des Willens rein formal, d. h. über dessen gesetzmäßige Form. Welchem Gesetz folgt der »gute Wille«?
5. Spielen Sie das Beispiel des dritten Textauszuges (»ein Versprechen tun in der Absicht, es nicht zu halten«) möglichst genau in eigenen Worten durch: Wie muss man nach Kant verfahren, um zu überprüfen, ob eine Handlung moralisch gut ist? Wann ist sie moralisch nicht gut?
6. Was ist der Unterschied zwischen dem kategorischen Imperativ und der sogenannten ›Goldenen Regel‹: »Was du nicht willst, was man dir tu, das füg auch keinem andern zu«?
7. Kant definiert an anderer Stelle: »Pflicht ist die Notwendigkeit einer Handlung aus Achtung fürs Gesetz.« Erläutern Sie dieses Zitat mithilfe der vorliegenden Textauszüge.
8. Finden Sie Beispielfälle, in denen eine Person legitimerweise als Mittel und zugleich als Zweck gebraucht wird, und andere, in denen eine Person als bloßes Mittel instrumentalisiert wird.

Konsequentialistische Ethik

Jeremy Bentham:
Eine Einführung in die Prinzipien der Moral und der Gesetzgebung *(1798)*

[Zum Prinzip der Nützlichkeit]
1. Die Natur hat die Menschheit unter die Herrschaft zweier souveräner Gebieter – *Leid* und *Freude* – gestellt. Es ist an ihnen allein aufzuzeigen, was wir tun sollen, wie auch zu bestimmen, was wir tun werden. Sowohl der Maßstab für Richtig und Falsch als auch die Kette der Ursachen und Wirkungen sind an ihrem Thron festgemacht. Sie beherrschen uns in allem, was wir tun, was wir sagen, was wir denken: Jegliche Anstrengung, die wir auf uns nehmen können, um unser Joch von uns zu schütteln, wird lediglich dazu dienen, es zu beweisen und zu bestätigen. Jemand mag zwar mit Worten vorgeben, ihre Herrschaft zu leugnen, aber in Wirklichkeit wird er ihnen ständig unterworfen bleiben. Das *Prinzip der Nützlichkeit* erkennt dieses Joch an und übernimmt es für die Grundlegung jenes Systems, dessen Ziel es ist, das Gebäude der Glückseligkeit durch Vernunft und Recht zu errichten. Systeme, die es in Frage zu stellen versuchen, geben sich mit Lauten anstatt mit Sinn, mit einer Laune anstatt mit der Vernunft, mit Dunkelheit anstatt mit Licht ab.

Doch genug des bildlichen und pathetischen Sprechens: Durch solche Mittel kann die Wissenschaft der Moral nicht verbessert werden.

2. Das Prinzip der Nützlichkeit ist die Grundlage des vorliegenden Werkes; es wird daher zweckmäßig sein, mit einer ausdrücklichen und bestimmten Erklärung dessen zu beginnen, was mit ihm gemeint ist. Unter dem Prinzip der Nützlichkeit ist jenes Prinzip zu verstehen, das schlechthin jede Handlung in dem Maß billigt oder mißbilligt, wie ihr die Tendenz innezuwohnen scheint, das Glück der Gruppe, deren Interesse in Frage steht, zu vermehren oder zu vermindern oder – das gleiche mit anderen Worten gesagt – dieses Glück zu befördern oder zu verhindern. Ich sagte: schlechthin jede Handlung, also nicht nur jede Handlung einer Privatperson, sondern auch jede Maßnahme der Regierung.

3. Unter Nützlichkeit ist jene Eigenschaft an einem Objekt zu verstehen, durch die es dazu neigt, Gewinn, Vorteil, Freude, Gutes oder Glück hervorzubringen (dies alles läuft im vorliegenden Fall auf das gleiche hinaus) oder (was ebenfalls auf das gleiche hinausläuft) die Gruppe, deren Interesse erwogen wird, vor Unheil, Leid, Bösem oder Unglück zu bewahren; sofern es sich bei dieser Gruppe um die Gemeinschaft im Allgemeinen handelt, geht es um das Glück der Gemeinschaft; sofern es sich um ein bestimmtes Individuum handelt, geht es um das Glück dieses Individuums.

4. »Das Interesse der Gemeinschaft« ist einer der allgemeinsten Ausdrücke, die in den Redeweisen der Moral vorkommen können; kein Wunder, daß sein Sinn oft verloren geht. Wenn er einen Sinn hat, dann diesen: Die Gemeinschaft ist ein fiktiver *Körper,* der sich aus den Einzelpersonen zusammensetzt, von denen man annimmt, daß sie sozusagen seine *Glieder* bilden. Was also ist das Interesse der Gemeinschaft? – Die Summe der Interessen der verschiedenen Glieder, aus denen sie sich zusammensetzt.

5. Es hat keinen Sinn, vom Interesse der Gemeinschaft zu sprechen, ohne zu wissen, was das Interesse des Individuums ist. Man sagt von einer Sache, sie sei dem Interesse förderlich oder *zugunsten* des Interesses eines Individuums, wenn sie dazu neigt, zur Gesamtsumme seiner Freuden beizutragen: oder, was auf das gleiche hinausläuft, die Gesamtsumme seiner Leiden zu vermindern.

6. Man kann also von einer Handlung sagen, sie entspreche dem Prinzip der Nützlichkeit oder der Kürze halber – der Nützlichkeit (das heißt in Bezug auf die Gemeinschaft insgesamt), wenn die ihr innewohnende Tendenz, das Glück der Gemeinschaft zu vermehren, größer ist als irgendeine andere ihr innewohnende Tendenz, es zu vermindern.

7. Von einer Maßnahme der Regierung (die nichts anderes ist als eine von einer einzelnen oder von mehreren Personen ausgeführte einzelne Handlungsweise) kann man sagen, sie entspreche dem Prinzip der Nützlichkeit oder sei von diesem geboten, wenn in analoger Weise die ihr innewohnende Tendenz, das Glück der Gemeinschaft zu vermehren, größer ist als irgendeine andere ihr innewohnende Tendenz, es zu vermindern. […]

10. Von einer Handlung, die mit dem Prinzip der Nützlichkeit übereinstimmt, kann man stets entweder sagen, sie sei eine Handlung, die getan werden soll, oder zum Mindesten, sie sei keine Handlung, die nicht getan werden soll. Man kann auch sagen, es sei richtig zu sagen, daß sie getan werden sollte; es sei zum Mindesten nicht falsch zu sagen, daß sie getan werden sollte: sie sei eine richtige Handlung; zum Mindesten sei sie keine falsche Handlung. So verstanden haben die Wörter *sollen, richtig* und *falsch* sowie andere Wörter dieser Art einen Sinn; werden sie anders verstanden, haben sie keinen Sinn.

11. Ist die Richtigkeit dieses Prinzips jemals förmlich bestritten worden? Anscheinend ja, und zwar von denen, die nicht wußten, was sie meinten. Ist es eines direkten Beweises fähig? Anscheinend nein: denn was dazu dient, um etwas anderes zu beweisen, kann nicht selber bewiesen werden; eine Beweiskette muß irgendwo anfangen. Es ist ebenso unmöglich wie überflüssig, einen solchen Beweis vorzulegen.

12. Nicht daß es jenes lebendige menschliche Wesen gibt oder jemals gegeben hat – ganz gleich wie dumm oder verderbt es sein mag –, das sich ihm nicht in vielen, vielleicht sogar in den meisten Augenblicken seines Lebens unterworfen hat. Aufgrund der natürlichen Beschaffenheit der menschlichen Verfaßtheit machen sich im Allgemeinen die Menschen dieses Prinzip in den meisten Augenblicken ihres Lebens zu eigen, ohne darüber nachzudenken; wenn nicht zur Leitung ihrer eigenen Handlungen, so doch zur Prüfung sowohl ihrer eigenen Handlungen als auch derer anderer Menschen. Gleichwohl hat es nicht viele – vielleicht nicht einmal unter den Intelligentesten – gegeben, die geneigt waren, es sich ausschließlich und vorbehaltlos zu eigen zu machen. Es sind sogar nur wenige, die nicht bei der einen oder anderen Gelegenheit mit ihm gehadert haben, sei es weil sie nicht immer wußten, wie sie es anwenden sollten, sei es aufgrund irgendeines Vorurteils, das zu überprüfen sie sich scheuten, oder von dem sich zu trennen sie nicht ertragen konnten. Denn aus solchem Stoff ist der Mensch gemacht: Im Prinzip wie in der Praxis, auf dem richtigen wie auf dem falschen Weg ist Folgerichtigkeit die seltenste aller menschlichen Eigenschaften.

13. Wenn jemand das Prinzip der Nützlichkeit zu bekämpfen versucht, so geschieht dies mit Gründen, die, ohne dass er sich dessen bewußt ist, auf eben diesem Prinzip beruhen. Sofern seine Argumente etwas beweisen, beweisen sie nicht, daß das Prinzip *falsch* ist, sondern daß es *falsch angewendet* worden ist [...].

[ZUR BERECHNUNG DER NÜTZLICHKEIT]

[...] 4. Für eine *Anzahl* von Personen wird der Wert einer Freude oder eines Leids, sofern man sie im Hinblick auf jede von ihnen betrachtet, gemäß sieben Umständen größer oder kleiner sein: [...]

   a) die *Intensität*,
   b) die *Dauer*,
   c) die *Gewißheit* oder *Ungewißheit*,
   d) die *Nähe* oder *Ferne*,
   e) die *Folgenträchtigkeit*,
   f) die *Reinheit* einer Freude oder eines Leids. Hinzu kommt ein weiterer Umstand, nämlich
   g) das *Ausmaß*, das heißt die Anzahl der Personen, auf die Freude oder Leid sich *erstrecken* oder (mit anderen Worten) die davon betroffen sind.

5. Wenn man also die allgemeine Tendenz einer Handlung, durch die die Interessen einer Gemeinschaft betroffen sind, genau bestimmen will, verfahre man folgendermaßen. Man beginne mit einer der Personen, deren Interessen am unmittelbarsten durch eine derartige Handlung betroffen zu sein scheinen, und bestimme:

   a) den Wert jeder erkennbaren *Freude*, die von der Handlung in *erster* Linie hervorgebracht zu sein scheint;
   b) den Wert jeden *Leids*, das von ihr in *erster* Linie hervorgebracht zu sein scheint;
   c) den Wert jeder Freude, die von ihr in *zweiter* Linie hervorgebracht zu sein scheint. Dies begründet die *Folgenträchtigkeit* der ersten *Freude* und die *Unreinheit* des ersten *Leids;*
   d) den Wert jeden *Leids,* das von ihr in zweiter Linie anscheinend hervorgebracht wird. Dies begründet die *Folgenträchtigkeit* des ersten *Leids* und die *Unreinheit* der ersten *Freude.*
   e) Man addiere die Werte aller *Freuden* auf der einen und die aller *Leiden* auf der anderen Seite. Wenn die Seite der Freude überwiegt, ist die Tendenz der Handlung im Hinblick auf die Interessen dieser *einzelnen* Person insgesamt *gut;* überwiegt die Seite des Leids, ist ihre Tendenz insgesamt *schlecht.*
   f) Man bestimme die *Anzahl* der Personen, deren Interessen anscheinend betroffen sind, und wiederhole das oben genannte Verfahren im Hinblick auf jede von ihnen. Man *addiere* die Zahlen, die den Grad der *guten* Tendenz ausdrücken, die die Handlung hat – und zwar in Bezug auf jedes Individuum, für das die Tendenz insgesamt *gut* ist; das gleiche tue man in Bezug auf jedes Individuum, für das die Tendenz insgesamt *schlecht* ist. Man ziehe die *Bilanz;* befindet sich das Übergewicht auf der Seite der *Freude,* so ergibt sich daraus für die betroffene Gesamtzahl oder Gemeinschaft von Individuen eine allgemein *gute Tendenz* der Handlung; befindet es sich auf der Seite des *Leids,* ergibt sich daraus für die gleiche Gemeinschaft eine allgemein *schlechte Tendenz.*

6. Es kann nicht erwartet werden, daß dieses Verfahren vor jedem moralischen Urteil und vor jeder gesetzgebenden oder richterlichen Tätigkeit streng durchgeführt werden sollte. Es mag jedoch immer im Blick sein, und je mehr sich das bei solchen Anlässen tatsächlich durchgeführte Verfahren diesem annähert, desto mehr wird sich ein solches Verfahren dem Rang eines exakten Verfahrens annähern.

(aus: Bentham, Jeremy: *Eine Einführung in die Prinzipien der Moral und der Gesetzgebung* (1798), übers. v. A. Piper, abgedr. in: Höffe, Otfried (Hg.): *Einführung in die utilitaristische Ethik*, Tübingen/Basel: A. Francke Verlag ⁴2008, S. 55–59, 80f., ohne Anmerkungen.)

Arbeitsanregungen

1. Was ist nach Bentham eine moralisch richtige Handlung?
2. Zeigen Sie auf, inwiefern Benthams Position ein außermoralisches Gut zum Maßstab der moralischen Beurteilung von Handlungen macht.
3. Beschreiben Sie die Textgestaltung und die Argumentationsweise von Bentham. Stellen Sie Bezüge zum Inhalt her, um den vorliegenden Denkansatz zu verdeutlichen.
4. Wählen Sie sich eine Entscheidungssituation aus und wenden Sie das im Text erläuterte Nutzenkalkül an. Notieren Sie anschließend Möglichkeiten, Probleme und Schwierigkeiten, die sich dabei ergeben.
5. Vergleichen Sie Benthams Grundannahmen über die moralische Richtigkeit einer Handlung mit denen bei Kant.

John Stuart Mill: Der Utilitarismus *(1871)*

Die Auffassung, für die die Nützlichkeit oder das Prinzip des größten Glücks die Grundlage der Moral ist, besagt, daß Handlungen insoweit und in dem Maße moralisch richtig sind, als sie die Tendenz haben Glück zu befördern, und insoweit moralisch falsch sind, als sie die Tendenz haben das Gegenteil von Glück zu bewirken. Unter »Glück« (happiness) ist dabei Lust (pleasure) und das Freisein von Unlust (pain), unter »Unglück« (unhappiness) Unlust und das Fehlen von Lust verstanden. Damit die von dieser Theorie aufgestellte Norm deutlich wird, muß freilich noch einiges mehr gesagt werden, insbesondere darüber, was die Begriffe Lust und Unlust einschließen sollen und inwieweit dies von der Theorie offen gelassen wird. Aber solche zusätzlichen Erklärungen ändern nichts an der Lebensauffassung, auf der diese Theorie der Moral wesentlich beruht: daß Lust und das Freisein von Unlust die einzigen Dinge sind, die als Endzwecke wünschenswert sind, und daß alle anderen wünschenswerten Dinge (die nach utilitaristischer Auffassung ebenso vielfältig sind wie nach jeder anderen) entweder deshalb wünschenswert sind, weil sie selbst lustvoll sind oder weil sie Mittel sind zur Beförderung von Lust und zur Vermeidung von Unlust.

Eine solche Lebensauffassung stößt bei vielen Menschen, darunter manchen, deren Fühlen und Trachten im höchsten Maße achtenswert ist, auf eingewurzelte Abneigung. Der Gedanke, daß das Leben (wie sie sagen) keinen höheren Zweck habe als die Lust, kein besseres und edleres Ziel des Wollens und Strebens, erscheint ihnen im äußersten Grade niedrig und gemein; als eine Ansicht, die nur der Schweine würdig wäre, mit denen die Anhänger Epikurs ja schon sehr früh verächtlich gleichgesetzt wurden. [...]

Auf Angriffe dieser Art haben die Epikureer stets geantwortet, daß nicht sie, sondern ihre Ankläger es sind, die die menschliche Natur in entwürdigendem Lichte erscheinen lassen, da die Anklage ja unterstellt, daß Menschen keiner anderen Lust fähig sind als der, deren auch Schweine fähig sind. [...] Die Anerkennung der Tatsache, daß einige Arten der Freude wünschenswerter und wertvoller sind als andere, ist mit dem Nützlichkeitsprinzip durchaus vereinbar. Es wäre unsinnig anzunehmen, daß der Wert einer Freude ausschließlich von der Quantität abhängen sollte, wo doch in der Wertbestimmung aller anderen Dinge neben der Quantität auch die Qualität Berücksichtigung findet.

Fragt man mich nun, was ich meine, wenn ich von der unterschiedlichen Qualität von Freuden spreche, und was eine Freude – bloß als Freude, unabhängig von ihrem größeren Betrag – wertvoller als eine andere macht, so gibt es nur eine mögliche Antwort: von zwei Freuden ist diejenige wünschenswerter, die von allen oder nahezu allen, die beide erfahren haben – ungeachtet des Gefühls eine von beiden aus moralischen Gründen vorziehen zu müssen –, entschieden bevorzugt wird. Wird die eine von zwei Freuden von denen, die beide kennen und beurteilen können, so weit über die andere gestellt, daß sie sie auch dann noch vorziehen, wenn sie wissen, daß sie größere Unzufriedenheit verursacht, und sie gegen noch so viele andere Freuden, die sie erfahren könnten, nicht eintauschen möchten, sind wir berechtigt jener Freude eine höhere Qualität zuzuschreiben, die die Quantität so weit übertrifft, daß diese im Vergleich nur gering ins Gewicht fällt.

Es ist nun aber eine unbestreitbare Tatsache, daß diejenigen, die mit beiden gleichermaßen bekannt und für beide gleichermaßen empfänglich sind, der Lebensweise entschieden den Vorzug geben, an der auch ihre höheren Fähigkeiten beteiligt sind. Nur wenige Menschen würden darein einwilligen, sich in eines der niederen Tiere verwandeln zu lassen, wenn man ihnen verspräche, daß sie die Befriedigungen des Tiers im vollen Umfange auskosten dürften. Kein intelligenter Mensch möchte ein Narr, kein gebildeter Mensch ein Dummkopf, keiner, der feinfühlig und gewissenhaft ist, selbstsüchtig und niederträchtig sein – auch wenn sie überzeugt wären, daß der Narr, der Dummkopf oder der Schurke mit seinem Schicksal zufriedener ist als sie mit dem ihren.

[...]

Nach dem Prinzip des größten Glücks ist, wie oben erklärt, der letzte Zweck, bezüglich dessen und um dessentwillen alles andere wünschenswert ist (sei dies unser eigenes Wohl oder das Wohl anderer), ein Leben, das so weit wie möglich frei von Unlust und in quantitativer wie in qualitativer Hinsicht so reich wie möglich an Lust ist; wobei der Maßstab, an dem Qualität gemessen und mit der Quantität verglichen wird, die Bevorzugung derer ist, die ihrem Erfahrungshorizont nach – einschließlich Selbsterfahrung und Selbstbeobachtung – die besten Vergleichsmöglichkeiten besitzen. Indem dies nach utilitaristischer Auffassung der Endzweck des menschlichen Handelns ist, ist es notwendigerweise auch die Norm der Moral. Diese kann also definiert werden als die Gesamtheit der Handlungsregeln und Handlungsvorschriften, durch deren Befolgung ein Leben der angegebenen Art für die gesamte Menschheit im größtmöglichen Umfange erreichbar ist; und nicht nur für sie, sondern, soweit es die Umstände erlauben, für die gesamte fühlende Natur.

[...]

Ich muß noch einmal auf das zurückkommen, was die Gegner des Utilitarismus nur selten zur Kenntnis nehmen wollen: daß das Glück, das den utilitaristischen Maßstab des moralisch richtigen Handelns darstellt, nicht das Glück des Handelnden selbst, sondern das Glück aller Betroffenen ist. Der Utilitarismus fordert von jedem Handelnden zwischen seinem eigenen Glück und dem der anderen mit ebenso strenger Unparteilichkeit zu entscheiden wie ein unbeteiligter und wohlwollender Zuschauer.

(aus: Mill, John Stuart: *Der Utilitarismus*, übers. von D. Birnbacher. Stuttgart 1976, S. 13 f., 21, 30.)

Arbeitsanregungen

1. Erläutern Sie, inwiefern Mills Position eine Erweiterung zu Benthams Theorie darstellt.
2. Welche Kriterien führen nach Mill zu der im Text erläuterten Hierarchie der Freuden?
3. Wählen Sie Beispiele für Freuden aus und bilden Sie eine Hierarchie, die Mills Vorstellungen entspricht. Welche Vor- und Nachteile ergeben sich im Vergleich mit Benthams Position?

William K. Frankena: Analytische Ethik *(1963)*

Zwei Formen des Utilitarismus

Wir müssen zwei Formen des Utilitarismus unterscheiden: den *Handlungsutilitarismus* und den *Regelutilitarismus*.

Handlungsutilitaristen sind der Meinung, man solle, was richtig oder pflichtgemäß ist, im allgemeinen (oder zumindest, sofern es durchführbar ist) unter unmittelbarer Heranziehung des Prinzips der Nützlichkeit entscheiden; mit anderen Worten, man solle herauszufinden suchen, welche der möglichen Handlungen vermutlich das größte Übergewicht von guten gegenüber schlechten Konsequenzen in der Welt herbeiführen wird. Man muß sich fragen: »Welche Folgen wird *meine* Ausführung *dieser* Handlung in *dieser* Situation haben?« und nicht: »Welche Folgen wird die *allgemeine* Ausführung *derartiger* Handlungen in *derartigen* Situationen haben?« Verallgemeinerungen wie »Die Wahrheit zu sagen, dient wahrscheinlich immer dem größten allgemeinen Wohl« oder »Die Wahrheit zu sagen, dient im allgemeinen dem größten allgemeinen Wohl« mögen als Faustregeln, gegründet auf in der Vergangenheit gemachte Erfahrungen, von Nutzen sein; aber die entscheidende Frage ist stets, ob es in *diesem* Fall dem größten allgemeinen Wohl dient, die Wahrheit zu sagen, oder nicht. Es kann niemals richtig sein, der Regel, die Wahrheit zu sagen, Folge zu leisten, wenn in einem konkreten Fall stichhaltige Gründe für die Annahme bestehen, daß dem genannten Ziel mit einer Lüge besser gedient ist – so wenig, wie es richtig sein kann zu behaupten, alle Krähen seien schwarz, beim Anblick einer Krähe, die es nicht ist. Bentham und G. E. Moore waren vermutlich dieser Ansicht, vielleicht sogar Mill.

Anderer Meinung ist der Regelutilitarismus, den man ebenfalls gelegentlich Mill zuschreibt, der aber erst in der letzten Zeit populär geworden ist. Wie die regeldeontologische Auffassung betont auch der Regelutilitarismus die zentrale Rolle von Regeln für die Moral und besteht darauf, – wenn schon nicht immer, so doch im allgemeinen – konkrete moralische Entscheidungen im Einklang mit einer Regel zu fällen (wie der Regel, die Wahrheit zu sagen), ohne Rücksicht darauf, welche Handlungsalternative in der betreffenden Situation die besten Folgen hat. Aber anders als die deontologische Auffassung, verlangt der Regelutilitarismus weiter, Regeln stets so zu wählen, daß sie ihrerseits auf das größte allgemeine Wohl ausgerichtet sind. Das heißt, die Frage lautet nicht mehr, welche *Handlung* am nützlichsten ist, sondern welche *Regel*. Wenn wir eine Handlung in Betracht ziehen, so sollten wir uns nicht fragen »Was werden die Folgen sein, wenn ich in diesem Fall so handle?«, sondern »Was wären die Folgen, wenn jeder in derartigen Fällen so handelte?« – eine Frage, die wir uns tatsächlich in unseren moralischen Überlegungen häufig stellen. Das Utilitätsprinzip wird – im Normalfall zumindest – nicht bei der Festlegung unserer konkreten Pflichten relevant, sondern bei der Festlegung von Regeln, nach denen diese sich richten. Die Auswahl, Beibehaltung, Abänderung und Aufhebung dieser Regeln darf allein auf der Basis ihrer Nützlichkeit erfolgen. Das Prinzip der Nützlichkeit bleibt damit der letzte Maßstab, wenn es auch, anstatt auf der Ebene von konkreten Urteilen, auf der Ebene von Regeln eingreift.

Auch der Handlungsutilitarist kann den Gebrauch von Regeln zulassen. Er muß jedoch eine Regel wie »Sag die Wahrheit« im Sinne von »Die Wahrheit zu sagen, dient im allgemeinen dem größten allgemeinen Wohl« auffassen, der Regelutilitarist dagegen im Sinne von »*Immer* die Wahrheit zu sagen, dient dem größten allgemeinen Wohl«.

Das bedeutet, daß es für den Regelutilitaristen die Pflicht geben kann, einer Regel einfach deshalb zu folgen (etwa der Regel, die Wahrheit zu sagen), weil es nützlich ist, diese Regel zu haben, selbst wenn im konkreten Fall die Befolgung der Regel nicht zu den besten Folgen führt.

(aus: Frankena, William K.: *Analytische Ethik. Eine Einführung*, München 1986, S. 55f.)

Arbeitsanregungen

1. Welche Gemeinsamkeiten und Unterschiede bestehen zwischen dem Handlungsutilitarismus und dem Regelutilitarismus?
2. Verdeutlichen Sie diese, indem Sie beide Verfahrensweisen auf Beispiele anwenden und anschließend die Möglichkeiten und Schwierigkeiten vergleichen.
3. Wie könnte man die zwei Verfahrensweisen zur Beurteilung einer Handlung als Schaubild darstellen?
4. Erarbeiten Sie Gemeinsamkeiten und Unterschiede zwischen dem Regelutilitarismus und Kants deontologischer Ethik. Beziehen Sie sich dabei auf die vorliegenden Textauszüge.

EINE FRAGE DER MORAL?

Susanne Boshammer

I. Worum es geht
II. Was ist ein moralisches Problem? Ein Kartenspiel
III. Der Kartensatz
IV. Die Antwortbögen

I. Worum es geht

In der Moralphilosophie und angewandten Ethik steht die Frage im Zentrum, was wir tun sollen: Welche Handlungen sind richtig und welche falsch, und was macht sie jeweils dazu?

Die verschiedenen Moraltheorien kommen in der Beurteilung konkreter Fälle nicht selten zu unterschiedlichen Ergebnissen, und das hängt nicht zuletzt damit zusammen, dass sie jeweils andere Merkmale von Situationen oder Handlungen als moralisch ausschlaggebend oder besonders relevant kennzeichnen. Diese Theorien verkörpern ein je verschiedenes Bild dessen, worum es in der Moral und bei moralisch richtigem Handeln im Kern geht.

Die unterschiedlichen Bilder des Moralischen spielen jedoch auch schon vor dem moralphilosophischen Streit um die richtige Antwort auf konkrete moralische Fragen eine Rolle. Denn sie beeinflussen auch, was wir überhaupt als moralisches Problem bzw. als ›eine Frage der Moral‹ verstehen.

Die Frage, was wir tun sollen, stellt sich nämlich nicht in jedem Moment der praktischen Orientierungslosigkeit *als moralische* Frage:

- Manchmal will der oder die Fragende nur wissen, was er oder sie *rechtlich gesehen* tun darf oder muss; in dem Fall geben kodifizierte Rechtsnormen und Gesetzestexte Auskunft, die ihrem Anspruch zufolge nicht universell, sondern nur im entsprechenden Rechtsbereich gelten.
- In anderen Situationen zielt die Frage auf Auskunft in *sittlicher oder konventioneller* Hinsicht, etwa wenn wir uns im Ausland befinden, und die ortsüblichen Bräuche nicht kennen. In diesem Fall sind Traditionen, Sitten und ›Benimmregeln‹ der Orientierungspunkt, die keineswegs beanspruchen müssen, das auch aus moralischer Perspektive Gebotene oder Verbotene zu kennzeichnen.
- Und oft liegt der Frage, was wir tun sollen, auch ein *technisches oder pragmatisches* Interesse zugrunde, etwa wenn wir nicht wissen, wie die neue Festplatte in den Computer einzubauen ist. In solchen Fällen wollen wir wissen, auf welche Weise sich unser jeweiliges Ziel am schnellsten, effektivsten oder leichtesten erreichen lässt, und dabei orientieren wir uns an Expertinnen und Experten, an Klugheitsgeboten, Erfahrungswerten oder technischen Imperativen.

Doch wann stellt sich die Frage, was wir tun sollen, *als moralische Frage*? Was zeichnet diese Art der Fragestellung gegenüber anderen aus, und sind hier überhaupt trennscharfe Unterscheidungen möglich? Welche Eigenschaften von Situationen sind jeweils ausschlaggebend dafür, dass wir meinen, es mit einem moralischen Problem zu tun zu haben?

Auffällig ist, dass die Zuordnung von Fragen zum Bereich der Moral historisch wandelbar und kulturell verschieden ist:

- Während man noch vor wenigen Jahrzehnten bestimmte sexuelle Orientierungen als unmoralisch brandmarkte und Fragen der Sexualität als genuin moralische Fragen verstand, hat diesbezüglich in vielen Gesellschaften der Welt eine Art Entmoralisierung stattgefunden: Ob jemand seine Sexualität mit gleichgeschlechtlichen oder gegengeschlechtlichen Partnern und Partnerinnen lebt, scheint nicht nur moralisch gleichermaßen zulässig, sondern schlicht keine Frage der Moral mehr zu sein.
- Aber auch die gegenteilige Entwicklung lässt sich beobachten: Im Unterschied zu früheren Generationen verstehen heute viele Menschen unseren Umgang mit Tieren oder der natürlichen Umwelt als etwas, hinsichtlich dessen sich genuin moralische Fragen stellen. Bestimmte Bereiche unserer Lebenswelt werden also zunehmend ›moralisiert‹.

Dabei lässt sich der Begriff des Moralismus unterschiedlich verstehen: Als moralistisch bezeichnen wir alltagssprachlich sowohl denjenigen, der moralisch erlaubte Handlungen als verboten (oder geboten) klassifiziert, als auch diejenige, die Angelegenheiten zu einer Frage der Moral macht, von denen wir meinen, dass sie mit Moral nichts zu tun haben, sondern in einem bestimmten Sinne Privatsache sind.

Die unterschiedliche Zuordnung von Fragen oder Problemen zum Bereich der Moral erfolgt meist unbewusst oder intuitiv, jedoch gleichwohl nach bestimmten Kriterien, die wir jeweils für moralrelevant oder moralspezifisch halten. Sie spielen auch eine Rolle dabei, wie wir die jeweils als moralisch relevant identifizierten Fragen schließlich beantworten.

II. Was ist ein moralisches Problem? Ein Kartenspiel

1. Spielidee

Das Spiel erfolgt in drei Runden, die unterschiedliche Aspekte moralischer Differenzen zwischen Personen veranschaulichen:

1. Differenzen hinsichtlich der Frage, ob etwas ein moralisches Problem ist;
2. Differenzen hinsichtlich der Frage, was in einer bestimmten Situation die moralisch richtige Handlung ist;
3. Differenzen hinsichtlich der Frage, was die jeweilige Handlung zur moralisch richtigen Handlung macht.

Im Laufe des Spiels wird sich herausstellen, dass diese Differenzen nicht notwendig miteinander verknüpft sind: Man kann hinsichtlich 1. und 2. völlig einig sein, aber sich mit Blick auf 3. durchaus streiten. Oder man hat mit Blick auf die Zuordnung eines Problems zum Bereich der Moral (1.) keine Differenzen, ist aber hinsichtlich der Entscheidung des moralischen Problems (2.) nicht zuletzt aufgrund unterschiedlicher moraltheoretischer Ansichten (3.) verschiedener Meinung.

2. Spielvorbereitung und -material

Die Lerngruppe wird in Kleingruppen zu je vier Personen aufgeteilt (bei mehr als vier Personen dauert das Spiel entsprechend länger).

Jede Gruppe erhält

- einen Satz Spielkarten;
- einen Satz Antwortbögen;
- einen Stift;
- gegebenenfalls Folien und Folienschreiber (falls die Antworten später im Plenum präsentiert werden sollen).

3. Spielregeln

Das Spiel erfolgt in drei Runden, die jeweils durch Plenumsdiskussionen getrennt sind.

Runde 1

- Die Spielenden ziehen reihum eine Karte mit Situationsbeschreibung aus dem Kartensatz und legen sie verdeckt vor sich.
- Der oder die Erste liest die vor ihm liegende Karte laut vor.
- Die Gruppe diskutiert, ob es sich bei der geschilderten Situation um eine Frage der Moral handelt. Das Ergebnis der Diskussion wird in den Antwortbogen 1 eingetragen.
- Der oder die Nächste liest die vor ihm liegende Karte vor etc.
- Falls im Bezug auf keine der ursprünglich gezogenen Karten in der Gruppe Einigkeit herrscht, dass es sich hier um eine moralische Frage handelt, ziehen die Spielenden weitere Karten aus dem Kartensatz, bis ein solcher Fall gefunden ist.

Runde 2

- Die Spielenden wählen eine der Situationsbeschreibungen aus, die sie in der ersten Runde einhellig als moralische Frage bestimmt haben.
- Sie diskutieren die dort geschilderte Situation hinsichtlich der Frage, was der oder die Handelnde jeweils tun soll.
- Dieser Vorgang wird so lange mit wechselnden Karten wiederholt, bis sich mindestens ein Fall findet, hinsichtlich dessen inhaltlicher Beurteilung sich die Spielenden einig sind.
- Die Ergebnisse werden in den Antwortbogen 2 übertragen.

Runde 3

- Die Spielenden diskutieren wiederum den Fall, der in Runde 1 übereinstimmend als moralisches Problem gekennzeichnet und in Runde 2 einhellig ›entschieden‹ wurde.
- Dabei geht es nun um die Frage, wie die geschilderte Situation geändert werden müsste, damit die Mitglieder der Gruppe jeweils zu einem anderen Urteil, d.h. einer anderen Antwort auf die Frage, was der oder die Handelnde tun soll, kommen. Es soll, mit anderen Worten, festgestellt werden, woran sich das Urteil jeweils festmacht.
- In dieser Runde muss keine Einigkeit erzielt werden. Im Antwortbogen 3 werden stattdessen gegebenenfalls verschiedene Varianten der Ausgangssituation festgehalten.

III. Der Kartensatz

Frage 1

Seit deiner Kindheit ist es dein großer Wunsch, einmal eine eigene Familie mit vielen Kindern zu haben. Deine Partnerin, mit der du seit Jahren in einer stabilen Beziehung lebst, teilt diesen Wunsch, und ihr habt beschlossen, zu heiraten und eine Familie zu gründen. Durch einen Zufall stellt sich bei einer medizinischen Routineuntersuchung kurz vor der Hochzeit heraus, dass deine Partnerin nur unter größter Gefahr für ihr eigenes Leben Kinder bekommen kann.

Trennst du dich von ihr?

Frage 2

Du fährst mit deinem Auto nachts auf einer kaum befahrenen Landstraße in einer sehr einsamen Gegend, viele Kilometer von jeder Siedlung entfernt. Plötzlich läuft ein Fuchs vor dein Auto, und du kannst nicht mehr rechtzeitig bremsen. Das Tier ist schwer verletzt, lebt aber noch. Es wimmert und kann sich nicht mehr wegbewegen.

Gibst du ihm den Gnadentod?

Frage 3

Infolge einer schweren Erkrankung hat dein Herz Schaden genommen. Die Ärzte informieren dich, dass du ohne eine Herztransplantation das nächste Jahr nicht überleben wirst. Du hattest bisher eine kritische Einstellung zur Transplantationsmedizin und hast darum nie einen Organspendeausweis besessen.

*Lässt du dich auf die Warteliste
für ein neues Herz setzen?*

Frage 4

Du bist seit langer Zeit arbeitslos. Alle Bewerbungen sind bislang ohne Erfolg geblieben, und es sieht nicht so aus, als sollte sich das in nächster Zukunft ändern. Du hast jedoch eine Geschäftsidee und würdest dich gern selbstständig machen. Keine Bank gibt dir das benötigte Darlehen. Nun bietet dir ein Onkel das Geld an. Er hat sein großes Vermögen mit einer Heiratsvermittlung gemacht, die Frauen aus Asien an europäische Männer vermittelt. In deiner Familie ist er deshalb ›persona non grata‹.

Nimmst du das Geld?

Frage 5

Du hast eine Eigentumswohnung geerbt, die du vermieten willst. Es gibt eine Reihe von Bewerbern, von denen dir aber nur einer zusagt. Bevor es zur Vertragsunterzeichnung kommt, erzählt er dir jedoch, dass er vor langer Zeit 3 Jahre wegen Kindesmissbrauchs im Gefängnis gesessen hat. Seitdem sind 15 Jahre ins Land gegangen, er hat eine Therapie gemacht und mittlerweile einen sehr gut bezahlten Job als Geschäftsführer einer Marketingagentur.

Vermietest du die Wohnung an ihn?

Frage 6

Dein 75jähriger Vater wird über Nacht zum Pflegefall und wird in den nächsten Tagen aus dem Krankenhaus entlassen. Weit und breit ist jedoch kein Platz in einem Pflegeheim frei. Du könntest deinen Vater vorerst bei dir zu Hause pflegen, doch das willst du nicht. Er selbst kann sich nicht äußern. Obwohl der Eingriff medizinisch nicht erforderlich ist, bietet die Ärztin dir an, deinem Vater operativ einen Blasenkatheter zu legen, sodass er noch 10 Tage im Krankenhaus bleiben kann. Bis dahin hast du vielleicht einen Pflegeplatz gefunden.

Stimmst du der Operation zu?

Frage 7

Du hast eine neue Stelle in einer Firma für Kommunikationsbedarf angetreten und fühlst dich dort sehr wohl. Mit den Kolleginnen und Kollegen verstehst du dich gut, und mit einigen bist du sogar schon mal ein Bier trinken gegangen. Nach einigen Monaten stellst du fest, dass eine Kollegin, die du sehr magst, ab und zu Büromaterial für ihren privaten Gebrauch mit nach Hause nimmt. Du weißt, dass das ausdrücklich untersagt ist, und findest dieses Verbot völlig gerechtfertigt.

Sprichst du sie darauf an?

Frage 8

Deine Krankenkasse informiert mit einer großen Kampagne über den Spendeorganmangel und seine Folgen. Du erfährst, dass viele Organe nicht transplantiert werden, weil die Angehörigen den Willen des Spenders nicht kennen und sich aus Unsicherheit nicht dazu entscheiden können, einer Spende zuzustimmen. Ein neuer Organspendeausweis soll dem abhelfen: Hier kann man eintragen, ob man spenden möchte oder eben auch nicht.

Entscheidest du dich, einen entsprechenden Ausweis zu tragen?

Frage 9

Ein bekannter Journalist hat sich als Mitarbeiter ›undercover‹ in ein Unternehmen eingeschleust, das eine Billigdiscounter-Kette betreibt, bei der du einen Großteil deiner Einkäufe tätigst. Er deckt auf, dass die Mitarbeitenden dort mit verdeckten Kameras beobachtet werden, um mögliche Diebstahlfälle aufzudecken. Die Geschichte hat in der Presse ziemlich Furore gemacht, und trotz der Beteuerungen des Unternehmens glaubt kaum jemand, dass die Missstände wirklich behoben werden.

›Boykottierst‹ du das Unternehmen ab sofort?

Frage 10

Ein Brief in deinem Postkasten trägt als Absender ein medizinisches Labor. Du wartest auf das Ergebnis einer Blutuntersuchung und registrierst nicht, dass das Schreiben an deinen Nachbarn gerichtet ist. Du liest es und erfährst, dass er HIV-infiziert ist. Ihr kennt euch nicht besonders gut, mögt euch aber, und bei einer Housewarming-Party hat deine lebenslustige Freundin ein Auge auf ihn geworfen. Die beiden sind zum Essen verabredet.

Informierst du die Freundin?

Frage 11

Du bist Chefredakteur eines Satiremagazins. Allwöchentlich veröffentlicht deine Zeitung Zeichnungen eines sehr beliebten Karikaturisten, die eine Kolumne zu politisch aktuellen Problemen illustrieren. In der kommenden Woche geht es um das Thema der Meinungsfreiheit. Die begleitende Zeichnung spielt auf den Streit um die Mohammedkarikaturen an und zitiert eine von ihnen.

Lehnst du die Veröffentlichung der Zeichnung ab?

Frage 12

Du hast einem Kollegen vorgeschlagen, gemeinsam essen zu gehen. Nun hat er ein Restaurant ausgewählt, das einen ausgezeichneten Ruf hat aber sehr teuer ist. Du bist ein eher sparsamer Mensch; obwohl du dir den Besuch prinzipiell leisten könntest, würdest du selbst solche Restaurants niemals aufsuchen.

Schlägst du ein anderes Restaurant vor?

Frage 13

Du bist von Freunden in ein sehr gutes Restaurant eingeladen worden und hast nicht sehr viel Hunger. Das Menu ist vorbestellt. Nach der Vorspeise serviert der Kellner ein üppiges Fleischgericht. Du schaffst nicht einmal die Hälfte, hast aber zu Hause einen Hund, für den die Reste eine Köstlichkeit wären. Du weißt, dass die Essensreste im Restaurant in den Müll wandern.

Bittest du den Kellner, dir die Speisen einzupacken, damit du sie später mitnehmen kannst?

Frage 14

Du hattest übers Wochenende Besuch von einem Verwandten und hast ihn eben am Bahnhof verabschiedet. Das Tagesticket, das du für ihn am Automaten gezogen hast, ist noch bis morgen früh gültig. Du selbst besitzt eine Monatskarte. Auf der Rückfahrt steigen Kontrolleure in die Tram, und die ziemlich ärmlich aussehende alte Dame neben dir gibt dir zu verstehen, dass sie kein Ticket hat.

Überlässt du ihr das für dich nutzlose Ticket deines Verwandten?

Frage 15

Bei einer Routineuntersuchung stellt die Ärztin fest, dass deine Blutwerte nicht in Ordnung sind. Bei weiteren Tests stellt sich heraus, dass sich dein Risiko, in den nächsten Jahren einen Herzinfarkt zu erleiden, massiv erhöht, wenn du nicht ab sofort strikt auf Alkohol verzichtest. Du bist eine passionierte Weinliebhaberin.

Wählst du ab sofort nur noch alkoholfreie Getränke?

Frage 16

Du beobachtest von deinem Schlafzimmerfenster aus, wie ein Wagen beim Einparken den Porsche deines von dir nicht sehr geschätzten Nachbarn touchiert. Offensichtlich ist der Außenspiegel des stehenden Autos abgebrochen, aber die Verursacherin betrachtet den Schaden nur kurz und fährt dann ungerührt weiter. Nach wenigen Metern muss sie an der Ampel halten.

Notierst du dir die Autonummer und informierst deinen Nachbarn?

Frage 17

Dein Fahrrad wurde gestohlen, und du meldest den Diebstahl bei der Polizei. Du bist nicht versichert und hast kaum Hoffnung, dass der Diebstahl aufgeklärt wird. Aber wenige Tage später stellt die Polizei ein Rad sicher, das genau deiner Beschreibung entspricht. Du jedoch erkennst sofort, dass es nicht deines ist.

Nimmst du es trotzdem mit?

Frage 18

Eine bekannte Illustrierte startet eine große Kampagne über Schönheitsideale und bietet dir 35 000 Euro für ein Nacktfoto von dir.

Nimmst du das Angebot an?

Frage 19

Du hast deiner gestressten Freundin zugesagt, heute Abend auf ihr Kind aufzupassen, damit sie sich in der Sauna entspannen kann. Doch am Mittag erhältst du völlig unerwartet den Anruf eines Bekannten, in den du heimlich sehr verliebt bist. Er ist überraschend in der Stadt und lädt dich ins Kino ein. Deine Freundin hat, seit sie Mutter ist, schon viele Verabredungen mit dir kurzfristig abgesagt, weil sie plötzlich zu müde war oder das Kind sie dann doch brauchte.

Sagst du das Baby-Sitting ab?

Frage 20

Du arbeitest als Werbetexterin in einer sehr bekannten Agentur. Deine Firma erhält den Auftrag, eine große Kampagne zu gestalten, um das Image der Pelzindustrie aufzubessern, das durch massive Aktionen von Tierschützern in den letzten Jahren beschädigt worden ist. Du hast eine Ethik-Ausbildung und erhältst den Auftrag, passende Slogans zu entwerfen, um die Pelzproduzenten von dem Tierquäler-Image zu befreien.

Lehnst du den Auftrag ab?

IV. Die Antwortbögen

Antwortbogen 1

mF = es handelt sich um eine moralische Frage
kmF = es handelt sich nicht um eine moralische Frage
? = es ist (ohne weitere Informationen) nicht entscheidbar, ob es sich um eine moralische Frage handelt oder nicht

Frage Nr.	mF	kmF	?	Begründung (Stichworte)

Antwortbogen 2

Frage Nr.	Was soll der/die Handelnde in dieser Situation tun und warum?

Antwortbogen 3

Frage Nr.	Variation der Ausgangssituation	Was soll der/die Handelnde nun tun und warum?

GERECHTIGKEIT ALS GLEICHHEIT?

Susanne Boshammer

I. Worum es geht
II. Wie viel Gleichheit braucht die Gerechtigkeit? Ein Würfelspiel
III. Einschlägige Textauszüge zum Verhältnis von Gerechtigkeit und Gleichheit
(als Hintergrund und zur Vorbereitung des Gerechtigkeitsspiels)

I. Worum es geht

Die Frage danach, was Gerechtigkeit ist, gehört seit mehr als zweitausend Jahren zu den Kernfragen der praktischen Philosophie. Dabei ist es üblich, verschiedene Kontexte der Gerechtigkeit zu unterscheiden: Mit Blick auf die Bestimmung der Prinzipien oder Kriterien von Gerechtigkeit macht es einen Unterschied, ob wir nach der Gerechtigkeit im Zusammenhang mit Strafen oder Gerichtsurteilen, mit Blick auf Kriege, Schulnoten oder Schiedsrichter fragen. Ein wichtiger Kontext der Gerechtigkeit ist das, was man gemeinhin soziale Gerechtigkeit nennt. Hier geht es um die Frage nach der gerechten Verteilung bestimmter Güter innerhalb einer Gesellschaft oder Gemeinschaft.

Wenn in den politischen und öffentlichen Debatten nicht nur in der Bundesrepublik Deutschland diese Frage in den Vordergrund rückt, geschieht das meist anlässlich der Publikation irgendeiner eklatanten Ungleichheit. Prominente Stichworte in diesem Zusammenhang sind:

- Die eklatanten *Managerlöhne* angesichts der Situation auf dem Arbeitsmarkt bzw. der Reallohnentwicklung: Während die einen immer weniger im Portemonnaie haben und um ihren Arbeitsplatz fürchten müssen, verdienen die anderen immer mehr.
- Manchmal wird der Fokus aber auch über den nationalen ›Tellerrand‹ hinaus erweitert. Dann gerät die *Schere zwischen Arm und Reich* auf einer globalen Ebene in den Fokus (Nord-Süd-Gefälle): Während die einen vom Hungertod bedroht sind, schwelgen die anderen im Wohlstand. Vielen Menschen erscheint auch das ungerecht.
- Eine andere als ungerecht empfundene Ungleichheit betrifft nicht räumliche, sondern zeitliche Distanzen, nämlich das *Verhältnis zwischen den Generationen*. Immer weniger junge Menschen müssen für die Altersversorgung immer mehr älterer Menschen aufkommen, was zur Folge hat, dass die Aussichten der Rentner-Generation von heute wesentlich besser sind als die der Rentner-Generation von übermorgen.
- Und nicht zuletzt spielen im Kontext der politischen Debatten um soziale Gerechtigkeit zunehmend *Migrationsfragen* eine Rolle. Auch hier beunruhigt eine empirisch nachgewiesene Ungleichheit die um Gerechtigkeit besorgten Gemüter, nämlich der Umstand, dass Bürgerinnen und Bürger mit »Migrationshintergrund« deutlich ungleiche, d.h. schlechtere Chancen haben, erfolgreich

die Schule abzuschließen, die Universität zu besuchen, Ansprüche geltend zu machen, sich in die Gestaltung der Gesellschaft einzubringen und ein sozial erfolgreiches Leben zu führen.

Wo von sozialer Gerechtigkeit die Rede ist bzw. wo *Ungerechtigkeit* beklagt wird, geht es also meist um soziale *Ungleichheit*. Das legt den Gedanken nahe, dass das Bemühen um soziale Gerechtigkeit zuerst und vor allem die Beseitigung von Ungleichheiten verlangt und Gerechtigkeit in der Herstellung von Gleichheit besteht.

- Doch sind diese Intuitionen wirklich tragfähig oder handelt es sich bei ihrer Äußerung gegebenenfalls nur um ›Neidklagen‹?
- Und wenn Gerechtigkeit tatsächlich ohne Gleichheit nicht zu denken ist: In welcher Hinsicht ist Gleichheit gefordert? In welchen Kontexten und mit Blick auf welche Güter sind Ungleichheiten tatsächlich ungerecht und warum?
- Und worauf bezieht sich gegebenenfalls die Gleichheitsforderung: auf die Verfahren der Güterverteilung oder auf ihre Ergebnisse? Geht es um Gleichbehandlung, Chancengleichheit, Gleichstellung oder Gleichberücksichtigung?
- Oder hat Gerechtigkeit als solche vielleicht gar nichts mit Gleichheit zu tun, und diese ist nur ein zufälliger Nebeneffekt der Bemühungen um Gerechtigkeit? Ist Gerechtigkeit wirklich erst dann erreicht, wenn alle gleich viel von etwas haben, oder reicht es, wenn jede und jeder genug hat?

Darüber streiten in der Philosophie die sogenannten Egalitaristen mit den sogenannten Anti-Egalitaristen. Das folgende Würfelspiel dient dem Zweck, sich den Fragen zu nähern, die im Zentrum dieser Debatte stehen, und zunächst die eigenen Intuitionen in Sachen Gerechtigkeit und Gleichheit freizulegen. Deren Diskussion und Kritik kann anschließend mithilfe der zusammengestellten Textauszüge zum Verhältnis von Gerechtigkeit und Gleichheit in Gruppenarbeit oder im Plenum erfolgen.

II. Wie viel Gleichheit braucht die Gerechtigkeit? Ein Würfelspiel

1. Spielidee

Die einzelnen Spielrunden (à 10 Würfen) sollen verschiedene Formen von Ungleichheit veranschaulichen und im Ansatz erfahrbar machen, die Menschen intuitiv als ungerecht empfinden. Während in der ersten Runde alle nach den gleichen Regeln bzw. mit gleichen Chancen (gleiche Zahl von Würfeln) und ausgehend von gleichen Anfangsressourcen spielen, werden die Gleichheitsverhältnisse in den anschließenden Runden darum in unterschiedlicher Hinsicht gestört:

Runde 2: Ungleiche Startbedingungen (ungleich viele Ressourcen, i.e. Spielchips zu Beginn des Spiels);

Runde 3: Ungleiche Chancen/Regeln (ungleich viele Würfel für die Dauer des Spiels);

Runde 4: Ungleiche Startbedingungen bei ungleichen Chancen/Regeln (diejenigen mit weniger Ausgangsressourcen erhalten mehr Würfel).

Sowohl ungleiche Startressourcen als auch ungleiche Chancen haben einen Einfluss auf das Spielverhalten und die Wahrscheinlichkeit, bis zum Ende der Runde dabei zu sein: Jede Runde umfasst 10 Würfe, wobei jeweils mindestens ein Spielchip gesetzt werden muss (wer mehr setzt, erhöht die Produktivitätsrate). Wer einen Wurf gewinnt, erhält die ›Kooperationsprodukte‹, i.e. die zu Beginn der Runde von allen gesetzten Spielchips. Es gewinnt der höchste Wurf.

- Wer anfangs nur 5 Spielchips hat, muss also in den ersten 5 Runden irgendwann gewinnen, um weiter mitspielen zu können.
- Wer mit nur einem statt zwei Würfeln würfelt, stellt bald fest, dass seine Chancen mehr als nur halbiert sind: In vielen Situationen lohnt es sich gar nicht, überhaupt mitzuspielen, i.e. zu würfeln, weil man die bereits erreichte Punktzahl mit einem Würfel ohnehin nicht übertrumpfen kann.

Die eingeführten Ungleichheiten symbolisieren verschiedene Formen von ›Benachteiligung‹, die Menschen als ungerecht empfinden; das Würfeln symbolisiert eine Situation formaler Chancengleichheit:

- Ungleiche Ressourcen zu Beginn sind im Laufe des Spiels, sofern man Glück hat, ausgleichbar. Sie stehen für verschiedene Formen von ›Startnachteilen‹, die Men-

schen in einer Gesellschaft (durch ihre Herkunft, ihre persönlichen Eigenschaften, gegebenenfalls Behinderungen etc.) erleben.
- Ungleiche Chancen während des Spiels lassen sich nicht in vergleichbarer Weise ›beheben‹. Sie machen von einem bestimmten Moment an das Mitspielen sinnlos bzw. aussichtslos. Diese Ungleichheiten sollen – im Ansatz – strukturelle Formen von Benachteiligung (ungleiche Rechte; verschiedene Formen von Diskriminierung) symbolisieren.

Mitspielen kann nur, wer Ressourcen hat. Wer keine mehr hat, scheidet aus – unabhängig davon, ob er von Anfang an zu wenige hatte oder ob er zu riskant gespielt hat.

Nachdem die Spielenden in den ersten 4 Runden die unterschiedlichen Einflüsse unterschiedlicher Ungleichheiten auf den Spielverlauf kennen gelernt haben, besteht ihre Aufgabe in der fünften Runde schließlich darin, selbst Spielregeln zu entwerfen, die ihre Vorstellung von Gerechtigkeit zum Ausdruck bringen und auf die sie sich einigen können.

Sie sind diesbezüglich in den durch das Spiel gesetzten Grenzen (Begrenzung der Gesamtressourcen) völlig frei: Sie können die Regeln etwa durch die Einrichtung eines Sozialfonds so gestalten, dass niemand im Laufe des Spiels ausscheidet, oder durch die Einrichtung eines progressiven Steuersystems dafür sorgen, dass das soziale Gefälle nicht zu groß wird (ergebnisorientiert); sie können aber auch die Regeln strikter Gleichheit der ersten Runde mit entsprechenden Begründungen zu den gerechtesten erklären (Verfahrensgerechtigkeit) etc.

Im Anschluss daran spielen sie eine Runde nach den von ihnen gestalteten Regeln und dokumentieren, ob es auch jetzt noch Erfahrungen von Ungerechtigkeit gibt und worin sie gegebenenfalls bestehen.

2. Spielvorbereitung und -material

Die Lerngruppe wird in Kleingruppen zu je vier Personen aufgeteilt (bei mehr als vier Personen dauert das Spiel entsprechend länger).

Jede Gruppe erhält:

- einen Satz Spielchips, der als ›Bank‹ fungiert (z.B. separat verpackte Bonbons; ca. 40 pro Person);
- die fünf Spielbögen;
- den Ergebnisbogen für alle Runden;
- zwei Würfel;
- einen Stift;
- gegebenenfalls Folien und Folienschreiber (falls die selbst gestalteten Regeln später im Plenum präsentiert werden sollen).

Die Spielregeln werden im Plenum vorgestellt und erläutert.

3. Spielregeln

- Zu Beginn einer Runde darf jede/r Spielende eine beliebige Menge Spielchips setzen, muss aber mindestens 1 Spielchip setzen, i. e. in die Mitte des Tisches legen.
- Alle würfeln der Reihe nach.
- Wer die höchste Zahl hat, erhält die gesetzten Bonbons aus der Mitte des Tisches und bekommt von der ›Bank‹ zusätzlich die Zahl seiner ursprünglich eingesetzten Spielchips dazu (Wachstumsaspekt).
- Wenn mehrere Spieler/innen die gleiche Höchstzahl haben, teilen sie sich die gesetzten Spielchips (nötigenfalls wird durch die Bank so weit aufgerundet, dass die Menge entsprechend teilbar ist), bekommen aber keine zusätzlichen Spielchips von der Bank.
- Die Ergebnisse (verbleibender Bestand an Spielchips pro Spielender/m) nach jedem Wurf werden in die entsprechende Tabelle eingetragen.

Wer keine Spielchips mehr hat, scheidet aus.

Es ist in den ersten vier Runden nicht erlaubt, Spielchips zu verschenken oder Kredite (von der Bank oder anderen Spielenden) aufzunehmen.

Am Ende der jeweiligen Spielrunde tragen die Gruppen

- das »soziale Gefälle« (Differenz zwischen der Spielchipmenge des/der ›reichsten‹ und des/der ›ärmsten‹ Spielenden),
- die Produktivität (Zahl der im Laufe des Spiels aus der Bank hinzugewonnenen Spielchips),
- Zahl der Ausgeschiedenen

in die Endergebnistabelle ein.

Die Spielchips werden (vorläufig) der Bank zurückgegeben.

Runde 1: Alle Spielenden erhalten zu Beginn 10 Spielchips. Alle würfeln mit zwei Würfeln.

	Wurf 1	Wurf 2	Wurf 3	Wurf 4	Wurf 5	Wurf 6	Wurf 7	Wurf 8	Wurf 9	Wurf 10
Person 1										
Person 2										
Person 3										
Person 4										

Soziales Gefälle:

Produktivität:

Zahl der Ausgeschiedenen:

Runde 2: Alle Spielenden würfeln mit zwei Würfeln. Die Spielenden mit den geraden Zahlen (Person 2 und 4) haben zu Beginn 10 Spielchips, die Spielenden mit den ungeraden Zahlen (Person 1 und 3) haben zu Beginn 5 Spielchips.

	Wurf 1	Wurf 2	Wurf 3	Wurf 4	Wurf 5	Wurf 6	Wurf 7	Wurf 8	Wurf 9	Wurf 10
Person 1										
Person 2										
Person 3										
Person 4										

Soziales Gefälle:

Produktivität:

Zahl der Ausgeschiedenen:

Runde 3: Alle Spielenden erhalten zu Beginn 10 Spielchips. Die Spielenden mit den geraden Zahlen (Person 2 und 4) würfeln mit einem Würfel, die Spielenden mit den ungeraden Zahlen (Person 1 und 3) würfeln mit zwei Würfeln.

	Wurf 1	Wurf 2	Wurf 3	Wurf 4	Wurf 5	Wurf 6	Wurf 7	Wurf 8	Wurf 9	Wurf 10
Person 1										
Person 2										
Person 3										
Person 4										

Soziales Gefälle:

Produktivität:

Zahl der Ausgeschiedenen:

Runde 4: Die Spielenden mit den geraden Zahlen (Person 2 und 4) haben zu Beginn 10 Spielchips und würfeln mit nur einem Würfel, die Spielenden mit den ungeraden Zahlen (Person 1 und 3) haben zu Beginn 5 Spielchips und würfeln mit zwei Würfeln.

	Wurf 1	Wurf 2	Wurf 3	Wurf 4	Wurf 5	Wurf 6	Wurf 7	Wurf 8	Wurf 9	Wurf 10
Person 1										
Person 2										
Person 3										
Person 4										

Soziales Gefälle:

Produktivität:

Zahl der Ausgeschiedenen:

Runde 5: Erfinden Sie selbst Regeln und Ausgangssituationen, die Ihnen aus der Perspektive der Gerechtigkeit am besten erscheinen und auf die Sie sich einigen können. Begründen Sie, warum Sie diese Regeln wählen, und spielen Sie eine weitere Runde nach Ihren Regeln.

	Wurf 1	Wurf 2	Wurf 3	Wurf 4	Wurf 5	Wurf 6	Wurf 7	Wurf 8	Wurf 9	Wurf 10
Person 1										
Person 2										
Person 3										
Person 4										

Soziales Gefälle:

Produktivität:

Zahl der Ausgeschiedenen:

Überblickstabelle Endergebnisse

	Runde 1	Runde 2	Runde 3	Runde 4	Runde 5
Soziales Gefälle					
Produktivität					
Zahl der Ausgeschiedenen					

III. Einschlägige Textauszüge zum Verhältnis von Gerechtigkeit und Gleichheit (als Hintergrund und zur Vorbereitung des Gerechtigkeitsspiels)

1. Bedeutung und Gegenstand der sozialen Gerechtigkeit

»Die Gerechtigkeit ist die erste Tugend sozialer Institutionen, so wie die Wahrheit bei Gedankensystemen. Eine noch so elegante und mit sparsamen Mitteln arbeitende Theorie muss fallengelassen werden, wenn sie nicht wahr ist; ebenso müssen noch so gut funktionierende und wohlabgestimmte Gesetze und Institutionen abgeändert oder abgeschafft werden, wenn sie ungerecht sind.«

(Rawls, John: *Eine Theorie der Gerechtigkeit*, Frankfurt a.M. 1993, S. 19)

»Vieles nennt man gerecht oder ungerecht: nicht nur Gesetze, Institutionen und Gesellschaftssysteme, sondern auch die verschiedensten Handlungen. [...] Auch Einstellungen und Verhaltensweisen von Menschen, wie auch diese selbst, nennt man gerecht oder ungerecht. Wir haben es aber mit der sozialen Gerechtigkeit zu tun. Für uns ist der erste Gegenstand der Gerechtigkeit die Grundstruktur der Gesellschaft, genauer: wie die wichtigsten gesellschaftlichen Institutionen Grundrechte und -pflichten und die Früchte der gesellschaftlichen Zusammenarbeit verteilen.«

(Rawls, John: *Eine Theorie der Gerechtigkeit*, Frankfurt a.M. 1993, S. 23)

2. Zum Verhältnis von Gerechtigkeit und Gleichheit (Egalitarismusdebatte)

a. *Ungleichheit als Ungerechtigkeit oder: die relationale Bestimmung gerechter Güteranteile*

»Wir haben uns alle so sehr an die uferlosen sozialen und wirtschaftlichen Ungleichheiten gewöhnt, dass es uns zunehmend leichter fällt, uns ihnen gegenüber abgestumpft zu zeigen. Ist es jedoch eine fundamentale Tatsache, dass jeder einzelne Mensch so wichtig ist, wie ein beliebiger anderer, muss es auch als eine erbärmliche Tatsache gelten, wenn es die effizientesten Gesellschaftssysteme, zu denen wir es bis in unsere Tage zu bringen vermochten, ohne weiteres zulassen, dass so viele Menschen in Verhältnisse drastischer Entbehrung hineingeboren werden, die von vornherein alle Aussicht zunichte machen, jemals ein erträgliches Leben führen zu können, wohingegen andere von Geburt an über die Sicherheit eines komfortablen Zuhauses verfügen, später einmal nicht unerhebliche Ressourcen kontrollieren werden und freizügig Privilegien genießen, die weit über die Bedingungen bloßer Erträglichkeit hinausreichen. Und die gegenseitige Wahrnehmung dieser materiellen Diskrepanzen geht dann zusätzlich ein in allgemeinere Ungleichheiten von Statusprivilegien, persönlicher Ungebundenheit und Selbstachtung. Menschen mit einem hohen Einkommen, einer gründlichen Ausbildung, ererbtem Besitz, guten Beziehungen, Familienbanden oder einem vornehmen Beruf, machen andere Mitglieder der Gemeinschaft, die auf nichts dergleichen zurückgreifen können, zu ihren Dienern oder werden von ihnen in vielen Kulturen auch noch mit Ehrerbietung behandelt. Man wird die Schwierigkeiten kaum ignorieren können, die sich der Abschaffung dieses festgefahrenen Zustands entgegenstellen, was aber kein Grund sein kann, ihn nicht zu verabscheuen.«

(Nagel, Thomas: Egalitarismus. In: ders.: *Gleichheit und Parteilichkeit*, Paderborn 1994, S. 93)

b. *Non-Egalitarismus – oder: die absolute Bestimmung gerechter Güteranteile*

»Für einige Philosophen ist eine Gleichverteilung bestimmter wertvoller Ressourcen schon deshalb ein bedeutsames moralisches Gut, weil es sich um eine Gleichverteilung handelt. Andere halten dagegen, dass nicht die Gleichverteilung der Ressourcen moralisch bedeutsam ist, sondern die Tatsache, dass jede Person das gleiche Niveau an Wohlfahrt besitze. Einigkeit besteht zwischen diesen Philosophen darin, dass eine bestimmte Form der Gleichheit um ihrer selbst willen moralisch wertvoll ist, unabhängig davon, welcher Nutzen daraus für die Verfolgung anderer moralisch wünschenswerter Ziele entstehen mag. [...] Zusätzlich zur Ressourcengleichheit und Wohlfahrtsgleichheit können noch andere Formen der Gleichheit unterschieden werden: Chancengleichheit, Rechtsgleichheit, gleiche Achtung, gleiche Rücksicht, gleiche Anteilnahme und so weiter. Nach meiner Überzeugung ist keine dieser Formen von Gleichheit intrinsisch wertvoll. [...] Auch wenn die Lebensaussichten von Mitgliedern unterer sozio-ökonomischer Schichten so gut wie immer schrecklich gewesen sind, so ist es doch keine notwendige Wahrheit, dass diese gewohnte Beziehung zu allen Zeiten bestehen muss. Weniger zu besitzen ist schließlich vereinbar mit dem Besitz einer ganzen Menge, und schlechter abzuschneiden als andere impliziert nicht, schlecht abzuschneiden. Es ist wahr, dass Menschen der untersten gesellschaftlichen Schicht im Allgemeinen unter schrecklichen Bedingungen leben, aber diese Verknüpfung von niedriger sozialer Position und erbärmlicher Lebensqualität ist völlig kontingent. Es besteht keine notwendige Verbindung zwischen dem Leben am unteren Rand der Gesellschaft und Armut in dem Sinne, in dem Armut ein ernsthaftes und moralisch unannehmbares Hindernis zu einem guten Leben ist. [...] Nehmen wir aber an, [...] dass radikal minderwertigere Leben ausnahmslos schlecht sind. In diesem Fall wird es vernünftig sein, der Aussage zuzustimmen, dass die radikale Minderwertigkeit der Lebensaussichten einiger Menschen in der Tat ein Übel ist. Aber warum ist sie ein Übel? Das Übel liegt nicht in dem Umstand, dass die minderwertigeren Leben zufällig in einem Verhältnis der Ungleichheit zu anderen stehen. Das Übel, dass manche Menschen ein schlechtes Leben führen, entsteht nicht dadurch, dass andere Menschen ein besseres Leben führen. Das Übel liegt einfach in der unverkennbaren Tatsache, dass schlechte Leben schlecht sind. [...] Gleichheit als solche besitzt, mit anderen Worten, keine moralische Bedeutung.«

(Frankfurt, Harry: Gleichheit und Achtung. In: *Deutsche Zeitschrift für Philosophie* 1999, 1, S. 4f.)

3. Endzustandstheorien (*endstate theories*) und Verfahrenstheorien (*procedural justice*) der Gerechtigkeit

a. *Gerechtigkeit durch Verfahren*

»Wäre die Welt völlig gerecht, so wäre die Frage der Gerechtigkeit bei Besitztümern durch die folgende [...] Definition völlig geklärt:

1. Wer ein Besitztum im Einklang mit dem Grundsatz der gerechten Aneignung erwirbt, hat Anspruch auf dieses Besitztum.

2. Wer ein Besitztum im Einklang mit dem Grundsatz der gerechten Übertragung von jemandem erwirbt, der Anspruch auf das Besitztum hat, der hat Anspruch auf das Besitztum.

3. Ansprüche auf Besitztümer entstehen lediglich durch die (wiederholte) Anwendung der Regeln 1 und 2. [...]

Eine Verteilung ist gerecht, wenn sie aus einer anderen gerechten Verteilung auf gerechte Weise entsteht. [...] Alles, was aus gerechten Verhältnissen auf gerechte Weise entsteht, ist selbst gerecht.«

(Nozick, Robert: *Anarchie, Staat, Utopia*, München 1976, S. 144)

b. *Gerechtigkeit im Ergebnis*

»1. Jeder Mann soll gleiches Recht auf das umfangreichste System gleicher Grundfreiheiten haben, das mit dem gleichen System für alle anderen verträglich ist.

2. Soziale und wirtschaftliche Ungleichheiten sind so zu gestalten, dass (a) vernünftigerweise zu erwarten ist, dass sie zu jedermanns Vorteil dienen, und (b) sie mit Positionen und Ämtern verbunden sind, die jedem offen stehen.«

(Rawls, John: *Eine Theorie der Gerechtigkeit*, Frankfurt a.M. 1993, S. 81)

4. Gerechtigkeit als Gleichheit

a. *Der Gleichheitsgedanke*

»Wenn es eine Tautologie ist, dass alle Menschen menschlich sind, so ist es doch eine nützliche Tautologie, die uns daran zu erinnern vermag, dass diejenigen, die anatomisch zur Spezies Homo sapiens gehören, einander in [bestimmten] Aspekten [...] ähnlich sind. Unter diesen Aspekten sind vor allem die folgenden hervorzuheben: nämlich die Fähigkeit, Schmerzen zu empfinden, sowohl aufgrund unmittelbar gegebener physischer Ursachen als auch aufgrund verschiedener, in Wahrnehmung und Denken repräsentierter Situationen; ferner die Fähigkeit, Zuneigung zu anderen zu empfinden, und die sich hieraus ergebenden Konsequenzen, die mit der Enttäuschung dieser Zuneigung, dem Verlust ihres Objekts usw. zusammenhängen. Die Behauptung, dass die Menschen einander im Hinblick auf diese Merkmale gleichen, ist zwar unbestreitbar und (vielleicht) sogar eine notwendige Wahrheit, aber keineswegs trivial. Es gibt nämlich gewisse politische und gesellschaftliche

Gebilde, die diese Merkmale im Fall einiger Menschengruppen systematisch vernachlässigen, während sie sie im Falle anderer Gruppen durchaus zur Kenntnis nehmen; d. h. sie behandeln bestimmte Menschen als besäßen sie diese Merkmale nicht, und vernachlässigen moralische Ansprüche, die sich aus dem Vorhandensein dieser Merkmale ergeben.«

(Williams, Bernhard: Der Gleichheitsgedanke. In: ders.: *Probleme des Selbst*, Frankfurt a.M. 1979, S. 369f.)

b. *Die Diskriminierungsverbote*

»(1) Alle Menschen sind gleich.
(2) Männer und Frauen sind gleichberechtigt.
(3) Niemand darf wegen seines Geschlechtes, seiner Abstammung, seiner Rasse, seiner Sprache, seiner Heimat und Herkunft, seines Glaubens, seiner religiösen oder politischen Anschauungen benachteiligt oder bevorzugt werden.«

(GG, Art. 3, Abs. 1-3)

c. *Die Hinsichten der ›Behandlung der Bürgerinnen und Bürger als Gleiche‹*

»Die politischen Theorien der Moderne kommen darin überein, dass eine Gesellschaft ihre Mitglieder in verschiedenen Hinsichten als Vertreter Gleicher behandeln muss, sind sich aber weder über die Hinsichten einig, noch über die Prioritäten unter ihnen. Für jemanden, dem Gleichheit vor dem Gesetz und die Garantie gleicher und gleichverbindlicher Bürgerrechte für alle, wie sie in einer liberalen Demokratie an erster Stelle stehen, heutzutage zu einer Selbstverständlichkeit geworden sind, stellt sich die naheliegende Frage, inwieweit es eigentlich wünschenswert oder möglich sein wird, das Gleichheitsprinzip [...] auch auf das Gebiet [...] ökonomischer Beziehungen unter den Individuen zu übertragen. Ich werde zugunsten der These argumentieren, dass jedes politische System, das Legitimität beanspruchen will, Egalität über die mit dem modernen Sozialstaat erreichten Veränderungen hinaus zu erweitern trachten muss.«

(Nagel, Thomas: Egalitarismus. In: ders.: *Gleichheit und Parteilichkeit*, Paderborn 1994, S. 91)

d. *Formale und substantielle Chancengleichheit*

»Die formale Interpretation von Chancengleichheit ist ein wesentlicher Bestandteil der klassisch liberalen Tradition politischer Theorie, insofern es sich dabei hauptsächlich um eine Erweiterung des Gedankens handelt, allen Personen die gleichen Rechte und Freiheiten zu garantieren. [...] Nach Auffassung des klassischen Liberalismus herrscht dann völlige Chancengleichheit, wenn alle Überbleibsel rechtlicher und quasirechtlicher Hindernisse für schulische und berufliche Erfolge beseitigt worden sind [...]. Eine solche ›Gesellschaft mit Chancengleichheit‹ würde sich jedoch nicht durch gleiches Einkommen, gleichen Lebens- oder Bildungsstandard auszeichnen. [...] Chancengleichheit im formalen Sinne garantiert keinen gleichen Erfolg oder gleiche Gesundheit oder gleiche gesellschaftliche Stellung, sondern nur die faire Anwendung der Regeln, die das Streben nach solchen Gütern anleiten. Dies ist die Chancengleichheit einer meritokratischen Konkurrenzgesellschaft, einer Gesellschaft, in der es Gewinner und Verlierer gibt und in der es oft so scheint, als hätte der Gewinner es verdient zu gewinnen, und der Verlierer verdient zu verlieren – denn hatten nicht alle die gleichen Gewinnchancen?«

(O'Neill, Onora: *Wie wissen wir, wann Chancen gleich sind?* In: Quotierung und Gerechtigkeit, hg. von Beate Rössler, Frankfurt a.M./New York 1993, S. 144-157, S. 146f.)

»Nehmen wir an, in einer bestimmten Gesellschaft sei großes Ansehen damit verbunden, einer Kriegerklasse anzugehören, deren Pflichten es erforderlich machen, dass man über große Körperkraft verfügt. Diese Klasse hat in der Vergangenheit ihre Mitglieder nur aus bestimmten wohlhabenden Familien rekrutiert, doch am Gleichheitsgedanken orientierte Reformer setzen eine Änderung der Vorschriften durch, wonach die Krieger je nach den Ergebnissen eines Wettbewerbs aus allen Teilen der Gesellschaft rekrutiert werden. Dies hat jedoch nur die Wirkung, dass die wohlhabenden Familien immer noch alle Krieger stellen, weil der Rest der Bevölkerung aufgrund von Armut so unterernährt ist, dass ihre Körperkraft der der Wohlhabenden und gut Genährten unterlegen ist. Die Reformer beklagen sich darüber, dass man die Chancengleichheit in Wirklichkeit nicht erreicht habe. Hierauf erwidern die Wohlhabenden, man habe sie wohl erreicht, und die Armen hätten jetzt die Gelegenheit, Krieger zu werden; es sei einfach Pech, dass sie solche Eigenschaften haben, die sie daran hindern, die Prüfung zu bestehen. Sie könnten sagen: ›Wir schließen niemanden wegen seiner Armut aus. Wir schließen Leute aufgrund ihrer Körperschwäche aus, und es ist Pech, dass die Armen auch schwach sind.‹ Diese Erwiderung würde den meisten dürftig vorkommen, vielleicht sogar zynisch. [...] [D]ie vermeintliche Chancengleichheit ist nämlich so lange inhaltsleer – ja, man könnte sagen, sie bestehe nicht wirklich –, als sie nicht wirksamer durchgesetzt wird als in diesem Fall. Man weiß nämlich, dass sie besser durchgesetzt werden könnte.«

(Williams, Bernhard: Der Gleichheitsgedanke. In: ders.: *Probleme des Selbst*, Frankfurt a.M. 1979, S. 366–397, hier S. 390f.)

DIE AUTOREN

JOHANN S. ACH ist seit 2003 Geschäftsführer des Centrums für Bioethik der Universität Münster. Seine Hauptarbeitsgebiete sind: Ethik, Biomedizinische Ethik und Tierethik. Zu seinen wichtigsten Veröffentlichungen gehören: *Warum man Lassie nicht quälen darf. Tierversuche und moralischer Individualismus*, Erlangen 1999; *no body is perfect. Baumaßnahmen am menschlichen Körper. Bioethische und Ästhetische Aufrisse*, Bielefeld 2006 (hg. gem. mit Arnd Pollmann).

KURT BAYERTZ ist seit 1993 Professor für praktische Philosophie an der Universität Münster. Seine Hauptarbeitsgebiete sind: Ethik und Anthropologie. Zu seinen wichtigsten Buchveröffentlichungen gehören: *GenEthik. Probleme der Technisierung menschlicher Fortpflanzung*, Reinbek 1987 (übersetzt ins Englische und Chinesische); *Warum überhaupt moralisch sein?*, München 2004 (zweite Auflage 2006).

DIETER BIRNBACHER ist seit 1996 Professor für Philosophie an der Universität Düsseldorf. Seine Forschungsschwerpunkte sind: Ethische und anthropologische Grundlagen- und Anwendungsprobleme der modernen Medizin, ethische Probleme im Spannungsfeld von Transhumanismus und Biokonservativismus und Anthropologie und Neurophilosophie.
Wichtige Buchveröffentlichungen: *Ökologie und Ethik*, Stuttgart 1980; *Verantwortung für zukünftige Generationen*, Stuttgart 1988; *Natürlichkeit*, Berlin 2006; *Analytische Einführung in die Ethik*, Berlin ²2007.

DAGMAR BORCHERS ist seit 2004 Juniorprofessorin für Angewandte Philosophie an der Universität Bremen. Ihre Hauptarbeitsgebiete sind: Ethik, Angewandte Ethik und Politische Philosophie. Zu ihren wichtigsten Buchveröffentlichungen gehört *Die neue Tugendethik – Schritt zurück im Zorn?*, Paderborn 2001; *Der große Graben – Heidegger und die Analytische Philosophie*, Frankfurt a.M. 1997.

SUSANNE BOSHAMMER ist seit 2002 Oberassistentin am Ethik-Zentrum der Universität Zürich. Ihre Hauptarbeitsgebiete sind: Normative und angewandte Ethik. Zu ihren wichtigsten Buchveröffentlichungen gehören: *Gruppen, Recht, Gerechtigkeit. Die moralische Begründung der Rechte von Minderheiten*, Berlin/New York 2003; *Halbe-Halbe? Zur Gerechtigkeit der Frauenquote* (hg. mit Matthias Kayss), Münster 1999.

DANIEL EGGERS arbeitet seit Oktober 2007 als Lehrkraft für besondere Aufgaben am Philosophischen Institut der RWTH Aachen. Seine Arbeitsschwerpunkte liegen in den Bereichen: Ethik, Politische Philosophie und Rechtsphilosophie. Bisherige Veröffentlichung: *Die Naturzustandstheorie des Thomas Hobbes. Eine vergleichende Analyse von ›The Elements of Law‹, ›De Cive‹ und den englischen und lateinischen Fassungen des ›Leviathan‹*. Berlin/New York 2008.

NORBERT HEROLD, Dr. phil., lehrte bis 2008 als akademischer Oberrat am Philosophischen Seminar der Universität Münster mit den inhaltlichen Schwerpunkten: Ethik, Politische Philosophie und Geschichtsphilosophie (v.a. der Neuzeit und Moderne). Sein Interesse gilt außerdem der Cusanusforschung, der Philosophie der Renaissance sowie Problemen des Perspektivismus und Kulturrelativismus.
Er ist Autor von *Menschliche Perspektive und Wahrheit* (1975) und einer Reihe wissenschaftlicher Beiträge, Lexikonartikel und Aufsätze u.a. zu Cusanus, Kant und zur

Philosophiedidaktik; ferner Mitherausgeber von *Wahrheit und Begründung* (1982), *Perspektiven des Perspektivismus* (1992) sowie der Münsteraner Einführungen in die Philosophie: *Problemfelder und Disziplinen* (1996), *Studium, Text und Argument* (1997), *Klassische Fragen der Philosophiegeschichte II* (2000). Zurzeit arbeitet er an einer Einführung in die Wirtschaftsethik.

REINHARD KURZER, Gymnasiallehrer für Philosophie, Deutsch und Englisch. Leitung vorlesungsbegleitender Tutorate beim Weiterbildungsstudiengang »Angewandte Ethik« in Münster.

CHRISTOPH LUMER ist seit 2002 Professor für Moralphilosophie an der Universität Siena (Italien). Seine Hauptarbeitsgebiete sind: Ethik, Handlungstheorie, Rationalitäts- und Nutzentheorie sowie Argumentationstheorie. Zu seinen wichtigsten Buchpublikationen gehören: *Rationaler Altruismus. Eine prudentielle Theorie der Rationalität und des Altruismus*, Osnabrück 2000; *The Greenhouse. A Welfare Assessment and Some Morals*, Lanham, Md.; New York; Oxford 2002; *Praktische Argumentationstheorie. Theoretische Grundlagen, praktische Begründung und Regeln wichtiger Argumentationsarten*, Braunschweig 1990.

PETER SCHABER ist seit 2005 Professor für Angewandte Ethik an der Universität Zürich. Seine Forschungsschwerpunkte liegen in der Normativen und Angewandten Ethik. Zu seinen wichtigsten Veröffentlichungen gehören: *Moralischer Realismus*, Freiburg/München 1997; *Menschenwürde vs. Würde der Kreatur*, zusammen mit Ph. Balzer und K.-P. Rippe, Freiburg/München 1998 (zweite Auflage 1999).

LUDWIG SIEP ist seit 1986 Professor für Philosophie an der Universität Münster. Seine Arbeitsschwerpunkte sind: Geschichte der Philosophie, Ethik und Politische Philosophie. Neuere Veröffentlichungen: *Der Weg der Phänomenologie des Geistes*, Frankfurt, ³2001; *Konkrete Ethik*, Frankfurt 2004, (übers. ins Japanische); John Locke, *Zweite Abhandlung über die Regierung*, Kommentar von Ludwig Siep, Frankfurt 2007.

VERENA WILKES, Gymnasiallehrerin für Philosophie und Deutsch, Leitung vorlesungsbegleitender Tutorate beim Weiterbildungsstudiengang »Angewandte Ethik« in Münster. Veröffentlichungen vor allem zur Philosophie-Didaktik (z.B. mehrfach in: Zeitschrift für Didaktik der Philosophie und Ethik; in: Praxishandbücher Philosophie u.a.).